Walter Schilling

Ahab
der phönizische Seefahrer

Roman

Titelbild: Regina Schilling

———————

Alle Rechte, insbesondere das Recht der Vervielfältigung und Verbreitung
sowie das Recht der Übersetzungen, vorbehalten.
Kein Teil des Werkes darf in irgendeiner Form
- durch Fotokopie, Mikrofilm oder ein anderes Verfahren -
ohne schriftliche Genehmigung des Verlages reproduziert
oder durch Verwendung elektronischer Systeme verarbeitet,
gespeichert, vervielfältigt oder verbreitet werden.

Impressum

© Copyright 2002
Dr. Walter Schilling

Gesamtherstellung:
Helios Verlags- und Buchvertriebsgesellschaft
Postfach 39 01 12, 52039 Aachen
Tel.: (02 41) 55 54 26; Fax: (02 41) 55 84 93; eMail: Helios-Verlag@t-online.de
Bitte fordern Sie beim Verlag aktuelle Informationen zu lieferbaren Titeln an.

Printed in Belgium

ISBN 3-933608-58-9

Inhalt

Vorwort	4
BEIM KÖNIG VON TYROS	6
DIE UNERWARTETE REISE	31
LEBEN IN GADIR	53
GEFÄHRLICHES KARTHAGO	74
DER ZERSTÖRTE TRAUM	97
UNSER FREUND IN MOTYE	119
DAS WAGNIS	146
IM FERNEN LAND	174
DER WEISE PRIESTER	193
DER KRIEGSZUG	214
HEIMKEHR NACH GADIR	236
DER RAT DES MELKART-PRIESTERS	260
ENTTÄUSCHUNG IN KARTHAGO	283
ENTSCHEIDUNG IN SAIS	305
Anmerkungen	332
Literaturverzeichnis	337

Vorwort

Die Seefahrer der Antike haben möglicherweise größere Leistungen vollbracht, als in unseren Geschichtsbüchern geschrieben steht. Dafür gibt es zahlreiche Hinweise, die bisher allerdings nicht genügend berücksichtigt worden sind.

Vor allem die Phönizier setzten schon in früher Zeit Maßstäbe für die Seefahrt, und es ist kein Zufall, daß sich bald ein gewisser Mythos um ihre erstaunlichen Fähigkeiten bildete. Seetüchtige Schiffe besaßen die Phönizier, aber auch andere Handelsfahrer, spätestens seit der Mitte des 2. Jahrtausends v. Chr. Außerdem hatten sie hervorragende Kenntnisse in der Astronomie und bemerkenswerte Fertigkeiten in der Navigation.

Antike Schriften, aber auch neueste Forschungen weisen immer wieder darauf hin, daß Schiffe und Seefahrt besonders in der Bronzezeit für die Entwicklung der Kulturen eine große Rolle spielten. So gründeten phönizische Handelsfahrer aus den Städten Tyros und Sidon gegen Ende des 2. Jahrtausends v. Chr. zahlreiche Niederlassungen an fremden, manchmal weit entfernten Küsten. Und im Laufe weniger Jahrhunderte überzog ein dichtes Netz solcher Handelsniederlassungen das gesamte Mittelmeer und einen Teil der Küste des Atlantischen Ozeans. Es gibt sogar Anhaltspunkte dafür, daß phönizische Seefahrer bereits in der Zeit vor dem Auftauchen der sogenannten 'Seevölker' im 13. und 12. Jahrhundert v. Chr. weite Reisen mit ihren Schiffen unternommen haben.

Historiker und Geographen der Antike, wie Herodot, Thukydides, Porphyrius, Strabon, Diodoros Siculus, Theopompos, Rufus Festus Avienus, Claudius Aelianus, Velleius Paterculus, Plinius u.a. widmeten den Phöniziern und ihren Seefahrten zu den Küsten Afrikas und Europas und zu den geheimnisvollen 'Fernen Inseln' im großen Ozean eindrucksvolle Berichte. Auch der berühmte Epiker Homer und die Propheten Hesekiel und Jesaja haben von den seemännischen Leistungen der Phönizier stets mit großer Bewunderung gesprochen. Wenngleich die moderne archäologische Forschung nicht alle überlieferten Daten über die Fähigkeiten der frühen Handelsfahrer bestätigt hat, sind die Berichte der antiken Gelehrten und Schriftsteller nicht einfach aus der Luft gegriffen.

Auch die erfahrensten und kühnsten Handelsfahrer gingen bei ihren Reisen gewiß kein völlig unkalkulierbares Risiko ein. Gleichwohl werden ihre Fahrten einen hohen Zoll an Menschenleben gefordert haben. Und trotzdem scheuten manche von ihnen offenbar nicht die Ungewißheit und die Gefahren, die mit dem Aufbruch in die Ferne verbunden waren. Dabei zeigt das allmähliche Vordringen der Phönizier und ihrer Konkurrenten zu immer ferneren Küsten, daß Handel und Profit nicht die einzigen Triebkräfte für ihr Verhalten gewesen sein können. In einzelnen Fällen dürfte vielmehr eine bestimmte charakterliche Disposition hinzugekommen sein: Wissensdrang und Wagemut – und letztlich auch der Zufall.

Bis heute hat die Frage, wie weit die Fähigkeiten und Leistungen einzelner phönizischer Seefahrer reichten, nichts von ihrer Faszination eingebüßt. Dieser Frage vor dem Hintergrund der mit vielen bedeutenden Kulturen im Mittelmeerraum und im Nahen Osten, vor allem der Ägypter, Judäer, Babylonier, Etrusker und Hellenen, eng verknüpften Geschichte der phönizischen Städte nachzugehen, schien mir eine lohnende Aufgabe zu sein. Eingeflochten in die dramatischen Ereignisse, die mit den Kriegszügen Nebukadnezars, des Königs von Babylon, für die Handelsstädte an der Ostküste des Mittelmeeres, aber auch für Ägypten und Karthago verbunden waren, werden die Abenteuer eines jungen Seefahrers aus Tyros erzählt, dem durch Können, Wagemut und Glück Erstaunliches gelingt.

Garmisch, Juni 2002   Walter Schilling

Erstes Buch

BEIM KÖNIG VON TYROS

1

Langsam glitt unser Schiff in den südlichen Hafen von Tyros. Es war Mittag. Ein leichter Seewind milderte ein wenig die sommerliche Hitze, die über den Mauern der schönen Inselstadt lag. Meine Augen hefteten sich auf das bunte Durcheinander der zahllosen Masten und Segel in dem Hafen: große Handelsschiffe mit geschnitzten Galionsfiguren am Bug, schlanke Kriegsschiffe, einige Fischerboote und Barken, auf denen rege Geschäftigkeit herrschte. Stolz und Achtung gebietend hob sich direkt vom Hafen die prachtvolle Stadt empor, grüßten die herrlichen Tempel und Paläste. Die sanfte Brise ließ die Wellen leise rauschend gegen den Strand anrollen. Für uns neigte sich erneut eine erfolgreiche Handelsfahrt ihrem Ende zu, und noch einmal sprangen meine Gedanken zurück nach Ägypten.

Allzu schnell war die Zeit verstrichen, die wir in Sais[1] weilten. Inmitten der kultivierten und weit überschaubaren Landschaft, durchwogt von Menschen aller Hautfarben und hundert verschiedenen Zungen überragten Tempel, Paläste und mächtige Säulen die kunstvoll errichtete Königsstadt. Nadelscharf erhoben sich die Obelisken, Torhüter der Tempel, fast vierzig Ellen hoch, zur Ehre von Göttern und Pharaonen. Und all dies, was hier ins Auge fiel, war bedeckt mit den Zeichen der Schrift, mit Bildern, für unwissende Fremde geheimnisvoll, seltsam, rätselhaft: Umrisse von Menschen, Tieren, Pflanzen, Waffen, Geräten, allerlei Linien und Figuren.

Auf manchen Wandgemälden marschierten Menschen auf, die einst über Ägypten herrschten, zielstrebig ausgerichtet, Größe atmend in ihrer Bewegung, Bewunderung heischend durch ihre erhabene Pracht. Welche Harmonie, welche Anmut sprach aus diesen Bildern! Vielförmig, verschieden und doch übereinstimmend in ihren Teilen, Zierde und Botschaft zugleich. Die meisten Fremden suchten vergebens, ihren Sinn zu deuten. Kunstbeflissen und schreibselig waren von jeher die Ägypter, gewiß das schreibseligste aller alten Völker. Ich hatte daran große Freude. Denn für mich, Ahab, des Acharbas' Sohn, einen geborenen Tyrer, blieben die Denkmäler und Schriftzeichen nicht stumm.

Doch nicht der Schrift und der Malereien wegen waren wir über das Meer nach Ägypten gesegelt und dann den Nil bis nach Sais hinaufgefahren. Auch diesmal hatte uns eine Handelsfahrt in die berühmte Stadt geführt, und nichts deutete auf ein besonderes Ereignis hin. Mein Vater erledigte wie gewohnt die Geschäfte, und ich schaute ihm dabei aufmerksam zu. Jeden Morgen erhob sich die Sonne am wolkenlosen Himmel, begann ihre Bahn, grell, gelb, widergespiegelt vom breiten Strom des Nil. Scharf waren die Schatten, jede Gleichförmigkeit brechend, unerbittlich. Träge floß das Wasser dahin. Doch zwischen den trockenen Schollen mußte sich bald die dunkle Flut heranwälzen, aus fernem Bergland kommend, genährt von gewaltigen Regengüssen, wie jedes Jahr, so sagten uns die Ägypter. Dann würde der große Fluß über die niedrigen Ufer steigen, das flache Land überschwemmen, doch als Geschenk jedesmal fruchtbaren Schlamm zurücklassen. Die Wochen, die dem Rückgang des Wassers folgten, würden hart und arbeitsreich sein. Aber schließlich würden die endlosen Felder Früchte tragen, würde Getreide aus dem Boden schießen und den Menschen Hoffnung geben auf eine reiche Ernte. Nichts Ungewöhnliches also, was ich dort hörte und sah.

Das änderte sich in der letzten Nacht, die wir in Sais weilten. Und von einer Minute zur anderen brach sich das Ungewöhnliche, das jeden Rahmen sprengte, seine Bahn. Am späten Abend schon kamen aufgeregt und voll neuer Hoffnung viele Ägypter im heiligen Hain zusammen. Sie wollten das Wunder selbst schauen, das von den weisen, sternkundigen Priestern angekündigt war.

Nur kurz währte deshalb unser Besuch bei Sonchis,[2] dem Oberpriester des Amun und Vorsteher des heiligen Bezirks von Sais mit seinen zahlreichen Tempeln. Und trotzdem flößte mir die Begegnung Ehrfurcht ein. Acharbas hatte mir viel von ihm erzählt, doch erst als ich dem Priester gegenüberstand, begriff ich, warum er solche Bewunderung fand. Bei seinem Anblick fesselten mich nicht nur die feinen Gesichtszüge. Vielmehr noch begeisterten mich der Charme seiner Worte und der Scharfsinn seines Geistes. Sonchis' Erscheinung war so eindrucksvoll, daß sie auch die Bewunderung eines weniger wißbegierigen Fremden auf sich gezogen hätte.

Die hagere Gestalt des Priesters überragte die eines gewöhnlichen Ägypters, und durch ihre Schlankheit wirkte sie sogar noch größer. Sonchis' Stimme klang majestätisch, und seine Glieder schienen mir trotz seines hohen Alters noch kraftvoll zu sein. Die klugen, durchdringenden Augen und die breite, leicht gebogene Nase verliehen seinem Antlitz den Ausdruck einer lebhaften Wachsamkeit. Das scharf geschnittene Kinn verriet einen starken Willen, und der kahlgeschorene Kopf unterstrich dies noch.

Der weise Mann umarmte meinen Vater wie einen alten Freund. Dann begrüßte er mich mit der gleichen Herzlichkeit und zeigte offen seine Freude, denn er sah mich zum erstenmal. Stolz und beglückt vernahm er, daß wir seiner Einladung folgen und noch ein weiteres Mal in den heiligen Hain kommen wollten. So kam es, daß wir einen Tag länger in der Königsstadt blieben, worüber ich nicht ungehalten war.

Mitternacht war schon vorbei, als sich ein langer Zug prächtig gekleideter Menschen von der Stadt zum heiligen Hain bewegte. Beide Seiten des breiten

Weges kurz vor dem Tor säumten die Statuen der in Stein gehauenen Pharaonen, gewaltig, majestätisch, göttergleich. Der Tempelbezirk war von einer mächtigen Steinmauer umgeben und wurde sorgsam von ausgewählten Kriegern bewacht. Zwischen den Säulenhallen wirkten die Menschen wie Zwerge. Wie die Ägypter hatten auch wir uns tief in der Nacht beim Isis-Tempel eingefunden. Denn hier erwartete man die Rückkehr der Göttin. Siebzig Tage waren nämlich ins Land gegangen, die es sie nicht mehr gab. Nun sollte der hellstrahlende Stern wieder erscheinen, erneut seinen Platz einnehmen an dem nächtlichen Himmel.

Nicht lange vor dem Beginn der Morgendämmerung löschte man im heiligen Hain und in den Tempeln alle Lichter und Fackeln. Über die ganze Stadt legte sich Stille. Wie die Ägypter blickten auch wir gespannt zum Horizont im Osten.

Und dann geschah es! Plötzlich sahen wir ein blitzendes Feuer aufglühen. Er war es! Er mußte es sein! Kein anderer Stern strahlte in einem solchen Glanz, kein anderer war so unverkennbar, so schön und majestätisch, wie eine Göttin eben nur sein konnte. Still und ergriffen blieben die Ägypter stehen. In demselben Augenblick strömte das rosenfarbene Licht des Sterns in das langgezogene Gebäude des Isis-Tempels hinein und traf auf den silbernen Spiegel, den die erhabene Statue der Göttin in ihren Händen hielt.

Als unmittelbar danach die Sonne in all ihrer Pracht rasch emporstieg, um die kurze Erscheinung des hellen Sterns wieder auszulöschen, fielen ihre ersten Strahlen auf die Statue der Isis, leuchtete sie vollständig aus. Alles andere lag in tiefem Schatten. Ein unglaubliches Schauspiel! Ich wußte nicht mehr, was ich denken, fühlen oder glauben sollte. War dies Wirklichkeit? War es ein Traum? Fasziniert und ergriffen schaute ich meinen Vater an. Sein Blick verriet mir, daß auch er ein solches Schauspiel noch nicht gesehen hatte. Die Statue der Isis stand auf einer schön gestalteten, niedrigen Säule. Vollendet hatte der Künstler die weibliche Figur geformt, gekleidet in ein anmutiges Gewand, das Antlitz fein geschnitten, die Lippen umspielt von einem unbeschreiblichen Lächeln.

„Die Göttin ist auferstanden! Sie ist wiedergeboren! Zurückgekehrt ist sie aus dem Totenreich!" scholl es aus dem Munde des Oberpriesters. Und die im Heiligtum versammelten Ägypter wiederholten andächtig seine Worte, erhoben ihre Hände, um die Göttin zu ehren. „Wir sahen es!... Wir sahen es!" riefen sie im Chor.

„Dank sei Dir, oh Isis, für diesen Augenblick der Freude!" fuhr Sonchis mit sanfter Stimme fort. Dann brachen die Ägypter in Jubel aus und feierten ein großes Fest, denn nun wußten sie, daß mit der bald eintreffenden Flut des Nil ein weiteres Jahr der Fruchtbarkeit kommen würde.[3]

Wir aber nahmen Abschied von dem weisen Oberpriester, verließen ehrfürchtig die heilige Stätte, und an demselben Morgen noch fuhren wir wieder stromabwärts, um zurückzukehren über das Meer nach Tyros.

„Worüber sinnst Du nach, Ahab? Glaubst Du, ein Schiff, das in den Hafen fährt, sei der rechte Platz zum Träumen!" riß mich Acharbas aus meinen Gedanken. Er hatte sich unbemerkt zu mir auf das Vorschiff begeben. Mein Vater war gewissenhaft, sehr genau, stets aufmerksam, und er erwartete dies auch von mir. Unwillig und vorwurfsvoll klang seine Frage. Er sah es nicht gern, wenn meine Aufmerksamkeit anderen Dingen galt und ich die Gelegenheit versäumte, zu beobachten und zu lernen, was für die Führung des Schiffes wichtig war. In der Tat hatten mich meine Gedanken abgelenkt und nur am Rande wahrnehmen lassen, wie unser Steuermann das Anlege-Manöver fuhr. So suchte ich keine Ausflüchte.

„Gewiß nicht! Und dennoch hat so manche kühne Tat mit einem Traum angefangen", erwiderte ich. „Soeben dachte ich zurück an das Geschehen in Sais. Ich glaubte bisher, in der Sternenkunde schon manches gelernt zu haben. Doch scheint es sehr viel mehr zu geben, was sich mir immer noch verschließt. Das faszinierende Schauspiel, das wir vor wenigen Tagen im Isis-Tempel sahen, erinnert mich daran, um wieviel weiter doch das Wissen der Ägypter geht. Wenngleich ich bereits vieles weiß und kenne, so ist es längst nicht genug, um mich zufriedenzustellen." Mit meiner sanften Antwort hatte ich den Unmut meines Vaters ein wenig gemildert und mir einige Sekunden Ruhe verschafft. Acharbas hob die Brauen, musterte mich erstaunt.

„Mit dem Lauf von Sonne, Mond und Sternen sind die Ägypter schon seit langer Zeit vertraut. Zudem wissen ihre Priester die Bewegungen und Zeichen der Gestirne mit großer Sicherheit zu deuten", bestätigte mein Vater. „Ihre Bauten richten die Ägypter oft genau nach bestimmten Sternen aus und erzielen dabei schier unglaubliche Wirkungen, die Einheimische wie Fremde überraschen. Die Erbauer des Isis-Tempels orientierten sich ohne Zweifel daran. In ihrem Heiligtum spiegelt sich in besonderer Weise die Sprache der Götter. Und über die Baumeister der gewaltigen, uralten Pyramiden, die von Sais zwei Tagesreisen stromaufwärts am westlichen Ufer des großen Flusses stehen, kann man das gleiche sagen. Für uns Seefahrer wird solches Wissen durchaus nicht schaden. Doch kommt es sehr viel mehr auf jene Kenntnisse an, die weniger eindrucksvoll erscheinen, aber dennoch äußerst nützlich sind."

Ungläubig, skeptisch schaute ich meinen Vater an.

„Genügt Dir das nicht?" fragte er, als er meine Blicke sah.

Acharbas machte eine kurze Pause, um dann ungehalten fortzufahren. „Ich sehe, Dich plagt die Begierde des Geistes, der zuviel wissen will. Schon oft lehrte ich Dich, vor allem jene Zeichen zu lesen, mit denen die Welt zu uns Seefahrern spricht. Ich schäme mich fast, zu wiederholen, was Du doch längst selbst erkennen müßtest: Uns ist nicht aufgegeben, die letzten Dinge zu erkunden; den nächstliegenden gilt vielmehr unsere Aufmerksamkeit." Die Worte meines Vaters enttäuschten mich, hatte ich doch gerade erst angefangen, über das Alltägliche hinauszublicken.

„Ist es denn nicht so, daß man von den Priestern in Sais sehr viel mehr über die Sterne erfahren kann, was uns vielleicht doch dient?" fragte ich hartnäckig. Acharbas runzelte seine Stirn. Er schien etwas ärgerlich darüber, daß ich seinen Hinweis nicht gebührend beachtete. Aber dann entschloß er sich nach kurzem Zögern, mir mehr zu sagen, als er zunächst für nötig hielt.

„Das mag sein! Doch messen die Ägypter schon seit langer Zeit den Erscheinungen am Himmel eine herausragende Bedeutung zu. Ihr Verhältnis zu den Gestirnen ist daher umfassender als das unsrige. Die Priester brauchen zur Ergründung der Geheimnissse des Himmels viele Jahre, ehe man sie 'Eingeweihte' nennen kann. Sie bewahren jedoch nicht nur in diesen Dingen großes Wissen. Im 'Haus der Bücher' gibt es auch zahlreiche Schriften über die Magie der Zahlen, die Mysterien der Natur, die Medizin und viele andere Dinge. Die gelehrten Männer sammeln zudem wichtige, seltene Schriften und sind bestrebt, alles über die fernere Vergangenheit der Ägypter und anderer Völker zu erfahren. Sie tun dies, wie sie stets betonen, damit die Weisheit niemals stirbt. Ansehen und Kraft behalten Wissen und Weisheit jedoch nur, solange sie sorgsam gehütet, manchmal sogar verborgen bleiben und nicht jedem beliebigen zugänglich werden. So gehen die Priester einerseits mit ihren Geheimnissen vorsichtig und klug um. Nur unter strengen Auflagen kommt es vor, daß sie ihre Kenntnisse an Fremde geben. Doch wie Du an meinem Beispiel siehst, ist andererseits gerade in unserer Zeit die Neigung der Ägypter ausgeprägt, das Wissen und die Fähigkeiten manches Fremden zu würdigen und zu nutzen."

Acharbas schwieg nun, und ich war zufrieden, denn meine Beharrlichkeit hatte wieder einmal obsiegt. Ich erfuhr schließlich doch, was ich so dringlich zu wissen begehrte, setzte durch, wonach der Sinn mir stand.

2

Mein Vater Acharbas hatte in seiner Heimatstadt Tyros als kluger Handelsherr und kühner Seefahrer hohes Ansehen und beachtlichen Reichtum erworben. Was er auch angepackt, was immer er unternommen hatte, es war ihm gelungen. So schien es, als sei ihm stets unvermindertes Glück beschieden, als lächelten die Götter für immer diesem erstaunlichen Mann. Unbeugsam war sein Wille, schnell sein Verstand. Es gab keine Route und keinen Hafen, von Tyros bis zum fernen Westen und von dort bis nach Ägypten, die er nicht kannte, und selbst nach Ophir[4] und zum Lande Punt führten einst seine kühnen Fahrten.

Sein Können und sein Wagemut waren auch dem Pharao Necho[5] bekanntgeworden. So beauftragte ihn der Herrscher Ägyptens im achten Jahre seiner Thronbesteigung, mit sieben Schiffen Libyen zu umsegeln, dabei von Ägypten aus zunächst nach Süden zu fahren und schließlich über die Meerenge, die wir Tyrer 'Säulen des Melkart', die Hellenen aber 'Säulen des Herakles' nennen, wieder nach Ägypten zurückzukehren und alles zu berichten, was er gesehen hatte.[6]

Dank der gütigen Vorsehung der Götter glückte das gefahrvolle und fast drei Jahre dauernde Unternehmen, und die Freude war groß, als Acharbas, von Pharao Necho reich beschenkt, mit seinem Schiff nach Tyros kam und meine Mutter Elischa und mich in die Arme schloß. Seinen genauen Bericht aber hatte der Pharao sogleich aufschreiben lassen, und so kommt es, daß der Name meines Vaters in den Büchern der Priester von Sais steht.

Ich selbst war bei der Rückkehr meines Vaters aus Ägypten erst zwölf Jahre alt, und dennoch hatte ich bereits eine genaue Vorstellung von den Mühen und Gefahren, aber auch von der Faszination und Verlockung, die mit der Seefahrt verbunden waren. Zudem ließen mich die Erzählungen meiner Mutter schon frühzeitig erahnen, daß unser großes Ansehen und unser Reichtum auf den Handelsfahrten meines Vaters, aber auch meines Großvaters beruhten. Man hatte mich nach meinem Großvater genannt, einem Judäer, der im Kindesalter nach Tyros gekommen und dort zu einem erfolgreichen Kaufmann geworden war. Er hatte die Tochter, das einzige Kind, eines tyrischen Handelsfahrers zur Frau genommen, doch die Bedingung erfüllen müssen, zur See zu fahren und die Götter von Tyros zu achten. Das war ihm nicht schwergefallen, so hörte ich unzählige Male von meiner Mutter.

Elischa liebte es, mir Geschichten zu erzählen. Auf diese Weise versuchte sie, ihre Einsamkeit zu überwinden und ihre Sehnsucht zu stillen, die sie besonders an den vielen Abenden empfand, wenn die lange Abwesenheit meines Vaters ihre Stimmung drückte. Mit leiser und einschmeichelnder Stimme erzählte Elischa mir fast jeden Abend beim sanften Licht der Öl-Lampen von Göttern und Königen, vor allem aber von dem Seefahrer, der mit großen Reichtümern aus fernen Ländern wiederkehrte. Dabei gab sie mir ein Gefühl der Geborgenheit und ermahnte mich zugleich zur Ehrfurcht gegenüber den Göttern. Immer wieder von neuem lauschte ich gebannt diesen Geschichten.

Genauso wie die Erzählungen meiner Mutter hatten mich die Geschäftigkeit und das bunte Treiben in den Häfen von Tyros[7] seit frühester Kindheit in ihren Bann gezogen. Schon bevor mein Vater im Auftrag des Pharao Necho von Ägypten zu seiner langen Seefahrt aufgebrochen war, erklärte ich, ihm nacheifern zu wollen. Acharbas hörte dies nicht ungern, und so gab er mich in die Obhut des Melkart-Priesters Etbal, dem er auftrug, mir das Lesen, Schreiben und Rechnen und manche anderen, aus seiner Sicht nützlichen Kenntnisse, wie die Geschichte der Völker, die Lage und Verteilung der Länder und Meere, die Sternenkunde sowie die Sprachen der Ägypter und Hellenen beizubringen. Auch mit den Göttern, den Sitten und der Dichtkunst anderer Völker sollte mich der Priester bekanntmachen.

Der gelehrte Mann wohnte nicht weit von unserem Hause und unterrichtete auch die Söhne – selten allerdings die Töchter – der anderen Vornehmen und Reichen, die Wert auf Wissen legten und genügend Mittel hatten, seine Bemühungen zu bezahlen. Zehn Jahre besuchte ich die strenge Schule des weit über Tyros hinaus bekannten Priesters, lernte alles, was Acharbas von Nutzen glaubte für die Seefahrt, und dennoch ließ mein Wissensdurst nicht nach. Nie mußte mich der weise Mann ermahnen. Auch das Verbot, Etbals Erzählungen und Lehren aufzuschreiben, schreckte mich nicht. Ich fand es leicht, mir alles einzuprägen und auf Verlangen auswendig herzusagen. Der Priester hörte stets mit großem Wohlgefallen, wie gut ich seine Lehren kannte und selbst manche Verse des Homeros über die Fahrten des Odysseus vorzutragen wußte.

Jedesmal, wenn Acharbas von einer Handelsfahrt zurückkehrte, prüfte er mein Wissen und gab mir aus seiner reichen Erfahrung höchst praktische Dinge preis, die mich in Erstaunen setzten und stets aufs neue meinen Ehrgeiz steigerten. Turmhoch stand mein Vater über allen – und ich abgrundtief unter ihm. Seine gigantische Gestalt warf auf mich einen beängstigenden Schatten. Bedrückend war dies. Es schmerzte mich und durfte nicht so bleiben! Eines Tages, so schwor ich mir bald, würde ich genauso sein, ihn gar übertreffen.

Rasch flogen die Jahre dahin und es kam jener aufregende Tag, seitdem es mir vergönnt war, an den oft recht kühnen Handelsfahrten teilzunehmen. Denn Acharbas gehörte zu den wenigen Männern, die es nicht selten wagten, den kürzesten Weg direkt über das Meer zu nehmen. Ihn schreckte es nicht, wenn er für einige Tage das Land nicht mehr sah. Auch ich gewöhnte mich schnell daran, verlor die Furcht, die andere Seeleute ihr Leben lang begleitete. So kam ich nach Kition, Ialysos, Thasos, Tekke[8] und schließlich nach Sais in Ägypten.

Auf diesen Fahrten vermehrte ich unter der strengen Aufsicht meines Vaters rasch mein Wissen und eignete mir eine Fülle praktischer Fertigkeiten an. Ich empfand aber auch immer große Freude, wenn wir wohlbehalten nach Tyros kamen. Doch ließ ich selbst die Zeit zwischen den manchmal langen Handelsfahrten nicht nutzlos verstreichen. Oft suchte ich dann im Tempel des Melkart den Priester Etbal auf. Der wissensreiche Mann unterhielt sich gern mit mir, blieb mir stets eng verbunden.

Ich setzte mich zudem mit meinem lang gehegten Wunsche durch, nämlich das Reiten zu erlernen. Für einen Seefahrer war dies gewiß ungewöhnlich, und Acharbas war anfänglich dagegen. Er meinte, nur Krieger und wilde Wüstenräuber stiegen zu Pferde. Selbst mein Einwand, daß sich nicht selten auch Könige aufs Reiten gut verstünden, brachte Acharbas zunächst nicht ins

Wanken. Schließlich gab er aber seinen Widerstand auf. Das war nicht leicht, doch kam ein Zufall mir zu Hilfe.

Es lebte nämlich am Rande unserer Stadt ein Händler, Edomiter von Geburt, mit seiner Frau und seinen zwei fast erwachsenen Söhnen. Ich kannte die beiden erst kurze Zeit, sah sie manchmal im Melkart-Tempel. Sie kleideten sich wie alteingesessene Tyrer, beteten zu unseren Göttern, und wie mir, so verlieh auch ihnen der spärliche Flaum eines dunklen Bartes, der auf Wangen, Oberlippe und Kinn wucherte, den ersten Anschein von Männlichkeit. Der Kaufmann, der sich Bela nannte, schickte seine Karawanen regelmäßig in ferne Städte und Länder. Sogar bis nach Saba, weit im Süden, sollen sie gekommen sein. Neben den Tragtieren besaß der Edomiter auch zwei schöne Pferde. So begab es sich eines Tages, daß Hadad, der älteste seiner Söhne, nicht weit von der Stadtmauer auf felsigem Boden mit dem Pferde stürzte und ohnmächtig liegenblieb. Ich weilte zufällig dort, sprang herzu, holte Wasser von einem nahen Brunnen, kühlte ihm die Stirn und half ihm auf. Als Dank lehrte er mich bald danach das Reiten. Und am Ende war Acharbas sogar stolz, als die Gelegenheit kam, meine Künste vorzuführen.

Im übrigen jedoch lebte ich nach den Sitten und Gebräuchen der Handelsfahrer, die von den anderen Menschen in manchen Dingen sehr verschieden waren. Dazu gehörte es, daß wir nach jeder Reise im Melkart-Tempel ein reiches Opfer brachten, denn mein Vater achtete die Götter. Er schätzte aber auch die Priester und legte Wert darauf, daß sie ihm gewogen blieben.

Unsere Männer sahen es im übrigen gern, wenn man nach gemeinsam überstandener Gefahr die Erleichterung und Freude gelegentlich mit ihnen teilte. So lernte ich frühzeitig das bunte und ausgelassene Leben in den Hafenschenken kennen. Dabei wußte Acharbas die Mannschaft unseres Schiffes oft zu überraschen, wenn er sich für treue Dienste großzügig erkenntlich zeigte. An gutem Wein, wohlschmeckenden Speisen und schönen, jungen Mädchen fehlte es dann nicht. Denn mein Vater wünschte, daß seine Männer zwischen den schweren Mühen und Gefahren, die überstanden waren und den vielleicht schwereren, die noch vor ihnen lagen, sich nach Herzenslust ihres Lebens freuten.

Die Götter wollten es, daß eines Abends nach erfolgreich abgeschlossener Reise eine junge Ägypterin, die in der von uns beinahe regelmäßig besuchten Hafenschenke die Gäste mit Speisen und Getränken bediente, mir schöne Augen machte. Sie nannte sich Sitamun und stammte aus der Stadt Memphis.[9] Das Schicksal hatte die Ägypterin bereits im jugendlichen Alter nach Tyros verschlagen, wo sie die Frau eines bekannten Elfenbeinschnitzers wurde. Als dieser schon nach kurzer Zeit starb, verdingte sich die schöne Frau beim Wirt der Hafenschenke, um ihren Lebensunterhalt zu bestreiten. An ihr fand ich Gefallen.

So kam es, daß ich manche Nacht bei der jungen Witwe im Handwerkerviertel unserer Stadt verbrachte. Bald liebte ich die Nacht mehr als den Tag, den flackernden Schein der Öl-Lampen mehr als das Licht der Sonne und das Flüstern der schönen Ägypterin mehr als das Streben nach Reichtum. Acharbas und Elischa sahen dies nicht gern. Sie fürchteten, daß diese Verbindung nichts Gutes bringen würde. Doch es gelang mir schließlich, sie zu beruhigen, zumal der Melkart-Priester Etbal mir zu verstehen gab, all dies gehöre zum gewohnten Leben. Eine Zeitlang ließ ich mich vom Wirbel dieser Freuden treiben.

Auch unsere in Tyros lebenden Verwandten, Elischas Brüder und ihre Familien, sahen mein Verhalten eher gelassen, und in unserem Freundeskreis kümmerte man sich nicht um solche Fragen. In der Tat waren wir mit vielen Leuten bekannt. Die besten Geister der Stadt, gelehrte Priester, Annalenschreiber und Dichter, durfte Acharbas zu seinen Freunden zählen. Man traf sich häufig – und besonders gern in unserem Hause, redete miteinander und genoß das Leben.

Mein Vater hatte unmittelbar nach seiner Rückkehr aus Ägypten in dem auf dem Festland gelegenen Teil von Tyros ein neues, geräumigeres Haus bauen und großzügig herrichten lassen, so daß es den prachtvollen Häusern kaum nachstand, die sich auf der nur wenige Stadien[10] vor dem Festland liegenden Insel befanden. Es war an die zwanzig Ellen[11] breit und vierzig Ellen lang, lag direkt am Meer und hatte sechs große Räume, die um einen schönen Innenhof mit Akazienbüschen, Oleandersträuchern, eigenem Brunnen und sorgfältig gearbeiteter Zisterne gruppiert waren. Ein fein ausgeklügeltes System der Kanalisation unterhalb des Mosaikfußbodens sorgte in den Sommermonaten für angenehme Kühle und in der kälteren Jahreszeit für wohlige Wärme, wenn man das Wasser erhitzte, bevor es durch die steinernen Leitungen strömte.

Für die Feuerstelle hatte Acharbas einen eigenen Raum einrichten und den direkt daneben liegenden Raum mit einer aus einem einzigen Stein gehauenen Sitzbadewanne ausstatten lassen. Alle Innenwände des neuen Hauses waren mit großen Tier- und Pflanzenmotiven farbig bemalt und mit herrlichen Ornamenten versehen. Türen und Decken hatten sidonische Handwerker aus Zedernholz gefertigt. Man bewunderte sie genauso wie die schön gearbeiteten Tische, Sessel und Betten, denn ein tyrischer Meister voller Kunstsinn hatte sie mit Elfenbein verziert.

In den Fußboden des zum Meer hin gerichteten großen Wohnraums war mit weißen Steinen das Zeichen der Göttin Astarte eingelegt, und schließlich fehlte auch ein in den Fels unterhalb des Fußbodens geschlagener Raum nicht, in dem mein Vater den größten Teil seiner reichen Schätze an Gold und Silber sowie die herrlichen Geschenke des Pharao bewahrte und dessen Zugang für Fremde nicht erkennbar war.

Etwa drei Stadien von unserem Haus entfernt lagen die steinernen Kais des Hafens, wo stets Geschäftigkeit herrschte. Nur selten trug der Wind die vielfältigen Gerüche, den Lärm vom Hafen und von dem nahen Markt zu uns herauf. Auch verirrten sich die lärmenden Scharen der Seeleute nie in unser Viertel. Unsere Nachbarn waren reiche Kaufleute, Seefahrer, Künstler, hochrangige Priester. Sie bildeten mit meinem Vater die angesehensten Bewohner des auf dem Festland gelegenen Teils unserer Stadt.

Hier hatte man den reichlich vorhandenen Platz genutzt, großzügige Gärten und Wege angelegt. Auch prangten die Häuser der Vornehmen und Reichen mit üppigem Grün. Und nicht zuletzt bewahrte man hier getreulich die Überlieferung und althergebrachte Sitten, hatte Ehrfurcht vor den Göttern, während so mancher Vornehme und Reiche, der auf der Insel wohnte, dem Reiz der Macht und anderen Verlockungen erlag.

Mein Vater liebte es, den Wein ausgiebig zu genießen, mit guten Freunden zu plaudern und stets neu zu ergründen, was in der Welt geschah. Vorsichtig ging er bei solchen Gelegenheiten mit seinem eigenen Urteil um. Allein mit Jerubaal, dem gelehrten Annalenschreiber von Tyros, wagte es Acharbas, Wissen und Urteil vollständig auszutauschen.

Das hohe Alter und die Gebrechlichkeit des Freundes zwangen Acharbas allerdings dazu, den Weg zu ihm zu suchen. Dort aß er stets zuviel von süßem Kuchen, sah keine Grenze beim Genuß des Weins. Nicht selten kam es dann vor, daß mein Vater nach rauschseligem Gelage sich in der Nacht verirrte und im Gewirr der Gassen sein eigenes Haus nicht mehr fand. Daher begleitete ich ihn bald regelmäßig, hielt mich beim Wein zurück und labte mich statt dessen an anderen köstlichen Getränken.

Ich weilte gern im Hause des Gelehrten, denn es war angehäuft mit alten Chroniken, Sammlungen heiliger Schriften und Werken über Sternenkunde. Nichts blieb mir davon verschlossen, und so konnte ich nach Herzenslust meine Wißbegier stillen. Nie wurde mir der Abend zu lang, und heimlich lauschte ich dabei dem Gespräch der beiden wissensreichen Freunde.

Mit lockerem Munde redeten die erfahrenen Männer oft Stunde um Stunde von den finsteren Machenschaften der mächtigen Herren unserer Stadt. Umso mehr sprachen sie dem Weine zu und ertränkten ihre Ahnungen, ihren Zorn, da sie nicht taub und blind waren für die Geschehnisse der Zeit. Früher als andere erkannten die beiden geborenen Tyrer das herannahende Unheil und die schlimme Not. Mit klaren Augen sahen sie die verderbliche Entwicklung und hofften doch, daß es gelingen möge, das Rad des Geschehens aufzuhalten. Sie berauschten sich an dem Gedanken, zu ändern, was doch nicht zu ändern war.

3

Es geschah im zehnten Jahre nach Acharbas' glücklicher Heimkehr von seiner langen Reise im Auftrag des Pharao, als an dem wohl heißesten der Sommertage ein Bote Ithobaals,[12] des Königs von Tyros, in unser Haus kam. Acharbas selbst hatte die Tür geöffnet. Er kannte den Boten und hieß ihn willkommen. Gemächlichen Schrittes begaben sich beide in den kühlen Wohnraum, denn es war Mittagszeit. Dort setzten sie sich nieder. Auf einen kurzen Wink erschien Isebel, die Dienerin meiner Mutter, mit erfrischenden Getränken.

Mein Vater war ungewöhnlich groß, sein Körper schlank und biegsam, sein Haar noch dunkel. Sein Gesicht trug nur wenige Spuren der nun schon fünfzig Lebensjahre. Die geistige Überlegenheit und die Erfahrung, die sich in seinen Zügen malte, wurde kaum überdeckt durch eine gewinnende Freundlichkeit, ein mildes Lächeln in den braunen Augen. Ein dunkler Vollbart mit einigen grauen Strähnen zierte die untere Hälfte seines Gesichts und ließ ihn selbst in seinem Alter recht jung, aber dennoch ehrwürdig erscheinen.

„Was führt Euch her zu dieser ungewöhnlichen Stunde? Gibt es Neuigkeiten, die ich alsbald wissen muß?" begann Acharbas den Boten auszuforschen. „Erst gestern bin ich aus Ägypten wieder nach Tyros zurückgekehrt."

„Der König wünscht Euren Rat und erwartet Euch am folgenden Morgen in seinem Palast", ließ sich der Bote Ithobaals nach der freundlichen Begrüßung vernehmen. „Ihr werdet nicht der einzige sein, den der König rufen läßt, aber wie Ihr wißt, schätzt Ithobaal die große Erfahrung der Handelsherren und Seefahrer von Tyros, da sie die Menschen und die Verhältnisse in anderen Ländern recht gut kennen."

„Dann wird der König wohl ein wichtiges Vorhaben planen?" Acharbas erwartete, mehr zu hören.

„So wird es sein", lautete die knappe Antwort.

Während sich der Bote nach diesen Worten erhob und schon zum Gehen wandte, hielt Acharbas ihn mit einer Handbewegung zurück.

Niemals zuvor war ich dem Mann begegnet. Für mich verkörperte er die Gestalt des Bösen. Auch äußerlich. Er war einäugig. Ihm fehlte ein Ohr. Seine Stirn war so niedrig, daß die dunklen Haare mit den struppigen Brauen fast zusammengewachsen schienen. Die Nase sprang knochig aus dem Gesicht hervor, und in den weiten Nasenlöchern sah man Büschel schwärzlicher Haare. Er war klein und dick. Sein Gewand verdeckte die Häßlichkeit nur unvollkommen. Zudem hatten die Pocken sein Gesicht zerfressen, und seine Stimme klang schrecklich, eines Tyrers unwürdig. Die Bewegungen des recht alt aussehenden, unförmigen Mannes wirkten ungeschlacht, ruckhaft. Er benahm sich, als fürchte er beständig eine Gefahr. Für mich hatte Ithobaals Bote etwas Beunruhigendes, fast Unheimliches an sich.

„Was bewegt den König zu der so plötzlich einberufenen Versammlung?" fragte mein Vater den Boten. Acharbas war mißtrauisch gegenüber dem vorgebrachten Verlangen, und seine Stimme klang besorgt.

Mein Vater wußte, daß König Ithobaal nicht nur in seinen Augen als habgierig und machtsüchtig galt. Viele einflußreiche Männer in Tyros, aber auch in Sidon, in Byblos und selbst in Jerusalem und Sais glaubten, daß Ithobaal gern Ränke schmiedete und seine eigenen Fähigkeiten häufig überschätzte. Zudem mißgönnte Ithobaal anderen Tyrern die Größe, die Schönheit, den Reichtum und den Ruhm, vor allem wenn dieser sein eigenes Ansehen zu übertreffen schien. Kein Mittel scheute er, das Verdienst anderer in den Staub zu treten. Ehrgeiz und Eitelkeit fraßen an ihm und trieben ihn nicht selten zu unbedachtem Handeln. Ihn fesselte Schönheit nur, wenn sie kostbar war, und Größe nur, um sich an ihr zu messen. Ihm ging es um Gewinn für sich und nicht um Tyros. Das war nicht von Anfang an so.

Schritt für Schritt war Ithobaal der machtgierige und ruhmsüchtige Herrscher geworden. Eine bezaubernde, scheue Anmut hatte ihn einst als Jüngling ausgezeichnet, und nur durch unbeschreibliches Glück war ihm die Königswürde zugefallen. Der leichte Aufstieg entfachte seinen angeborenen Stolz jedoch zu einem verzehrenden Feuer, so daß der Hochmut Ithobaals schließlich die Grenzen des natürlichen Selbstgefühls überstieg. Berauscht von seiner eigenen Sicht der Dinge betrachtete er jede andere Meinung als Verrat. Die große Macht hatte alles Gute in ihm allmählich abgetötet. So will der König bald nur noch seinen eigenen Willen bestätigt hören, begehrt blinde Zustimmung für sein Wort. Wer ihm abrät, scheint seine Größe zu bezweifeln. Wer Ithobaal widerspricht, bestreitet ihm seinen Ruhm, will ihm gar seinen Platz rauben und ihn im Innersten seiner Seele treffen.

Des Königs Gefolgsleute schürten diese Neigung nach Kräften und bestätigten ihm täglich aufs neue, daß er bestimmt sei, die Welt neu zu ordnen. Bald wich seine anfängliche Vorsicht blinder Kühnheit, die zunächst Staunen, dann aber auch Furcht erregte. Ein offen ausgesprochener Zweifel, ein unvorsichtiges Wort oder sinnreicher Scherz fanden rasch den Weg zum König. Ebenso prompt wurde der Betroffene zum Verhör geholt und grausam bestraft.

Dabei ließ der König es gerne zu, daß seine Strenge und Grausamkeit durch gezieltes Gerede noch übertrieben wurde, um seinen Gegnern zusätzlichen Schrecken einzujagen. Denn er glaubte, die Menschen hegten mehr Ehrfurcht vor einem grausamen als vor einem gütigen Herrscher und sähen Milde eher als eine Schwäche an. Die Rechnung stimmte, und schließlich wagte es niemand mehr, ihm in den Arm zu fallen.

Nicht selten hörte man seit einiger Zeit schon das Gerücht, daß Ithobaals

Leute mit Gold und anderen Kostbarkeiten Zustimmung und Wohlverhalten manch angesehener Tyrer kauften. Bestechlichkeit und Korruption bildeten inzwischen eine unfaßbare Macht, denn niemals wurde ein Beweis ans Licht gebracht. Ihr wahres Ausmaß blieb im dunkeln. Nur bemerkte man, daß selbst die einst Widerspenstigen und Skeptischen den Plänen des Königs plötzlich gewogen schienen.

Das alles war Acharbas bekannt, und deshalb hegte er großes Mißtrauen, hielt den Boten ein wenig auf. Doch auf die besorgte Frage konnte der Bote keine erschöpfende Antwort geben, so daß mein Vater ihn mit guten Wünschen entließ. Acharbas verharrte einen Augenblick in Gedanken, strich sich dann mit der Hand über die Stirn, als wollte er einen bösen Traum verscheuchen.

Ich hatte meinen Vater selten so schweigsam und in seinem Innersten so unruhig gesehen wie an diesem denkwürdigen Tage. Gereizt schritt er bald nach dem Weggang des königlichen Boten im Innenhof unseres Hauses auf und ab, schickte jeden fort, der sich ihm näherte. Die wenigen Andeutungen des Boten Ithobaals beschäftigten Acharbas viele Stunden, fürchtete er doch, daß der König erneut Ränke schmieden würde, denen man sich kaum entziehen konnte. Mein Vater fühlte es wohl: Die Zeit des Wartens und Geduldens neigte sich dem Ende zu; die Stunde der Entscheidung nahte. An diesem Tage sah ich Acharbas nicht mehr lächeln. Ungesprächig, verschlossen, in eine Wolke von Einsamkeit gehüllt, ließ er sich kaum noch blicken. Niemand ahnte, an welche Ungeheuerlichkeit er dachte. Selbst vor mir verbarg er sein Geheimnis.

So unterließ ich es, ihn mit Fragen und Bemerkungen zu bestürmen, sondern beschloß, den Priester Etbal aufzusuchen.

Es war bereits später Nachmittag. Nur hundert Schritte mußte ich bis zum Hause des Gelehrten gehen. Auf mein Klopfen öffnete sich bald die Tür. Aber statt des Priesters erschien dort seine junge Dienerin. Unwillig, griesgrämig schaute sie mich diesmal an. „Der Priester ruht noch", ließ mich die Dienerin wissen. „Und außerdem ..."

Sie redete nicht weiter, denn von drinnen hörte man jetzt Etbals Stimme. Und einen Augenblick später stand er in der Tür.

„Ahab! Kommt herein!" Etbal war überrascht, musterte mich freundlich. Gleichwohl fürchtete ich, mein Besuch sei ungelegen. Daher zögerte ich, wollte schon fragen. Doch bedeutete mir der Priester, ihm in den Innenhof zu folgen. Gemächlich schlurfte er durch den engen Flur und trat dann ins Freie.

„Bring' uns Wein!" befahl er der Dienerin, bevor sie sich, immer noch mißmutig, leise entfernte.

Etbal zählte zu den angesehensten Männern unserer Stadt. Dennoch brachten ihm die Gelehrsamkeit und die milde Art, mit der er den Ruhm seines Namens geltend machte, weniger Zuneigung ein, als er verdient gehabt hätte.

Der Priester war nun schon über sechzig Jahre alt und im übrigen klein von Gestalt. In seiner Jugend hatte ihn sein unbändiger Wissensdrang nach Jonien, Babylon und Sais geführt. Dort hatten ihn die weisen Priester nach strenger Prüfung aufgenommen und viele Jahre unterrichtet. Er gehörte zu den wenigen Auserwählten, die in größter Abgeschiedenheit und harter Zucht aus uralter Weisheit schöpfen durften, doch selbst ihm enthüllten die Gelehrten nicht alles.

Nachdem Etbal sich unendlich langsam auf ein Kissen niedergelassen hatte, fuhr er sich mit der Hand über die Augen.

„Ja, ich fühle mich müde", bekannte der Priester freimütig, als er meinen verlegenen, schuldbewußten Blick bemerkte, „aber Ihr seid sicher nicht hergekommen, um meine Klagen anzuhören!" Etbal war anders, stand höher als die gewöhnlichen Menschen und zog mich auch jetzt noch in seinen Bann. Er schien in mich hineinzusehen und in meiner Seele zu lesen.

„Verzeiht, ehrwürdiger Priester, wenn ich Eure Ruhe störe!" begann ich, noch immer unschlüssig. „Eine gewisse Sorge führt mich zu Euch. Ein Bote Ithobaals war zur Mittagszeit in meines Vaters Hause. Er überbrachte die Einladung zu einer baldigen Versammlung im Palast des Königs. Aber ... aber vielleicht sollte ich Euch damit nicht weiter quälen und lieber gehen!"

„Nein, Ahab! Ihr dürft mich jetzt nicht hinhalten! Ihr habt außer mir auch meine Neugier geweckt. Und selbst wenn ich mich erneut zur Ruhe legte, so würde meine Neugier doch wach bleiben und meinen Schlaf verhindern. Also bleibt und sagt, was Ihr zu sagen habt!" Die Dienerin kehrte mit einem Mischkrug und zwei silbernen Bechern zurück, schenkte uns ein. Sofort kostete Etbal den Wein, nahm einen großen Schluck und seufzte.

„Für einen alten Priester gibt es nichts Herrlicheres, als guten Wein zu trinken und von Dingen zu hören, die manch Geheimnis bergen." Nach diesen Worten schaute er mich erwartungsvoll an.

So erzählte ich dem vertrauten Lehrer, welche Besorgnis Acharbas im Hinblick auf die Versammlung beim König fühlte.

„Auch bei den Priestern ist die Aufforderung Ithobaals bekannt", antwortete Etbal nach kurzer Überlegung. „Was er im einzelnen will, ließ er auch uns nicht wissen. Man hört jedoch von einigen Vertrauten des Königs das Wort vom Krieg. Ob das der Wahrheit entspricht, kann ich nicht sagen. Allerdings vernahm ich aus Jerusalem das gleiche. Bei den Judäern gehen mancherlei schlimme Prophezeiungen bereits von Mund zu Mund."

„Krieg? Hat unsere Stadt denn Feinde?" fragte ich.

„Darüber pflegt in Tyros der König zu entscheiden."

„Haben die Götter in dieser Hinsicht nichts zu sagen?" Meine Frage überraschte Etbal, verscheuchte bei dem Priester die letzten Spuren der Müdigkeit. Zunächst glaubte ich, bei ihm den Anflug eines Lächelns zu erkennen. Dann betrachtete er mich ernst.

„Gewiß, Ahab! Sie werden mit ihrem Urteil nicht lange zögern." Grimmig klangen die Worte meines früheren Lehrers. Er schien mehr zu wissen, scheute sich aber wohl, mir dies zu sagen.

„Und die Priester?" bohrte ich weiter. „Schauen sie tatenlos zu? Selbst in anderen Ländern, so habt Ihr mich einst gelehrt, entscheiden oft die Priester über Recht und Unrecht."

„Was ist Recht und was Unrecht?" erwiderte Etbal, und seine Lippen formten sich zu einem milden Lächeln. „Für den tyrischen König ist Recht, was er wünscht, und Unrecht, was seine Gegner wünschen. Das ist eine einfache Lehre, die das Leben und das Herrschen leichter macht!" Etbal seufzte, überlegte.

„Und die Priester?" erinnerte ich ihn.

„Ach ja, die Priester! Ihre Macht kennt derzeit enge Grenzen. Solange wir uns entsinnen können, war dies noch nie vorher der Fall. Eine ganze Weile schon mißachtet Ithobaal ihren Rat. Der König ist zum Sklaven seiner Einbildung geworden; er glaubt an das, was er erhofft, wendet sein Gesicht von der Wahrheit ab, schließt gern die Augen vor den Dingen, die ihm unbehaglich sind. Doch wer die Geschichte der Menschen kennt, den überrascht dies nicht. Machtgier und Neid beherrschen die Welt. Das war immer so, und niemals wandelt sich der Mensch." Etbal machte eine Pause, atmete schwer.

„Die Worte der Priester galten einst mehr als die der Könige von Tyros", fuhr Etbal grimmig fort, „doch heute erschrecken wir vor dem Verderben, das Ithobaal durch seine Verstocktheit sät. Aber es kommt gewiß der Tag, da ihn die Wahrheit wie ein Pfeil durchbohrt. Dann wird seine Freude dahinschmelzen, und er wird einsam bleiben in seiner Trauer, verlassen auch von den Göttern!"

Nur wenig hatte ich durch das Gespräch mit Etbal erfahren, doch dies genügte mir, um Unheilvolles zu befürchten. Kein Zweifel – es drohte Schlimmes, vielleicht sogar Verderben. Ich begann unruhig zu werden, denn auch ich hatte Wein getrunken, und der Abend nahte. So dankte ich dem ehrwürdigen Priester, nahm Abschied von ihm und machte mich auf den Heimweg. Die Sonne war schon tief herabgesunken, und ich mußte mich beeilen.

Schon im Wohnraum unseres Hauses traf ich auf meinen Vater. Regungslos hörte er sich an, was ich von meinem Gespräch mit Etbal erzählte. Finster, undurchdringlich blickte er danach auf das Meer hinaus. Und immer noch schwieg er. Auch bei Tisch änderte er sein Verhalten nicht. Ab und zu warf er einen verstohlenen Blick zu Elischa hinüber, sah aber sofort wieder weg, wenn er bemerkte, daß sie ein Gleiches tat. Erst nach dem üppigen Abendessen, das Elischa mit Hilfe ihrer nur wenig jüngeren Dienerin Isebel bereitet hatte, und einigen Bechern herrlichen Weines aus dem von sidonischen Handwerkern gefertigten silbernen Mischkrug brach Acharbas zur Überraschung aller endlich sein Schweigen.

„Du wirst morgen mitkommen, Ahab. Ich fühle, daß die Versammlung beim König anders verlaufen wird als sonst. So wirst Du viel dabei lernen." Ich glaubte einen Moment lang, zu träumen. Doch ehe ich etwas sagen konnte, hatte Acharbas den Raum verlassen.

4

Finster, ohne ein Wort zu sprechen, trat Acharbas am folgenden Morgen aus dem Haus. Ich begleitete ihn, wagte nicht, seine Gedanken zu stören. Wir ließen uns ziemlich früh vom Festland-Hafen aus zu der vorgelagerten und von mächtigen Mauern umgebenen Insel rudern, denn unser eigenes Schiff lag wie immer im südlichen, dem ägyptischen Hafen des im Meere gelegenen Teils von Tyros. Die Überfahrt über den etwa drei Stadien breiten und an einigen Stellen recht tiefen Wasserstreifen, der die Insel von dem Festland trennt, dauerte nicht lange. Dennoch dachte ich während dieser Zeit über vieles nach, was mich sonst kaum berührt hatte, sondern mir stets als selbstverständlich erschienen war. Nun erst wurde mir bewußt, wie schön und prachtvoll Tyros auf jeden wirken mußte. Gewiß – auch andere Städte am Meer waren reich an schönen Palästen. Doch Tyros übertraf sie alle durch den ausgesuchten Geschmack seiner Bauten und die Ehrwürdigkeit seiner Tempel. Nirgendwo sonst hatte ich etwas Vergleichbares gesehen. Vor allem kam mir die Großartigkeit des Melkart-Tempels in den Sinn.

Der gewaltige Bau beeindruckte nicht nur durch seine harmonische Aufteilung in verschiedene, herrlich gestaltete Räume, von denen der schönste mit einer fast sechs Ellen hohen Statue des Gottes ausgestattet war. Seine außergewöhnliche Schönheit und Berühmtheit rührte auch daher, daß der Vorhof des Tempels von zwei prachtvollen Säulen begrenzt wurde, von denen die eine mit reinem Gold überzogen und die andere aus smaragdgrünem Glas war und bei Nacht leuchtete. In dem Vorhof brannte ein ewiges Feuer, dessen blauer Rauchfaden sich im Himmel verlor. Ich hielt es deshalb nicht für übertrieben, wenn die Menschen, die aus fremden Städten und Ländern nach Tyros kamen, die Schönheit des Melkart-Tempels über alle Maßen priesen.

Angesichts ihrer hohen Mauern und Türme schien die Stadt uneinnehmbar zu sein, und so hatte sich die Gewohnheit herausgebildet, daß viele tyrische Kaufleute ihre besonders wertvollen Handelswaren in den Lagerhäusern auf der befestigten Insel aufbewahrten. Mein Vater hielt es ebenso, achtete aber darauf, seine Geschäfte möglichst zügig abzuwickeln, so daß der Bestand an gelagerten Waren nicht zu umfänglich wurde und leicht zu überschauen war.

Mit der Buchführung hatte Acharbas den jungen Sidonier Baalator beauftragt, den Sohn eines Freundes, der mit seinem Schiff vor der Küste Kretas in einen schweren Sturm geraten und dabei umgekommen war. Acharbas kümmerte sich um den Jungen, ließ ihn schreiben und rechnen lernen und nahm ihn danach in seine Dienste. Baalator war nur ein Jahr älter als ich, von schlanker Gestalt, mit unregelmäßigen, markanten Zügen und einer Adlernase. Seine großen, fast schwarzen Augen verrieten Nachdenklichkeit. Die kastanienbraunen Haare bildeten hierzu einen reizvollen Kontrast. Da Baalator seine Aufgaben gut erfüllte, sehr zuverlässig war und im Lagerhaus selbst lebte, konnte Acharbas beruhigt seinen Handelsfahrten und Geschäften nachgehen.

Auch unser Schiff blieb niemals ohne Aufsicht. Der außerordentlich kenntnisreiche und geschickte judäische Steuermann Elias sorgte dafür, daß die aus acht Tyrern, vier Sidoniern, drei Arwadern und einem Nubier bestehende Mannschaft ziemlich rasch herbeigerufen werden konnte. Die meisten von ihnen schliefen ohnehin an Bord oder verbrachten ihre Zeit in den nahen Hafenschenken, wenn sie nicht mit Aufträgen versehen waren.

Als wir an dem nach Süden zu gelegenen Hafen angekommen waren, lenkten wir unsere Schritte zu dem Platz, an dem die Männer unser Schiff festgemacht hatten. Behende bahnten wir uns den Weg durch das Gewirr von Masten, Segelbäumen, Tauen, die am Rande des Hafens lagen. Es herrschte trotz der frühen Stunde schon geschäftiges Treiben, denn die Jahreszeit war für die Seefahrt besonders günstig. Acharbas wollte die Gelegenheit nutzen, für unsere nächste Handelsfahrt die üblichen Vorbereitungen zu treffen und die notwendigen Anweisungen zu erteilen, bevor wir uns zum Palast des Königs begaben. Musa, der starke und wohl vier Ellen große Nubier, der Elias regelmäßig am Steuerruder vertrat, bemerkte uns als erster und rief sogleich den Steuermann herbei, der bald darauf am hochgezogenen und mit einer herrlich geschnitzten Figur des Gottes Bes geschmückten Bug unseres fast vierzig Ellen langen Schiffes erschien.

„Ist alles bereit zum Ablegen?" fragte Acharbas in strengem Ton. Elias und Musa blickten zunächst ungläubig, bis sie den Scherz ihres Herrn erkannten und lachend erwiderten, man wolle gleich das Segel setzen und zum Lande Punt eilen, um eine Schiffsladung Gold und Silber zu holen.

Acharbas gelang es immer wieder, die Leute mit seinem rauhen, aber herzlichen Ton zu verblüffen, und er hatte Freude daran, wenn man ihm schlagfertig antwortete.

„Nun", so meinte Acharbas zu Elias und Musa gewandt, „es ist zwar nicht das Land Punt, das wir ansteuern werden, doch habt ihr schon richtig vermutet, daß für die von uns mitgeführten Waren Gold und Silber der angemessene Preis ist. Ich denke, der König von Thasos wird von unserem Angebot beeindruckt sein. Holt also die wertvollen sidonischen Glasgefäße und herrlich gearbeiteten Silberschalen, die von unseren tyrischen Handwerkern so schön geschnitzten Kämme und Schalen aus Elfenbein, die edlen Alabastervasen aus

Arwad, die Tonkrüge aus Babylon und die bunt gewebten ägyptischen Leinenstoffe aus dem Lager und verstaut sie sorgfältig! Wann wir aufbrechen, werde ich euch noch sagen, wenn ich von der gleich stattfindenden Versammlung beim König zurückkomme!"

Nach dem Zustand seines Schiffes fragte Acharbas nicht. Er hatte mit einem Blick erfaßt, daß nichts fehlte und alles sich an seinem richtigen Platz befand. Große Sorgfalt hatte mein Vater darauf verwendet, das Schiff mit allem Notwendigen auszurüsten. Selbst ein Feuerkessel fehlte nicht. Im übrigen konnte Acharbas darauf vertrauen, daß Elias, der erfahrene Steuermann, schon dafür sorgen würde, die Mannschaft ebenso vollzählig an Bord zu haben wie den nötigen Vorrat an Nahrung und Trinkwasser für den ersten Abschnitt der Fahrt, sobald der Zeitpunkt der Abreise unmittelbar bevorstand.

Der Judäer entstammte einer Priesterfamilie in Jerusalem und war in seiner Jugend über die heiligen Bücher, die Medizin, die Geometrie, die Sternenkunde und verschiedene Sprachen umfassend unterrichtet worden. Sein Leben hätte gewiß einen anderen Verlauf genommen und kaum den Weg von Acharbas gekreuzt, wenn er nicht mit der Obrigkeit in seiner Heimatstadt in Konflikt geraten wäre. Die Priester hatten schon damit begonnen, Elias in die Mysterien ihrer Geheimlehre einzuweihen. Da mußte er unerwartet aus Jerusalem fliehen. Er entzog sich den Häschern des Königs von Judäa, indem er sich einer Karawane anschloß, die auf dem Weg nach Ezion Geber am südlichen Meere war.

Der wissensreiche, kräftige Judäer heuerte zunächst auf einem sidonischen Segelschiff an, das von Ezion Geber aus regelmäßig die Route zum fernen Weihrauchland befuhr. Hier wähnte er sich sicher, doch spürten ihn die Verfolger bereits nach seiner zweiten Rückkehr aus dem geheimnisvollen Weihrauchland in dem berühmten Hafen auf. Dem Tod entging Elias nur durch die Flucht nach Sais in Ägypten. Dort traf der Judäer durch eine gütige Fügung auf Acharbas, der zu der gleichen Zeit in Sais weilte und das eindrucksvolle Wissen des damals noch jungen Mannes richtig einzuschätzen wußte. Mein Vater nahm ihn auf, und seitdem diente Elias als Steuermann auf unserem Schiff. Mehr wußten wir jedoch über Elias nicht, denn den tieferen Grund seines Schicksals behielt der Judäer für sich; und nie ist das Rätsel gelüftet worden.

Was Acharbas gesagt hatte, genügte zunächst. So verließen wir den Hafen und wandten uns den sorgfältig gepflasterten Gassen und Treppen zu, die zum Palast des Königs hinaufführten. Der Weg führte an dem Markt vorbei, den ich ungeachtet allen Schmutzes stets faszinierend fand. Dort bildeten die zahllosen Stände und Buden ein Gewirr enger Gassen, in denen trotz der Vielfalt eine gewisse Ordnung herrschte. Eine unverwechselbare Mischung von Gerüchen stieg in meiner Nase auf: Gewürze, Früchte, Gemüse, Fische, Leder, frisch gefärbte Wolle, Purpurstoffe.

Alles wurde hier angeboten, und darauf war man zu Recht auch stolz. Man führte vor, was Tyrer erschaffen können, und man zeigte, wieviel es davon gab. Nie waren die Gewänder der Reichen kostbarer und üppiger gewesen; nie hatte man mehr fremde Sprachen auf dem berühmten Markt gehört. Und natürlich fehlten neben den vielen Händlern und Lastenträgern auch die Bettler, Gaukler, Tänzer und Geschichtenerzähler nicht.

Unvermittelt begegneten hier einander Reichtum und Bettelarmut. In spärliche Lumpen gehüllte Menschen lagen an manchen Ecken auf dem steinernen Boden. Sie regten sich nur, sobald jemand nahte, bei dem sie sich eine klingende Gabe versprachen. So manchen Kupferring gab ich her, denn meine Mutter hatte mich schon frühzeitig gelehrt, nicht achtlos an den ärmeren Menschen vorüberzugehen.

Auch an diesem denkwürdigen Tage regte sich auf dem Markte morgendliches Leben. Schweißbedeckte, nur mit einem Lendenschurz und einem Schultertuch bekleidete Träger schleppten Waren von den Kais herbei. Sie besaßen wohl nur die zerfetzten Kleider, die sie am Leibe trugen.

Der Handel blühte wie seit langem nicht. Mehr als sonst prangten die Stände der kaum zu zählenden Kaufleute mit Früchten und Blumen, Fleisch und Getreide, Kleidung und Töpferwaren, den kunstvollen Erzeugnissen der Gold- und Silberschmiede. Und mehr als sonst hatten die Besucher des Marktes, wo sich unter freiem Himmel das Leben abzuspielen pflegte, Anlaß zu erregten Streitgesprächen. Die Stadt schwirrte von seltsamen Gerüchten, die sich fortwährend zu vermehren schienen.

Wir hatten es eilig, vernahmen bloß abgerissene Sätze und manchen Fluch. So ergingen wir uns später in Mutmaßungen, die uns jedoch nicht weiterbrachten. Die Gassen, noch flach in der Nähe des Hafens, stiegen zum Palast und zum Tempel hin steil an, wurden zu Treppen. Bald hatten wir den Lärm und das Stimmengewirr der vielen Menschen aus aller Herren Länder hinter uns gelassen und den strahlend weißen Königspalast erreicht, dem außer uns noch zahlreiche andere edle und reiche Tyrer zustrebten, die wie wir ihre prachtvollsten Gewänder trugen.

In dem mit schönen Pflanzen und Brunnen geschmückten großen Vorraum zum Sitzungssaal, in dem der König seine Gäste zu empfangen und Versammlungen abzuhalten pflegte, waren schon die meisten Ratsmitglieder eingetroffen. Man scherzte, erzählte sich die neuesten Geschichten aus Tyros, besprach Geschäfte und tauschte Vermutungen darüber aus, welche Absichten der König wohl mit der bevorstehenden Versammlung verfolgen würde.

Lähmend lag schon zu dieser frühen Stunde die Sonnenglut über der Handelsstadt. Und trotzdem herrschte in den Wandelgängen des Palastes eine seltsame, unerklärliche Erregung. Geheimnis und Spannung füllte körperlos den weiten Raum, denn unablässig verbreitete sich das Gerücht, der König werde bislang nicht Erwartetes mitzuteilen haben. Doch niemand wußte – außer den Vertrauten, was es war. So lastete schon im Vorhinein eine große Unruhe drohend über der Versammlung.

Für Acharbas war diesen Gesprächen jedoch nur wenig zu entnehmen, was ihm bei der Beurteilung der kommenden Geschehnisse schon jetzt hätte helfen können. Vielleicht war aber auch die Zeit zu kurz, denn bald wurden die Versammelten von einem Vertrauten des Königs in den Sitzungssaal gerufen.

Meine Anwesenheit erregte keinen Anstoß, und so setzte ich mich neben meinen Vater auf eine der wohlgeformten Alabasterbänke, die an den mit herrlichen Malereien versehenen Wänden des Saales aufgestellt waren. An drei Seiten erhellten mehr als zwanzig hohe, kunstvoll angelegte Fenster den großen Raum, der sich nun rasch füllte. An der Stirnwand prangten auf Sockeln aus hellem Marmor die Statuen der höchsten Götter. Der Duft von Weihrauch verbreitete sich im Saal.

Schließlich erschien Ithobaal, gefolgt von zwei Vertrauten und zwei bewaffneten Kriegern. Absichtsvoll feierlich schritt der König die Empore hinauf. Wie abgerissen endete plötzlich das Plaudern und Flüstern auf den Bänken. Hochmut sprach aus Ithobaals Antlitz, Hochmut war der Gang, Hochmut die Kleidung des Herrschers unserer Stadt. Minutenlang genoß Ithobaal die eingetretene Stille.

Das Gehabe des Königs wirkte befremdlich und beklemmend. Es passte nicht zu dem, was die meisten Menschen in der sonst so offenen Handelsstadt seit Generationen ausgezeichnet hatte. Mit betonter Langsamkeit nahm Ithobaal auf dem mit Gold, Elfenbein und Türkisen verzierten Thronsessel an der Stirnseite des Saales Platz. Die beiden Krieger blieben direkt hinter ihm stehen. Fast unbeweglich, wie die Standbilder der Götter, verharrten sie dort, die Arme über der Brust verschränkt.

Ithobaal war etwa vierzig Jahre alt, groß und von schöner Gestalt. Die feine Nase und der wohlgeformte Mund hätten einer hellenischen Apollon-Skulptur gehören können. Das volle dunkle Haar und der schöne Bart unterstrichen dies noch. Nur die Augen bildeten hierzu einen seltsamen Kontrast. Sie waren grau, drückten Listigkeit und Härte aus. Ithobaal liebte es offenbar, sich in prachtvolle Gewänder zu kleiden und üppigen Schmuck zu tragen. Seine Stimme klang fest und würdevoll, als er nach der gewohnten Anrufung der Götter die Vornehmen und Reichen unserer Stadt begrüßte und folgende Worte an sie richtete:

„Seid willkommen in meinem Hause, das zum wiederholten Male zum Ort sehr bedeutender Entscheidungen werden soll. Wie Ihr wißt – und durch Vergleiche habt Ihr Euch gewiß immer wieder davon überzeugt, kann sich keine Stadt der uns bekannten Welt mit der Schönheit, dem Glanz und dem Reichtum von Tyros messen. Wir beherrschen die See und treiben Handel mit allen Völkern. Dennoch bereitet es mir große Sorge, daß mit dem Reich Nebukadnezars,[13] des Königs von Babylon, eine Macht herangewachsen ist, die unsere Unabhängigkeit bedroht. Immer offener strebt der Herrscher von Babylon danach, sich auch Tyros und die anderen Städte am Meere untertan zu machen, so wie er schon Judäa unterworfen hat. Nie zuvor war unsere Stadt so ernstlich gefährdet, und auch die Judäer wehren sich gegen das schlimme Joch. Deshalb habe ich mit den Herrschern der benachbarten Städte und Länder zahlreiche Briefe gewechselt und viel Zuspruch erhalten. Bis jetzt wurden neben Tyros, Sidon, Edom, Moab und Ammon auch der Pharao Hophra[14] und Zedekia,[15] der König von Judäa, für ein Bündnis gewonnen, das sich dem Machtstreben Babylons entgegenstellt und König Nebukadnezar in die Schranken weist.

Es geht nunmehr darum, die für die Anwerbung und Ausrüstung einer starken Streitmacht nötigen Mittel zu beschaffen, damit wir uns von den unerträglichen Ansprüchen Nebukadnezars befreien können. Ich erwarte daher, daß jeder von Euch entsprechend seinen Möglichkeiten einen Beitrag leistet, mindestens aber drei Talente[16] reinen Goldes binnen sieben Tagen an meine Schreiber übergibt. Dieses Opfer erscheint mir nicht vermessen, doch sagt mir offen, was Ihr über unsere Lage denkt!"

Unnahbar, stolz, undurchdringlich musterte der König die Versammlung und glaubte wohl, daß sich keiner mehr gegen seinen Willen erheben werde. Einen Moment noch wartete er, daß man begeistert Beifall klatscht. Doch rührte sich keine Hand.

Nach Ithobaals Worten schien die Überraschung bei den meisten Anwesenden so groß zu sein, daß zunächst eine gewisse Unsicherheit herrschte. Sie überlegten wohl, was die ehrgeizigen Pläne des Königs für sie selbst bedeuteten, und vielen stand im Gesicht geschrieben, wie sehr sie sich vor kriegerischen Verwicklungen ihrer Stadt fürchteten und wie wenig sie die Erfolgschancen des Vorgehens König Ithobaals einzuschätzen wußten. So verwunderte es niemanden im Saale, als Hiram, ein enger Verwandter und Vertrauter Ithobaals, der sein Haus ebenfalls auf der befestigten Insel hatte, als erster das Wort erhielt.

Der einflußreiche Tyrer fiel durch seine Häßlichkeit auf. Grobschlächtig, pockennarbig, mit breiten Backenknochen und einer unschönen, spitzen Nase wirkte er keineswegs wie einer der Vornehmen aus unserer berühmten Stadt. Nirgends ein Glanz von Heiterkeit in diesem Antlitz aus Willen und Berechnung. Dazu hatte der Verwandte des Königs auch noch krumme Beine, als hätte er sein ganzes Leben auf dem Pferderücken verbracht. Niemand im Saal war überrascht, als Hiram das Ansinnen Ithobaals beredt verteidigte und seine Weitsicht lobte. In seinem Gesicht bemerkte ich harte, grausame Züge, und er sprach, als sei er zum Befehlen geboren. Geschmeichelt lehnte sich der König nach Hirams Rede in seinem Thron zurück. Minutenlang genoß Ithobaal die salbungsvollen Worte, berauscht von der Unwiderstehlichkeit seiner Macht. Doch wer erwartet hatte, daß sich nun die Unsicherheit legen und rasch ungeteilte Zustimmung zu den Plänen des Königs einstellen würde, sah sich getäuscht. Der Gedanke eines Krieges gegen den mächtigsten Herrscher in der Nachbarschaft erschien vielen Ratsmitgliedern als zu ungeheuerlich, um sogleich Freunde finden zu können. Gleichwohl zögerten jene, die das Ränkespiel Ithobaals durchschauten, ihre Meinung freimütig kundzutun. Man war ängstlich geworden, liebte es nicht sonderlich, sich zu bekennen. Wie ein Nebel lag nun die Unsicherheit grau auf den Gesichtern.

Schließlich erhob sich Acharbas, der aufgrund seiner schönen Gestalt, seines langen, vollen Bartes und seines prachtvollen Gewandes große Würde ausstrahlte und wegen seines enormen Wissens sehr geachtet war, von seinem Platz und ergriff das Wort:

„Ihr habt zu Recht erwähnt, König Ithobaal, daß unsere Stadt vielfach bewundert wird. Nur wenige Städte gibt es in der Tat, die sich mit Tyros messen können. Doch haben wir die Schönheit, den Glanz und den Reichtum von Tyros nicht kriegerischem Tun zu verdanken. Keine einzige Überlieferung weiß davon, daß die Tyrer je einen blutigen Krieg zur Mehrung ihrer Macht und ihres Ruhms geführt hätten. Die Geschicklichkeit unserer Handwerker, die Kunst der tyrischen Baumeister, die Klugheit unserer Kaufleute, der Mut unserer Seefahrer und die guten Beziehungen zu unseren Nachbarn sind es, die eine so vorteilhafte Entwicklung unserer Stadt erlaubten. Unsere Erfahrung hält keinen Hinweis dafür bereit, daß Krieg etwas anderes bringen würde als Tod, Leid und Zerstörung dessen, was der Reichtum, das Können und der Fleiß zahlreicher Geschlechter schuf und von so vielen Menschen zu Recht gerühmt wird. Noch ist es nicht zu spät. Noch gibt es ein Zurück. Noch stehen die Mauern, Tempel und Paläste unserer berühmten Stadt. Verschenkt also den Frieden nicht und fordert nicht zuviel von unseren Göttern! Tyros dürfte kaum seinen Glanz, seinen Reichtum, sein Ansehen schmälern, wenn es dem König von Babylon gelegentlich Tributgesandtschaften schickte. Dies entspräche der Weisheit unserer Väter und Großväter. Nun habt Ihr davon gesprochen, daß ein großes Bündnis dem König von Babylon entgegentreten soll. Doch woher nehmt Ihr die Gewißheit, daß die vereinten Heere die Streitmacht Nebukadnezars besiegen werden? Wer garantiert denn, daß alle Verbündeten ihre Versprechen einhalten und nicht doch ihre Meinung ändern? Wo ist der Feldherr, dessen Künste und Geschick alles bisher Dagewesene überragt? Ist es nicht so, daß der mächtige Herrscher von Babylon das Heer des Pharao Necho vor siebzehn Jahren bei Karchemisch schlug? Und hat Nebukadnezar nicht vor beinahe zehn Jahren die Judäer zur Übergabe von Jerusalem gezwungen und Zedekia als König eingesetzt, der jetzt abtrünnig geworden ist? Es ist leicht zu erraten, wie der König von Babylon vorgehen wird: Er wird ein gewaltiges Heer sammeln, zunächst nach Jerusalem ziehen und sich nach dessen vollständiger Zerstörung Tyros zuwenden. Der Babylonier wird Schauplatz, Geschwindigkeit und Art des Krieges bestimmen. Schon nach dem ersten Erfolg des Königs von Babylon werden sich Risse in dem von Euch gelobten Bündnis zeigen, und nach der Zerstörung Jerusalems steht Ihr sehr bald allein. Denn von jeher war es so, daß Könige und Herrscher ihre Bündnisse und heiligen Verträge vergaßen, wenn ihnen andere Dinge wichtiger schienen. Die Truppen des Pharao braucht Nebukadnezar nicht zu fürchten. Ägypten ist nur noch ein Schatten jener großen Macht, die es einst verkörperte, und so wird von Eurem Bündnis nicht viel übrigbleiben. Ihr, König Ithobaal, werdet jedoch nicht nur kläglich scheitern. Das Blut von Zehntausenden wird vielmehr den Saum Eurer kostbaren Gewänder färben, und die Todesschreie vieler Menschen werden in Euren Ohren widerhallen. Schon jetzt beweine ich das grausame Schicksal jener, die schutzlos den Mächtigen ausgeliefert sind. Nein, Ithobaal, Eure Pläne werden keinen Bestand haben vor dem Urteil der Götter! Sie werden einst Rechenschaft von Euch fordern! Und noch eines laßt mich hinzufügen, auch wenn Euch diese Worte unziemlich und grob erscheinen: Diejenigen, die auf der befestigten Insel ihre Häuser und Paläste haben, mögen sich bei dem kommenden Geschehen vielleicht sicher wähnen, weil Nebukadnezar nicht über eine Kriegsflotte verfügt. Doch nach der Belagerung und Zerstörung des auf dem Festland gelegenen Teils unserer Stadt wird der König von Babylon nicht tatenlos am Ufer stehen. Nach einiger Zeit werden auch die Bewohner der Insel aufgeben und sich unterwerfen müssen. Entkommen werden sie ihrem schlimmen Schicksal nicht. Zu Knechten werden sie, die jetzt noch reiche und mächtige Herren sind. Jene aber, die den Schrecknissen dennoch lebend entgehen werden, mögen dereinst bezeugen, daß kein Nebel meine Augen trübte und ich klar gesehen habe, was Tyros droht!"

Acharbas wirkte trotz seiner ungeheuerlichen Worte beherrscht und kühl. Bewundernd schaute ich zu ihm auf und wagte kaum zu atmen. Manches von dem, was Acharbas sagte, kannte ich schon, denn ich hatte seinen Gesprächen mit Jerubaal, dem gelehrten Annalenschreiber, stets aufmerksam zugehört. Zudem stand einiges davon sogar in den Annalen unserer Stadt. Die alten Bücher waren jedoch von den Mächtigen schon lange nicht mehr aufgeschlagen worden. Aber dem König von Tyros die Wahrheit offen vorzuhalten, war eine kühne Tat, die auch mich überraschte.

Der König hatte wohl einen Sturm des Unwillens und der Entrüstung über Acharbas' Worte erwartet. Doch im Saal blieb es totenstill.

Schon nach den ersten Sätzen meines Vaters schien Ithobaal seinen Zorn nur mühsam bändigen zu können, bezweifelte Acharbas doch die Lauterkeit seiner Motive, die Richtigkeit seiner Einschätzungen und die Klugheit seiner Absichten und Pläne. Das Gesicht Ithobaals war verzerrt wie das eines Besessenen, und seine Augen blickten starr. Die feinknochigen Finger des Königs krampften sich in die Armlehnen des Thrones. Man merkte schnell, welch schwerer Sturm in seinem Innern tobte. Fast unerträglich war die Erschütterung seiner Seele.

Nach den letzten Worten von Acharbas war Ithobaal jedoch erregt aufgesprungen, denn nicht zu Unrecht sah der König darin den kaum verhüllten Versuch, einen Keil zwischen die Tyrer auf dem Festland und die Inselbewohner zu treiben und den schlimmen Ausgang des Unternehmens vorherzusagen, ja geradezu als unausweichlich hinzustellen.

„Genug!" rief Ithobaal mit zornbebender Stimme. „Jedermann weiß, was Nebukadnezar plant, doch Ihr, Verblendeter, wollt blind sein, wollt nicht sehen! Eure Rebellion gegen meine Bemühungen zur Rettung von Tyros vor dem Zugriff des Königs von Babylon sollt Ihr teuer bezahlen! Ihr werdet mir Euren gesamten Besitz an Gold und Silber und dazu jene Kostbarkeiten übergeben, die Ihr einst von Pharao Necho erhalten habt. Sodann habt Ihr in Gegenwart Eurer Familie für Euer unbotmäßiges Verhalten vor aller Augen Abbitte zu leisten. Solltet Ihr meinem Verlangen nicht innerhalb von zwei Tagen nachkommen, wird Euer gesamtes Vermögen zusammen mit Eurem Schiff eingezogen werden. Ich verbiete Euch, Tyros zu verlassen!"

Ithobaals Lippen zitterten vor Aufregung und Zorn. Der König war tief verletzt. In seinen Augen sah man Empörung und Haß. Sein Gesicht verzerrte sich zu einer Maske. Ein angesehener und reicher Handelsherr hatte die Wahrheit offen ausgesprochen. Und weil es die harte, untrügliche Wahrheit war, wollte der König, daß es die Blindheit und Besessenheit eines Rebellen sei. Erdrosseln ließ sich die Wahrheit gleichwohl nicht. Nur wütend Rache zu nehmen an dem, der sie ausgesprochen, war Ithobaal gegeben. In diesem Augenblick dankte ich still den Göttern, daß Ithobaals Macht Grenzen hatte. Sonst hätte er seinen Zorn vermutlich mit Blut besänftigt. Zudem war der König ein Zauderer, gebunden und gehemmt durch das Geflecht seiner eigenen Ränke. Eine härtere Strafe hätte vielleicht doch Widerstand herausgefordert, den der ehrgeizige Tyrer fürchten mußte.

Wortlos, blaß, ohne Wimpernzucken hörte Acharbas die haßerfüllte Rede des Königs an. Keine Bewegung sah man in seinem Gesicht, während der Zorn Ithobaals auf ihn niederprasselte und mancher im Saal ihn mit höhnischen Blicken maß. Kein Nerv, kein Zittern verriet seine innere Erregung. Kalt blickte Acharbas den König an; aus seinen Augen sprach tiefste Verachtung.

Die Entschlossenheit, die aus Ithobaals Worten klang, verfehlte jedoch nicht ihre Wirkung. Es war völlig still im Saal. Niemand stand meinem Vater bei. Die meisten Ratsherren saßen reglos und mit steinernen Gesichtern da. Das Gift der Angst schien ihren Willen zu lähmen. Selbst die wegen ihres Muts sonst gerühmten Männer verzagten, zweifelten, wirkten unentschlossen und blickten feige drein. Doch sah man, daß sie unter der Feigheit litten. Beschämt wagten sie nicht einmal, ihre Augen zu erheben. Auch die obersten Priester rührten sich nicht und schwiegen.

Es gab gewiß nicht wenige im Saal, die wie mein Vater das Unheil näher und näher kommen sahen, doch legten sie ihre Hände ängstlich in den Schoß. Sie ahnten vielleicht den sicheren Ausweg, doch beschritten sie ihn nicht und zauderten, obwohl ihr Zaudern sinnlos war. Manche mochten auf Zeitgewinn hoffen, wenngleich niemand zu sagen wußte, was Tatenlosigkeit ändern konnte. Gefangene ihrer Selbsttäuschung, wähnten sich die Schweigsamen frei.

Acharbas schaute in die Runde. Auf seinem Gesicht lag Bitterkeit. Still war es in dem großen Saal. Man konnte die Schritte der Wachen im Vorraum hören. Der frische Seewind pfiff um die Zinnen des Palastes und mischte sich mit dem Gebraus der Brandung.

Ithobaal wirkte noch immer angespannt. Das Bild, das der König von seiner eigenen Herrlichkeit im Herzen trug, hatte Acharbas mit seiner kühnen Rede vor aller Augen zerstört. Um Ithobaals Mund bildete sich ein eigensinniger Zug. Nach einem kurzen Wink des Königs rief ein Vertrauter Ithobaals zwei mit Schwertern bewaffnete Krieger herbei. Ihnen befahl er, Acharbas und mich aus dem Palast zu führen, zum Hafen zu geleiten und hinfort unser Schiff nicht mehr aus den Augen zu lassen.

Gefolgt von den Kriegern gingen wir dem Ausgang zu. Noch immer herrschte eine merkwürdige Ruhe. Ich blickte mich forschend um. Auf den Gesichtern der meisten Versammelten sah man nicht Haß, sondern eher stille Bewunderung. Acharbas genoß es. Nur aus der Umgebung des Königs schleuderte ihm jemand das Wort „Verräter" nach. Sekundenlang blieb mein Vater stehen, maß den Rufenden mit verächtlichem Blick. Dann verließen wir den Saal.

Zweites Buch

DIE UNERWARTETE REISE

1

Schweigend war ich mit meinem Vater nach der Versammlung beim König, die ein so plötzliches Ende genommen hatte, zum ägyptischen Hafen hinuntergegangen. Acharbas wirkte angespannt, ließ seinen Blick nicht wie üblich schweifen. Wie in Trance schritt er durch die engen Gassen und über die manchmal steilen Treppen, so angestrengt dachte er über das Geschehene nach. Unerhörtes war in der Tat im Palast des Königs von Tyros geschehen: Mit seiner Rede hatte Acharbas den machthungrigen, stolzen Herrscher offen herausgefordert.

Ich staunte über die Sicherheit seiner Schritte, war es doch selbst bei größter Aufmerksamkeit nicht einfach, den Abstieg zum Hafen ohne Stolpern zu schaffen. Er merkte nicht, wie verwundert die Menschen auf uns und die zwei Krieger starrten. Doch wagte ich nicht, ihn anzusprechen. Mein Vater schätzte es in solchen Fällen nicht, wenn man ihn störte. Erst kurz vor dem Kai entspannten sich Acharbas' Züge.

Unsere Männer wunderten sich sehr, als sie uns in Begleitung der Krieger Ithobaals zum Ankerplatz kommen sahen. Im stillen dankte ich den Göttern, daß die beiden wohl noch unerfahrenen Arwader vor unserem Schiff auf dem Kai stehenblieben.

Nachdem wir an Bord gegangen waren, holte Acharbas unsere Männer im hinteren Teil des Schiffes zusammen. Und während ich die Krieger beobachtete, schilderte Acharbas der besorgten Mannschaft, was im Palast des Königs geschehen war.

Über die harten Maßnahmen Ithobaals waren die Männer zunächst sehr erschrocken. Sie beruhigten sich jedoch rasch, als Acharbas vorsichtig und leise andeutete, daß es vielleicht schon bald eine Lösung geben werde. Auf die große Erfahrung ihres Herrn vertrauend stellten sie keine Fragen und begnügten sich damit, daß Acharbas ihnen auftrug, sich bereitzuhalten, die vorgesehene Beladung des Schiffes fortzusetzen und weitere Anweisungen abzuwarten. Dabei ließ Acharbas durchblicken, daß angesichts der neuen und unerwarteten Umstände auch den Befehlen des Königs und seiner Leute Folge geleistet werden müsse. Schließlich setzte Acharbas noch ein Schreiben für Baalator auf, versiegelte es und übergab es Elias mit der Anweisung, es dem jungen Buchhalter mit dem Befehl auszuhändigen, dieses Schreiben erst am dritten Tage zu öffnen.

Trotz aller beruhigenden Worte meines Vaters beherrschte eine sonst nicht zu bemerkende gespannte Stimmung die Männer unseres Schiffes. Die Situation war für sie ungewohnt, und niemand wußte, was der kommende Tag bringen würde. Ob die Klugheit, Geschicklichkeit und große Erfahrung unseres Steuermanns wohl reichte, um das zu tun, was Acharbas befahl? Würde das in vielen Handelsfahrten geknüpfte Band des Vertrauens der Mannschaft in ihren Herrn jetzt halten? Mein Vater baute darauf. Ihm kamen keine Zweifel.

Nachdem Acharbas überzeugt war, daß Elias und die übrigen Männer ihn ganz sicher verstanden hatten, gingen wir von Bord und wandten uns den schlanken, leichten Schiffen zu, mit denen man gegen geringes Entgelt von der Insel zum Festland hinüberfahren konnte. Noch nicht einmal eine Stunde war vergangen, seit wir die Versammlung beim König verlassen hatten. Am Ende des Kais, an dem die Schiffe lagen, warteten bereits mehrere Leute, die aufgeregt miteinander redeten. Die Tyrer betrachteten uns zunächst scheu von der Seite, sprachen im Flüsterton und blickten um sich, als fürchteten sie sich vor fremden Lauschern. Ihr Gespräch verstummte, als wir herangekommen waren, doch merkten wir schnell, daß uns die Kunde von dem Geschehen im Palast des Königs eingeholt hatte.

Furcht und Sorge spiegelten sich in den Gesichtern. Kriege, so wußten sie, hatte es immer gegeben und würde es auch künftig geben. Doch den von Ithobaal geplanten Krieg wollte niemand. Aber der König würde sie wohl kaum nach ihren Wünschen fragen! Überhaupt nahmen die Mächtigen selten Rücksicht auf die Gefühle ihrer Untertanen. Das hatte ich schon von meinem Lehrer Etbal gelernt. Die Tyrer, zwei Händler, ein Silberschmied und zwei Korbflechter, die mit uns in das Boot zum Festland stiegen, musterten Acharbas zunächst schüchtern. Dann gaben sie zu erkennen, wie sehr sie seine Meinung teilten und seinen Mut bewunderten.

Es war früher Nachmittag, als wir nach der Überfahrt und dem kurzen Gang durch den auf dem Festland gelegenen Teil von Tyros unser Haus erreichten. Wie ein Lauffeuer züngelte die Kunde von den Ereignissen im Palast des Königs durch die Stadt. Am Abend würden die Neuigkeiten gewiß bis in den letzten Winkel vorgedrungen sein. Nachdenklich betrachtete Acharbas das schöne, in der Sonne glänzende Haus. Seine sorgenvolle Miene schrieb ich zu jenem Zeitpunkt allein den schlimmen Erwartungen über das Schicksal von Tyros zu, die mein Vater gegenüber dem König geäußert hatte. Ich sollte jedoch bald erkennen, daß Acharbas viel mehr noch darüber nachdachte, wie er es anstellen könnte, Elischa zu berichten, was vorgefallen war und ihr dennoch die Furcht vor dem nun wohl unvermeidlichen Geschehen zu nehmen.

Acharbas wurde jäh aus seinen Gedanken gerissen, als meine Mutter uns gesehen hatte und auf der Schwelle des Hauses erschien. Stolz und ihrer Schönheit wohl bewußt wartete sie, bis wir die wenigen Schritte zu ihr zurückgelegt hatten. Ihr feines Gesicht und ihre großen braunen Augen mußten jeden Mann beeindrucken. Trotz ihrer zweiundvierzig Lebensjahre war ihre Haut noch makellos und glatt.

Ihre langen, dunkelbraunen Haare trug sie nach ägyptischer Sitte kunstvoll geflochten, mit vielen kleinen Zöpfen und Locken, in die zahlreiche Perlen eingeknüpft waren. Dazu passten goldene Ohrgehänge und ein Stirnband mit herrlichem Schmuck in Form eines rechteckigen goldenen Plättchens mit einem Kreuz und drei kleinen, an Schnüren herabhängenden Granatäpfeln. Um den Hals trug sie eine goldene Kette, an der ein Goldmedaillon befestigt war, das Acharbas nach seiner Rückkehr aus Ägypten von einem tyrischen Kunstschmied hatte arbeiten lassen. Es zeigte den von zwei Schlangen und zwei Falken bewachten heiligen Berg, über dem sich ein Sonne-Mond-Motiv befand. Die Darstellung wurde gekrönt von einer geflügelten Sonnenscheibe, von der drei Strahlen ausgingen und über deren Flügeln wiederum zwei Schlangen lagen. Elischa wußte, daß Acharbas diesen Schmuck ganz besonders an ihr liebte. Sie legte ihn daher sehr oft an und trug auch an diesem denkwürdigen Tag ein herrliches langes Kleid, das Acharbas immer sehr gefallen hatte.

Doch nun traten wir mit ganz anderen Gefühlen als sonst ins Haus. Elischa bemerkte sofort, daß etwas nicht stimmte, und so mußte Acharbas bald darauf beginnen, die dramatischen Ereignisse des Tages zu schildern. Dabei verschwieg er seine feste Überzeugung über die Konsequenzen der Ränkespiele Ithobaals und die damit verknüpften Folgen für seine eigene Familie nicht.

Wie erwartet erschrak Elischa sehr, als sie erfuhr, was sich an diesem Morgen im Palast des Königs zugetragen hatte und sie zudem vernehmen mußte, welche Entwicklung Acharbas für die Stadt Tyros voraussah. Da half es auch nicht, daß Acharbas sich sehr vorsichtig ausdrückte und unsere eigene Situation weniger dramatisch darstellte, als sie es in Wirklichkeit war.

Elischa empfand die Forderungen des Königs als tiefe Schmach. Sie sah jedoch schließlich ein, daß kein Weg daran vorbeiführte, die Bedingungen Ithobaals zu erfüllen. Dennoch gelang es Acharbas nicht, ihre Sorgen und Ängste zu zerstreuen, und so war es über den langen, geduldigen Erklärungen meines Vaters zu den Ränkespielen des Königs und deren Auswirkungen Abend geworden.

Das gewohnte Mahl verlief diesmal in einer angespannten Atmosphäre, denn jeder dachte auf seine Weise an die ungewisse Zeit, die vor uns lag. Erschöpft von den Anstrengungen des Tages begaben sich bald alle zur Ruhe. Aber kaum jemand schlief in dieser Nacht.

Am nächsten Morgen begleitete ich meinen Vater auf seinem Weg zum Hafen. Er wirkte merkwürdig ruhig und entschlossen. Die Leute begegneten uns mit Achtung, und aus den Reden spürte man, daß ihre Herzen voll Unruhe waren.

„Wir wollen den Boten Ithobaals nicht verpassen", erklärte mir Acharbas, als er seine Schritte beschleunigte und ich ihn fragend anblickte. Bald erreichten wir den Hafen und trafen den vom Leben gezeichneten Diener Ithobaals, der sich jeden Morgen zur gleichen Zeit vom Festland zur Insel bringen ließ, gerade an, als dieser sich anschickte, in das bereitliegende Boot zu steigen. Da stand er: klein, rundlich, ekelhaft. Eine Binde bedeckte die leere Augenhöhle. Er drehte sich langsam um, grinste vor Tücke. Zu jeder Boshaftigkeit schien er bereit.

„Wartet einen Augenblick", rief Acharbas, „ich habe noch eine Nachricht für den König! Meldet ihm, daß ich seine Forderungen erfüllen will. Er möge mein eigenes Schiff zum Festland-Hafen schicken, damit es mit den verlangten Gütern beladen werden kann. Übermittelt dem König ferner meine Bitte, mich zusammen mit meiner Familie zu empfangen!" Der Bote brauchte keine weiteren Erläuterungen, denn er kannte die Ereignisse des vergangenen Tages genau. Im übrigen war der Verlauf der Versammlung beim König längst zum Stadtgespräch in Tyros geworden. So nickte er nur und ging an Bord. Das kleine Boot schwankte bedenklich und drohte zu kentern, als der gewichtige Mann ungelenk seinen Fuß auf die Planken setzte.

Zufrieden darüber, daß seine Nachricht den König rechtzeitig erreichen würde, wandte sich Acharbas dem Teil des Hafens zu, in dem wie immer kleine Ruderboote lagen, die man tageweise leihen konnte. Acharbas bat den schon recht alten und gebrechlichen Besitzer, eines der Boote für ihn bereitzuhalten. Der nickte, und mein Vater gab ihm schon im voraus einen kupfernen Armreif dafür.

„Wir werden das Boot vielleicht brauchen", murmelte Acharbas, als er mein Erstaunen bemerkte. Seine Zielstrebigkeit machte mich immer neugieriger, aber ich wußte, daß es keinen Sinn hatte, ihn in einer derartigen Situation mit Fragen zu bestürmen. Acharbas schien ein ziemlich klares Bild von dem Geschehen zu haben, was uns in unmittelbarer Zukunft erwartete, doch ganz sicher war er offenbar nicht. Da im Augenblick alle notwendigen Dinge erledigt waren, machten wir uns wieder auf den Heimweg.

Acharbas überraschte es nicht, die beiden in Tyros lebenden Brüder von Elischa in unserem Hause anzutreffen. Ehrbare Kaufleute auch sie, doch weniger reich als mein Vater, hatten sie die Neuigkeiten des vergangenen Tages vernommen und waren sofort herbeigeeilt. Wie immer begrüßten wir uns mit großer Herzlichkeit. Doch anders als sonst gewannen besorgte Fragen der Verwandten rasch die Oberhand. In klaren Worten schilderte Acharbas noch einmal, was sich ereignet hatte. Dann versicherte er Elischas Brüdern, das schon bald alles seine Ordnung finden werde. So kehrten sie beruhigt in ihr Haus zurück.

Erleichtert schloß Acharbas die Tür, wanderte eine Weile in Gedanken versunken durch unser Haus. Dann ging er in den Wohnraum, betrachtete sinnend die Papyrosrollen auf dem langen Tisch. Da lagen die Verzeichnisse unserer Handelswaren, unserer Schätze. Acharbas hatte sie herausgesucht aus seinen übrigen Papieren, um sich noch einmal Rechenschaft zu geben über sein Hab und Gut. Eine sorgenvolle, rätselhafte Miene beherrschte sein Gesicht, als er die mit gefälligen Schriftzeichen bedeckten Papyrosrollen ein letztes Mal aufmerksam prüfte...

Am späten Nachmittag suchten wir erneut den Festland-Hafen auf, denn mein Vater hoffte den Boten Ithobaals zu treffen, um die Antwort des Königs zu erfahren. Am Zugang zum Kai angekommen, bot sich uns ein überraschender Anblick: Unser eigenes Schiff traf gerade im Hafen ein, und wir mußten nicht mehr lange warten, bis die Mannschaft ihr Anlege-Manöver beendet hatte. Ruhig schaute Acharbas dem Manöver zu, und zum erstenmal in diesen letzten Stunden nach der Versammlung beim König huschte ein Lächeln über sein Gesicht. Ithobaal glaubte wohl, meinen Vater gezähmt und seine Durchsetzungskraft deutlich genug gezeigt zu haben. Wie wenig er Acharbas dennoch vertraute, bewiesen allerdings die zwei bewaffneten arwadischen Krieger, die der König unter Führung eines Vertrauten mitgeschickt hatte. Sie sollten unser Schiff weiter beaufsichtigen und dafür sorgen, daß die wertvollen Schätze befehlsgemäß abgeliefert wurden.

Nachdem die Krieger von Bord gegangen waren, wiederholte der Vertraute des Königs noch einmal den von Ithobaal erhaltenen Auftrag und erklärte, daß Acharbas zusammen mit seiner Familie am Nachmittag des folgenden Tages im Palast erwartet werde. Acharbas dankte ihm und bedeutete mir, bei den Kriegern zu bleiben. Er selbst ging an Bord, um Elias neue Anweisungen zu erteilen. Dies geschah so leise, daß die Krieger und der Vertraute des Königs nichts hören konnten. Und auch ich vernahm Acharbas' Worte nicht. Der zu dieser Stunde noch herrschende Lärm im Hafen und meine angeregte Unterhaltung mit den Kriegern auf dem Kai machten es unmöglich, die Vorgänge an Bord unseres Schiffes zu verfolgen. Schnell richtete sich das Interesse der Krieger auf mich, denn meine Bemerkungen und Fragen bereiteten ihnen großes Vergnügen, hatte ich doch nicht gelernt, mich sachgemäß in Dingen der Kriegskunst auszudrücken.

Als mein Vater schließlich von Bord kam und wir uns nach einigen freundlichen Worten an die auf dem Kai postierten Krieger auf den Heimweg machten, glaubte ich noch, daß die vom König verlangten Schätze erst am folgenden Tage zu unserem Schiff gebracht werden würden. Daher war ich sehr erstaunt, als bald nach Einbruch der Dunkelheit drei unserer Seeleute mit großen Leinensäcken erschienen und sofort von Acharbas in jenen Raum unseres Hauses geleitet wurden, unter dem mein Vater Gold, Silber und andere Kostbarkeiten aufzubewahren pflegte.

„Ich erkläre Dir später, was dies alles bedeutet!" entgegnete Acharbas auf meinen fragenden Blick. Wir waren allein im Hause, denn mein Vater hatte Elischa und ihre Dienerin unter einem Vorwand fortgeschickt. Kaum hatten die beiden Frauen das Haus verlassen, kamen unsere Männer. Bald darauf wickelte Acharbas den größten Teil seiner Schätze sorgfältig in schöne Gewänder und andere Kleidungsstücke, die ich ihm bringen mußte, und füllte damit achtzehn Leinensäcke. Dann prüfte er auf mancherlei Weise, daß deren Inhalt keinen Lärm verursachte, wenn man sie berührte.

Zufrieden betrachtete Acharbas schließlich sein Werk. Nicht lange konnte mein Vater jedoch den Augenblick genießen, denn fast zur gleichen Zeit kehrten Elischa und Isebel zurück. Zunächst erschrak Acharbas, doch als die beiden Frauen sich sofort in ihre Kammern begaben und nicht weiter störten, beruhigte er sich wieder. So brauchte er nichts erklären. Erleichtert seufzte er, als unsere Seeleute sich endlich anschickten, einen Sack nach dem anderen aus dem Hause zu tragen. Nachdem die Männer zum fünften Male zu unserem Haus gekommen waren, um die letzten gefüllten Säcke zu holen, huschte erneut dieses seltsame Lächeln über Acharbas' Gesicht.

Umso erstaunter war ich, daß am nächsten Morgen unsere drei Seeleute mit nahezu vollen Leinensäcken bei unserem Haus erschienen und dies noch zweimal wiederholten. Meine Neugier drängte mich, Acharbas nun mit Fragen zu überschütten. Aber ich erinnerte mich daran, daß er mir bereits bedeutet hatte, keine Fragen zu stellen, und so sah ich weiter schweigend zu. Ich mußte mich begnügen mit dem Wissen, daß mein Vater ein klares Ziel hatte.

Auf die nunmehr neun Leinensäcke verteilte Acharbas noch einige goldene und silberne Gegenstände und stellte mit zufriedener Miene fest, daß sie die üblichen Geräusche machten, wenn sie aneinanderschlugen. Wie Acharbas es wohl mit Elias besprochen hatte, wurden die so vorbereiteten Säcke erst am Nachmittag zum Hafen getragen, und als die drei Seeleute zum letzten Male kamen, um die merkwürdige Fracht zu holen, verließen wir zusammen mit Elischa das Haus und gingen zu unserem Schiff. Nur Isebel, die Dienerin, blieb im Haus zurück.

2

Der Vertraute des Königs und die beiden Krieger erwarteten uns bereits ungeduldig. Sie warfen nur einen kurzen Blick in die drei Leinensäcke, die wie die anderen sechs zwischen den Ruderbänken in der Mitte unseres Schiffes aufgestellt wurden. Das obenauf schimmernde Gold und Silber hatten die Leute Ithobaals schnell davon überzeugt, daß Acharbas gewillt schien, die Auflagen des Königs zu erfüllen. Da die Sonne mittlerweile schon recht tief stand, mahnte der Vertraute zur Eile. So nahmen wir im hinteren Teil des Schiffes unsere Plätze ein, während Ithobaals Leute, zu denen sich der Nubier Musa gesellte, vorne blieben.

Dann legten wir ab. Unter den kraftvollen Ruderschlägen kam unser Schiff rasch in Fahrt. Es wehte ein ziemlich starker Südwind, wie es in dieser Jahreszeit häufig der Fall war. Elias, der das Steuerruder bediente, hielt auf die nördliche Spitze der Insel Tyros zu. Beim Näherkommen stellte ich verwundert fest, daß die Kunde von der Anfahrt unseres Schiffes viele Neugierige angelockt hatte. Auf allen Erhöhungen der Insel und den Mauern der Stadt standen unzählige Tyrer. Wie ein Heuschreckenschwarm hatten sich die Schaulustigen überall niedergelassen.

Als wir nur noch etwa hundert Ellen von den höchsten Zinnen der Stadtmauer entfernt waren und König Ithobaal mit mehreren Begleitern auf einem der Türme erblickten, trat Acharbas einen Schritt nach vorn und wandte sich zur Insel hin. Aufrecht und starr in der Mitte unseres Schiffes stehend, gefangen von einem seltsamen Zauber, hob er langsam und feierlich seine Arme hoch über den Kopf, streckte sie aus, die Handflächen dem Himmel zugewendet, wie es die Priester tun, wenn sie die Götter anrufen.

„Melkart! ... Melkart!" rief Acharbas donnernd. „Höre mich an! Dir geben will ich, was mir durch Deine Gunst gehört. Nimm Gold und Silber, das ich erworben und bis zum heutigen Tage besessen habe, nun von mir zurück!"

Die dunkle Stimme meines Vaters hallte weit übers Meer. Im gleichen Augenblick ließen unsere Männer, die auf das Stichwort nur gewartet hatten, die Ruder fallen. Sie sprangen von ihren Bänken, packten die auf den freien Planken stehenden neun Leinensäcke und warfen sie zur Insel hin ins Wasser, das an dieser Stelle besonders tief war. Ein Schrei des Staunens kam daraufhin aus tausend Kehlen, übertönte kurz das Rauschen der Meereswogen, ebbte dann wieder ab.

Ithobaals Leute aber erstarrten vor Schreck. Der kostbaren Schätze wegen waren sie auf das Schiff meines Vaters befohlen worden, und nun lag das Gold unerreichbar auf dem Grund des Meeres. Noch ehe der Vertraute des Königs und seine beiden Begleiter einen klaren Gedanken fassen konnten, hatte sich der bärenstarke und um mehr als einen Kopf größere Nubier Musa unauffällig hinter sie geschlichen und gab ihnen einen so kräftigen Stoß, daß sie fast gleichzeitig über die Bordwand ins Wasser stürzten. Schwer mußten sie um ihr Leben kämpfen. Ob sie das rettende Ufer erreichten, wissen wir jedoch nicht.

Denn nun ließ Acharbas rasch das Segel hochziehen, und Elias schwenkte mit einem kräftigen Zug das Steuerruder aus. Schnell blähte der starke Südwind das große Segel auf, und so fuhren wir an den Mauern des auf der Insel liegenden Teils von Tyros vorbei mit nördlichem Kurs auf das offene Meer hinaus. Ithobaal, der auf den Turm gekommen war, um sein Triumphgefühl vor den

Augen der zahlreichen schaulustigen Tyrer auszukosten, schrie nach seinen Bogenschützen, doch als sie endlich auf den Zinnen erschienen, war es zu spät. Die abgeschossenen Pfeile erreichten uns nicht mehr. Ohnmächtig mußte der König sehen, wie Acharbas ihn ein weiteres Mal überlistet hatte.

Trotz aller Vorahnungen war ich nun doch überrascht. Würde der gelungene Streich nicht niederschmetternd für den tyrischen König sein? Ein göttliches Zeichen, das größeres Unheil kündete? Noch aufgeregt von dem Geschehen dachte ich an die Worte Etbals zurück. Acharbas hatte nicht einen Augenblick daran gedacht, seinen Rücken vor Ithobaal zu beugen und stillzuhalten, bis das Schreckliche geschah. Und wahrlich – es galt jetzt, schnell zu handeln. Schneller als Ithobaals Gedanken mußte solch eine Tat sein!

Während ich mit klopfendem Herzen, aber auch mit Stolz auf die Kühnheit meines Vaters das dramatische Geschehen beobachtete, hatte Elischa mit entsetzten Blicken das überraschende Vorgehen unserer Männer verfolgt und sich schließlich schluchzend abgewandt. Als das Segel gesetzt war, erkannte sie, daß Acharbas ein ganz anderes Ziel ansteuern würde. Sie kauerte sich still auf die für sie ungewohnten Planken, wohl fühlend, daß nun keine Rückkehr möglich war. Ihre tränenerfüllten Augen klagten Acharbas an.

Mein Vater bemerkte die Furcht und Verzweiflung Elischas erst, als wir die Mauern von Tyros hinter uns gelassen und das offene Meer erreicht hatten. Liebevoll wandte er sich ihr zu. Anders als mir gegenüber war er meiner Mutter nun einige Erklärungen schuldig. Acharbas wußte, daß Elischa schon die zuvor erwarteten Folgen seines Handelns gegen den König von Tyros nur schwer ertrug. Sein mißglückter Versuch, die Ränkespiele Ithobaals zu durchkreuzen, und die drastischen Strafmaßnahmen des Königs verletzten ihren Stolz.

Mit der erneuten Unbotmäßigkeit und der für Elischa völlig unerwarteten Flucht gab es nunmehr für lange Zeit, vielleicht sogar für immer, keine Rückkehr in die geliebte Heimatstadt, in der zudem ihre beiden Brüder mit ihren Familien lebten. Elischa glaubte, wir würden nun für viele Jahre, wie Wild gehetzt, das Leben von Flüchtlingen führen müssen. Denn auf Gnade durfte Acharbas jetzt nicht mehr hoffen. Kein Mittel würde der tyrische König scheuen, ihn zu ergreifen. Schon seines Stolzes wegen litt Ithobaal nun mehr als wir. An der List und Verwegenheit von Acharbas war der Stolz des Königs vor den Augen der Tyrer zerschellt. Man mußte nicht viele Worte darüber verschwenden, daß von Ithobaal böse Vergeltung zu gewärtigen war, und niemand konnte sicher sein, ob der tyrische Herrscher in seinem Zorn die heiligen Gesetze achten würde.

„Sei unbesorgt, Elischa", versuchte Acharbas sie zu trösten, „wie Du siehst, ist Melkart uns wohlgesonnen, denn er hat meine Pläne gelingen lassen und uns günstigen Wind geschickt, der uns nach Paphos[17] bringen wird. Dort wird uns

Sakarbaal, mein Freund und Handelspartner, mit Nahrung und Wasser weiterhelfen, damit wir unsere Flucht fortsetzen können."

Hier hielt Acharbas zunächst inne. Zwar konnte Elischa seinen Worten entnehmen, daß wir in Paphos wegen der Nähe zu Tyros nicht vor dem Zugriff Ithobaals sicher sein würden. Acharbas verschwieg ihr aber zunächst noch seine Befürchtung, daß der König, den er mit List und Kühnheit überwunden hatte, diese Schmach nicht auf sich sitzen lassen und die sofortige Verfolgung unseres Schiffes anordnen werde.

Es stand in der Tat durchaus nicht fest, daß die Flucht endgültig gelingen würde, doch mit dieser Erkenntnis wollte Acharbas meine Mutter nicht noch weiter ängstigen. Die Chancen seines Vorhabens waren gleichwohl gut, da bald die Nacht hereinbrechen und die Verfolger zunächst daran hindern würde, unser Schiff zu entdecken.

Acharbas griff nach Elischas Händen und zog sie sanft neben sich. „Du mußt mir jetzt vertrauen, Elischa!" raunte er ihr mit ruhiger Stimme zu. „Für uns ist in Tyros nicht länger Platz, denn Willkür und Niedertracht beherrschen dort das Leben." Meine Mutter seufzte. In ihren Augen spiegelte sich noch immer Entsetzen. Als Acharbas dies sah, schwieg er sofort, betrachtete mich hilfesuchend und erschrocken. Doch wußte ich ihm keinen Rat, nestelte verlegen an dem kunstvoll geschlungenen Tuch, das ich wie immer um meinen Kopf trug.

„Was hätte es uns geholfen, Elischa", fuhr Acharbas nach kurzem Nachdenken fort, „wenn wir dem Verlangen des Königs nachgekommen wären? Wir hätten nicht nur unser Gold und Silber dem König übergeben müssen. Da niemand in Tyros Ithobaal daran hindern wird, seine Kriegspläne zu verwirklichen, dürfte das Schicksal unserer Heimatstadt besiegelt sein, denn Nebukadnezar wird mit seiner großen Heeresmacht herüberkommen, die Mauern und Türme von Tyros einreißen und die prächtigen Häuser zerstören..."

Elischa schüttelte verzweifelt den Kopf. „Woher weißt Du denn, daß sich alles so abspielen wird, Acharbas? Hat Ithobaal Dir jemals ein Haar gekrümmt? Niemand kann über die Gefühle eines anderen befehlen. Auch wenn Du es für falsch hältst, was die Mächtigen in Tyros tun, darfst Du doch nicht vorgeben, zu wissen, was für einen anderen recht ist. Selbst die gelehrten Priester wissen nicht alles. Und vielleicht haben die Götter noch andere Absichten, als wir Menschen jemals erkennen mögen."

Mein Vater erschrak. Er hatte die Skepsis und die Furcht Elischas geahnt, aber sich doch alles sehr viel leichter vorgestellt.

„Verstehst Du meine Besorgnis nicht? Das ist kein Spiel, Elischa!" versuchte Acharbas nun zu erklären. „Wegen einer unsinnigen Idee will ich auf das Haus und all mein Hab und Gut nicht einfach Verzicht leisten, so daß nur noch die Kleider auf meinem Leibe mir gehören. Ganz gewiß wird der Krieg schrecklich sein und alles zerstören. Grausam und fürchterlich sind Nebukadnezars Krieger. So haben es die Ägypter erfahren, und ihre Berichte lügen nicht. Warum sollten die Krieger Babylons unser Haus unversehrt lassen? An Stelle von Tyros werden demnächst nur noch Trümmerhügel aus dem Lande ragen. Viele Tyrer werden in dem schon bald beginnenden Ringen durch das Schwert umkommen, als Sklaven verkauft, und andere als Gefangene nach Babylon geführt werden. Während die in Tyros ausharrenden Handelsherren ihren eigenen Untergang bezahlen, haben wir unser Leben und den größten Teil unserer Reichtümer gerettet. Was unsere Männer vorhin über Bord geworfen haben, waren mit Steinen gefüllte Leinensäcke, die nur obenauf einige goldene und silberne Gegenstände enthielten, um die Krieger des Königs zu täuschen. Unsere Reichtümer befinden sich dagegen auf dem Schiff und werden die Grundlage dafür bilden, an einem anderen Ort, der nicht vom Krieg heimgesucht wird, ein neues Leben aufzubauen. Auch fast die gesamte Kleidung und unsere kostbaren Gewänder wirst Du auf dem Schiff finden. Nein, Elischa! Ich erlaube es niemandem, mich an die berühmte Inselstadt zu fesseln. Ich mußte fliehen, auch wenn ich fürderhin nicht mehr die Luft von Tyros atmen darf."

Erst nach diesen Worten beruhigte sich Elischa ein wenig, doch spendeten sie ihr keinen Trost. Traurig sah sie zurück, bis die Zinnen der Inselstadt langsam in der Ferne verschwanden. Sie hatte noch nie einen Krieg erlebt, und Acharbas' Worte überzeugten sie nicht. Auch ich konnte nicht helfen, denn nur aus Etbals Erzählungen wußte ich etwas davon. Mein Vater betrachtete Elischa immer noch mit Sorge, wandte sich aber bald wieder dem Steuermann und unseren Seeleuten zu.

„Solange wir noch gesehen werden können, bleiben wir auf Nordkurs in der Nähe der Küste!" wies er Elias an. Hart klangen Acharbas' Worte, doch im nächsten Augenblick schon glätteten sich seine Züge, als er über das Meer nach Westen schaute. Die Sonne war soeben hinter dem Horizont versunken.

Gespannt blickten wir auch jetzt noch in Richtung Tyros und suchten das Meer nach den erheblich schnelleren Kriegsschiffen ab, die Ithobaal uns gewiß nachschicken würde. Ungeduldig sehnten wir die Nacht herbei. Als es endlich dunkel wurde, wich die Spannung von der Mannschaft, denn bisher hatte niemand ein Kriegsschiff ausmachen können.

Den Männern war nun nicht nur eine gewisse Freude anzumerken. Aus ihren lebhaften Gesprächen klang auch Stolz auf ihre eigene Leistung, wobei sie wußten, daß Acharbas sie am Ende großzügig belohnen würde. Der geglückte Streich steigerte noch ihre Anhänglichkeit und Treue. Mein Vater grinste deshalb verschmitzt, als er die Worte unserer Leute hörte und zögerte nicht lange mit seiner Antwort.

„Noch sind wir keineswegs endgültig den Häschern des tyrischen Königs entkommen. Doch wenn alles gelingt, wird dies nicht euer Schaden sein!" rief Acharbas den Männern zu. „Ruht euch aus und versucht, einige Zeit zu schla-

fen, denn niemand weiß, was der morgige Tag uns bringt!"
Im Schutze der Dunkelheit waren wir einstweilen sicher. Acharbas sah jetzt den richtigen Zeitpunkt gekommen, den Kurs zu ändern. „Wende das Schiff ein Stück nach Westen, Elias! Und laß den Nordstern etwas rechts liegen, so daß wir uns allmählich von der Küste entfernen und direkt auf Paphos zusteuern!" befahl Acharbas. Sodann kündigte er an, selbst ein wenig ausruhen zu wollen, um später gemeinsam mit Musa das Schiff zu steuern. Mir befahl er, für die erste Zeit wach zu bleiben, die Führung des Schiffes zu übernehmen und zusammen mit Elias den neuen Kurs zu halten.

Es war nicht das erste Mal, daß mein Vater mir die Verantwortung für das Schiff übertragen hatte. Mir kam dies sehr entgegen, denn meine Gedanken an die Ereignisse in den letzten Stunden hätten mich ohnehin keinen Schlaf finden lassen. Dennoch empfand ich keine Furcht. Mochte der tyrische König auch seine Waffen gegen uns aufbieten, so blieben wir doch nicht hilflos. Die Waffen meines Vaters waren von ganz anderer Art. Sein Verstand und sein großes Wissen, so dachte ich, würden sich den Mitteln Ithobaals am Ende doch noch überlegen zeigen.

Bis auf Elias und mich sowie die beiden tyrischen Männer, die von Acharbas zur Bedienung des Segels eingeteilt worden waren, hatte sich jeder einen Platz gesucht, um zu ruhen. Auch Elischa suchte Schlaf, doch entging mir nicht, daß sie sich vergeblich mühte. Unruhe flackerte in ihren Augen. Noch lange lag sie in dieser Nacht wach auf den harten Planken und weinte still.

Der kräftige Wind, der nun etwas mehr von Land her wehte als vorher, trieb unser Schiff in rauschender Fahrt[18] durch die schwarzen Wogen. Langsam überkam auch uns die Müdigkeit. Ich warf mir einen wollenen Umhang über. Zwar war die heißeste Zeit des Sommers angebrochen, doch wurde es in den Nächten empfindlich kalt. Es mochte wohl weit nach Mitternacht gewesen sein, als Acharbas uns ablöste und dafür sorgte, daß Musa das Steuerruder übernahm und auch die beiden tyrischen Seeleute, die bis dahin das Segel bedient hatten, sich zur Ruhe niederlegen konnten.

3

Die Sonne stand bereits hoch am Himmel, als ich erwachte und großen Hunger verspürte. „Wir dachten schon, Du würdest den ganzen Tag verschlafen", rief Acharbas zu mir hinüber. Er lehnte sich entspannt gegen den Mastbaum in der Mitte des Schiffes, wo er mit Elischa gerade Brot und Datteln aß. „Gebratene Enten haben wir zwar nicht in unserem Nahrungsvorrat, aber unseren Männern ist es wie immer gelungen, reichlich Speise und Trank an Bord zu bringen."

So gesellte ich mich zu ihnen, und nachdem Musa mir ein Stück Brot und einige Datteln gebracht hatte und auch einen Becher mit Wasser nicht vergaß, begann ich meinen Hunger zu stillen.

„Du wirst nun häufiger als in der Vergangenheit das Schiff führen und das Notwendige veranlassen", fuhr mein Vater zu mir gewandt fort. Er wußte, daß ich danach drängte, und mit dem erfahrenen Steuermann Elias an meiner Seite glaubte ich, auch auf mir unbekannten Strecken eine solche Aufgabe meistern zu können. Zwar würde ich noch öfter jene Abbilder von markanten Orientierungspunkten betrachten müssen, die wir in großer Zahl auf unseren Handelsfahrten mitzuführen pflegten, doch erwartete ich, daß dies immer seltener nötig sein würde. Zudem konnte ich auf Elias und Musa vertrauen, da es nur wenige Strecken in unserem Meere und darüber hinaus bis an die Küsten des Ozeans im Westen gab, die sie nicht kannten.

Die Ankündigung meines Vaters hatte mich jedoch von einer Frage abgelenkt, die mir seit dem Beginn unserer Flucht auf der Seele brannte und die ich längst stellen wollte. Nun fiel sie mir wieder ein. „Was wird mit Baalator und Isebel in Tyros geschehen, nachdem wir so plötzlich die Stadt verlassen haben?"

Ruhig, aber ernst musterte mich mein Vater, als er meine Worte vernommen hatte.

„Sorge Dich nicht, mein Sohn! Ich habe Baalator unmittelbar nach der Versammlung beim König, als wir auf unserem Schiff waren, einen versiegelten Brief übergeben lassen und ihm befohlen, dieses Schreiben erst am dritten Tage zu öffnen, wenn er bis dahin kein Lebenszeichen von mir erhalte. Von unserer Flucht und meinen weiteren Plänen habe ich nichts in diesem Schreiben erwähnt. Dies erschien mir zu gefährlich. Die gestrigen Ereignisse dürften aber mittlerweile Stadtgespräch in Tyros sein, so daß er sich unsere Lage sehr gut vorstellen kann. Ich habe Baalator ferner angewiesen, unser in Tyros zurückgelassenes Hab und Gut zu verkaufen, sodann mit Isebel das nächste Schiff nach Karthago[19] zu besteigen und sich dort einzurichten. Alles weitere solle er den Göttern überlassen."

Ich war nach diesen Worten meines Vaters nun doch erstaunt, daß er an alles gedacht hatte, aber noch ehe ich dazu etwas sagen konnte, fiel Elischa ein: „Wird Ithobaal nicht verhindern, daß Baalator sich unseres Hauses, des Warenlagers und aller sonstigen dort zurückgelassenen Dinge annimmt?"

„Das glaube ich nicht", entgegnete Acharbas. „Der König wird sich mit all seiner Macht darauf konzentrieren, uns zu verfolgen und gefangennehmen zu lassen und kaum daran denken, daß noch etwas Wertvolles in Tyros sein könnte. Im übrigen glaubt er, das Gold und andere Kostbarkeiten lägen auf dem Grund des Meeres. Und unser Lagerhaus am Hafen ist nahezu leergeräumt, denn die Waren sind ja vor den so unerwarteten Ereignissen auf unser Schiff geladen worden, um die vorgesehene Handelsfahrt nach Thasos vorzubereiten."

Dies beruhigte uns, wenngleich wir nicht sicher sein konnten, ob es Baalator gelingen würde, die Anweisungen meines Vaters auszuführen. Wir vertrauten jedoch auf seine Klugheit und Geschicklichkeit. Natürlich hatte Acharbas im Melkart-Tempel von Tyros neben den üblichen Opfergaben auch einen kleinen Teil seines Goldes hinterlegt. Für Baalator war dieser Schatz unerreichbar. Aber auch König Ithobaal dürfte ihn wohl nicht anzutasten wagen, wenn er denn überhaupt davon erführe.

Nachdem Acharbas eine Weile aufmerksam das Meer nach möglichen Verfolgern abgesucht und schließlich zufrieden festgestellt hatte, daß kein Schiff zu sehen war, wandte er sich uns wieder zu: „Mit den an Bord befindlichen Waren, die wir nach meinen ursprünglichen Plänen in Thasos gegen Gold und Silber einzutauschen hofften, werden wir auch bei den Fürsten von Tartessos[20] großen Eindruck machen können. Ihr Land ist schön und fruchtbar. In den Bergen dort gibt es Gold und vor allem reichlich Silber, wohl auch Kupfer, und so werden sich mit den Tartessiern gute Geschäfte machen lassen. Zudem führt ein uralter Handelsweg für das begehrte Zinn über dieses Land. Die Menschen in Tartessos sind freundlich und in ihrer Lebensweise weit fortgeschritten. Es wird – so hoffe ich – nicht allzu schwierig sein, in Gadir[21] ein Haus zu errichten oder zu erwerben. Von dort aus werden wir künftig unsere Geschäfte und unsere Handelsfahrten unternehmen."

Bei der Erwähnung des Namens Gadir erschrak Elischa erneut. Sie wußte nur zu gut, daß Acharbas dies ernst meinte. Sie kannten sich schon lange genug, und es war jetzt nicht die Zeit zu spaßen. Aus den Erzählungen über die Handelsfahrten von Acharbas wußte sie, daß Gadir außerhalb unseres Meeres lag und noch viele Tagesreisen entfernt war. Ihr schauderte bei dem Gedanken, weit von ihrer Heimatstadt Tyros leben und zudem so lange Zeit auf dem für sie ungewohnten, schwankenden Schiff verbringen zu müssen.

Ich selbst empfand dagegen große Freude über das neue Wagnis. Der Name Gadir klang in meinen Ohren wie eine magische Formel. Ich bemühte mich aber, dies gegenüber Elischa zu verbergen. In meinem Herzen wußte ich, daß Acharbas die Wahrheit sprach. Gleichwohl bemerkte Elischa, wie ich über die Worte meines Vaters dachte. Sie blickte mich dabei so traurig an, daß ich spontan ihre Hände ergriff. „Es wird alles gut werden, Mutter!" sagte ich zu ihr. Sie schüttelte schmerzerfüllt ihren Kopf und begann erneut zu weinen.

Acharbas, der von seinem Wagemut bisher mehr Kummer als Befriedigung geerntet hatte, betrachtete meine Handlungsweise mit deutlichem Wohlwollen, doch als er die Tränen Elischas sah, schwieg er minutenlang. Dann versuchte er erneut, Elischa zu beruhigen: „Im östlichen Teil unseres Meeres sind wir vor dem Zugriff des Königs von Tyros nicht sicher. Seine Macht dürfte aber nach meiner Kenntnis nicht so weit reichen, daß er die Geschicke Gadirs im einzelnen bestimmt, wenngleich die ferne Stadt Tribut an Tyros zahlt. Außerdem wird es für eine Weile kaum möglich sein, unseren Lebensunterhalt von einem Gebiet aus zu verdienen, in dem für lange Zeit Krieg und Zerstörung herrschen. Handel und Seefahrt brauchen nun einmal eine gewisse Sicherheit und Ordnung, sonst werden die Geschäfte zu riskant und die Berechnungen zu schwierig."

Mir leuchteten die Argumente von Acharbas auf Anhieb ein, doch blieb meine Mutter skeptisch und unsicher. Nur langsam fügte sie sich in das Unvermeidliche, das sie innerlich jedoch nie akzeptierte. Umso mehr bewunderte ich Acharbas, da er sich mit fast unendlicher Geduld bemühte, Elischa von der Richtigkeit seines Handelns zu überzeugen und ihr die tiefsitzende Angst zu nehmen. Was immer sie an Argumenten anführte; viel schwerer wog doch meines Vaters Erfahrung. Acharbas nahm seine Flucht nicht als grausame Unterbrechung oder gar endgültigen Abstieg. Aus der Erschütterung des Lebens zog er vielmehr noch neue Kraft.

So fuhren wir mit zwiespältigen Gefühlen und in steter Sorge um das endgültige Gelingen unserer Flucht dem Hafen von Paphos an der Südküste Zyperns entgegen. Als am Morgen des zweiten Tages auf dem Meere die hohen Berge der Insel zu sehen waren, gingen wir auf einen etwas nördlicheren Kurs, da wir wußten, daß die vor Zypern herrschende Meeresströmung uns nach Westen versetzen würde. Wir machten angesichts des günstigen Windes immer noch gute Fahrt, und Elias meinte, daß wir wohl vor Sonnenuntergang Paphos erreichen könnten.

Meistens hielt ich mich in der Nähe von Elias auf, der seit dem Morgen wieder das Steuerruder bediente, und dank seiner Erzählfreude verging die Zeit ziemlich schnell. Dabei erfuhr ich auch, wie unsere Männer in der Nacht vor unserer Flucht aus Tyros die achtzehn Leinensäcke mit den Schätzen meines Vaters heimlich an Bord geschafft und die Leute Ithobaals geschickt abgelenkt hatten.

Es sei zunächst gar nicht so einfach erschienen, auf welche Weise man die bewaffneten Arwader und den Vertrauten des Königs daran hindern konnte, ihre Aufmerksamkeit dem Schiff zu widmen, meinte Elias. Schließlich sei der Arwader Boschmun auf die Idee gekommen, die abendliche Mahlzeit auf dem Kai, ein gutes Stück vom Schiff entfernt, einzunehmen und Ithobaals Leute zu Speise und Trank einzuladen. Die arwadischen Krieger zögerten nicht, das verlockende Angebot anzunehmen und waren hocherfreut, als unsere Männer sogar Wein herbeitrugen. Während die Arwader zusammen mit unseren Leuten vor allem dem Wein zusprachen und sich immer lauter unterhielten, habe Musa auf der von den Kriegern nicht einsehbaren Seite des Hafens und im Schutze der Dunkelheit die wertvolle Fracht von unseren drei übrigen Männern in

Empfang genommen und in das kleine, von Acharbas am Vortage gemietete Ruderboot geladen. Vorsichtig und ohne Lärm zu machen sei Musa dann jedesmal zu unserem Schiff gerudert, wo er, Elias, die schweren Leinensäcke einzeln mit einem Tau hochgezogen und danach unter Deck verstaut habe. Am Ende habe der Nubier das Ruderboot wieder an seinen Liegeplatz zurückgebracht. Bei Musas Rückkehr über den Kai seien Ithobaals Leute vom süßen Wein schon so erschöpft gewesen, daß sie an Ort und Stelle eingeschlafen waren.

Die Freude über Elias' Geschichten wich am Nachmittag allerdings einer nervösen Spannung, als wir der Insel Zypern immer näherkamen und der junge Tyrer Abimilk, der behende den Mastbaum hochgeklettert war, die ersten Schiffe sichtete. Sie stellten sich aber in jedem Fall als Handelsschiffe heraus.

Bei schon sehr tiefstehender Abendsonne erreichten wir endlich Paphos, und nach einem letzten prüfenden Blick meines Vaters auf die zwei dort ankernden Schiffe ließ ich das Segel herunternehmen. Wie üblich ruderten unsere Männer das Schiff zu der wohl fünfzig Ellen langen Kaimauer, die östlich der Mündung eines kleinen Flusses[22] direkt ins Meer ragte und aus grob behauenen Felsblöcken gefertigt war. Tief genug war hier das Wasser. Das gegen die Meeresströmung und den meist hier wehenden Ostwind geschützte Areal bot einen günstigen Ankergrund. Dort machten wir das Schiff an der äußersten Spitze der Kaimauer fest und warfen die beiden Anker aus.

Rasch erteilte Acharbas nun seine Anweisungen und schärfte allen noch einmal ein, auf mögliche Fragen nach dem Ziel unserer Fahrt die Insel Thasos zu nennen. Mein Vater rechnete immer noch damit, daß tyrische Schiffe uns verfolgen würden, solange sie unsere Spur nicht vollends verloren hätten. Wenn Ithobaals Krieger nach Paphos kämen, würden sie sicher fragen und erneut irregeleitet werden.

Abimilk beorderte er sodann auf den Hügel unmittelbar östlich der Mündung des kleinen Flusses. Von dort aus sollte der gescheite Tyrer das Meer beobachten und sofort die Mannschaft alarmieren, wenn sich ein Kriegsschiff zeigte. Musa wurde mit drei weiteren Männern zu den nahen Brunnen geschickt, um in großen Krügen frisches Wasser zu holen. Während Elias mit den übrigen Männern an Bord blieb, begab sich Acharbas zusammen mit Elischa und mir zu Sakarbaal.

Der Freund und Handelspartner meines Vaters lebte schon lange als Händler in Paphos. Er betrieb außerdem die größere der beiden Hafenschenken. Sie befand sich nur etwa dreihundert Ellen vom Kai entfernt am Ostufer des Flusses und weit außerhalb von Paphos, das auf einem flachen Hügel lag, der sich aus der Küstenebene erhob. Ein schmaler, gewundener Weg von etwa acht Stadien führte zu der großen Siedlung mit ihren zahlreichen Häusern und dem berühmten Heiligtum hinauf.

Sakarbaal hatte unser Schiff offenbar schon erkannt, als wir uns dem Ankerplatz näherten und erwartete Acharbas bereits vor dem Eingang zu seiner Schenke. Er wunderte sich sehr darüber, daß Acharbas nicht nur mit ungewohnt schnellen Schritten vom Kai heraufkam, sondern auch noch von uns begleitet wurde. Nach der herzlichen Begrüßung war der Grund unseres Aufenthalts rasch erzählt.

Kaum hatte Acharbas seine Schilderung der dramatischen Ereignisse in Tyros und unserer Flucht beendet und sein Anliegen vorgetragen, gab Sakarbaal schon die nötigen Anweisungen an seine beiden sidonischen Köche, die für die Zubereitung guter Speisen weit über Paphos hinaus bekannt waren. Da die gerade frisch zubereiteten Hühner für unsere Seeleute und uns selbst ausreichten und das in einem großen Kessel noch kochende Ziegenfleisch zwei weitere Mahlzeiten auf dem vor uns liegenden Abschnitt unserer Flucht abgab, ließen wir die Speisen zusammen mit fast dem gesamten in der Schenke verfügbaren Brot, zwei großen Krügen mit Datteln und zwei Amphoren mit getrocknetem Fisch alsbald von unseren Männern holen.

Während Acharbas aufrichtig bedauerte, daß Sakarbaal und seine Sidonier nun aufs neue mit der abendlichen Arbeit beginnen müßten, um noch andere Gäste mit ihren Speisen zu erfreuen, sahen wir Musa und unsere drei tyrischen Seeleute mit vollen Wasserkrügen zum Schiff eilen. So bedankte sich mein Vater herzlich bei dem Freunde, überreichte ihm trotz dessen Widerspruch vier goldene Armreifen und vergaß beim Abschied auch nicht zu erwähnen, daß wir unsere Fahrt weiter nach Norden, bis zur Insel Thasos, fortsetzen wollten.

Inzwischen war die Sonne untergegangen, und bald darauf umfing uns Dunkelheit. Selbst der schmale helle Streifen am Horizont im fernen Westen war verschwunden. Den Kai beleuchteten nun mehrere Fackeln. Mit schnellen Schritten hatten wir den kurzen Weg zu unserem Schiff zurückgelegt, wo unsere Männer noch damit beschäftigt waren, das frische Wasser und den neuen Nahrungsvorrat sicher unterzubringen. Gerade als Acharbas einen von unseren Männern losschicken wollte, um Abimilk zu holen, tauchte der junge Tyrer auf dem kleinen Kai auf. „Herr, ein Schiff nähert sich von Osten dicht unter der Küste!" meldete er fast atemlos vom schnellen Lauf und sprang an Bord.

„Das werden Ithobaals Leute sein, die uns vielleicht eher in Kition vermutet haben und nun in Paphos ihr Glück versuchen wollen", meinte Acharbas zu mir.

„Sofort ablegen!" rief er sodann den Männern zu. „Und verhaltet euch still! Denn eure Stimmen kann man jetzt viele Stadien weit hören!"

In Windeseile hatten unsere Männer daraufhin die Ruder ergriffen. Nach dem Ablege-Manöver entfernten wir uns rasch vom Kai, auf dessen äußerster Spitze besonders große Fackeln brannten. Den Seefahrern gab man so bei Nacht die notwendige Orientierung. Doch für uns war dies jetzt ein kritischer Moment, denn hier konnten wir gesehen werden, wenn das fremde Schiff, das

Abimilk gemeldet hatte, tatsächlich ein tyrisches Kriegsschiff und nahe genug herangekommen war. So gingen wir auf Westkurs, entschlossen uns aber, nicht wie sonst üblich das Segel zu setzen, sondern ließen unsere Männer weiterhin rudern. Nur langsam vergrößerte sich dabei der Abstand von der Küste und dem Ankergrund am kleinen Fluß, doch kam es jetzt darauf an, nicht entdeckt zu werden, zumal im Südosten der Mond aufgegangen war.

Als die Männer nach etwa einer Stunde innehielten, um sich ein wenig auszuruhen und Abimilk den Mast erklommen hatte, dauerte es nicht lange, bis der junge Tyrer das nun direkt auf Paphos zusteuernde fremde Schiff im fahlen Mondlicht ausmachen konnte. Sofort kam er wieder auf das Deck hinunter.

„Es ist ein Kriegsschiff, Herr!" meldete Abimilk leise meinem Vater, der zusammen mit Elias und mir beim Steuerruder stand. „Ich erkenne es an der schmalen Silhouette und an der Form des Segels, das im Mondlicht und im Schein der an Bord entzündeten Fackeln leuchtet."

„Das können nur Ithobaals Leute sein", bemerkte Acharbas zu uns.

„Bei dem Licht des Mondes würde das Segel auch uns verraten. Nehmt also die Ruder wieder auf!" befahl Acharbas.

Erneut legten sich unsere Männer ins Zeug, und als Abimilk nach einer weiteren Stunde meldete, daß man auf dem fremden Schiff nun das Segel heruntergenommen habe, atmeten wir erleichtert auf. Das Schiff schien also den Ankerplatz von Paphos anzulaufen. Dort würden die Krieger des Königs von Tyros erfahren, daß wir nach Thasos segeln wollten und auf diese Weise einmal mehr getäuscht werden.

Bald darauf verkündete Abimilk, daß er das fremde Schiff nur dank der Fackeln am Hafen noch sehe und kam von seinem Beobachtungsposten hinunter an Deck. Die flache, geschwungene Küstenlinie mit ihren schönen Buchten konnte man jetzt kaum noch erkennen. Endlich war die Gelegenheit gekommen, gefahrlos das Segel zu setzen und den kräftigen Südostwind zu nutzen. So konnten wir ein zweites Mal dank der Gunst der Götter im Schutze der Dunkelheit Ithobaals Leuten entkommen.

4

Als ich einundvierzig Tage nach unserer nächtlichen Flucht aus Paphos den Tempel des Melkart von Gadir[23] in dem für das tartessische Land so charakteristischen klaren Licht erblickte, wurde mir bewußt, daß nun ein neuer Abschnitt meines Lebens fern der vertrauten Heimatstadt beginnen sollte.

Fünfmal waren wir während unserer langen und unerwarteten Reise an Land gegangen, um uns von den großen Anstrengungen der Seefahrt zu erholen, den Nahrungs- und Wasservorrat zu ergänzen und günstige Winde abzuwarten, bis die gefährliche Meerenge, die unser Meer vom großen Ozean trennt, vor uns lag.

In Tekke, an der Nordküste der Insel Kreta, hatte der Aufenthalt am längsten gedauert, weil plötzlich das Wetter umgeschlagen war. Schon auf diesem Teil unserer Flucht war Elischa ungeduldig geworden. Acharbas hatte vor langer Zeit einmal zu ihr gesagt, Gadir liege am Ende der Welt. So kam es Elischa nun auch vor.

Und zu dem Schmerz, von allem abgeschnitten zu sein, was sie liebgewonnen hatte, gesellte sich bei ihr noch die Furcht vor dem Unbekannten. Es gelang ihr nicht, diese Furcht abzuschütteln. Die tiefhängenden, dunklen Wolken waren wie ein Echo ihrer Angst. Erschaudernd blickte sie zu den grauen Sturmwolken am Himmel hinauf, die bei unserer Ankunft über Tekke und dessen Hinterland hinwegzogen. In der Ferne hörte man leises Donnergrollen. Elischa preßte ihre Arme unter den weiten Umhang an ihren Körper, damit wir nicht sehen sollten, wie sie zitterte.

Es war kalt und die Verzögerung lästig, doch mußten wir wenigstens nicht mehr die Verfolgung durch König Ithobaals Leute fürchten, und überdies erwiesen sich die Kreter als sehr freundliche Menschen. Sie halfen uns, verkauften uns bereitwillig Früchte, getrockneten Fisch und allerlei sonstige Nahrung. So waren wir bald gut gerüstet für den nächsten Schritt. Erst als sich das Wetter wieder deutlich gebessert hatte und erneut der hier häufige Ostwind wehte, wagten wir uns auf die längste Strecke, die uns über das offene Meer nach Sizilien und dicht unter der Südküste dieser großen Insel bis an deren westlichste Spitze führte.

Schon nach der Hälfte der von Kreta aus zurückgelegten Strecke wies uns die Rauchfahne eines gewaltigen Feuerberges zusätzlich den Weg. Ruhig glitt unser Schiff durch die sanften Wogen. Nur einmal, während einer sternenklaren Nacht, waren wir aufgeschreckt. Der Himmel im Nordwesten färbte sich plötzlich grellrot. Die Gestirne rundum waren im Nu fortgefegt, und pfeilgerade schossen Feuer und Dampf bis in unendliche Höhen empor. Bald darauf ließ der Feuerberg seine dröhnenden Rufe vernehmen. Elischa schrie angstvoll auf, und auch ich schaute entsetzt nach Nordwesten.

„Überwältigend, dieses Schauspiel, nicht wahr?" hörte ich hinter mir meines Vaters Stimme. Er hatte seinen Arm um Elischas Schultern gelegt, suchte ihre Furcht zu zerstreuen. Das Rollen und Grollen des Feuerberges steigerte sich jedoch von Stunde zu Stunde, wurde zum grauenerregenden Gebrüll. Es war mir, als zeigte sich der Zorn der Götter, als müßten nun manch irdische Throne wanken.

Niemand schlief mehr in dieser Nacht. Fasziniert blickten alle auf die furchtbare Pracht. Selbst im Licht des neuen Tages beeindruckte die Riesenfackel des Feuerberges sogar die Erfahrensten auf dem Schiff.

Mit Bedacht hatte Acharbas den südlicheren Kurs gewählt, denn die Fahrt durch die Meerenge zwischen Skylla und Charybdis[24] war schon in grauer Vorzeit wegen ihrer Strömungen und Strudel gefürchtet. Zudem blieben wir weitab von der Küste, da wir wußten, daß zahlreiche Seeräuber hier ihr Unwesen trieben. So brachte uns ein günstiger Wind rasch nach Westen, wo Acharbas von früheren Fahrten her den gut ausgebauten Hafen von Motye[25] kannte.

Als ich den Namen dieser Handelsstadt aus dem Munde meines Vaters hörte, kamen mir einige Verse des Homeros in den Sinn. Etbal hatte sie uns mehrfach vorgetragen und auswendiglernen lassen. In Motye nämlich soll einst der berühmte Odysseus kurz halt gemacht haben und nur dank seiner Klugheit und List dem Angriff der feindlichen Bewohner entkommen sein.

Den im Norden steil aufragenden Burgberg weit hinter dem Hafen erblickten wir bereits, als wir die westlichste Spitze Siziliens umfuhren. Bald nach der Ankunft in der schön gelegenen Stadt schlossen wir Freundschaft mit einem sehr kenntnisreichen Händler namens Hanno, der vor Jahren aus Karthago nach Motye gekommen war und viel Interessantes aus der nur zwei Tagesreisen südwestlich liegenden Stadt zu berichten wußte.

Über Sulcis[26] und Ebusos[27] gelangten wir endlich zum tartessischen Lande, das wir kurz vor der Meerenge nur einmal betraten, um uns vor einem schweren Sturm in Sicherheit zu bringen. Wie vorteilhaft unsere Entscheidung war, auf bessere Verhältnisse zu warten, zeigte sich bald. Ein hellenischer Segler, der es wagte, dem Sturm zu trotzen, kehrte nach wenigen Stunden stark beschädigt zurück und erreichte nur mit Mühe den geschützten Hafen. Der Mast war nicht gebrochen, doch aus der Verankerung gerissen und lag nun längs auf den Planken. Einige Ruder und das Segel fehlten. Zerfetzte Taue hingen überall herum.

Für uns folgte nach diesem Erlebnis jener Teil der Reise, den unsere Männer trotz ihrer Erfahrung am meisten fürchteten: die Fahrt durch die Meerenge mit ihren starken Strömungen, heftigen Winden und unberechenbaren Strudeln. Doch verlief alles viel einfacher, als ich nach den Erzählungen von Acharbas und Elias erwartet hatte.

Als wir um die Mittagsstunde auf der Höhe des am Nordufer der Meerenge liegenden gewaltigen Felsens angelangt waren, kam ein starker Südostwind auf, der unser Schiff in rauschender Fahrt durch die Wellen des tiefblauen Meeres trieb. So hatten wir die gefährlichsten Stellen bald hinter uns. Rechter Hand begleiteten uns für eine Weile die waldreichen Hügel des tartessischen Landes, bis uns die Nacht für einige Stunden gefangennahm. Der Schein der Feuer in den kleinen Siedlungen an Tartessiens Küste gab uns sicheres Geleit.

Am folgenden Mittag endlich lag Gadir vor uns in der gleißenden Sonne. Schon viel hatte ich von diesem Ort gehört. Doch nichts konnte einen vorbereiten auf den Anblick dieser Stadt. Umgeben vom offenen Meer, dem Wind und der rauhen See trotzend, leuchtete die Stadt mit ihren herrlichen Tempeln und prachtvollen Häusern wie ein Juwel vor der an dieser Stelle flachen Küste des tartessischen Landes. Nachdem wir die weit nach Nordwesten ins Meer hineinragende Landzunge umfahren und das Segel geborgen hatten, liefen wir unter Rudern von Norden her in den gut ausgebauten Hafen ein.

Rufe in vertrauter und in fremder Sprache trafen an mein Ohr, während sich unser Schiff langsam dem westlich gelegenen Kai näherte und schließlich zum Stillstand kam. Dort lag etwas einwärts bereits ein großer Segler.

Gerade hatten wir die beiden Anker geworfen und unser Schiff sorgfältig festgemacht, da kam auch schon der Hafenmeister herbei. Adramilk, so nannte sich der etwa vierzig Jahre alte Gaditaner, begrüßte uns freundlich, schrieb unsere Wünsche auf und dankte ehrerbietig für die drei silbernen Armringe, die Acharbas als übliche Hafengebühr sofort überreichte.

Am anderen Ufer lagen zwei weitere große Handelsschiffe, ein Karthager wohl und ein Etrusker. Irgendwo fiel ein schwerer Steinanker klatschend ins Wasser, und vor dem Ausgang des Hafens wurde auf einem kleinen Schiff das Segel gesetzt. Getrieben durch kräftige Ruderschläge glitt eine Barke langsam an den großen Seglern vorbei.

Das Schiff neben uns belud man soeben mit allerlei Waren. Schweißbedeckt und mit gekrümmten Rücken schleppten zahlreiche Träger schwere Leinensäcke und Körbe zu dem dickbauchigen Schiff. Direkt davor saß ein junger Schreiber und notierte mit seiner Feder auf Papyros jede Last. Einige Fischer befanden sich am Ende des Kais und flickten ihre zerrissenen Netze. Unweit davon, aber noch im Hafen, schaukelten ihre kleinen Boote auf den sanften Wellen.

Elischa stand die Erleichterung im Gesicht geschrieben, daß die lange Fahrt nun zu Ende war und sie bald festen Boden unter ihren Füßen spüren würde. Auch Acharbas hielt sich jetzt nicht mit langen Reden auf. Wie üblich ließ er einige unserer Männer unter Elias' Führung auf dem Schiff zurück. Die anderen gingen mit uns alsbald von Bord. Schnell hatten wir die ersten Häuser erreicht. Neugierige und fragende Blicke folgten uns.

Karthager, Etrusker, Phokäer und Tartessier drängten sich neben den zahlreichen Gaditanern nahe den Kais und durch die sorgfältig gepflasterten, geordnet angelegten Gassen. Der letzte Regenguß lag wohl nicht lange zurück. Er hatte einige tiefe Pfützen hinterlassen, eine willkommene Gelegenheit für die Kinder, die vergnügt darin spielten. Der sonst in Hafennähe übliche Gestank war hier kaum zu bemerken, denn der starke Wind wehte vom Meere her ständig frische Luft in die Stadt.

Wir sehnten uns nach einer warmen Mahlzeit und lenkten zielstrebig unsere Schritte zu einer vertrauenerweckend aussehenden Hafenschenke hin.

Bereits draußen vor der Tür roch es nach gekochtem Hammelfleisch, Zwiebeln und Bier. Elischa seufzte, denn es war das erste Mal, daß sie uns in eine Schenke begleitete. Mißtrauisch musterten uns die fröhlich zechenden Gäste, als wir den niedrigen, jedoch recht großen Raum betraten und die Zahl unserer Leute kein Ende zu nehmen schien, obwohl fast die Hälfte unserer Mannschaft an Bord geblieben war. Der Wirt aber strahlte und führte uns zu den noch freien Tischen in der entferntesten Ecke hin.

Rasch hatten sich die anderen Gäste an unseren Anblick gewöhnt. Nur ab und zu schauten einige trinkfreudige Gaditaner zu uns hinüber, wobei vor allem der lebhaft schwätzende Abimilk und der Nubier ihre besondere Neugier erregten. Zu unserer Überraschung mußten wir nicht lange auf das Essen warten: Huhn und Walnüsse, dazu Brot und Bier, fanden sich in reichlichen Portionen bald auf unseren Tischen. Der Wirt persönlich brachte Trank und Speise. Er witterte wohl schon künftige Geschäfte, zumal mein Vater nicht kleinlich war mit der Bezahlung. Wiederholt eilte der flinke Gaditaner herbei, erkundigte sich nach unserer Zufriedenheit.

Die Wände des großen Raumes waren mit Tierfiguren bemalt, und mächtige Pfeiler trugen die hölzerne Decke. Die Gäste an den Nebentischen, mehrere Karthager und zwei Gaditanerinnen, redeten sehr laut miteinander, lachten und trieben allerlei Schabernack. Nur wenige Gäste verlangten hier nach Wein. Die meisten waren hergekommen, um Bier zu trinken. Manche schienen davon schon reichlich genossen zu haben, denn eine Frau litt bereits unter Übelkeit und mußte sich erbrechen. Dabei befleckte sie ihr schönes leinenes Gewand, und die in der Nähe sitzenden Männer spotteten über sie.

Elischa war entsetzt und wandte sich ab. Vorwurfsvoll blickte sie Acharbas an, doch über dessen Gesicht huschte ein verlegenes Lächeln. „Ängstige Dich nicht, Elischa!" sagte er leise. „Wir werden nicht lange bleiben. Ertrage also, was wir nicht ändern können!"

Abimilk, der junge Tyrer, lachte immer wieder, als er das Treiben in der Schenke sah. Schließlich blickte einer der rauhbeinigen Männer am Nebentisch, nach der Sprache offenbar ein Karthager, unseren Gefährten zornig an, erhob sich schwankend von seinem Platz und stelzte langsam zu unserem Tisch.

„Wie kommt denn ihr hierher?" forderte er in barschem Tone Auskunft. Dabei stützte er seine kräftigen Arme auf den Tisch und ließ seine hervorquellenden Augen auf dem jungen Abimilk ruhen. Der schwieg betroffen.

„Das könnten wir eher dich fragen!" antwortete Musa mit einem kühlen Lächeln. Der Nubier saß Abimilk gegenüber und hatte sich zunächst etwas klein gemacht. Nun aber richtete er sich langsam auf, stemmte seine gewaltigen, muskelbepackten Arme in die Hüften. Nur eine Handbreit war noch bis zur Decke des Schankraumes Platz. Wortlos, aber verächtlich blickte Musa auf den zwei Köpfe kleineren Karthager herab. Da wurde es schlagartig still an den Nebentischen, und ebenso schwankend, wie er gekommen war, zog sich der Karthager wieder dorthin zurück.

Er schaute sich noch einmal verstohlen um, trat nahe an mich heran, so daß ich seinen nicht gerade erquicklichen Atem roch. Dann machte er noch einige schleppende Schritte, rülpste hörbar und sank schließlich schwer auf seinen Stuhl. Grimmig schüttete der plötzlich so Mutlose nun seinen vollen Becher mit Bier in einem Zug hinunter und schrie sofort nach dem nächsten. Der Wirt schien den Mann bereits zu kennen, denn er beeilte sich, der Forderung nachzukommen.

Auch an unserem Tisch herrschte für einen Augenblick befangenes Schweigen. Der Rückzug des Karthagers kam uns sehr gelegen, und Acharbas atmete erleichtert auf. Beklommen schaute ich meinen Vater an. Er dachte jetzt wohl dasselbe wie ich. In unserer, noch ungewissen Lage wäre es kaum vorteilhaft gewesen, wenn sich die Männer gleich am ersten Tage durch eine Prügelei ausgezeichnet hätten.

Drittes Buch

LEBEN IN GADIR

1

Es war noch früh am Morgen, als Acharbas unsere Mannschaft um sich versammelte. Nachdem wir die erste Nacht in Gadir verbracht hatten, schien nun der richtige Zeitpunkt gekommen zu sein, unsere Seeleute zu belohnen. In bewegenden Worten dankte Acharbas den Männern für ihre Treue, die ertragene Mühsal und den außergewöhnlichen Mut. Die Augen der Seeleute glänzten, als sie schließlich hörten, daß ihr Herr über das übliche Entgelt hinaus zwei Talente Silber unter sie verteilen wolle. Dies geschah sofort. Während jeder unserer Männer seinen Anteil aus den Händen meines Vaters erhielt, begehrte ein Bote des obersten Ratsherrn von Gadir Acharbas zu sprechen. Ich bedeutete ihm, sich noch ein wenig zu gedulden. Ohne Widerspruch nahm der junge Mann dies hin und wartete vor unserem Schiff auf dem Kai.

Die Belohnung der Männer dauerte ihre Zeit, doch kam ich auch dann noch nicht zu Wort, als Acharbas die Aktion beendet hatte. Mein Vater setzte nämlich zu einer neuen Rede an. Noch einmal hörten die Männer seinen tiefen Dank. Dann aber überraschte er uns alle mit der Ankündigung, künftig nur noch sehr selten an den Handelsfahrten teilzunehmen, sondern mir die Führung des Schiffes anzuvertrauen. Fast hätte ich den geduldig wartenden jungen Gaditaner vergessen. Doch schließlich machte ich meinen Vater auf die Anwesenheit des Boten aufmerksam. Acharbas winkte den jungen Gaditaner sofort herbei.

„Jehaumilk, mein Herr, schickt mich zu Euch. Er erwartet Euch morgen vor der Mittagsstunde in seinem Hause, nahe beim Tempel der Astarte", meldete der Bote.

„Sag Deinem Herrn meinen Dank", entgegnete Acharbas mit zufriedenem Lächeln, „wir werden rechtzeitig da sein."

„Wie rasch sich die Nachricht von unserer Ankunft in der Stadt doch verbreitet hat!" bemerkte ich erstaunt zu meinem Vater.

„Das ist ein gutes Zeichen", erwiderte er. „Man sehnt sich in Gadir offenbar danach, aus Tyros Neuigkeiten zu erfahren. Vielleicht wird das ruhige Leben in dieser Stadt nur selten von der Ankunft fremder Schiffe unterbrochen, die von den fernsten Häfen bis zu den Gestaden des Ozeans kommen."

Kaum war der Bote gegangen, begab ich mich mit Acharbas zum nahen Markte. Dort kauften wir einem Tartessier den schönsten Hammel ab, den wir unter seinen an einem hölzernen Pfahl angebundenen Tieren entdeckten. Wir hatten das prachtvolle Tier als Opfer ausersehen, und so gingen wir schnellen

Schrittes mit dem Hammel zu unserem Schiff zurück. Kurz danach ließ Acharbas ablegen, um die unmittelbar vor der Küste liegende winzige Felseninsel anzusteuern, auf der sich der berühmte Melkart-Tempel von Gadir befand. Wir hatten ihn bereits am Tage unserer Anreise passiert, als wir von der Meerenge nach Gadir gesegelt waren. Diesmal nun galt es zuallererst, Melkart ein reiches Dankopfer darzubringen.

Schon gegen Mittag hatten wir die Insel erreicht und unser Schiff an dem Ankerplatz festgemacht. Noch während unsere Männer damit beschäftigt waren, die starken Taue festzuzurren, erschien der ehrwürdige Priester, der die Oberaufsicht über das Heiligtum innehatte, mit zwei jungen Begleitern vor dem Gebäude. Langsam und würdevoll schritt ich mit Acharbas und Elischa die breiten, steinernen Stufen zu dem herrlichen Tempel empor.

Himilko, so nannte sich der Priester, empfing uns unmittelbar vor dem aus weißem Marmor errichteten und weithin leuchtenden Tempel, der in gleicher Weise in verschiedene Räume aufgeteilt war wie der Melkart-Tempel von Tyros. Auch fehlten im Vorhof des Tempels die beiden Säulen nicht, von denen die eine mit Gold überzogen war. Die andere jedoch hatte man nicht aus smaragdgrünem Glas gefertigt wie in Tyros. Sie bestand aus glatt poliertem Rosengranit, dessen Schönheit jeden Besucher beeindrucken mußte. Das Dach des Tempels aber war, wie in Tyros, aus Zedernholz gefertigt. Und wie in Tyros hatte man im Hauptraum eine gewaltige Statue des Melkart aufgestellt.

„Willkommen im Heiligtum des Melkart von Gadir. Ich habe Euch schon erwartet!" begrüßte uns Himilko auf der Freitreppe, die unmittelbar vom Wasser zu dem prächtigen Tempel hinaufführte. Wohlwollend blickte er auf die Weihegeschenke, die wir in unseren Händen trugen.

Acharbas hatte die Weihegeschenke und Opfergaben sorgfältig ausgewählt und dabei die unter den Melkart-Priestern herrschenden Vorstellungen bedacht. Da war zunächst ein reich verzierter Räucherkelch, bestehend aus einer breiten, flachen Schale, die auf einer rund geformten Mittelstütze und vier sehr fein gearbeiteten Figuren ruhte. Als zweites Geschenk hatten wir ein mit Lotosblüten und Palmetten wunderschön bemaltes Straußenei mitgebracht. Das dritte Stück war eine hellbraune jonische Kotyle mit dunkelroter und schwarzer Bemalung: im oberen Teil Palmettenornamente und Lotosblüten, in der Mitte – eingerahmt von horizontalen dreifachen Linien – ein herrlicher Tierfries mit Löwen, Sphingen, Ebern und Hirschen.

„Wir wollen dem Gott Melkart dafür danken, daß er uns auf der langen Seefahrt von Tyros bis hierher beschützt hat und uns stets wohlgesonnen war. Ich bitte Euch daher, die von uns mitgebrachten Weihegeschenke anzunehmen", entgegnete Acharbas auf die freundliche Begrüßung.

„Habt Dank für Eure Großzügigkeit, Acharbas! In diesem Heiligtum seid Ihr stets willkommen", erwiderte Himilko mit sanfter Stimme. Wohlwollend be trachtete der Priester die herrlichen Gaben. „Wunder der Kunstfertigkeit!" rief der Priester, sichtlich beeindruckt. „Ich danke Euch!" Nach einem kaum sichtbaren Zeichen nahmen sich zwei seiner Helfer der Geschenke und des Opfertieres an. Dann bat uns der in ein langes, weißes Gewand gekleidete Priester, ihn in den zentralen Raum des Tempels zu begleiten.

Respektvoll folgten wir Himilko in angemessener Entfernung. Und bald darauf begann er mit einer eindrucksvollen Zeremonie. Feierlich übergab der Priester das Herz des Opfertiers zusammen mit geheimnisvollen Kräutern den hell auflodernden Flammen. Himilkos Arme streckten sich der Statue Melkarts entgegen, und von dem Opfertisch stieg der Rauch des Dankopfers empor. Andächtig und stumm lauschten wir Himilkos Gebeten, verharrten still, bis man ein Zeichen gab. Streng und unnahbar wirkte jetzt der Priester, ganz anders, als noch kurz zuvor.

Als die Zeremonie beendet war und wir den Vorraum des herrlichen Gebäudes betraten, wandte sich Acharbas erneut an Himilko, denn unser Besuch im Tempel des Melkart von Gadir hatte noch einen weiteren Grund: Acharbas beabsichtigte, einen großen Teil seiner Reichtümer im Tempel aufbewahren zu lassen, und so fragte er den Priester, ob dies jetzt möglich sei. Himilko bejahte dies und wunderte sich, daß mein Vater überhaupt danach fragte. Für den Priester schien es jedenfalls selbstverständlich zu sein, daß man zu ihm kam und den Tempel zur Lagerung von Gold und anderen Schätzen nutzte.

Daher begaben wir uns zum Schiff hinunter, um bald darauf mit sieben festen Leinensäcken, die insgesamt vierzehn Talente reinen Goldes enthielten, zu Himilko zurückzukehren. Behende prüften Himilkos Helfer die Kostbarkeiten, wogen das Gold und fertigten sofort eine schriftliche Bestätigung für den Empfang. Und wie in Tyros zahlten wir für das Dankopfer den von den Priestern festgelegten Preis.

Mit den guten Wünschen des Melkart-Priesters versehen verließen wir danach das berühmte Heiligtum und fuhren nach Gadir zurück. Am Abend machten wir an unserem alten Ankerplatz fest. Er war zu unserem Erstaunen frei geblieben, obgleich zahlreiche Schiffe den Hafen füllten. Erst später sollten wir erfahren, daß es der Hafenmeister war, der den Platz frei gehalten hatte und Acharbas für die gezeigte Großzügigkeit auf seine Weise dankte. Nicht weit von uns kamen mehrere Betrunkene aus einer Hafenschenke und begannen, kaum im Freien, heftigen Streit.

„Es ist überall dasselbe", bemerkte mein Vater trocken, als er den Lärm vernahm und Elischa ängstlich zu ihm blickte. „Sorge Dich nicht! Sie werden uns nicht belästigen!"

Acharbas und Elischa waren gerade von Bord gegangen. Ich folgte ihnen auf dem Weg in die Stadt. Im fernen Westen begann die Sonne zu versinken. Noch hatte der nahe Markt seine Pforten nicht geschlossen, und es blieb uns Zeit, die für uns noch fremde Stadt ein wenig zu erkunden.

Schon von weitem hörte man das Geschrei mehrerer Esel, das Gemecker von Ziegen und die Rufe zahlreicher Händler. Und bald drang das Geschwätz der vielen Besucher des Marktes an unsere Ohren. Vertraut schien uns im ersten Augenblick das Bild der Geschäftigkeit und des regen Treibens. Auch hier herrschte das gewohnte Gedränge bunt gekleideter Menschen.

Gelassen, aufmerksam schauend, bahnten wir uns einen Weg durch das Gewirr der zwischen den unzähligen Ständen sich öffnenden Gassen. Allmählich erkannten wir darin eine erstaunliche Ordnung. Jede Art von Handelswaren hatte ihren besonderen Platz. Fast ein Viertel des Marktes wurde von den Ständen der Nahrungsmittelhändler eingenommen. Und was als Kleidung und als Schmuck diente, war in verblüffend großer Auswahl vorhanden. Und nicht einmal teuer!

Um Streit und Betrügereien zu verhindern, hatte der Rat der Stadt Aufseher ernannt und mit weitreichender Macht ausgestattet. Sie gingen von Stand zu Stand, prüften Maße und Gewichte, verglichen den Wert der Handelswaren und achteten darauf, daß die Käufer nicht übervorteilt wurden.

Vieles gab es hier zu bestaunen. An einem Kreuzweg sahen wir einen seltsamen Mann vorbeieilen. Er hatte einen großen, aus Weidenruten geflochtenen Korb auf dem Rücken, wie ihn die Vogelhändler auch in Tyros zu tragen pflegten. Nur selten traf man Bewaffnete an. Sie dienten hier vor allem als Ordnungshüter. Ihre wichtigste Aufgabe bestand darin, Diebe und Straßenräuber fernzuhalten.

Zerlumpte, verwahrloste Bettler suchte man auf dem Markte ebenfalls nicht vergebens, und Gaukler und Geschichtenerzähler gab es in Gadir fast so viele wie in Tyros. Sie lockten mit ihren lauten Stimmen viele Neugierige an. In einfache, bis knapp über die Knie reichende Leinengewänder gekleidete Träger schleppten in schön geflochtenen Körben Gemüse und Früchte vom nahen Hafen herbei.

Zwei recht ärmlich aussehende Tartessier knieten in der am weitesten nach Osten hinausragenden Ecke des Marktes und zerteilten den Rumpf einer frischgeschlachteten Ziege. Wir kamen gerade in dem Augenblick herzu, als der ältere von ihnen das Tier tötete. Er zog so blitzartig sein scharfes Messer über den Hals des Tieres, daß kaum jemand eine Bewegung erkannte. Ein dünner Blutstrahl schoß hervor, versiegte dann allmählich. Staunend schauten die Gaditaner, darunter viele Kinder, den beiden zu. Nur wenige verharrten in entsetztem Schweigen. Sie sahen dies wohl zum erstenmal.

Nicht weit davon erblickte ich vier junge Mädchen mit lang herabfallenden schwarzen Haaren. Verschämt kichernd standen sie in der Nähe eines Händlers, der Amulette, Ohrringe und allerlei schön geschliffene Steine anpries. Nach einer Weile gingen sie weiter, blieben bei einem anderen Händler stehen, bewunderten die herrlichen Straußenfedern und den Elfenbeinschmuck. Direkt gegenüber rief ein Töpfer seine schöne, blankgeputzte Ware aus, und daneben gab es kunstvoll gearbeitete lederne Sandalen. Aber auch weniger anspruchsvolle Waren konnte man in Gadir sehen, billige Fächer, Meeresmuscheln, die als Schmuck dienen sollten. Der Lärm war groß. In das Geschrei der Händler mischten sich Flüche, Gelächter und Kinderstimmen.

Über zwei Stunden weilten wir schon inmitten des rauschenden Getriebes, und wir wurden nicht müde zu schauen. An den Ständen mit Kleidung gingen wir allerdings ziemlich rasch vorbei. Mehrere Händler boten daneben Tücher und Leinenstoff an. In einer anderen Ecke hatten die sehr zahlreichen Fischhändler ihren Platz. Wir hielten uns auch dort nicht lange auf, denn es stank entsetzlich.

Für's erste hatten wir genug gesehen, und so begaben wir uns auf den Rückweg. Bald kamen wir ein weiteres Mal bei den Gauklern vorbei, blieben erneut stehen, weil Acharbas danach drängte.

Nur kurz schaute ich hin, denn meine Aufmerksamkeit wurde plötzlich abgelenkt, als sich vom Ostrand des Marktes eine erbärmlich gekleidete Gestalt näherte. Jetzt erst gewahrte ich im Hintergrund die zahlreichen gelbgrauen Lehmhütten der Armen von Gadir. Auch in der Farbe stachen sie deutlich von den Häusern der Reichen und Vornehmen ab. Aus dieser Gegend hinkte, auf einen groben Stock gestützt, ein alter Mann herbei, dessen linker Arm nur noch ein kurzer Stummel war. Sein Lendenschurz und das wollene Schultertuch starrten vor Schmutz. Sein Gesicht schien vertrocknet vom Alter und runzlig wie Leder, und Zähne hatte er auch nicht mehr.

Erschrocken betrachtete ich den Alten, der sich unmittelbar neben den Gauklern leise stöhnend auf den steinernen Boden sinken ließ. Er besaß nicht einmal eine kleine Schale, hielt seine Hand flehend den Leuten entgegen. Traurig blickte er hoch zu den vorbeiströmenden Passanten, doch die beachteten ihn nicht. Ich wechselte einen verstohlenen Blick zu Elischa. Sie schien ein wenig verwirrt, faßte sich aber schnell, und ich bemerkte, daß sie das gleiche dachte. Dann streifte ich rasch einen Kupferring von meinem Arm und reichte ihn dem Alten.

Der gebrechliche Mann zitterte. Er sprach kein Wort, doch sah ich Dankbarkeit in seinen Augen, und über sein Gesicht huschte ein Freudenschimmer.

2

Jehaumilk, der oberste Ratsherr der Stadt, entstammte einer schon viele Jahre in Gadir lebenden Familie und war durch seine Geschäfte mit den tartessischen Fürsten zu Reichtum und Ansehen gekommen. Der Gaditaner besaß nichts von jener Unberührtheit durch die Zeit wie mein Vater. Obwohl er sich aufrecht hielt, wirkte er dank seiner weißen Haare und seines faltenreichen Gesichts älter, als er tatsächlich war. Sein helles Gewand war aus feinstem Leinen, und am Hals trug er goldenes Geschmeide. Den Mittelfinger seiner linken Hand zierte ein goldener Ring mit herrlichen Türkisen.

Sein großes Wissen über die Verhältnisse im tartessischen Lande, aber auch über das Leben in dem Teil Libyens, der an den Ozean im Westen grenzt, also dem tartessischen Lande gegenüberliegt, war weit über die Region an den Säulen des Melkart hinaus in den Kreisen der Handelsherren bekanntgeworden.

Diese Kenntnisse, vor allem die regelmäßigen Kontakte Jehaumilks zu den Fürsten von Tartessos, wollten wir nutzen, und daher hatte Acharbas ein besonders schönes und wertvolles Geschenk ausgewählt, das er Jehaumilk nun überreichte, als er zusammen mit Elischa und mir das große, weißgetünchte Haus des Ratsherrn betrat.

Jehaumilk hieß uns herzlich willkommen und war entzückt über die von einem sidonischen Künstler herrlich gearbeitete und verzierte Silberschale, die Acharbas mitgebracht hatte. Die feine Gravur enthielt assyrische und ägyptische Motive in zwei konzentrischen Bildern. Der äußere Fries schilderte das Jagdabenteuer eines assyrischen Prinzen. Der innere Fries zeigte eine Pferdeprozession, die von fliegenden Kormoranen begleitet wurde. Lange betrachtete Jehaumilk die prachtvolle Schale und bedankte sich überschwenglich, während uns seine Diener köstliche Getränke brachten.

„Macht mir die Freude und seid meine Gäste bei einem kleinen Mittagsmahl!" sagte Jehaumilk nach einer kurzen Pause. Nichts war uns in diesem Moment lieber, und so nahmen wir die Einladung gerne an. Jehaumilk lebte allein in seinem Hause, denn seine Frau war bereits gestorben. Der Reichtum des angesehenen Gaditaners nahm mich sofort gefangen.

In dem großen Wohnraum standen Tische aus schwarzem Holz, mit Gold und Elfenbein herrlich verziert. An den mit Tierfriesen versehenen Wänden hatte man zahlreiche Statuen und Tierfiguren aus rosafarbenem Marmor aufgestellt. Vier weiße, sehr schlanke Lilienpfeiler trugen die recht hohe Decke. Der Fußboden war mit hellen und dunklen Steinen ausgelegt, in denen man Fische und fliegende Wildenten erkannte. Alles in diesem Hause zeugte von erlesenem Geschmack.

Acharbas und der Ratsherr kannten sich schon flüchtig von den früheren Aufenthalten meines Vaters in Gadir, und natürlich wußte Jehaumilk, daß mein Vater Libyen umsegelt hatte. Der Ratsherr bewunderte Acharbas deswegen sehr und kam auch jetzt wieder auf die großartige Leistung und den Wagemut meines Vaters zurück. Der Gaditaner ahnte jedoch, daß Acharbas' Aufenthalt in Gadir diesmal wohl andere Hintergründe hatte als sonst üblich, zumal Elischas Anwesenheit nicht zu einer gewöhnlichen Handelsfahrt paßte.

„Sagt mir, Acharbas, was hat Euch bewogen, hierher zu kommen?"
Der Ratsherr blickte etwas verlegen drein. Man sah ihm an, daß er zwischen Neugier und Höflichkeit schwankte. Mein Vater wartete daher gar nicht erst die weiteren Fragen Jehaumilks ab, sondern schilderte ohne Umschweife die Geschehnisse in Tyros, die uns veranlaßt hatten, die lange Seefahrt nach Gadir zu wagen. Offen erklärte er, daß wir uns hier niederlassen wollten. Die Überlistung des Königs von Tyros und die näheren Umstände der Flucht erwähnte Acharbas nicht, da er nicht sicher war, wie Jehaumilk dazu stehen würde. Doch seine Vorsicht erwies sich schnell als unbegründet.

„Seid unbesorgt!" entgegnete Jehaumilk, nachdem er aufmerksam zugehört und die Gründe unserer Reise erfahren hatte. „Ich schätze die Eigenheiten König Ithobaals genauso wenig wie Ihr. Nachdem ich Euren Bericht vernommen habe, befürchte ich Schlimmes. Bald werden die ersten Wolken aufziehen und die Sonne verdunkeln, die strahlend so lange über Tyros stand. Denn Reichtum und Macht bewahrt man nicht, indem man fremde Herrscher und ihre Kriegerscharen zur Eroberung einlädt. Offenbar kennt der tyrische König nicht die Grenze zwischen klugem Wagemut und Gier nach Ruhm – eine Grenze, die niemand ungestraft überschreiten kann. Es erfüllt mich mit Trauer, daß Tyros nun seinen Reichtum vergeudet, vertändelt, sinnlos opfert. Mag sein, daß viele Tyrer jetzt noch nicht sehen, was sich durch fehlerhaftes Tun entwickelt. Auf die Dauer kann aber selbst dem einfachen Volke nichts verborgen bleiben. Am Ende weiß es alles, auch wenn es dann zu spät ist."

Man sah Acharbas die Erleichterung nach diesen offenen Worten des ehrwürdigen Ratsherrn an. „Dem tyrischen König in den Arm zu fallen, ihn gar zu bekämpfen, schien mir aussichtslos, ehrwürdiger Jehaumilk. Denn keiner wagte es, sich mir anzuschließen, sich zu widersetzen. Es herrschte Feigheit dort, wo Mut erforderlich gewesen wäre", ergänzte mein Vater nach einer Pause. Er meinte wohl, daß er dem Ratsherrn noch eine Erklärung für sein Verhalten schuldig wäre.

„Habt Dank für Euren langen und freimütigen Bericht, Acharbas! Bislang erreichten uns von diesen Dingen nur bruchstückhaft Gerüchte. Ihr habt uns nun von quälender Ungewißheit befreit. Gadir verbinden lediglich die vereinbarten jährlichen Zahlungen mit Tyros. Ansonsten aber sind wir in unserem Tun nicht von dem dortigen Herrscher abhängig und mischen uns nicht in die Angelegenheiten ein, die fern von hier passieren. Wir sind es gewohnt, uns auf den Handel mit Gold, Silber, Zinn und Kupfer mit den Tartessiern zu konzentrieren." Der Ratsherr unterbrach seine Erklärungen, überlegte kurz, weil er die sorgenvolle Miene meines Vaters sah. Dann fuhr er mit ruhigen Worten fort.

„Ihr wißt ja selbst, aus alter Erfahrung ist größerer Nutzen aus dem Handel als aus der Kriegführung zu ziehen. Die Gaditaner sind vor allem Handwerker und Händler. Sie achten nichts höher als das Geschäft. Aus diesem Grunde lieben sie auch den Krieg nicht, sondern halten sich nur wenige Krieger, die den Handel schützen, für Ordnung sorgen, die Mauern und Tempel bewachen. Deshalb schätzt man hier die Krieger."

„Dann glaubt Ihr also, ehrwürdiger Jehaumilk, daß Ithobaal wohl kaum ein Kriegsschiff nach Gadir schicken wird, um Genugtuung zu fordern oder sich für die durch mich angetane Schmach zu rächen? Denn gewiß dürfte er nach einiger Zeit erfahren, wohin ich geflohen bin", bohrte Acharbas weiter. Doch der Ratsherr schüttelte heftig seinen Kopf.

„Dem tyrischen König wird es nicht viel anders ergehen als uns in Gadir. Von dem Geschehen in der Ferne erfährt man längst nicht alles, und auch dies dauert seine Zeit. Mag sein, daß man in Tyros durch einen Zufall Euren Aufenthaltsort bald kennt. Aber selbst dann erwarte ich nicht, daß Ithobaal ein Kriegsschiff hierher schickt. Seine Krieger wird er bald für näherliegende Aufgaben dringend brauchen", entgegnete der Ratsherr. „Im übrigen würden wir Gaditaner in einem solchen Fall nicht einfach zuschauen. Wenngleich wir nur wenige Männer haben, die sich in der Kriegskunst auskennen, so sind sie im Gebrauch ihrer Schwerter wohlgeübt. Der tyrische König kann sich nicht bei uns holen, was ihm nicht gehört. Zudem dürften die nun auf Tyros zukommenden Gefahren den König auf ganz andere Dinge lenken. Nein, Acharbas! Ihr und Eure Familie werdet in Gadir sicher und gut geschützt sein."

Erleichtert entnahmen wir diesen Worten, daß Jehaumilk nicht zu den Freunden König Ithobaals zählte, und so erklärte Acharbas ganz offen, daß er nun mehr von Gadir aus seine Handelsfahrten unternehmen und Geschäfte betreiben wolle.

Der Ratsherr lächelte. In seinen dunklen Augen sprühte ein seltsames Feuer. „Eine kluge Wahl!" erwiderte Jehaumilk. „Wie Ihr wißt, unterhalten die Gaditaner zu den tartessischen Fürsten schon seit langer Zeit gleichberechtigte und freundliche Beziehungen. Dabei wird die Einhaltung von Vereinbarungen und Verträgen vor allem durch die Autorität des Melkart-Tempels garantiert. Selbst die Angehörigen anderer Völker außerhalb dieses Landes sprechen vom Melkart-Tempel mit großem Respekt. Die Tartessier schätzen einerseits unsere Lebensart und Kultur, begehren vieles, was auch wir für angenehm und erstrebenswert halten. Andererseits haben sie außer den wertvollen Erzen manch Nützliches zu bieten. Was auf den Feldern, den ausgedehnten Weiden und in den schönen Gärten der Tartessier gedeiht, trägt wesentlich zur Ernährung Gadirs und auch anderer Küstenorte bei. Wenn Ihr mit ihnen Handel treiben wollt, werden Euch die hochwertigen Güter und Waren aus den Städten im Zentrum und im östlichen Teil des Meeres dienlich sein. Die Nachfrage nach Bronzen aller Art, nach wertvoller Keramik, jonischen Vasen, schönem Schmuck, ist sehr groß und steigt ständig. Eure Erfolge würden im übrigen auch Gadir großen Nutzen bringen, denn hier sind die Handelsherren,

Kaufleute und Handwerker verpflichtet, den zehnten Teil ihres Gewinns an die Stadt zu geben, mindestens aber ein Talent Silber jedes Jahr. Doch seid Ihr ja von Tyros her gewohnt, dies zu ertragen."

Dies hörte Acharbas mit Genugtuung, und so dankte er Jehaumilk für seinen Rat. Gerade wollte Acharbas auf jene Frage zurückkommen, die uns alle natürlich besonders stark beschäftigte, als Jehaumilk ihn auch schon unterbrach und mit einem konkreten Angebot überraschte. „Ich habe die Aufgabe übernommen, das Haus eines mit mir seit vielen Jahren befreundeten Handelsherrn zu verkaufen, der vor kurzer Zeit Gadir verlassen hat und nun in Lixos[28] geblieben ist, um von dort aus den Handel mit Gold und Elfenbein zu betreiben. Das Haus dürfte für Euch gut passen und befindet sich nur wenige Schritte von hier. Ihr könnt es haben und sofort beziehen, wenn Ihr bereit seid, einen angemessenen Preis dafür zu zahlen. Zu dem Haus gehört auch noch ein großes Gebäude am Hafen, das über ein Warenlager und zwei kleine, wohnlich eingerichtete Räume verfügt."

Das Angebot des Ratsherrn erfüllte nicht nur Acharbas mit großer Freude. Vor allem Elischa konnte nunmehr hoffen, die unbequemen Planken unseres Schiffes bald gegen den angenehmeren Aufenthalt in einem ordentlichen Haus einzutauschen. So führte uns Jehaumilk gleich nach dem Mittagsmahl zu dem aus schön bearbeiteten Quadern errichteten Gebäude.

Das Äußere des Hauses unterschied sich in nichts von den anderen, die in dieser bevorzugten und sorgfältig gepflasterten Gasse standen. Zypressen und Pinien überragten an der Nordseite das flache Gebäude. Das Anwesen lag dem Astarte-Tempel direkt gegenüber und verfügte wie unser verlassenes Haus in Tyros über sechs geräumige Zimmer und einen überlegt gestalteten Innenhof. Wenn man von hier aus nach Süden blickte, sah man den Baal-Tempel auf einer wohl etwa zwei Stadien ins Meer hineinragenden Felszunge liegen.

In der Gasse und auf dem kleinen Platz vor dem Haus herrschte dank der eifrigen Verehrung, welche die Göttin Astarte genoß, stets reges Leben. Und wie wir sehr bald bemerkten, kamen auch die Gaditaner hier vorbei, die mit ihren Opfertieren zum weiter südlich gelegenen Baal-Tempel eilten. Auch Priester sah man in diesem Teil der Stadt nicht selten. Bis hierhin hörte man jedoch nichts von dem Lärm des Marktes und blieb auch verschont von nächtlichen Tumulten beim Hafen.

Der Meister, der das Haus einst baute, hatte in der Tat etwas Besonderes vollbracht. Er war einfallsreicher gewesen, als man bei der Betrachtung des Hauses von außen je vermuten konnte. Dreierlei wirkte hier zusammen, um die vorgefundene Schönheit zu schaffen: ein großzügiger Zuschnitt aller Räume, die Harmonie ihrer Aufteilung und Gruppierung um den herrlichen Innenhof und das klare Licht, das durch die großen Fenster flutete. In mildem Weiß schimmerten die Wände. Der mit prachtvollen, üppigen Blumen reich bepflanzte

Innenhof war farbenprächtiger als ich dies selbst von den schönsten Häusern in Tyros kannte. Die Eingangstür und die Türen zu den einzelnen Räumen hatte man aus dem Holz tartessischer Kiefern gefertigt.

Es waren nur wenige Umbauten notwendig, um an die von Tyros her gewohnte Umgebung zu erinnern. Selbst die Einrichtung des Hauses mußte nur geringfügig ergänzt werden. In den drei schönen Räumen, die auf der Ostseite des Innenhofes lagen, standen prächtige Betten aus Ebenholz, mit kunstvoll geschnitzten Löwenköpfen und Verzierungen aus Elfenbein, hellen Leinenlaken auf weichem Leder und Decken aus Wolle. Der große Wohnraum öffnete sich zur Südseite hin. Ihn hatte man mit bequemen Bänken und Sesseln aus Alabaster und einem großen, flachen Tisch versehen. Sogar die gewohnten weichen Kissen lagen hier bereit.

Und direkt daneben befand sich der vorzüglich ausgestattete Raum, in dem man ein offenes Herdfeuer entzünden und Speisen zubereiten konnte. Nichts fehlte hier an Töpfen, Kannen, Krügen und Geschirr. Auch die zum täglichen Leben erforderlichen Gegenstände gab es reichlich.

Schnell einigten sich Jehaumilk und Acharbas über den Preis, wobei wir alle das Gefühl hatten, mit vier Talenten Gold nicht zuviel bezahlt zu haben. Der Diener des Ratsherrn schrieb alles auf einen bereitliegenden Papyros. Den fertigen, von Jehaumilk und Acharbas gesiegelten Vertrag sandte der Ratsherr sogleich zum Melkart-Tempel. Dort, so erläuterte Jehaumilk, würde der Oberpriester die Übereinkunft bestätigen.

Mein Vater lächelte und nickte. Die Erleichterung stand ihm nur allzu deutlich im Gesicht geschrieben.

„Ich habe es mir schwieriger vorgestellt, in Gadir Fuß zu fassen", bemerkte ich erstaunt, als Jehaumilk uns in dem Haus allein zurückgelassen hatte. Doch einmal mehr belehrte mich Acharbas, und er tat dies mit einem gewissen Schmunzeln.

„Man ist in jeder Stadt und in jedem Land willkommen, mein Sohn, wenn man genügend Gold mitbringt und die Gesetze achtet, die dort gelten. Was uns betrifft, so hat der erfahrene Jehaumilk ein sicheres Gefühl dafür gezeigt, daß seine Stadt mit unserer Ankunft nur gewinnen konnte. Daher ist es nicht allein seiner Freundlichkeit zuzuschreiben, wenn er uns so rasch empfing und bereitwillig half. Sein schnelles Handeln folgte vielmehr noch kluger Berechnung."

Ich sah wie mein Vater allem Neuen mit großer Spannung entgegen, faßte sofort Vertrauen, nachdem unsere ersten Schritte in Gadir auf Anhieb gelungen waren. Nur meine Mutter betrachtete die Entwicklung mit deutlichem Unbehagen. Bis jetzt hatte sie sich daran geklammert, daß unser Aufenthalt im fernen Westen vorläufig sei und wir doch eines Tages nach Tyros zurückkehren könnten. Aber mit dem Kauf des Hauses sah sie den Boden unter ihren Füßen schwanken. Kein Zeichen der Freude war von ihr zu merken. Stattdessen spiegelte sich Trauer in ihren dunklen Augen, und um ihren schön gewölbten Mund huschten schwermütige Schatten.

3

Wir lebten erst wenige Tage in der betriebsamen Handelsstadt, als ich mich eines Morgens bei herrlichem Sonnenschein an Bord unseres Schiffes begab und zu der unmittelbar gegenüber Gadir an der Küste des tartessischen Landes liegenden Siedlung bringen ließ. Ein kleiner Fluß mündete an diesem Ort in das Meer. Hier hatten tyrische Baumeister vor vielen Jahren einen gut befestigten Hafen[29] angelegt, der sich bei den Handelsfahrern und den Tartessiern großer Beliebtheit erfreute. Hier traf man sich mit den tartessischen Fürsten, knüpfte Kontakte, trieb Handel mit erlesenen Waren.

Jehaumilk hatte uns erzählt, daß in letzter Zeit recht selten Schiffe aus dem östlichen Teil unseres Meeres bis zum Ozean nach Gadir gekommen waren. Die durch diesen Umstand umso größere Begehrtheit jener Güter, die sich seit unserer Flucht aus Tyros noch auf unserem Schiff befanden, ließ mich auf einen vorteilhaften Handel mit den Tartessiern hoffen, zumal der Bote, den wir auf Anraten Jehaumilks zum Fürsten von Sephala[30] geschickt hatten, bald mit der Nachricht zurückgekehrt war, daß wir sehr willkommen seien.

Das Haus Argantons, des Fürsten von Sephala, war nicht weit vom Hafen des kleinen Küstenorts entfernt und leicht zu finden. Man konnte es vom Hafen aus bereits sehen. Es hob sich nicht nur durch seine Größe und schöne Bauweise gegenüber den anderen Gebäuden deutlich ab. Den tartessischen Fürsten begleiteten auch einige bewaffnete Krieger. Sie wachten vor dem Hause.

Arganton begrüßte mich auf der Freitreppe, die zu dem etwas niedriger liegenden Weg hinunterführte, und mein Begleiter, ein junger Gaditaner namens Elibaal, der eine Einheimische zur Frau genommen und die Sprache der Tartessier gelernt hatte, übersetzte mir die freundlichen Worte des Fürsten. Elibaal war erst zwanzig, Sohn einer nicht sehr reichen, aber sehr alten Familie der Stadt, in Gadir aufgewachsen und trotz seiner Jugend schon viel im Lande der Tartessier herumgekommen.

Schnell fand ich die Einschätzungen Jehaumilks bestätigt, denn nachdem ich Fürst Arganton geschildert hatte, welche Güter an Bord unseres Schiffes lagen, konnte er es kaum erwarten, die mitgebrachten Schätze zu sehen. So kamen wir überein, daß ich die Waren umgehend von unserem Schiff herbringen lassen sollte.

Eine Stunde später betrachtete Arganton wohlwollend die Schätze, die von unseren Männern zum Hause des Fürsten getragen und nun auf drei gewaltigen Tischen ausgebreitet worden waren: Vier kunstvoll gravierte Silberschalen aus Tyros, fünf sidonische Glasgefäße, zwei Straußeneier, die ein tyrischer Meister innen vergoldet und außen mit einer Darstellung eines Fabelwesens versehen hatte, drei schön verzierte Kämme aus Elfenbein, zwei Alabastervasen aus Arwad, zwölf große babylonische Vorratskrüge und zwanzig Ellen bunt gewebter Leinenstoff aus Ägypten warteten auf ihren Käufer. Manche Dinge sah sich der Fürst genauer an, blieb sinnend länger stehen. Besonders die kunstvoll bemalten Straußeneier und die schön gravierten Silberschalen aus Tyros hatten es ihm angetan. „Wie macht ihr das nur?" murmelte er mehrfach. „Etwas Vergleichbares habe ich bisher noch nicht gesehen."

„Nun, Fürst Arganton, ein Tyrer voller Kunstsinn hat diese Schalen gefertigt." Ich erklärte dies mit einem gewissen Stolz.

Die Kostbarkeiten still bewundernd überlegte der Fürst noch recht lange. Doch hatte ich gelernt, zu warten.

Nach einer Weile überraschte mich Arganton mit seinem Angebot: „Was haltet Ihr davon, wenn ich Euch alle diese schönen Dinge abkaufe?" fragte er. „Vier Talente Silber gebe ich Euch dafür." Dies schien mir zu wenig, und mit gespieltem Entsetzen lehnte ich ab. Der Fürst war über mein Verhalten zunächst erstaunt, faßte sich aber rasch. Er glaubte wohl, ich sei aufgrund meiner Jugend noch unerfahren, doch er wußte nicht, daß ich meinen Vater schon oft bei seinen Geschäften beobachtet und manchen nützlichen Ratschlag von ihm erhalten hatte.

„Bedenkt, Fürst Arganton, welche Kostbarkeiten auf Euren Tischen liegen, und vergeßt nicht, welche Entbehrungen und Gefahren wir auf uns nahmen, um sie hierher zu bringen! Und vierzig Tage braucht ein schnelles Schiff, das von Tyros nach Gadir das Meer durchmißt."

„Auch Gold und Silber kann man nicht einfach vom Boden auflesen", erwiderte Arganton und blickte mich vorwurfsvoll an.

So ging es einige Zeit hin und her. Ich dachte bei mir, daß man nicht vorzeitig das Verhandeln aufgeben dürfe, wenn man zu dem gewünschten Ziele kommen wollte. Das hatte mir mein Vater stets eingeschärft. Daher übte ich mich in Geduld.

Schließlich hatte meine Erfahrung über die Schlauheit des Tartessiers gesiegt, und unsere Männer trugen ein Talent reinen Goldes, zwei Talente Silber, zwölf Talente Zinn und zwölf Talente Kupfer zum Schiff hinunter. Fürst Arganton schien dennoch zufrieden und zugleich von meiner Beharrlichkeit beeindruckt zu sein, denn er legte zum Abschied seinen Arm um meine Schulter.

„Ich würde Euch gern in Sephala sehen, Ahab. Zwei Tagesritte sind es vom Ufer des Ozeans bis dorthin. Euer Begleiter kennt den Weg, und für die Pferde braucht Ihr nicht zu sorgen. Vielleicht könnt Ihr es einrichten, am zehnten Tage hier zu sein."

Der Tartessier hatte offenbar Gefallen an mir gefunden und mit seiner Einladung selbst Elibaal überrascht. Der junge Gaditaner konnte sein Staunen nicht verbergen, als er die Worte Argantons übersetzte.

Auch ich war verblüfft – und zugleich fasziniert. Lebhaft griff ich den Gedanken des Tartessiers auf.

„Ich danke Euch, Fürst!" sagte ich schnell. „Ich werde kommen."

Acharbas fand das Ergebnis meines Handels mit Arganton überaus gut und meinte, daß ich recht daran getan hätte, die Einladung des Fürsten sofort anzunehmen. Schon um einen gewissen Einblick in die Wünsche und Begierden des Tartessiers zu gewinnen und herauszufinden, mit welchen Waren man künftig erfolgreich sein könnte, sei ein Besuch sehr nützlich.

Die nächsten Tage vergingen damit, das so unerwartet rasch erworbene Haus nach unserem Geschmack zu verändern. Das war nicht schwer, denn auch in Gadir gab es gute Handwerker und hervorragende Künstler, wie Jehaumilk uns wohlwollend und stets hilfsbereit verriet. So beauftragte Acharbas den besten Steinmetzen der Stadt, den großzügig bemessenen Baderaum mit jenen praktischen Einrichtungen auszustatten, die wir in Tyros so geschätzt hatten.

Danach sollte der Steinmetz nach dem Muster von Tyros einen besonderen Raum als Schatzkammer herrichten. Alles sollte so sein wie in unserer Heimatstadt.

Auch für Elischa durfte es in dem neuen Hause an nichts fehlen, und mein Vater kümmerte sich liebevoll darum. Mit solchen Taten wollte Acharbas nun Balsam in Elischas Wunden träufeln. Sie trug an ihrem Schicksal jedoch schwerer als Acharbas dies erwartet hatte. Die Flucht aus Tyros hatte Elischa zutiefst erschüttert, so daß sie keine Lebensfreude mehr empfand. Da half auch die freundliche Aufnahme durch unsere reichen und alteingesessenen Nachbarn nicht. Man lud uns oft zu sich nach Hause ein, und bald war ein Netz der Freundschaft geknüpft. Doch aus dem Herzen Elischas war die Freude geflohen. Nur widerwillig gewöhnte sie sich an das neue Leben. Nichts lenkte sie in diesen ersten Tagen von ihrem Kummer ab.

Acharbas beobachtete dies mit Unbehagen, doch glaubte er, Elischa würde mit der Zeit schließlich einsehen, daß die so überraschend schnell gefundene neue Ordnung unseres Lebens dem klugen Ratschluß der Götter gehorchte.

„Ich merke wohl, Dir bereitet es großes Leid, Elischa, daß wir nicht mehr in Tyros sind", versuchte Acharbas behutsam auf sie einzureden, während der Steinmetz und seine zwei Gehilfen bereits fleißig ihre Künste in unserem Hause zeigten.

„Ich kann Tag und Nacht an nichts anderes denken, Acharbas!" erwiderte Elischa mit einer für meinen Vater ungewohnten Härte. „Glaubst Du, es gibt für mich Glück, wenn ich in der Ferne leben muß?" In ihrer Stimme lag eine Trauer, für die es keine Tränen mehr gab. Sie hatte offenbar nie daran gedacht, ihre Heimatstadt jemals für längere Zeit verlassen zu müssen. Wie ihr Vater und ihre beiden Brüder war sie nur wenig gereist. Acharbas hatte sie nur einmal nach Sidon und nach Byblos mitgenommen; ansonsten hatte sie ihr gesamtes Leben in der Stadt Tyros zugebracht.

„Aber Elischa! Sollten wir still dasitzen und zusehen, wie Tyros den Kriegern Babylons in die Hände fällt und unsere gesamte Habe, ja – unser Leben, sinnlos dabei geopfert wird? Die Götter haben uns, wie Du siehst, ein besseres Los zugeteilt. Kein Wort würde ich ändern, noch meine Tat durch eine andere ersetzen! Versprich mir, daß Du ganz ruhig über diese Dinge nachdenkst!" Freundlich redete Acharbas meiner Mutter zu, nahm sie bei der Hand, umarmte sie dann liebevoll und küßte sie auf ihre Wangen. So war es immer, wenn Acharbas sie mit den Augen seines Herzens sah. Hinter seinen sanften Worten spürte man jedoch eiserne Entschlossenheit. Dann ging er rasch in den Nebenraum. Dort wartete der Steinmetz bereits auf weitere Anweisungen. Elischa schwieg und vergrub das Gesicht in ihren Händen.

Ich wagte nicht, sie anzusprechen, denn meine Worte hätten sie vielleicht noch mehr verletzt. Sie wußte ohnehin, daß ich die Ansicht meines Vaters in dieser Frage teilte. So saß sie noch verzweifelt da, als Acharbas nach kurzer Zeit wieder den Wohnraum betrat.

„Ich schwöre Dir, Elischa ...", begann mein Vater nach Worten ringend, „auch ich war glücklich in Tyros. Sofort kehrte ich dorthin zurück, ließen es die Verhältnisse zu. Hast Du denn je von mir eine Lüge gehört?" Die Aufrichtigkeit seiner Worte trafen Elischa ins Herz. Er sah meine Mutter beinahe flehend an. Sie wußte, er sehnte sich danach, von ihr eine Bestätigung zu hören, aber sie weigerte sich, etwas für ihn Tröstliches zu sagen.

„Du glaubst doch nicht im Ernst, nach allem, was geschehen ist, daß wir Tyros jemals wiedersehen! Du bist so hart, Acharbas ...", Elischas Stimme versagte. Tränen rannen ihr über das Gesicht. Traurig blickten ihre Augen in seine, nach Halt suchend, an seiner Härte verzweifelnd.

Acharbas schüttelte den Kopf. „Nein, Elischa! Ich achte nur die Wahrheit. Wäre es anders, würde ich wohl nicht mehr leben. Habe ich je ehrlos und schlecht gehandelt, daß Du zögern müßtest, mir zu vertrauen?" Mein Vater konnte zuweilen trotz seiner Sanftmut unerbittlich sein. Er ließ Elischa keinen Ausweg.

„Und Du meinst, ich soll mich nun damit zufriedengeben, nicht wahr?" entgegnete sie, und man merkte, wie sehr sie sich noch immer aufbäumte.

„Elischa ...!" Eine harte Antwort lag Acharbas auf den Lippen. Doch er sprach nicht weiter. Elischa wußte wohl, was er sagen wollte. Das sanfte Licht der Abendsonne erhellte den Wohnraum und zauberte herrliche Farben auf die schönen Wände. Aber Elischas Welt schien nur noch grau zu sein und an den Rändern abzubröckeln. Sie war jetzt eigentlich weniger allein, als je zuvor, und trotzdem...

Als sie nach einer Weile sah, mit welcher Beharrlichkeit Acharbas sich mühte, alles zu tun, um sie zu erfreuen, begann auch sie damit, sich in das Unvermeidliche zu fügen. Sie willigte schließlich ein, daß ein Gaditaner Künstler die Wände der großzügig geschnittenen Räume mit Tier- und Pflanzenmotiven bemalte. So schmückten bald herrliche Bilder von Löwen, Gazellen und Wildenten das Innere unseres schönen Hauses.

Ich dagegen bereitete meinen Besuch bei dem tartessischen Fürsten vor und kostete für einige Tage das Gaditaner Leben. Aufregend sollte es sein, hatten mir unsere Männer bereits mehrfach berichtet. Sie warteten schon darauf, daß ich – wie früher in Tyros –auch in Gadir die Freuden mit ihnen teilte. Die Männer taten dies zudem nicht ohne Hintergedanken, denn sie wußten, daß ich – wie in Tyros – bezahlen würde.

Ich enttäuschte unsere Männer nicht, und eines Abends fand ich mich mit ihnen zusammen in der wohl schönsten Hafenschenke ein. Schon von weitem vernahmen wir Musik und Lachen und alle Anzeichen von Fröhlichkeit. Elias und zwei der Tyrer waren nicht mitgekommen, denn unser Schiff blieb auch in Gadir nie unbewacht. Die anderen aber nutzten die Gunst der Stunde, und die Schenke hatte noch genügend Platz. Vielleicht zehn Gaditaner saßen bereits an mehreren Tischen, und in der von unseren Männern sonst bevorzugten Ecke des großen Schankraums hatte es sich die Mannschaft eines phokäischen Seglers[31] bequem gemacht. So mußten wir mit anderen Tischen vorliebnehmen.

Drei Musikanten entlockten den Flöten und Rasseln bezaubernde Weisen, und zwei junge Frauen tanzten dazu. Die Gäste lachten und redeten laut durcheinander, so daß der Lärm kaum erträglich war. Eilfertig trugen der Wirt selbst und die Diener Bier zu den Tischen. Zu uns aber brachten sie auf mein Geheiß guten Wein, denn ich wußte, dies würde die Herzen der Männer erquicken.

Die Phokäer bemerkten dies prompt, und einige von ihnen sparten nicht mit gierigen Blicken. Die meisten jedoch hatten nur Augen für die tanzenden Frauen, deren Anmut und Schönheit auch uns gefangennahm. So ergötzten sich die Männer eine ganze Weile an den Getränken, an der schönen Musik und den Frauen. Doch unvermittelt drangen von den Phokäern hämische Worte an unsere Ohren. In unserer Sprache brüsteten sich zwei der Phokäer über ihre eigenen Segelkünste. Verächtlich meinten sie, daß Weintrinker wie wir gewiß zu ängstlich und verweichlicht seien, um das große Meer zu befahren. Abrupt endeten an unserem Tisch die bislang so lebhaften Gespräche. Zorn erfaßte vor allem die leicht entflammbaren Sidonier und Tyrer. Sie zu besänftigen, gelang mir nicht.

„Ihr seid doch gerade kühn genug, euch in den Hafenschenken wegen jeder Kleinigkeit zu prügeln!" rief Hamilko, einer der erfahrensten Tyrer, zu den Phokäern hin.

„Doch würden diese Biertrinker es wohl niemals wagen, den kürzesten Weg direkt über das offene Meer zu nehmen!" spottete Abimilk laut, so daß alle es hören konnten. „Fünf Stadien vom Ufer – schon werden sie seekrank!"

Für einen kurzen Moment herrschte am Ecktisch betroffenes Schweigen. Dann erhob sich wutverzerrt ein kräftig aussehender Phokäer, bahnte sich den Weg zu uns hin. Der Tisch wackelte, und Krüge mit Bier fielen um. Seine Gefährten schrien alle möglichen Verwünschungen herüber. Die Musik setzte aus, und kreischend flohen die Tänzerinnen von der für sie freigehaltenen Fläche.

Da stand auch Musa auf und zeigte sich in seiner ganzen Größe. Der Nubier ließ seine schwellenden Muskeln spielen, wartete ab. Doch der Phokäer erkannte die Warnung wohl nicht, kam wuchtig wie ein Stier mit angewinkelten Armen auf Musa zu. In der Schenke hörte man ein verhaltenes Flüstern und Raunen. Die Gefährten des Kühnen standen ganz still da mit angsterfüllten Herzen, ahnten das Unheil, aber sie rührten sich nicht. Verlegen schlürften noch manche das verbliebene Bier.

Musa lächelte, doch seine Augen blieben hart. „Ich fürchte, du vergeudest deine Zeit! Bete lieber zu deinen Göttern!" zischte er dem voranschreitenden Phokäer zu. Noch wollte er dem hier Fremden die Chance lassen, wieder an seinen Platz zu gehen. Der aber entfernte sich nicht, sondern schickte sich an, den Nubier zu schlagen.

Behende wich Musa aus, trat dann nach vorn, packte den Phokäer an Gürtel und Hals und schleuderte ihn auf einen Tisch, der leergeblieben war. Krachend brach der Tisch unter der Wucht des Aufpralls zusammen. Einige Gäste schrien auf, als der Mann fiel und das Holz splitterte. Erschreckt und zugleich fasziniert verfolgten sie dann, was weiter geschah. Der Phokäer rappelte sich fluchend auf, drehte sich um und schritt erneut auf den Nubier zu. Einen Moment hielt er inne, und die beiden ungleichen Männer starrten sich wild in die Augen. Der Fremde war gut einen Kopf kleiner als Musa.

„Reize mich nicht, wenn du morgen die Sonne sehen willst!" raunte der Nubier und zeigte seine gewaltige Faust. Aber der Fremde schnaufte nur. Seine Nasenflügel bebten, und er wich nicht von der Stelle. Erneut holte er aus, doch Musa kam ihm zuvor und schlug ihn mit der Faust auf die Stirn. Schwer stürzte der Fremde auf die Reste des Tisches und dann auf den Boden. Das war noch nicht alles, denn Musa packte den Mann an den Unterschenkeln, zog ihn über die Treppenstufen und schleifte ihn durch die offenstehende Tür nach draußen. Benommen blieb der Phokäer dort auf den Steinen liegen, bald umringt von herbeiströmenden Menschen, die wissen wollten, was sich zugetragen hatte. Im Schein der Fackeln sah man, wie sich der Mann mühsam erhob, stöhnte und ächzte, schließlich verwirrt nach seinen Gefährten fragte. Die hatten es nun eilig, verließen die Schenke und führten den Mann alsbald mit sich fort.

Nach der Probe seiner Kraft schlenderte der Nubier wieder zu uns an den Tisch zurück, lächelte und tat so, als ob nichts geschehen wäre. Kein Blut war geflossen. Nur das zersplitterte Holz und verschüttete Bier kündeten von dem Ereignis. Im Hintergrund hörte ich den Wirt leise jammern. Doch als er hervorkam, beruhigte ich ihn, denn ich versicherte, auch den zerbrochenen Tisch zu bezahlen.

Erneut spielten die Musikanten auf, tanzten die Frauen, und die Gäste fuhren fort, Bier und Wein zu trinken. Nichts erinnerte mehr daran, was kurz vorher geschehen war.

4

„Nun, wie gefällt Euch das tartessische Land?" begrüßte mich Fürst Arganton im Vorhof seines großen Hauses, als ich nach einem zweitägigen Ritt zusammen mit meinen zwei bewaffneten Begleitern und dem sprachkundigen Gaditaner Elibaal kurz vor Sonnenuntergang ziemlich erschöpft Sephala erreichte. Mir tat alles weh, und es tröstete mich wenig, daß es den Kriegsleuten, die uns auf Geheiß des Fürsten von der Siedlung an der Küste abgeholt hatten, kaum anders erging. Sie aber klagten nicht, und ohne besonderen Befehl sorgten sie sofort für die Pferde.

„Glücklich sind die Menschen, die in einem so schönen und fruchtbaren Land leben, das seine Bewohner gewiß gut ernähren kann. Ich bereue es nicht, den ungewohnten Ritt auf dem Rücken des Pferdes auf mich genommen zu haben, denn ich bin mit der Anmut Eures Landes und seiner Menschen belohnt worden." Mit meiner Antwort hatte ich nicht einmal übertrieben.

Ich war in der Tat von der sanften Hügellandschaft mit ihren wildreichen Wäldern und den fruchtbaren Ebenen in unmittelbarer Nähe der Flüsse sehr beeindruckt. Das ungewöhnlich klare Licht erlaubte schon aus großer Ferne den freien Blick auf die dunklen Berge im Norden und Westen des Landes, wo die Tartessier die begehrten Erze holten.[32]

Die Siedlungen, durch die wir gekommen waren, lagen dicht beieinander. Selten brauchten wir länger als eine Stunde, um von einem Ort zum anderen zu gelangen. Überall wurden wir von den Bewohnern, Bauern und Hirten meist, sehr freundlich empfangen. Man gab uns Speise und Trank und bot uns am Abend des ersten Tages in einem kleinen Ort ein bequemes Nachtlager.

Ihre Häuser hatten die Tartessier aus Stein errichtet, aber innen nur selten aufwendig ausgestattet. Schlicht wie ihre Kleidung waren ihre Häuser, ihr Hausgerät und auch ihr Schmuck, sofern diese Dinge nicht aus fernen Landen stammten, von Handelsfahrern herbeigeholt. Mit fremden Gütern prunkten und wetteiferten jedoch nur die Fürsten, nicht das gemeine Volk.

Sephala selbst befand sich an einem besonders günstigen Platz. Von dort aus konnte man das gesamte Umland und die Verkehrswege gut übersehen und beherrschen. Wie Fürst Arganton mir später erklärte, galt dies nicht nur für den großen schiffbaren Fluß, den die Tartessier Baits[33] nannten, an dessen Ufer Sephala lag und der nicht weit von Gadir in den Ozean mündete, sondern auch für die Wege zu den zahlreichen Erzlagern in den Bergen und zu den Viehtriften, die in das weite Hinterland nach Norden und Nordwesten führten.

Sephala wirkte mit seinen zahlreichen Häusern sehr großräumig. Es hatte allerdings keine Ähnlichkeit mit den Städten, die ich von unserem Meer her kannte. Die Wege waren hier nicht gepflastert, und zwischen den groben Steinen schimmerten Moos und Gras. In der Siedlung herrschte an diesem Abend reges Leben. Frauen in groben Leinenkleidern trieben Schafe und Ziegen für die Nacht in den Schutz niedriger Mauern. Einige Hunde halfen ihnen, laut bellend, dabei.

Zahlreiche Kinder tollten auf den Wegen. Ein alter Mann, der seitlich auf einem so kleinen Esel ritt, daß seine Füße fast auf den Boden schleiften, zog zwei weitere dieser geduldigen Tiere hinter sich her. Sie trugen Säcke, Holz und Reisigbündel, etliche Ellen hoch gestapelt und weit ausladend, solch gewaltige Lasten, daß man nur noch die Hufe unter den riesigen Packen sah. Von irgendwo hörten wir einen Schmied fleißig hämmern.

Staubig und müde waren wir. Doch sollte dieser Zustand nicht lange dauern, denn hier wußte man, was weitgereiste Gäste brauchten.

„Aber ich lasse es an Aufmerksamkeit fehlen, Ahab! In Euren Gemächern sollte es jetzt an nichts mehr mangeln. Erfrischt Euch, wenn es Euch gefällt!" Der Fürst glaubte, uns bereits zu lange aufgehalten zu haben.

Staunend gewahrte ich, daß Argantons Diener unser Nachtquartier sorgfältig vorbereitet hatten. Sie geleiteten Elibaal und mich nach einem kurzen Wink des Fürsten in schöne Gemächer. Dorthin hatte man schon die ledernen Beutel getragen, in denen sich unsere sauberen Gewänder befanden. In zwei großen Trögen fand sich reichlich Wasser bereit. Erleichtert tauchte ich meine Arme in das kalte Wasser und warf mir einen Schwall davon ins Gesicht. Lachend folgte Elibaal meinem Beispiel.

Auf einem niedrigen Tisch aus Holz stand eine Schale mit Brot und Früchten. Die süß schmeckenden Früchte und das frisch gebackene Brot vertrieben Erschöpfung und Hunger schnell. So konnten wir nach kurzer Zeit angemessen vor den Fürsten treten. Auf der steinernen Terrasse erwartete er uns schon.

Zu meinem Erstaunen war Arganton nun nicht mehr allein. Er hatte Turdeton, seinen Sohn, bei sich, der ihn bei allen Festlichkeiten begleitete, obwohl er erst zehn Jahre zählte. Es war ein schöner Junge mit Wangen wie Pfirsiche und glänzenden braunen Augen. An seinem mit Silber reich verzierten Gürtel trug er ein kurzes Schwert. Er hatte pechschwarzes Haar wie sein Vater, doch deutlich hellere Haut. Seine Mutter, so sagte Arganton ohne Zögern, war kurz nach der Geburt ihres Sohnes gestorben. Und während er dies sagte, strich der Fürst dem Jungen liebevoll und stolz zugleich über das Haar.

„Ein prächtiger Junge, nicht wahr?" meinte Arganton zu mir, als ich Turdeton lächelnd betrachtete. „Ich tue alles, um ihn zu einem großen Herrscher zu erziehen. Schon jetzt bereitet er mir viel Freude. Er hat einen starken Willen, lernt sehr schnell, kann schon recht gut reiten und kennt sich auch mit Pfeil und Bogen aus."

Die neugierigen Blicke Turdetons maßen mich vom Kopf bis zu den Füßen, hefteten sich dann an meine Augen.

„Ihr habt ein großes Schiff, mit dem man über das Meer fahren kann, erzählte mir mein Vater", sprach mich der Zehnjährige ohne Scheu an. „Ich würde es gerne sehen."

„Mit Vergnügen werde ich es Dir zeigen, wenn Du nach Gadir kommst", erklärte ich lachend. Dann führte uns der Fürst durch sein Haus.

Das prachtvolle Haus Argantons zeugte von Reichtum und Macht und verriet schon von seinem Äußeren her einen Lebensstil, der nur wenigen Tartessiern vorbehalten war. Der Anzahl, Größe und aufwendigen Ausstattung der Räume entsprach eine zahlreiche Dienerschaft, die für allen erdenklichen Komfort sowie für das leibliche Wohl des Fürsten und seiner Gäste sorgte. Das Leben hier war durchaus nicht karg, entbehrte nicht des Heiteren, Erlesenen und Schönen. Dies schien sich besonders an jenem Abend zu zeigen, als ich erstmals in Sephala weilte und Fürst Arganton mir zu Ehren ein Festmahl gab.

Angesichts dieser großzügigen Gastfreundschaft war ich froh, daß ich eine meisterhaft gearbeitete Bronzeschale mit Tierfriesen und Schmuckbändern in meinem Lederbeutel mitgenommen hatte. Das herrliche Kunstwerk überreichte ich, als der Fürst im Vorraum zu einem großen Saal stehenblieb.

„Nehmt diese Schale als ein kleines Geschenk, Fürst Arganton! Ein Sidonier hat sie gefertigt, und ich weiß, Ihr liebt solche Dinge sehr." Ich sah in seine lachenden Augen, als er das Kunstwerk in seinen Händen hielt.

„Ihr beobachtet fürwahr sehr genau, Ahab! Habt Dank für dieses wundervolle Geschenk!" Wohlwollend betrachtete der Fürst die Schale. Sie gefiel ihm offenbar sehr, und er hielt seine Begeisterung über die Kunstfertigkeit des sidonischen Meisters nicht zurück. Dann bat uns der Fürst in einen länglichen Saal. Im Schein der Fackeln, die den Saal erhellten, schimmerte das Kunstwerk geheimnisvoll.

Die Wände des Saales waren völlig kahl; nur bunte Girlanden und die metallenen Halterungen für die Kienfackeln schmückten sie. An einem Ende des länglichen Saales hatte man einen freien Raum gelassen. Dort stellte sich jetzt in feierlichem Zuge eine Gruppe von Musikanten mit Trommeln, Rasseln und Flöten auf.

In der Mitte des Saales stand eine gewaltige Tafel. Sie war bereits mit Tellern und gefüllten Pokalen aus Zinn gedeckt. Dorthin führte uns der Fürst mit einer freundlichen Geste, und wenig später brachten seine Diener duftende Speisen herein. Arganton konnte auch dann noch den Blick kaum von der herrlichen Schale lösen, als seine Diener uns mit köstlichen Getränken und wohlschmeckendem Hirschbraten verwöhnten und die Musikanten das Festmahl mit temperamentvoll vorgetragenen Weisen begleiteten.

Das Besondere aber hatte Arganton für die Zeit nach dem Essen aufgespart: den Auftritt einer jungen Tänzerin. Tarsia – so nannte sich das Mädchen – zog mich vom ersten Augenblick an durch ihre außergewöhnliche Schönheit und ihren in der Hüfte wiegenden tänzerischen Gang in ihren Bann. Beherrscht, stolz, im Bewußtsein ihrer Schönheit und Würde hatte das Mädchen die frei gehaltene Fläche in dem großen Saal betreten, um auf ein Zeichen des Fürsten zur Musik der Trommler und Flötenspieler ihren Tanz darzubieten.

Sie trug ein leuchtend blaues, ihre schönen weiblichen Formen betonendes langes Kleid. Ihre langen dunkelbraunen Haare waren streng nach hinten gekämmt, was die schmale Silhouette ihres fein geschnittenen Gesichts noch unterstrich. Ihre großen dunkelbraunen Augen mit den langen Wimpern wirkten daher besonders faszinierend. Ein blaues, golddurchwirktes Stirnband, das die Haare nach hinten festhielt, und lange goldene Ohrgehänge waren ihr einziger Schmuck.

Die Gespräche verstummten sofort, als Tarsia in aufrechter Haltung mit rhythmisch stampfenden Füßen und sparsamen Gesten ihrer Arme und Hände zu tanzen begann und nach kurzer Zeit die Gäste des Fürsten in passendem Rhythmus klatschten. Sprühend voller Leben und Temperament bis in die Fingerspitzen zeigte sich das Mädchen im Tanz, abgezirkelt ihre Schritte, die Gesten ihrer Arme, die Bewegungen ihres Körpers, wundervoll aufeinander abgestimmt. Mir erging es dabei wie den anderen Gästen. Die Anmut der schönen, jungen Tänzerin und der zauberhaften Musik nahm mich gefangen. Meine Augen ließen nicht ab von dem Mädchen. Auffallend häufig wandte sich die Tänzerin mir zu, und ihr lächelnder Blick ermutigte mich zu hoffen, daß vielleicht beim nächsten Mal ...

Als sie den Tanz beendet hatte, mit glühenden Wangen sich der Begeisterung der geladenen Gäste zu entziehen suchte, rief Fürst Arganton sie herbei. Erneut trafen sich nun unsere Blicke, und der schönen Tartessierin entging meine Freude und Verehrung nicht.

„Du hast nicht nur uns Tartessier mit Deiner herrlichen Darbietung erfreut, Tarsia! Mein Gast aus Gadir kann seine Bewunderung kaum zügeln." Arganton zeigte lachend auf mich. „Das ist Ahab. Mit seinem großen Schiff befährt er das Meer und holt die schönsten und kostbarsten Dinge aus fernen Ländern herbei." Schmunzelnd hatte Elibaal mir diese Worte des Fürsten übersetzt.

„Der Fürst hat nicht übertrieben. Es war das Schönste, was ich je gesehen habe!" bestätigte ich. Elibaal hob seine Brauen, bevor er dem jungen Mädchen meine Worte in ihrer Sprache wiederholte. Dann trat ich an Tarsia heran, gab ihr einen schmalen goldenen Ring mit einem kleinen, aber herrlichen Türkis, den man mir einst in Ägypten schenkte. Ihre Wangen glühten. Etwas schüchtern nahm sie das Geschenk entgegen. Ihre dunklen Augen glänzten. Ein eigenartiges Gefühl überkam mich, als sich unsere Hände für einen Augenblick berührten.

„Ich danke Dir, Tarsia!" sagte ich ein wenig verlegen. „Ich freue mich auf den Tag, an dem sich unsere Wege erneut kreuzen!"

„Vielleicht ... wenn die Götter dies wollen!" antwortete sie. Während sie dies sagte, leuchteten ihre Augen vor Aufregung.

„Ich werde bald wiederkommen!" sagte ich mit fester Stimme.

Mit Wehmut nahm ich am nächsten Morgen Abschied von Arganton. Noch lange schweiften meine Gedanken an den Abend beim Fürsten von Sephala zurück, und ich konnte die schöne Tartessierin nicht vergessen. Ihr Name entfaltete einen eigenen Zauber, hielt mich gefangen, entführte mich in eine Welt des Traums.

So nahm ich auch auf dem Rückweg nach Gadir, für den uns Arganton statt der Pferde ein Boot zur Verfügung gestellt hatte, damit ich den großen Fluß kennenlernen sollte und der für mich so ungewohnte Ritt vermieden wurde, sicher nicht alles wahr, was ich nach Argantons lebhaften Schilderungen hätte sehen sollen. Meine Gedanken kreisten vielmehr um die nächste Gelegenheit, wie ich meinen Wunsch und mein Versprechen erfüllen könnte, erneut nach Sephala zu kommen und Tarsia wiederzusehen. Doch warteten nach meiner Rückkehr neue Aufgaben auf mich.

Viertes Buch

GEFÄHRLICHES KARTHAGO

1

„Ich dachte eigentlich, Du wolltest zur See fahren und vorteilhaften Handel treiben, anstatt auf dem Rücken der Pferde das tartessische Land erkunden", bemerkte mein Vater mit einem selten von ihm gehörten Unterton, als ich meine Erlebnisse beim Fürsten von Sephala so eindringlich geschildert hatte. „Mit welchen Handelswaren haben wir denn bei den Tartessiern künftig die besten Möglichkeiten, unsere Geschäfte zu machen?" bedrängte mich Acharbas in der für ihn charakteristischen nüchternen Weise. Es war bereits Abend geworden, aber noch hell. Wir saßen im Wohnraum unseres Hauses. Dort hatten Acharbas und Elischa meinem Bericht schweigend zugehört.

Die sehr direkte Frage brachte mich allerdings nicht in Verlegenheit, hatte ich doch während meines Aufenthalts in Sephala genügend Zeit, den Fürsten selbst nach seinen Wünschen zu fragen und überdies zu beobachten, was dort zu einer nach unseren Maßstäben standesgemäßen Lebensweise noch fehlte.

„Amphoren, Teller, Schalen und Kannen aller Art, Öl-Lampen, Schmuck und schöne Stoffe sind die Waren, die von den Tartessiern benötigt und gewünscht werden und die für uns den größten Gewinn versprechen", gab ich ebenso direkt zurück.

Die klare Antwort überraschte Acharbas. Er erwartete wohl nicht, daß ich trotz des nachhaltigen Eindrucks, den der Aufenthalt im tartessischen Lande und die Erlebnisse beim Fürsten von Sephala bei mir hinterlassen hatte, so aufmerksam gewesen war, die wichtigsten Dinge nicht zu vergessen. Meine Mutter, die unser Gespräch verfolgte, konnte ein feines Lächeln nicht verbergen, als sie bemerkte, wie sehr ich Acharbas mit meinen präzisen Angaben verblüfft hatte. Elischa schien auch vorher schon – anders als Acharbas – die tieferen Hintergründe meiner Reaktion auf die Erlebnisse in Sephala verstanden zu haben, denn ich hatte den Auftritt der schönen Tartessierin nicht verschwiegen.

Acharbas fand jedoch schnell seine Fassung zurück und ließ durchblicken, daß er über meine Beobachtungsgabe sogar ein wenig stolz war.

„Wenn es so ist, wie Du sagst und mit dem tartessischen Fürsten gute Geschäfte möglich sind, sollten wir nicht lange zögern und dessen Wünsche zu erfüllen suchen. In Karthago wird für das aus dem tartessischen Lande geholte Silber, für Zinn und Kupfer ein guter Handel zu erzielen sein. Dort lassen sich dann auch jene Waren erwerben, welche die Tartessier begehren.

Weiter in den östlichen Teil unseres Meeres zu segeln, ist noch zu gefährlich. Außerdem müßten Baalator und Isebel nun schon in Karthago sein, wenn sie denn meinen Anweisungen gefolgt und den möglichen Nachstellungen König Ithobaals entkommen sind. Die Jahreszeit ist für dieses Unternehmen trotz mancher Stürme immer noch günstig, und im übrigen dürstet es unsere Männer nach neuen Taten. Nimm also das Schiff, Ahab, und segle nach Karthago!"

Nun war die Überraschung wieder bei mir, denn ich glaubte, Acharbas selbst würde diese Handelsfahrt unternehmen. Zugleich empfand ich aber auch einen gewissen Stolz, daß mein Vater mir zutraute, die schwierige Passage durch die Meerenge zu meistern und die mir unbekannte Stadt anzusteuern, obwohl niemand von uns ermessen konnte, in welchem Verhältnis Tyros und Karthago in diesem Augenblick zueinander standen und wie weit die Macht König Ithobaals reichte. Meine Gedanken kreisten zudem noch mehr um ein baldiges Wiedersehen mit der jungen, schönen Tartessierin, als Acharbas seinen Plan entwickelte und dieses faszinierende Ansinnen an mich stellte.

Während ich noch nach einer Antwort suchte, nutzte Elischa die Gelegenheit, um bitter Klage zu führen und ihre Bedenken gegen das Unternehmen vorzubringen. Schon als Acharbas Karthago erwähnte, bemerkte ich den sorgenvollen Blick meiner Mutter. Sie hoffte wohl immer noch, daß wir künftig die Gefahren fliehen würden, um einem schlimmen Schicksal zu entgehen. Der Vorschlag jedoch, daß ich diese Handelsfahrt in die ferne, unbekannte Stadt allein wagen sollte, erfüllte Elischa mit tiefer Furcht.

„Willst Du, daß Ahab umkommt? Das Unternehmen führt unseren Sohn ins sichere Verderben!" rief sie Acharbas aufgebracht zu.

Die Furcht Elischas mochte vielleicht auch daher rühren, daß nur wenige Tage zuvor schwere Unwetter über Meer und Land hinweggezogen waren. Selbst die mit solchen Erscheinungen vertrauten Gaditaner meinten, die Stürme seien dieses Jahr sehr früh gekommen und ungewöhnlich heftig gewesen. In der Tat hatte das Donnern des Meeres Tag und Nacht die Menschen aufgeschreckt, so daß manche besorgt nach ihren im Hafen liegenden Schiffen schauten. Jedesmal aber waren die zunächst Ängstlichen erleichtert in ihre Häuser zurückgekehrt, denn stets hatten die weit in das Meer hinausragenden Felsen und die meisterhaft befestigten Hafenmauern die gewaltigen Wogen brechen können. Inzwischen aber wölbte sich erneut ein wolkenloser Himmel über der Stadt, und auf dem Ozean sah man jetzt sanfte Wogen. Nur ein Dunstschleier lag noch über dem flachen Land im Südosten der Stadt. Auf den Blättern der Sträucher im Innenhof unseres Hauses schimmerte noch das Wasser, und dicke Tropfen glitzerten herrlich im Sonnenlicht.

„Beruhige Dich!" erwiderte Acharbas sichtlich erzürnt darüber, daß Elischa seinen Einschätzungen mißtraute. „Ahab kann sich auf unsere erfahrene Mannschaft verlassen und ist in den Geschäften sehr geschickt. Unsere Männer kennen Karthago. Sie sind nicht nur mit den dortigen Hafenschenken vertraut. Und die Stürme muß man jetzt nicht mehr fürchten."

Wie immer, wenn Acharbas sich entschieden hatte, duldete er auch diesmal keinen Widerspruch. Doch wenn mein Vater glaubte, es würde genügen, seinen Zorn zu zeigen, so irrte er sich. Nicht nur ihr Stolz hinderte Elischa daran, Acharbas' Worte einfach hinzunehmen. Sie schien ein unerkläliches Gefühl, eine Vorahnung zu haben, ließ nicht locker, Acharbas zu bedrängen. Und dennoch fragte ich mich, wann sie endlich einsah, daß es nichts brachte, sich weiterhin aufzulehnen.

Einen Augenblick konnte Elischa nicht sprechen. Dann schien der aufgestaute Zorn wie ein Blitz aus ihr hervorzubrechen. Ich sah, wie sie sich aufrichtete, wuchs ... Dagegen wirkte Acharbas für einen Moment fast klein. Erstaunt wich er vor ihr zurück.

„Fordere die Götter nicht heraus, Acharbas!" sagte sie mit tiefem Ernst. „Sie sind es, die über unser Schicksal bestimmen. Du selbst hast dies noch vor kurzer Zeit betont. Dem wirst auch Du Dich beugen müssen!" Elischas Stimme klang selbstbewußt, beinahe drohend. Es war kaum zu erkennen, wie schwer meine Mutter atmete, denn sie hatte sich vom einfallenden Licht abgewandt. Ihr Gesicht wirkte blaß und glich dem einer Statue. Sie erschrak beinahe vor ihrem eigenen Mut.

„Melkart wird unseren Sohn vor Unheil gewiß bewahren", entgegnete Acharbas mit fester Stimme. „Schenke mir Wein ein, Ahab, denn meine Kehle ist trocken wie der Staub in den Gassen!" Mein Vater brauchte einige Zeit, ehe er seinen Zorn wieder vergaß. Doch wollte er nicht länger mit Elischa streiten. So schwiegen wir einen Moment, während ich Acharbas' Wunsch erfüllte. Man hörte jetzt nur noch das unaufhörliche, dumpfe Rauschen der Meereswogen, die nicht weit hinter unserem Haus gegen die Klippen schlugen.

Elischa konnte sagen, was sie wollte, dachte ich; keines ihrer Worte vermochte den Panzer von Acharbas' Überzeugung zu durchdringen. Nur widerwillig fand sich meine Mutter damit ab, daß sie nichts ausgerichtet hatte.

„Ich werde zuerst nach Motye segeln und bei unserem Freund Hanno Erkundigungen über die Verhältnisse in Karthago einholen, bevor wir diese Stadt ansteuern", warf ich ein, nachdem ich meine Gedanken auf den Plan meines Vaters konzentriert hatte. Ich hoffte damit, Elischas Furcht zu mildern.

„Das ist ein guter Gedanke", bestätigte Acharbas. Er hatte meine Absicht sofort erkannt, schien aber auch dankbar zu sein, ein Argument zu erhalten, das ihn selbst beruhigen konnte. Elischa aber seufzte.

„Wenn Du so sprichst, Ahab, könnte man meinen, als gelte Dir das Zuhause nichts mehr", flüsterte sie tief enttäuscht. Ein wenig schuldbewußt blickte ich zu Boden. Es mußte wohl so sein, daß mein Ehrgeiz, mein Verlangen, den Wünschen Elischas oft widersprach. Doch fühlte ich stets größeres Unbehagen, mich der Anklage, die ich in ihren Augen las, zu stellen. Gleichwohl half mir weiteres Zögern nichts; ich mußte mich entscheiden.

Ich war unterdessen zu der Einsicht gelangt, daß eine erfolgreiche Handelsfahrt nach Karthago mich am ehesten ins tartessische Land zurückbringen würde, doch behielt ich diese Einsicht für mich. Meine Gedanken kreisten mehr um Tarsia, wie sehr ich mich auch mit anderen Dingen beschäftigen mochte.

Kaum hatte meine Mutter den letzten Satz gesprochen, erhob sie sich auch schon und zog sich seufzend zurück, um das abendliche Mahl vorzubereiten. Als Elischa nach einiger Zeit wieder im Wohnraum erschien und das Essen auftrug, wirkte sie noch immer sehr bedrückt. Schweigend widmeten wir uns den köstlichen Speisen.

Am nächsten Morgen begab ich mich früh zum Hafen. Die traurigen Blicke Elischas verfolgten mich noch lange auf meinem Weg durch die Stadt, und selbst als ich unser Schiff betrat, hatte ich meine Gelassenheit nicht zurückgewonnen. Meine Befehle an Elias klangen so ernst, daß einige der Männer verwundert aufblickten. Schnell klärte ich sie auf. Dann machten sie sich daran, das Schiff mit Kupfer, Zinn und Silber aus dem tartessischen Land zu beladen. Die nötigen Nahrungsmittel für die Reise, so befahl ich, wollten wir später besorgen. Dann ließ ich die Mannschaft allein.

Am Nachmittag kaufte ich allerlei Nahrungsmittel auf dem Markte ein. Ich schaute gerade einem Gaukler zu, der sich auf viele Kunststücke verstand, da lenkte Musa meine Aufmerksamkeit plötzlich auf einen fremden Segler hin, der in den nahen Hafen einlief. Der Nubier hatte mich auf den Markt begleitet und vier unserer Tyrer mitgebracht. Sie trugen die schweren Leinensäcke und hatten sich für kurze Zeit neben uns ausgeruht.

Dreißig Tage lebten wir jetzt in Gadir, und erst dreimal waren hier fremde Segler aus fernen Städten eingetroffen. Die Händler, die mit ihnen aus Karthago und aus Zypern kamen, brachten jedoch nur spärliche Gerüchte aus den östlichen Ländern mit. Kaum etwas Neues erfuhren wir auf diese Weise. Ob es diesmal anders wäre? dachte ich.

„Kommt!" raunte ich Musa und den Tyrern zu. „Vielleicht können uns die fremden Handelsfahrer einiges erzählen."

Lächelnd warf ich dem Gaukler einen Kupferring zu und wandte mich zum Gehen. Der dunkelhäutige, nach seinem Alter schwer zu schätzende Mann hielt kurz inne, fing meine Gabe geschickt mit den Händen auf und redete etwas in einer fremden Sprache, was sehr freundlich klang. Doch seine Worte gingen im Gekreisch der Möwen unter, die sich nur wenige Schritte entfernt um irgendeine Beute zankten. Wir achteten nicht weiter darauf, sondern eilten erwartungsvoll zum Schiff zurück.

Als wir dort ankamen, hatte der fremde Segler am Kai gegenüber festgemacht. Elias und Musa meinten nach kurzem Zögern, das Schiff zu kennen, beobachteten dann aufmerksam das geschäftige Treiben. Man hörte vielstimmiges Geschwätz, bis der Handelsfahrer mittschiffs erschien und in barschem Ton für Ruhe sorgte.

„Das ist Karthalo, ein Sidonier, der oft die nördliche Route in unserem Meere befährt und Handel mit den Etruskern treibt", sagte Elias. Musa nickte.

„Wir sind ihm das letzte Mal vor etwa einem Jahr in Kition begegnet", bestätigte der Nubier. „Sein Steuermann ist ein alter, erfahrener Kreter."

„Stimmt", bemerkte Elias, „sein Name ist Eupalinos." Dann runzelte der Judäer nachdenklich seine Stirn. „Gebt acht, Ahab, wenn Ihr mit Karthalo sprecht! Er kennt Euren Vater. Der Sidonier kommt viel herum und gilt als gerissen."

„Ich werde trotzdem hinübergehen", antwortete ich. Kurze Zeit später stand ich vor Karthalos Schiff, das nur wenig kleiner war als das unsrige. Elf Männer zählte ich an Bord, außer Karthalo. Kein leichtes Unterfangen, dachte ich, den sehr solide gebauten Segler mit so wenigen Leuten zu bewegen, wenn der Wind einmal ausbleiben sollte. Ich hatte mich den zahlreichen Gaditanern zugesellt, die herbeigeeilt waren. Manche von ihnen wollten das fremde Schiff nur aus der Nähe betrachten. Andere aber witterten bereits einträgliche Geschäfte.

Mir fiel auf, daß der Segler für seine Größe ungewöhnlich tief im Wasser lag. Segel und Taue waren teilweise zerrissen. Behende sprang Karthalo von Bord, gerade als ich meinen Kopf reckte, um an Deck zu schauen, wo mittschiffs einige Amphoren standen.

„Stimmt etwas nicht?" fragte mich der Sidonier verwundert. Er schien älter zu sein als mein Vater.

„Habt Ihr den Bauch Eures Schiffes mit Meerwasser gefüllt?" erwiderte ich, denn ich vermutete, der Sidonier habe einen schweren Sturm überstanden und noch keine Gelegenheit gehabt, das Wasser vollständig auszuschöpfen. Karthalo schaute sich verdutzt um. Dann lachte er laut los.

„Seit wann wird man in Gadir mit einem Scherz empfangen?" rief der Sidonier. Doch er beruhigte sich rasch. „Wie ein Gaukler seht Ihr aber nicht aus!" sagte er dann, nachdem er mich näher betrachtet hatte.

„Seid gegrüßt, Karthalo!" hörte ich in demselben Augenblick eine inzwischen vertraute Stimme hinter mir. Es war Adramilk, der Hafenmeister, der wohl gekommen war, um die hier üblichen Abgaben einzufordern.

„Ihr habt es eilig!" stellte der Sidonier trocken fest. „Ich habe doch soeben erst meinen Fuß auf Gadirs Erde gesetzt. Geduldet Euch! Ihr kommt schon zu Eurem Recht! Nach einer langen Reise von Etrurien her brauchen wir jetzt eine kleine Ruhepause. Und dann warten auch noch Geschäfte mit den Tartessiern auf mich." Das genügte dem eifrigen Gaditaner offenbar, obwohl er seine Enttäuschung nicht verbarg.

„Bis später! Wenn Ihr etwas braucht, laßt es mich wissen!" ließ sich der

Hafenmeister vernehmen und trollte sich. Mit einem verschmitzten Blick wandte sich der Sidonier mir wieder zu.

„Also habt Ihr Eisen geladen?" bemerkte ich auf gut Glück, um das Gespräch wieder in Gang zu bringen, denn meine Neugier war noch nicht gestillt. Karthalo machte ein erstauntes Gesicht, sah mich dann durchdringend an.

„Für Euer Alter seid Ihr ziemlich gewitzt", gab der Sidonier nach kurzem Schweigen zurück. Ich begriff, daß ich den richtigen Punkt getroffen hatte. Nun galt es, vorsichtig abzuwarten, ob der Sidonier weiter gesprächig war.

„Kennt Ihr das Land der Etrusker?" Ein Anflug von herausforderndem Lächeln blitzte in seinen Augen auf.

„Nein", entgegnete ich, „doch hörte ich, daß man dort seltene Erze findet. Vor allem Eisen soll in Pupluna[34] und in anderen etruskischen Städten zu erwerben sein." Acharbas hatte mir dies vor Jahren bereits erzählt und auch selbst zwei Handelsfahrten nach Etrurien unternommen.

„So ist es", bestätigte der Sidonier, „das Metall hat derzeit einen hohen Wert – beinahe wie Gold. In Sidon, Tyros und in Judäa zahlen die Waffenschmiede fast jeden Preis. Man rüstet dort in großer Eile, um die Herrschaft Babylons abzuschütteln. Für uns Handelsfahrer ist dies fürwahr ein gutes Geschäft ..."

„Ihr denkt also, es gibt Krieg?" unterbrach ich Karthalo, der jetzt ungeduldig wurde.

„Gewiß! Der König von Babylon hat die Unbotmäßigen schon wissen lassen, daß er sie bald zähmen wird. Und er meint, was er sagt." Es überraschte mich, wie schnell sich die Welt veränderte, und so schaute ich Karthalo verwundert an.

„Ihr glaubt mir wohl nicht?" fragte der Sidonier und richtete seinen forschenden Blick auf mich. Über seiner Nasenwurzel bildete sich eine tiefe Falte. „Was sich bereits vor mehr als einem Monat in Jerusalem und in Babylon zugetragen hat, sah ich zwar nicht mit eigenen Augen. Doch erfuhr ich es von guten Partnern, die ihre Schilderungen nicht auszuschmücken pflegen. Die Schwerter, die aus dem auf meinem Schiffe liegenden Eisen geschmiedet werden, wird man von Sidon bis Ägypten sehr bald brauchen."

„Mögen Euch die Götter beschützen und dafür sorgen, daß Ihr gesund nach Sidon zurückkehrt!" erwiderte ich. Der gesprächige Handelsfahrer dankte mir mit einem Nicken und wandte sich sogleich seinen Leuten zu. Ich aber ging langsam auf die andere Seite des Hafens, wo unser Schiff vor Anker lag.

Elias war nicht überrascht, als ich erzählte, was der Sidonier so freimütig kundgetan hatte. Doch schärfte ich der Mannschaft äußerste Zurückhaltung gegenüber Karthalos Leuten ein. Ich ließ dem Steuermann noch einige silberne Armreifen da. „Verschafft euch ein reichhaltiges Mahl! Wenn die Götter es erlauben, segeln wir morgen ab", rief ich unseren Männern zu und ging. Dankbar blickten mir die Männer nach, bis ich hinter den ersten Ständen im Gewirr des Marktes verschwunden war.

Acharbas und Elischa schienen wieder gänzlich versöhnt zu sein, als ich nach einem langen Nachmittag auf dem Markt und am Hafen unser Haus betrat. Sie redeten freundlich miteinander. Ich bemerkte keine Spur mehr von gegenseitigem Zorn. Ruhig hörten sie sich gemeinsam an, was ich zu berichten hatte. Als Karthalos Name fiel, hob mein Vater den Kopf. „Ein redseliger Mann, nicht wahr?" sagte er schmunzelnd. „Und jedesmal, wenn er spricht, hat er etwas Interessantes zu erzählen. Aber ich traue ihm nicht über den Weg. Neidvoll hat der Sidonier einst meinem Ruhm und wachsenden Reichtum zugeschaut. Danach versuchte er, mir auf jede erdenkliche Weise zu schaden. Sein Geschäftssinn gilt als unübertrefflich. Er ist unberechenbar und verschmäht keine Möglichkeit, seinen Reichtum zu mehren. Und er kennt wohl wie kein anderer jeden Winkel im nördlichen Teil unseres Meeres."

Nachdem ich endlich vorgetragen, was ich von dem Sidonier in Erfahrung gebracht hatte, saß Acharbas eine Weile schweigend da. Dann nickte er mehrfach mit dem Kopf und seufzte leise. „Der bis zum heutigen Tage nie endende Fluß von Reichtum, den unzählige Händler, die besten Handwerker und Künstler nach Tyros geleitet haben, wird wohl bald versiegen. Und es gibt niemanden, der den Lauf der Dinge noch aufhalten kann. Was geschehen muß, wird also geschehen!"

Am folgenden Morgen kam ein günstiger Wind aus Nordwesten auf. So nahm ich Abschied von Acharbas und Elischa und begab mich an Bord unseres Schiffes, das ich bald darauf der gefährlichen Meerenge entgegensteuerte.

2

Am einundzwanzigsten Tage nach unserer Abreise von Gadir lag die für mich noch fremde Stadt Karthago im milden Licht der Abendsonne endlich vor uns. Unsere Mannschaft war schon mehrfach dort gewesen und daher mit den Verhältnissen in der Unterstadt nahe beim Hafen und mit dem Markte sehr vertraut. Außerdem hatte sich Hanno, unser Freund in Motye, der die Örtlichkeiten in Karthago und vor allem viele Händler kannte, schnell entschlossen, mit uns zu kommen und sich erboten, neben seinen eigenen Handelsinteressen auch meine Geschäfte zu befördern.

Überhaupt schienen uns die Götter wohlgesonnen. Sie schickten uns günstige Winde und gaben uns die Möglichkeit, an den südlichen Gestaden des Meeres unsere Nahrungs- und Wasservorräte zu ergänzen. Auch hatte sich mein Gedanke als richtig erwiesen, erst nach Motye zu segeln, um unseren karthagischen Freund Hanno aufzusuchen und seinen Rat einzuholen. Nicht nur ich selbst – auch die Mannschaft war erleichtert, daß Hanno meine Sorge über ein zu enges Verhältnis zwischen Tyros und Karthago, das uns hätte gefährlich werden können, sehr bald zerstreute. Und als Hanno sogar seine Bereitschaft bekundete, uns nach Karthago zu begleiten, fiel jede Furcht von uns ab.

Wir waren nicht die einzigen Handelsfahrer, die an diesem Abend mit ihrem Schiff dem Hafen von Karthago zustrebten. Ich nahm dies als ein gutes Zeichen, und auch Hanno meinte, daß der rege Schiffsverkehr auf normale, friedliche Verhältnisse in Karthago hindeute. Dennoch beschloß ich, äußerst vorsichtig zu sein und ließ das Schiff nach der Einfahrt in den Hafen so an der langgestreckten Kaimauer festmachen, daß wir im Falle unvorhergesehener Ereignisse ohne schwierige und zeitraubende Manöver ablegen und auf die offene See hinausfahren konnten.

Den Männern befahl ich, zunächst an Bord zu bleiben und dem Steuermann Elias Gehorsam zu leisten. Nur Musa, Boschmun und Abimilk schickte ich auf den gerade zu dieser Tageszeit sehr belebten Markt, um frisch gebratene Enten und einige Kannen Wein für die Mannschaft zu holen. Sie sollten zudem in den Hafenschenken und bei den Händlern auf dem Markt nach Baalator und Isebel fragen, denn diese beiden zu finden war meine erste Sorge.

Ich begab mich dagegen zusammen mit Hanno auf den Weg zu einem karthagischen Handelsherrn, der für meine Geschäfte möglicherweise interessant sein und vielleicht auch Hinweise auf Baalator und Isebel geben konnte. So durchquerten wir im letzten Abendlicht die Unterstadt von Karthago. Die zahlreichen weißgetünchten Häuser unterschieden sich kaum von den Gebäuden in Tyros. Auch viele mehrstöckige Häuser befanden sich darunter, in denen, ähnlich wie in meiner Heimatstadt, jene Menschen wohnten, die nicht zu Reichtum gekommen waren.

Bald erreichten wir den Marktplatz, der sich in der Unterstadt bis zu dem dahinter liegenden Hügel erstreckte, an dessen Fuße die Nachfahren der aus Tyros stammenden Stadtgründer die bedeutendsten Heiligtümer und jene ehrwürdigen Gebäude errichtet hatten, in denen – wie Hanno mir erklärte – die Ratsversammlung zu tagen pflegte und Gericht gehalten wurde. Als ich sinnend stehenblieb und das Gewühl der Menschen betrachtete, machte mich mein karthagischer Freund darauf aufmerksam, daß sich der berühmte heilige Hain, der Opferplatz für den Gott Baal-Amun, südlich des Marktes und recht nahe beim Hafen befinde.

Ich aber hatte mich gerade den vielen Fremdlingen zugewandt, die den ausgedehnten Markt bevölkerten. Lautstark priesen wohl mehr als hundert Händler ihre Waren an. Lärm und alle möglichen Gerüche erfüllten die Luft. Das Blut von Ziegen, Hammeln, Enten und Hühnern bildete zahlreiche braunrote Pfützen. Abfälle und Kot fanden sich an fast allen Ecken und verbreiteten entsetzlichen Gestank. Unzählige dicke Fliegen schwirrten umher und machten vor allem den Fleischhändlern zu schaffen. Doch hatten auch die Verkäufer von Früchten und Gemüse ihre Not. Am Rande des Marktes, zum nahen Hafen hin, wo Fisch angeboten wurde, zankten sich ein Dutzend Möwen um die Reste.

Die Menschen liefen durcheinander wie Ameisen. Vor allem Jonier, Sikelioten, Kreter, Etrusker, Numider, Garamanten und schwarzhäutige Nubier waren hier neben Handelsfahrern aus den Städten an der Ostküste des Meeres besonders häufig zu sehen. Die engen Gassen und das dichte Gewühl der vielen Menschen boten Dieben willkommene Gelegenheit, im trüben zu fischen. Um die öffentlichen Zisternen drängten sich ärmlich gekleidete Frauen und Sklaven aus jenen Häusern, für die es keine eigenen Brunnen oder Zisternen gab. Von Sklaven geschobene Karren bahnten sich mühsam einen Weg durch die Menge.

Die Bettler sahen hier noch armseliger aus, als ich dies von Tyros her kannte, während die Gaukler, Wahrsager und Geschichtenerzähler im Hinblick auf ihre Anzahl und ihr Können etwa dem entsprachen, was in Tyros üblich war. Eine Weile hörten wir einem Geschichtenerzähler zu, der am Boden auf einer Matte saß und einen leeren Krug vor sich stehen hatte. Dann schoben wir uns wieder langsam durch die schmalen Gassen, die zwischen den einzelnen Ständen übrigblieben. Hier gab es, wie in Tyros, alles. Auch an Sklaven gab es eine reiche Auswahl.

Doch anders als in meiner Heimatstadt, wurden auf dem Markt in Karthago viel mehr lebende Tiere feilgeboten. Selbst einen jungen Leoparden hatte man aus einem fernen Land weit im Süden in einem Käfig bis hierher geschleppt. Kleine Äffchen und bunte Papageien waren ebenfalls zu kaufen. Neben den ernsthaften Interessenten bestaunten zahlreiche Schaulustige die für sie fremden Tiere.

Mir war außerdem nicht entgangen, daß es in Karthago viele auffallend schöne Frauen gab. Niemals zuvor hatte ich so schöne Frauen gesehen! Doch riß mich Hanno aus meinen Gedanken und drängte weiter landeinwärts. Dort, zwischen sanften Hügeln und Zypressenhainen, hatten die reichen Handelsherren ihre schönen Wohnhäuser mit üppigen Gärten, welche sich bis zur Stadtmauer hin erstreckten, die Karthago nach Süden und Westen zu abgrenzte. Von den Dachterrassen der prunkvoll gebauten und weißgetünchten Häuser konnte man weit aufs Meer hinausblicken. Die luftigen Gebäude und prachtvollen Gärten bildeten eine gänzlich andere Welt, die deutlich abstach von der Unterstadt und dem Hafen, mit seinem Lärm, dem Gedränge, dem Gestank und Schmutz.

In diesem Viertel besaß auch der mit Hanno seit vielen Jahren befreundete und aus einer alten, ehrwürdigen und einflußreichen karthagischen Familie stammende Malchus ein großes Haus. Mit Malchus machte Hanno regelmäßig umfangreiche Geschäfte, und er schien von Anfang an überzeugt zu sein, daß ich ein ebenso guter Handelspartner des Karthagers werden könnte.

Der etwa vierzig Jahre alte Handelsherr war von dem Gedanken seines Freundes Hanno gleich sehr angetan und begrüßte mich freundlich. Sein Haarschopf und sein voller Bart waren noch dunkel. Auch Batbaal, seine schöne, wesentlich jüngere Frau, hieß mich willkommen. Sie zog sich jedoch bald, wie dies in Karthago üblich war, in den hinteren Teil des großen Hauses zurück. Dort sorgte sie dafür, daß ihre Diener Speisen und Getränke bereiteten, denn es galt, die Gäste zu erfreuen.

Das zweigeschossige Haus bot sogar reichlich Platz für Festlichkeiten. Eine steinerne Treppe führte zu einer Galerie um den geräumigen Innenhof. Darunter trugen schön gearbeitete Säulen aus hellem Marmor die steinernen Bögen, auf denen die Galerie ruhte. In der Mitte des Innenhofs befand sich ein großer Brunnen, und in den Ecken entfalteten zahlreiche Blumen ihre Farbenpracht und ihren Duft. In dieser herrlichen Umgebung, auf einem niedrigen Marmortisch, ließ Batbaal nun frisch gebratenes Hühnerfleisch, Brot, gekochte Arti schocken, allerlei Früchte, Honig und Wein auftragen.

Und in der Tat weilten wir kaum eine Stunde bei herrlichem Wein und leckeren Spezereien im Hause des Malchus, als nicht nur Hanno seine Geschäfte abgeschlossen hatte, sondern auch alles darauf hindeutete, daß er mit seiner Einschätzung Recht behalten würde. Mein Geschäft war rascher eingefädelt, als ich erwartet hatte. Im übrigen zeigte sich der einflußreiche Karthager über die Taten und Leistungen meines Vaters im Dienste des Pharao bestens orientiert.

Bei Malchus selbst und über seine Handelspartner konnte ich alle jene Waren bekommen, die ich für meine Geschäfte mit den Tartessiern brauchte, und an dem mitgebrachten Silber, dem Kupfer und Zinn war Malchus sehr interessiert. Da auch die besprochenen Tauschverhältnisse aus meiner Sicht recht günstig schienen, verabredeten wir uns für den folgenden Morgen bei seinem Lagerhaus in unmittelbarer Nähe des Marktes.

Meine Frage nach Baalator und Isebel konnte Malchus jedoch nicht beantworten, wobei ich es vermied, die ganze Geschichte zu erzählen. Der Handelsherr wies – nach meinem ersten Eindruck von Karthago sicherlich zu Recht – darauf hin, daß es in dieser großen Stadt sehr schwierig sei, auch nur einen groben Überblick über das Kommen und Gehen der zahlreichen Fremdlinge zu behalten, versprach aber sogleich, sich nach Baalator und Isebel zu erkundigen.

Malchus war nicht immer so entgegenkommend und gastfreundlich wie an diesem Abend, erklärte mir Hanno später, aber meine offene Art, Geschäfte zu besprechen, mein Kenntnisreichtum und mein großes Interesse an Karthago hatten ihn offenbar stark beeindruckt. Dies war wohl auch der wesentliche

Grund, der Malchus zu der Anregung veranlaßte, wir sollten doch – falls wir nicht unmittelbar nach dem Beladen des Schiffes die Stadt wieder verlassen wollten – am nächsten Abend an einer Opferzeremonie im heiligen Hain teilnehmen. Hanno überließ mir die Entscheidung, obwohl er sogleich erkannte, daß ich unsicher war, welche Antwort ich Malchus geben sollte. Doch schließlich dankte ich unserem Gastgeber für seine Anregung und bat um Nachsicht dafür, wenn wir unsere Abreise von dem am folgenden Tage herrschenden Wind abhängig machen wollten. Sei der Wind ungünstig, würden wir gern an der Zeremonie teilnehmen.

So verabschiedeten wir uns von Malchus, und dank Hannos Ortskenntnis fanden wir schnell den Weg durch die engen Gassen Karthagos zurück zum Hafen. Aufmerksam folgte ich dem Freund aus Motye, versuchte mir den Weg einzuprägen. Die eigenartige Beleuchtung machte dies jedoch zu einem schwierigen Unterfangen. Die an manchen Ecken angebrachten Pechfackeln und das aus den Häusern fallende Licht warfen verwirrende Schatten und zauberten oft seltsame Gebilde, die sich unaufhörlich wandelten. Es waren nicht mehr viele Menschen unterwegs. Gelegentlich flatterten dunkle Vögel krächzend auf. An einem Brunnen nahe beim Markt soffen zwei herrenlose Hunde aus einer großen Pfütze. Trotzdem fühlten wir uns sicher und erreichten bald den Hafen.

Schon vom nördlichen Ende des Hafenbeckens aus hörten wir Gelächter und Stimmen, die unverkennbar von unserem weiter südlich liegenden Schiff herüberschallten. Als wir nach kurzer Zeit dort ankamen, erkannten wir sofort den Grund des Lärms und der Fröhlichkeit, denn inmitten der Mannschaft, die offenbar bereits ausgiebig dem Wein zugesprochen hatte, saß Baalator und schilderte seine Erlebnisse.

Meine Freude war groß, daß es so schnell geglückt war, Baalator zu finden, und ich umarmte ihn herzlich. Nachdem er mir versichert hatte, daß Isebel in ihrem Quartier in der Unterstadt auf seine Rückkehr warte und es ihr gut gehe, war ich besonders froh, denn ich wußte, daß meine Mutter ihre Dienerin sehr vermißte. Ich konnte es Baalator jedoch nicht ersparen, seine Geschichte noch einmal zu erzählen.

„Ich habe Eure kühne Flucht aus Tyros mit meinen eigenen Augen gesehen und das Schlimmste befürchtet, als man kurz darauf ein Kriegsschiff bereitmachte", begann Baalator seinen Bericht. „Daher wartete ich nicht, wie mir befohlen worden war, bis zum nächsten Tag, sondern öffnete das versiegelte Schreiben Eures Vaters bereits in den Minuten, als Euer Schiff die Insel Tyros passiert hatte", bekannte Baalator sofort. „Es war nicht schwer, zu entscheiden, was zuerst getan werden mußte, aber ich hatte schreckliche Angst, daß die Rache des tyrischen Königs auch mich treffen könnte. Da ich wußte, daß Maharbaal, ein Freund und Handelspartner Eures Vaters, schon seit längerem ein schöneres Haus auf dem Festland erwerben wollte und Euer Anwesen immer wieder bewundert hatte, ging ich noch an demselben Abend zu ihm und machte ihm ein Angebot, wobei ich das Schreiben Eures Vaters zeigte. Maharbaal erkannte sofort die Gunst der Stunde, nachdem ich ihm die Situation geschildert hatte, und so begaben wir uns zu Eurem Hause.

Wir trafen Isebel in tiefer Verzweiflung an, da sie glaubte, daß Euch etwas zugestoßen sei. Während Maharbaal sich im Hause umschaute, erzählte ich Eurer Dienerin, was vorgefallen war und welche Anweisungen Euer Vater gegeben hatte. Es gelang mir jedoch nicht, sie sofort zu beruhigen. Dennoch fügte sie sich schließlich unter lautem Wehklagen in ihr Schicksal, als sie bemerkte, daß Maharbaal gewillt war, das Haus mitsamt den herrlichen Einrichtungsgegenständen zu kaufen und alles seinen unabwendbaren Lauf zu nehmen schien.

Es dauerte eine Weile, bis wir uns auf einen angemessenen Preis von zwei Talenten reinen Goldes geeinigt hatten, wobei ich Maharbaal dazu überreden konnte, jene wenigen noch im Lager vorhandenen Waren zu kaufen und in Rechnung zu stellen, die ich nicht nach Karthago mitzunehmen gedachte. Von diesen Waren behielt ich nur sechs schön geschnitzte Kämme aus Elfenbein, fünf herrlich gearbeitete goldene Halsketten und zehn Ellen Purpurstoff, die ich dazu benutzte, das von Maharbaal später erhaltene Gold sorgfältig einzuwickeln, bevor ich unsere gesamte Habe auf zwei gut tragbare Leinensäcke verteilte. Auf diese Weise, so glaubte ich, würden wir bei den fremden Seefahrern, in deren Hände wir uns begeben mußten, kaum die Vermutung wecken, daß wir derartige Schätze mit uns führten.

Den von mir in aller Eile aufgesetzten Vertrag über den Verkauf Eures Hauses bestätigte ich mit meinem eigenen Siegel und überließ dem Handelsherrn dazu das Schreiben Eures Vaters, nachdem ich ihm das Versprechen abgenommen hatte, darüber zu schweigen. Nur für die Bekräftigung und Gültigkeit des Handels beim Oberpriester des Melkart-Tempels, einem engen Verwandten Maharbaals, erlaubte ich ihm, das Schreiben zu verwenden. Auch dies sagte er zu und bekräftigte, sich sogleich darum zu kümmern. Daran mußte der Handelsherr auch ein eigenes Interesse haben, denn anders würde er seinen neuen Besitz kaum gegen den Zugriff des Königs schützen können.

Es war schon sehr spät geworden, als wir uns von Maharbaal verabschiedeten, und so beschlossen wir, die Nacht in meinem Quartier über dem Lager im ägyptischen Hafen zu verbringen. Mich quälte dabei der Gedanke, daß König Ithobaals Leute nach mir suchen könnten, doch nichts geschah. Dennoch hatte ich das Gefühl, schnell handeln zu müssen und trieb Isebel, die noch immer mit ihrem Schicksal haderte, zur Eile, als die ersten Sonnenstrahlen den neuen Tag ankündigten.

Im Hafen lagen vier Handelsschiffe, doch nur bei zweien wurden die unverkennbaren Vorbereitungen zur Abreise getroffen. Dorthin ging ich mit Isebel, um die Seefahrer nach ihren Reisezielen zu fragen. Der erste, ein freundlicher, alter Seefahrer aus Byblos, den ich schon mehrfach in Tyros gesehen hatte, wollte nach Sais in Ägypten. Der zweite, ein mürrisch blickender junger Karthager, nannte Sidon als nächstes Ziel, fügte aber sogleich hinzu, daß er von dort zurück nach Karthago segeln wolle. Sein Gesicht hellte sich jedoch sofort auf, als ich ihn fragte, ob er uns nach Karthago mitnehmen würde, denn er witterte gleich ein gutes Geschäft. Zwei große Goldstücke mußte ich ihm schließlich geben, ehe er uns an Bord ließ.

Rasch zog ich mich mit Isebel in den hintersten Teil des Schiffes zurück, und ich war froh, daß der junge karthagische Seefahrer kurz darauf den Befehl zum Ablegen gab. Dies geschah keine Minute zu früh, denn gerade als das karthagische Schiff gewendet hatte und dem Ausgang des Hafens zustrebte, gewahrte ich vier bewaffnete tyrische Krieger, die sich gewaltsam Zugang zu meinem Quartier über dem Lagerhaus verschafften. Ich beobachtete nicht mehr, wie die Krieger – offenbar Ithobaals Leute, die nach mir suchten – darauf reagierten, daß sie zu spät gekommen waren. Mir schien es in diesem Augenblick klüger zu sein, nicht gesehen zu werden, und so duckte ich mich noch tiefer hinter die Bordwand des Schiffes, das uns nach Karthago bringen sollte. Außer mir hatte niemand an Bord das Geschehen am Lagerhaus bemerkt. Der Seefahrer und seine Mannschaft waren damit beschäftigt, das Schiff aus dem Hafen zu steuern und dann das Segel zu setzen, und ich vermied es zudem, meine Beobachtung Isebel mitzuteilen. Sie hatte sich still auf die Planken des Schiffes gekauert, und man sah ihr an, wie sehr sie darunter litt, ihre Heimatstadt verlassen und das gesicherte Leben in Eurem Hause gegen eine ungewisse Zukunft fern von Tyros eintauschen zu müssen. Mir erging es allerdings nicht viel anders, als wir bald darauf mit nördlichem Kurs an Tyros vorbeisegelten und ich die Ruhe fand, über unsere Lage nachzudenken.

In Sidon, das wir noch an demselben Nachmittag erreichten, ließ der Seefahrer, der offenbar schon erwartet wurde, eine umfangreiche Ladung wertvoller Waren aus Silber und Bronze an Bord bringen und schickte einige seiner Leute in die Stadt, um Wasser und Nahrungsmittel für die bevorstehende lange Seereise zu holen. Noch in der Nacht legte das Schiff zu meiner Überraschung wieder ab. Der Wind hatte plötzlich gedreht, wehte nunmehr beständig aus östlicher Richtung, und der Karthager wollte diese günstige Situation nutzen, um auf direktem Wege die Küste Libyens anzusteuern und dann weiter nach Westen zu segeln.

Nach zweiundzwanzig Tagen und Nächten – mit zwei kurzen Aufenthalten in sehr kleinen Häfen, wo man die Vorräte an Nahrung und Wasser ergänzte, erreichte das Schiff schließlich Karthago. Hier fanden wir noch am Tage der Ankunft mit Hilfe des Seefahrers, der für den wohlhabenden und einflußreichen karthagischen Handelsherrn Gisgo weite Handelsfahrten unternimmt, gegen geringes Entgelt ein passendes Quartier in der Unterstadt, das unseren Ansprüchen bisher genügte und nahe beim Markt liegt. Das erwies sich als sehr praktisch, denn ich konnte an diesem Platze durch den Handel mit den aus Tyros hergebrachten Waren und einigen anderen Dingen unseren Lebensunterhalt verdienen. Den Erlös aus dem Verkauf Eures Hauses habe ich nicht angetastet, und die Zweitschrift des Vertrages mit Maharbaal führe ich bei mir."

„Die Wahl des Quartiers war auch deshalb praktisch, weil Baalator nicht so weit zu den Schenken laufen mußte", ergänzte Musa lachend, „und außerdem haben wir ihn auf diese Weise so schnell gefunden."

„Wie hätte ich euch sonst wiedertreffen können, wenn nicht über die Hafenschenken Karthagos, von denen ihr in Tyros stets geschwärmt habt?" verteidigte sich Baalator temperamentvoll. Die Männer lachten.

Angesichts der Fröhlichkeit hatte ich einige Mühe, die passenden Worte zu finden, um das muntere Treiben zu beenden. Ich lobte Baalator ausdrücklich, weil ich glaubte, daß mein Vater sein Verhalten billigen würde, und auch Hanno war von der Klugheit und Umsicht des jungen Sidoniers sehr beeindruckt. Es war schon tief in der Nacht, als ich Baalator mit der Anweisung entließ, sich am kommenden Tage zusammen mit Isebel und sämtlicher Habe, einschließlich des Goldes, das er von Maharbaal erhalten hatte, an Bord unseres Schiffes zu begeben.

3

Ich brauchte am nächsten Morgen ziemlich lange, um meine Müdigkeit abzuschütteln. Doch wollte ich mir nicht eingestehen, daß der gute Wein, den ich am Vorabend in reichlichem Maße genossen hatte, wohl noch seine Wirkung zeigte. Hanno lachte, als er bemerkte, wie ungläubig ich zunächst in die Runde blickte und Elias mir sogleich weissagte, daß ein großer Krug kalten Wassers Wunder vollbringen werde. Unser Steuermann meinte dies tatsächlich ernst, denn wenige Augenblicke später stand Musa mit einem mächtigen Krug vor mir und schickte sich an, dessen Inhalt über meinen Kopf zu gießen. Ich ließ ihn schließlich gewähren, und Elias sollte wieder einmal Recht behalten.

Nachdem Elias mir ein Tuch zugeworfen hatte und ich die Spuren der morgendlichen Erfrischung zu beseitigen begann, hielt ich plötzlich inne und bemerkte zu unserem Steuermann, daß absolute Windstille herrsche. Verblüfft schaute Elias mich an. „Dann seid Ihr wach, Ahab", stellte er knapp fest.

Inzwischen war Hanno nähergetreten und erinnerte mich daran, daß ich mit Malchus eine Verabredung getroffen hätte und die Zeit dränge. Ein Blick auf den Stand der Sonne überzeugte mich davon, daß wir uns beeilen mußten. So machten wir uns zusammen mit einigen unserer tyrischen Männer, die einen ersten Teil des aus Gadir mitgebrachten Silbers, Kupfers und Zinns in gut verschnürten Leinensäcken trugen, bald auf den Weg zu dem Lagerhaus beim Markt. Dort erwartete uns Malchus bereits ziemlich ungeduldig.

Die Waren, die der Karthager mir zeigte und zum Kauf anbot, entsprachen ganz meinen Vorstellungen. Doch zogen sich die Verhandlungen über den Preis bis zum Mittag hin. Schließlich willigte Malchus – überwältigt von meiner Zähigkeit und Sachkenntnis – ein, mir für zwei Talente Silber, zwölf Talente Kupfer und zwölf Talente Zinn zehn große Amphoren, dreißig schön verzierte Zinnteller, fünf kunstvoll gearbeitete sidonische Silberschalen, sechzehn bronzene Schöpfkellen, zwanzig Öl-Lampen, sechs goldene Halsketten und zehn fein geschnitzte Elfenbeinkämme aus Karthago und vierzig Ellen ägyptischen Stoff zu überlassen. Dazu kamen noch sechs Amphoren mit Wein und kostbaren Ölen, und ein Talent Weihrauch.

Siebenmal mußten unsere drei Tyrer zwischen unserem Schiff und dem Lagerhaus hin- und herlaufen, um die wertvollen Waren an Bord zu bringen und die restlichen Leinensäcke mit Silber, Kupfer und Zinn zu holen. Als sie zum letzten Male beim Lagerhaus erschienen, stand die Sonne schon recht tief über den Hügeln Karthagos, und noch immer wehte kein Hauch. Malchus, der meine Unruhe hierüber sofort bemerkte, wiederholte daher seinen Vorschlag vom vergangenen Abend.

„Zürnt nicht den Göttern, Ahab, wenn sie Euch nicht jederzeit günstigen Wind schicken!" meinte der Handelsherr in väterlichem Ton. „Es wird Euch gewiß nicht schaden, wenn Ihr an der Zeremonie zu Ehren von Baal-Amun teilnehmt." So versprach ich ihm unter dem beifälligen Nicken Hannos, am Abend zum heiligen Hain zu kommen.

Rasch hatten wir danach den Weg zu unserem Schiff zurückgelegt, wo Baalator und Isebel bereits eingetroffen waren. Freudig begrüßte ich nun auch Isebel, die jetzt weniger unglücklich schien, da sie hoffen konnte, bald wieder im Hause ihrer Herrin zu sein.

Nachdem alle Handelsgüter einschließlich der gesamten Habe Baalators und Isebels an Bord verstaut waren, ließ ich das Schiff aus dem Hafen rudern und etwa zwei Stadien südlich am Ufer des Meeres vor Anker legen. Damit entsprachen wir den strengen Regeln der Karthager, denn im Hafen hatten nicht alle Handelsschiffe gleichzeitig Platz. Daher mußten die bereits beladenen Handelsschiffe den Hafen verlassen und außerhalb ankern, wenn sie ihre Reise noch nicht antraten.

Bei einbrechender Dunkelheit begab ich mich zusammen mit Hanno und Baalator, dem ich erlaubt hatte, uns zu begleiten, auf den Weg zu der nicht weit von unserem Ankerplatz liegenden Opferstätte. Gleichwohl brauchten wir beinahe eine halbe Stunde, bis wir das Heiligtum erreichten. Der Weg war

mühsam, führte durch Buschwerk und über steinigen Boden, den selten eines Menschen Fuß betrat.
Geräuschlos flatterten große Fledermäuse dicht über unseren Köpfen. Eine leichte Brise trug vom Hafen her die Fetzen fremder Lieder zu uns herüber. Ich atmete erleichtert auf, als wir endlich am Rande der Opferstätte standen. Dort hatten sich schon viele Karthager versammelt, und dank Hannos genauer Kenntnis dieser Örtlichkeit und der Gepflogenheiten seiner karthagischen Freunde fanden wir bald auch Malchus und Batbaal, die uns herzlich willkommen hießen und stolz darauf waren, daß wir ihre Einladung angenommen hatten. Es war nun völlig dunkel geworden, und der angenehme Duft von Weihrauch erfüllte die Luft.

Ein Raunen ging durch die Menge, als plötzlich Handpauken erklangen und zahlreiche Priesterschüler nahezu gleichzeitig Fackeln und Öl-Lampen entzündeten, die den heiligen Hain und die Opferstätte in ein gespenstisches Licht tauchten. In der Mitte des Heiligtums wurde jetzt vor der Rückwand des tempelartigen Gebäudes eine gewaltige Statue des Baal-Amun sichtbar, die in dem flackernden Licht mit ihren vorgestreckten und zur Erde geneigten Händen und nach oben gewendeten Handflächen bizarre Schattenbilder warf. Auf einer von der Statue in Brusthöhe nach links und rechts verlaufenden Empore standen zwei in lange weiße Gewänder gekleidete Priester, die nun im Wechsel Gebete sprachen, die Baal-Amun günstig stimmen sollten. Dies dauerte eine Weile, bis die Priester hinter mächtigen Säulen verschwanden, die das Zentrum des Heiligtums flankierten.

Danach erklangen wieder die Handpauken, diesmal zusammen mit Blasinstrumenten, zu deren rhythmischer Musik jeweils sieben Tänzerinnen an beiden Seiten zu Füßen der Statue des Baal-Amun anmutig tanzten.

Es ist schwer zu sagen, wie lange diese tänzerische Darbietung zu Ehren Baal-Amuns dauerte, denn ich hatte inzwischen mein Zeitgefühl verloren. Nachdem sich die Tänzerinnen hinter die Opferstätte zurückgezogen hatten, erschienen wieder die beiden Priester und sprachen erneut lange Gebete, um die Verzeihung des zürnenden Gottes zu erwirken. Kaum war das letzte Wort ihrer Gebete verhallt, als ein ohrenbetäubender Paukenschlag ertönte und fast in demselben Augenblick in einer tiefen Grube zu Füßen der Statue des Baal-Amun ein gewaltiges Feuer auflöderte.

Die vor dem Heiligtum versammelten Menschen reagierten mit einem Aufschrei, der aber sofort erstarb, als der Oberpriester ein vornehm gekleidetes Kind in seinen Armen hochhielt, mit erhobener Stimme dem Gott weihte und begleitet von den lauten Klängen der Pauken in die ausgestreckten Hände Baal-Amuns legte, so daß es hinabrollte und in die Grube fiel, in der das Feuer brannte.

Ich war entsetzt über diese düstere Zeremonie, starrte gebannt auf die lodernden Flammen, und nach einiger Zeit, als die Tänzerinnen bereits wieder ihre anmutige Darbietung zu der rhythmischen Musik fortführten, fragte ich mich, ob das kleine Kind noch gelebt haben mochte, als es der Priester über die Statue des Baal-Amun dem Feuer übergab. In meiner Heimatstadt Tyros, so lehrte mich einst der Melkart-Priester Etbal, lag die Tradition der Menschenopfer schon weit zurück. Es genügte längst die Opferung von Tieren, um Baal, dem 'Herrn von Tyros', die gebotene Achtung zu erweisen. Doch weil mir mein Lehrer Etbal nichts über die religiöse Strenge der Karthager erzählt hatte, traf mich das fürchterliche Ritual völlig unvorbereitet.

Es wunderte mich zudem, daß ich von den Angehörigen des Opfers, die ja sicher unter den Versammelten weilten, keinen Seufzer vernahm. Oder hatten die lauten Klänge der Handpauken, Hörner und Flöten das Wehklagen der Menschen überdeckt?

Nachdem die Zeremonie beendet war, wagte ich dennoch nicht, meinen karthagischen Freunden die mich bedrückenden Fragen zu stellen. Ich wollte nicht die Gefühle anderer Menschen verletzen, nur weil ich anders dachte. Ich fürchtete, daß schon die Fragen beleidigend wirken könnten, und ich erinnerte mich an die Mahnung meines Lehrers, jedem seinen Glauben zu lassen, anderen Auffassungen und Sitten den Respekt nicht zu versagen.

Malchus, der sich nun zum Gehen wandte, bemerkte gleichwohl, welchen tiefen Eindruck die kultische Handlung bei mir hinterlassen hatte. Verständnisvoll legte er seinen Arm um meine Schulter. „Ich weiß, mein junger Freund, daß diese feierliche Zeremonie ein ungewohnter Anblick für Euch war, weil Ihr diesen strengen religiösen Brauch in Tyros nicht mehr kennt. Auch bei uns in Karthago finden solche Opfer nicht regelmäßig statt. Doch sagen uns die weisen Priester, daß es notwendig ist, den zürnenden Göttern einen Menschen zu opfern, damit nicht alle zugrunde gehen. Und wenn Ihr das Wehklagen der Menschen vermißt habt, so müßt Ihr bedenken, daß jede Träne und jeder Seufzer während der Zeremonie den Wert des Opfers geschmälert hätte." Nach diesen Worten nahmen Malchus und Batbaal Abschied von uns und wünschten uns im Namen Baal-Amuns günstige Winde und eine sichere Reise nach Gadir.

Während sich die wohl zehntausend Karthager, die an der feierlichen Zeremonie im heiligen Hain teilgenommen hatten, zu ihren Wohnvierteln begaben, machten wir uns auf den Weg zum Hafen, um von dort zu jener Stelle am Ufer des Meeres zu gelangen, wo unser Schiff vor Anker lag. Da wir alle mit dem denkwürdigen Erlebnis dieses Abends beschäftigt waren, bemerkten wir nicht, was hinter uns geschah.

Noch so gebannt war ich von der feierlichen Handlung, daß ich sonst nichts hörte und sah. Fast hatten wir den Hafen schon erreicht. Ich ging als letzter, folgte Hanno und Baalator blindlings auf dem dunklen Wege. Plötzlich war mir zumute, als strecke ein flammendes Ungeheuer seine Klauen nach mir aus.

Etwas Furchtbares schien hinter meinem Rücken vorzugehen. Dann hörte ich meinen Namen rufen. Abrupt wandte ich mich um, und auch Hanno und Baalator blieben überrascht stehen. Im gespenstisch flackernden Licht der Fackel, die einer der Männer trug, erkannte ich, daß drei tyrische Krieger mit gezückten Schwertern vor uns standen. Der vierte war kein anderer als Hiram, der Getreue Ithobaals, der während der denkwürdigen Versammlung im Palast des Königs die Kriegspläne so beredt verteidigt hatte.

Ich erstarrte vor Schreck, und das Blut pochte betäubend in meinen Ohren. Unfähig war ich, mich zu rühren. Dann schrie ich auf, wollte zu meinem Dolch greifen, doch es gelang mir nicht mehr. Einer der Tyrer hielt mir sein Schwert an die Kehle.

„Ihr seid mein Gefangener, Ahab, und ich werde Euch nach Tyros bringen, wo Ihr für die Rebellion Eures Vaters büßen werdet, falls dieser sich nicht freiwillig stellt!" sagte Hiram leise, aber triumphierend.

„Die Götter werden Euch bestrafen, weil Ihr das heilige Gastrecht Karthagos auf so schändliche Weise verletzt!" erwiderte ich in ohnmächtigem Zorn.

„Bindet ihn und seine Begleiter!" befahl Hiram daraufhin seinen Leuten in barschem Ton.

Als zwei der Krieger mich packten, um mich zu fesseln, nutzten Hanno und Baalator diesen Augenblick und liefen in entgegengesetzten Richtungen davon. Im Dunkel der Nacht waren sie sofort verschwunden. Die überraschten tyrischen Krieger wollten zwar den beiden Fliehenden nachlaufen, doch hielt Hiram sie zurück, weil er wohl sah, daß ein derartiges Unterfangen aussichtslos war.

„Dafür werdet Ihr büßen!" schrie ich verzweifelt den Tyrer an. Der Getreue Ithobaals lachte trocken.

„Schweigt!" versetzte der Tyrer dann schroff. „Seit Eurer ungeheuerlichen Schandtat ist das Leben Eures Vaters nur gefristet! Und auch Ihr verdient die Gnade des Königs von Tyros nicht." Tiefe Genugtuung klang aus seiner Stimme, als Hiram fortfuhr: „Macht Euch im übrigen keine Hoffnungen. Wir sind mit einem schnellen Kriegsschiff hier und werden sehr bald mit Euch an Bord nach Tyros aufbrechen."

„Vorwärts!" herrschte Hiram nun seine Leute und mich an, und so blieb mir nichts anderes übrig, als mit gebundenen Händen den tyrischen Kriegern auf das Schiff Hirams zu folgen, das man weit im Innern des Hafens von Karthago festgemacht hatte. Dort nahm Hiram mir schließlich meinen Dolch ab, den ich bis dahin noch an meinem Gürtel trug und ließ mich mit schweren Tauen am Mast festbinden und zusätzlich von zwei Kriegern bewachen. Die übrigen Seeleute an Bord wollten sich gerade zum Schlafen niederlegen. Keine Menschenseele regte sich zu dieser Zeit im Hafen, und niemand schien uns zu bemerken.

„Ihr fahrt im Morgengrauen voraus und wartet auf mich vierzig Stadien von hier nach Norden an der Küste! Ihr kennt die Stelle! Dort nehmt Ihr uns wieder an Bord!" befahl Hiram seinem Steuermann. Dann entfernte er sich rasch – begleitet von zwei anderen bewaffneten Tyrern – in Richtung Unterstadt.

Ich wunderte mich darüber, denn so konnte nur jemand handeln, der sich seiner Sache ganz sicher war. Ich glaubte mich daher erst recht in einer verzweifelten Lage. Meine mit einem harten Lederriemen auf den Rücken gebundenen Hände schmerzten arg, und ich beschwor die Götter, diesem Zustand bald ein Ende zu bereiten. Trotz des nur schwachen Lichtscheins, den zwei Fackeln boten, meinte ich das Grinsen in den Gesichtern der Bewacher zu erkennen. Dem gerissenen Verwandten Ithobaals oder seinen Leuten mußte wohl unser markantes Schiff aufgefallen sein, dachte ich und warf mir selbst vor, daß ich diese Möglichkeit nicht eingerechnet hatte. Viel Zeit zur Rettung würde nun nicht mehr bleiben.

„Welch ein anmutiges Geschenk!" spottete einer der Tyrer. Die anderen Männer an Bord lachten.

„Bald werden wir sehen, was Ihr Eurem berühmten Vater wert seid, Ahab!" bemerkte höhnisch der Steuermann, der plötzlich an mich herangetreten war. „Der König wird gewiß große Freude haben an dem Geschenk, das wir ihm aus Karthago mitbringen werden. Es gibt nicht wenige in Tyros, die nach dem jetzt folgenden Schauspiel lechzen!" Ohnmächtige Wut ergriff mich, doch erwiderte ich nichts.

War nun alles zu Ende? durchfuhr es mich. Umsonst die Anstrengungen, die kühne Flucht? Denn kein Traum war dies jetzt, sondern grausame Wirklichkeit!

Kraft, Mut und Hoffnung begannen mir langsam zu schwinden. Ob es Hanno und Baalator schafften, noch rechtzeitig Hilfe zu holen? Verzweifelt blickte ich zum sternenbedeckten Himmel empor, flehte Melkart um Beistand an.

4

Meine Erschöpfung muß wohl doch so groß gewesen sein, daß ich eingeschlafen war und erst wieder erwachte, als der Lärm von Befehlen und klirrenden Waffen auf dem Kai und unmittelbar auf Hirams Schiff für Aufregung sorgte. Das erste Licht des neuen Tages schimmerte gerade im Osten auf, und über dem Hafen lag noch ein leichter Dunstschleier. Hunger und Müdigkeit plagten mich.

Ich glaubte schon, der Tyrer sei zurückgekehrt und gebe nun selbst den Befehl zum Aufbruch. Mit einem Ruck wollte ich mich erheben, aber es gelang mir nicht. Augenblicklich fühlte ich wieder den stechenden Schmerz in meinen Armen und Händen. Doch ihn vergaß ich schnell, denn auf dem Vorderdeck des Schiffes gewahrte ich neben zwei numidischen Kriegern einen hochgewachsenen Karthager mit dem Schwert in der Hand. Von grausiger Schönheit war seine Gestalt, blutrot sein kurzes, bis zu den Knien reichendes Gewand. Blinkend wie die Schwertklinge leuchteten seine Zähne und das Weiß seiner Augen.

In einem Ton, der Widerspruch unratsam erscheinen ließ, befahl der Karthager den aus ihrem Schlaf aufgeschreckten Leuten Hirams, ihre Waffen niederzulegen. Im ersten Moment wunderte ich mich, daß die Tyrer keinen Widerstand leisteten, doch als ich meinen Kopf ein wenig wandte, was mir nur mit Mühe gelang, sah ich auch auf dem hinteren Deck und auf dem Kai mehrere kampfbereite Numider und Karthager stehen. Zwei von ihnen trugen große Bogen und hatten ihre Pfeile schon eingelegt. Die anderen hatten ihre Schwerter in der Hand und harrten weiterer Befehle.

„Wer von euch ist Hiram von Tyros?" rief der Karthager und blickte sich suchend um.

Die Tyrer schwiegen erschreckt und rührten sich nicht von der Stelle.

„Unser Herr befindet sich noch in Eurer Stadt im Hause des Hamilkar!" antwortete endlich der Steuermann des tyrischen Schiffes. „Was wollt Ihr und was soll das hier bedeuten?"

„Ich bin Mago, der Befehlshaber der Krieger Karthagos!" scholl es zurück. „Die Fragen stelle ich, und ich rate Dir, mir der Wahrheit getreu zu antworten!" Ein hochmütiges Lächeln kräuselte seine Lippen.

„Seid Ihr Ahab, der Sohn des Acharbas von Tyros?" wandte sich der Karthager nun an mich.

„Der bin ich", erwiderte ich.

„Bindet ihn los!" herrschte Mago daraufhin die Tyrer an. „Ihr habt in grober Weise die Gesetze Karthagos verletzt, indem ihr den Gast des Malchus, eines angesehenen Mitglieds des Rates unserer Stadt, entführt und in Fesseln gelegt habt."

„Ich kann es bezeugen!" hörte ich hinter mir die Stimme Hannos, der nun offenbar an Bord gekommen war.

Sofort lösten meine beiden tyrischen Bewacher die Taue, mit denen ich an den Mast gebunden war und schnitten sodann den Lederriemen durch, der meine Arme und Hände endlich freigab.

„Ich danke Euch, daß Ihr mich aus dieser mißlichen Lage befreit habt", sagte ich zu dem immer noch furchterregend aussehenden Mago.

„Wir haben nur getan, was die Gesetze Karthagos verlangen", erwiderte dieser in einer Bescheidenheit, die man von Kriegern im allgemeinen nicht kennt. „Euer Dank mag eher dem ehrenwerten Malchus und Eurem Freunde

Hanno gelten, die es so schnell vermochten, uns herbeizuholen." Kaum hatte Mago dies gesagt, suchten seine Augen erneut den Steuermann.

„Du bleibst mit Deinen Leuten hier!" raunte der karthagische Kriegsmann dem Tyrer zu. „Dein Herr wird sich für den begangenen Frevel noch verantworten müssen. Und dann werden wir sehen ...!" Die harten Worte des Karthagers ließen den Männern aus Tyros keinen Zweifel. Stumm und angsterfüllt taten sie, was der Krieger wünschte.

„Legt das Schiff an die Kette!" befahl Mago sodann zwei bereitstehenden Numidern. Die eilten sofort mit einer langen bronzenen Kette herbei.

Seltsam frei und leicht war mir jetzt zumute. Fast konnte ich es noch nicht glauben, daß diese Nacht der Schrecken so plötzlich vorbei war. Ich schickte mich schon an, die ungastlichen Planken des Schiffes zu verlassen, als ich bemerkte, daß mir noch etwas fehlte.

„Meinen Dolch!" rief ich fordernd dem Steuermann des Seglers zu und streckte ihm meine rechte Hand entgegen. Die edle Waffe, die aus Ägypten stammte, wurde schnell gefunden. Ohne Zögern übergab man sie mir. Erleichtert steckte ich das meisterhaft gearbeitete Geschenk, das Acharbas einst für mich in Sais erworben hatte, an meinen Gürtel zurück.

Während diese Worte gewechselt wurden, war Hanno wieder von Bord des tyrischen Kriegsschiffes gegangen und hatte sich Malchus und Baalator zugesellt, die bis dahin im Hintergrund geblieben waren und nun bei Magos Kriegern auf dem Kai standen. So eilte ich zu ihnen und umarmte sie in tiefer Dankbarkeit.

„Es war meine Schuld, Ahab, daß Ihr in diese gefährliche Lage geraten seid, weil ich Euch so eindringlich nahelegte, an der feierlichen Zeremonie zu Ehren Baal-Amuns teilzunehmen", erklärte Malchus. Man merkte ihm hierbei an, wie erleichtert er über den glücklichen Ausgang des Eingreifens der karthagischen Krieger war. „Ich werde zusammen mit Hanno den von Hiram begangenen Frevel weiter verfolgen, denn schließlich ist Karthago nicht den Herren von Tyros untertan. Ich hoffe, Euch trotz aller erlittenen Unbill bald in Karthago wiederzusehen."

Ich war noch zu benommen, um dem Karthager eine kluge Antwort zu geben. Daher nickte ich nur, als sei es selbstverständlich, Malchus' Wunsch zu erfüllen. Für einen Augenblick dachte ich an das nächtliche Geschehen zurück. Heimtückisch war der Streich von Ithobaals Leuten gewesen, und um ein Haar wäre er sogar vollends gelungen. Fast hatte der tyrische König sie schon in der Hand, die Rache, die so lange ersehnte! Doch dann lächelte ich wieder, umarmte den Handelsherrn, und so nahmen wir innerhalb der wenigen Stunden, die wir uns kannten, ein drittes Mal voneinander Abschied.

„Da ich Malchus und Mago zur Rechtfertigung ihres Vorgehens gegen die Tyrer beistehen muß, werdet Ihr ohne mich abreisen müssen", ergänzte Hanno leise, so daß die Tyrer seine Worte nicht hören konnten. „Seid meinetwegen jedoch unbesorgt! Ich werde später mit einem karthagischen Schiff nach Motye zurückkehren. Ihr solltet nun sofort aufbrechen, denn wir werden Hiram und seine Leute sicher nur für einige Stunden hier aufhalten können."

Nach dieser unmißverständlichen Mahnung ließ ich meine Befreier auf dem Kai zurück und wandte mich, begleitet von Baalator, dem südlich an den Hafen Karthagos anschließenden Ufer des Meeres zu, wo unser Schiff vor Anker lag. Es war empfindlich kalt, und ein leichter Südostwind hatte sich erhoben. Zufrieden stellte ich fest, daß man unser Schiff vom Kai aus nicht sehen konnte, obgleich es sich nur wenige Stadien entfernt befand. Glücklicherweise verhinderten einige Bodenwellen und dichte Sträucher die freie Sicht.

Die kurze Zeit, die wir bis zu unserem Schiff benötigten, nutzte Baalator, mir seine Erlebnisse zu berichten, nachdem er Hirams Leuten entkommen war.

So war es dem jungen Sidonier gelungen, den Weg zum Ufer des Meeres zu finden und der auf dem Schiff wartenden Mannschaft zu schildern, was sich wenige Minuten zuvor ereignet hatte. Erschreckt und ratlos seien die Männer zunächst gewesen. Doch dann habe Elias schließlich vorgeschlagen, daß er, Baalator, die Lage des Kriegsschiffes aus Tyros auskundschaften und Malchus aufsuchen solle, da man nicht sicher sein könne, ob Hanno ebenso erfolgreich geflohen und danach zu Malchus gelangt sei. Allen sei klar gewesen, daß nur Malchus in der Lage sein würde, mich zu befreien und daß schnell gehandelt werden mußte. So sei er wieder zum Hafen gelaufen und bis auf etwa dreißig Ellen an das tyrische Kriegsschiff herangeschlichen. Dort hätten bis auf einen tyrischen Krieger alle geschlafen. Nach einer Weile – als sich das erste Licht des neuen Tages ankündigte – habe er sich dann auf den Weg zum Hause des Malchus begeben. Doch nach kurzer Zeit sei er bereits auf Malchus, Hanno und die Gruppe karthagischer Krieger unter Führung des Mago gestoßen, die zum Hafen eilte. Mit Bewunderung habe er anschließend das umsichtige Vorgehen der Karthager verfolgt.

Nicht lange nachdem Baalator seine Schilderung beendet hatte, erreichten wir das Ufer des Meeres und befanden uns nun in Sichtweite unseres Schiffes. Die dort zu dieser frühen Morgenstunde noch herrschende Ruhe war jedoch mit einem Schlage vorbei, als man uns erkannt hatte.

Aufgeregt kamen Musa und Abimilk uns entgegen und halfen uns, an Bord zu klettern, wo uns die übrige Mannschaft und Isebel überschwenglich begrüßten. Nur mit Mühe gelang es mir, die Ausgelassenheit der Männer zu dämpfen. Erst als ich eindringlich schilderte, daß die Gefahr noch nicht gebannt sei, beruhigten sich die Männer wieder. Willig folgten sie, als ich befahl, sofort die Anker zu lichten und zunächst nach Osten auf das offene Meer hinauszurudern, um dann mit dem inzwischen aus Südosten wehenden leichten Wind zur Nordspitze des karthagischen Landes zu segeln.

Während die Männer mit kräftigen, rhythmischen Ruderschlägen unser Schiff durch die leichten Wellen trieben, erläuterte ich Elias und Musa meinen Plan, bis zum folgenden Morgen die Nordspitze des karthagischen Landes zu umfahren, um danach in dem nächsten Hafen die Nahrungs- und Wasservorräte zu ergänzen, denn dies hatten wir angesichts der unvorhergesehenen Ereignisse in Karthago nicht mehr besorgen können.

Beide nickten.

In der Pause, die meinen Worten folgte, fühlte ich wieder Erschöpfung und Müdigkeit. So ließ ich mich auf dem hinteren Deck des Schiffes nieder, labte mich an geröstetem Brot, einigen Datteln und einem großen Becher kühlen Weines und sank bald darauf unter den gleichmäßigen Ruderschlägen in einen tiefen Schlaf.

Als ich wieder erwachte, hatte die Sonne ihren höchsten Stand schon überschritten und unser Schiff fuhr unter Segel auf die Nordspitze des karthagischen Landes zu, während sich die Männer nach den langen Stunden harten Ruderns ausruhten. Auch Elias schlummerte unweit von meinem Platz. Musa, der nun mit dem schweren Steuerruder unser Schiff auf Kurs hielt, schickte Baalator gerade nach vorn, als er bemerkte, daß ich aufgewacht war.

„Drei Kriegsschiffe sind in der Meeresbucht vor Karthago gesichtet worden, aber Elias meinte, es seien karthagische", raunte Musa mir zu. Sofort war ich auf den Beinen, konnte aber nichts entdecken. „Nun, dann wird es wohl so sein, wie Elias sagt", erwiderte ich. „Wie steht es um unsere Vorräte?"

„Schlecht, Herr! Wir haben kein Wasser mehr!"

„Dann werden wir eben Wein trinken!"

„Davon haben wir noch zwei Kannen, und Brot gibt es auch noch."

Wie wichtig es doch war, stets größere Vorsorge zu treffen, auch wenn es zunächst nicht notwendig erscheinen mochte, dachte ich und nahm mir vor, nie wieder in eine solche Lage zu geraten. Diesmal befanden wir uns noch nahe der Küste und wollten ohnehin bald einen Hafen anlaufen. Jedoch malte ich mir aus, was geschehen könnte, wenn weit entfernt vom sicheren Lande Nahrung und Wasser ausgehen würden.

Wir aber überstanden diesen Tag und die folgende Nacht, zudem von Hirams Leuten unbehelligt, und füllten am frühen Morgen in einem kleinen Hafen, knapp jenseits des karthagischen Landes, alle verfügbaren Kannen und Amphoren mit Wasser und Nahrungsmitteln. Auch Feuerholz nahmen wir an Bord. Dann segelten wir wieder ab. Da der günstige Wind anhielt, kamen wir über Sulcis und Ebusos und dann entlang der Küste Tartessiens schnell voran und erreichten nach zwanzig Tagen und Nächten die Stadt Gadir.

Fünftes Buch
DER ZERSTÖRTE TRAUM

1

„Melkart ist wahrhaftig ein mächtiger Gott, der Dich beschützt und gesund wieder zurückgebracht hat!" rief mein Vater aus, als er mich in seine Arme schloß.

Nach mehr als vierzig Tagen der Ungewißheit und Sorge konnten Elischa und Acharbas ihre Freude über meine Rückkehr kaum zähmen. Beide waren sofort zum Hafen geeilt, während wir Gadir von Südosten her umrundeten. Schon aus großer Ferne hatten sie unser Schiff erkannt. Zu der Freude kam besonders bei meinem Vater eine gewisse Erleichterung und deutlich sichtbarer Stolz, da ich es nicht nur geschafft hatte, in Karthago hoffnungsvolle neue Handelsbeziehungen anzuknüpfen, sondern auch Baalator und Isebel zu finden und mitzubringen. Sie wurden mit ebenso großer Freude und Herzlichkeit aufgenommen wie ich selbst.

Auch gegenüber der Mannschaft ließ mein Vater seiner Freude freien Lauf und sparte nicht mit Lob. Bevor wir uns dem schönen Hause an Gadirs südlichem Gestade zuwandten, sorgte Acharbas dafür, daß unseren Männern in der Hafenschenke, die sie während ihres Aufenthaltes in Gadir häufig aufzusuchen pflegten, ein gutes Mahl zubereitet und reichlich Wein kredenzt wurde.

Schon auf dem Weg durch die belebten Gassen Gadirs zu unserem Hause begann ich über die glücklich überstandene Reise zu berichten. Ich vergaß dabei auch nicht, meinem Vater eindringlich zu schildern, wie klug und umsichtig Baalator beim Verkauf unseres Hauses in Tyros und bei seiner Abreise nach Karthago vorgegangen war. Acharbas lächelte zufrieden, als er hörte, daß der junge Sidonier trotz der ungünstigen Situation noch zwei Talente Gold für die in Tyros zurückgelassene Habe seines Herrn herausgeschlagen hatte. Spontan belohnte mein Vater den jungen Sidonier mit einem halben Talent reinen Silbers sowie zwei neuen Gewändern und versicherte ihm, daß er auch in Gadir als Buchhalter für ihn arbeiten könne.

Baalators Augen glänzten, nachdem er so beschenkt worden war, und aus seinen Augen sprach Dankbarkeit, als sich unsere Blicke trafen.

Wie Baalators Klugheit und Umsicht, so fanden auch Isebels Treue und Duldsamkeit noch an demselben Tage ihre Anerkennung. Mit zwei neuen Kleidern und schönem Silberschmuck für Isebel brachte Elischa ihre Dankbarkeit darüber zum Ausdruck, daß ihre Dienerin so viele Leiden und Gefahren auf sich genommen hatte. In Elischas Freude mischte sich gleichwohl Traurigkeit, denn noch immer wuchs die von der Flucht aus Tyros gerissene Wunde nicht zu.

Ich gab mir große Mühe, die harmonische Stimmung, die nach unserer glücklichen Rückkehr herrschte, nicht zu stören. So schilderte ich unsere Erlebnisse weit weniger dramatisch, als sie es in Wirklichkeit gewesen waren. Vor allem für die gefährliche Situation, die ich in Karthago zu bestehen hatte und die mich noch lange in meinen Träumen beschäftigte, fand ich Worte, die Elischa nicht weiter ängstigten und Acharbas nicht widerstrebend werden ließen, wenn es für mich darum ging, zu neuen Fahrten aufzubrechen. Denn eines war mir auf der langen Reise bewußt geworden: Nur durch eine glückliche Fügung wurde der hinterlistige Handstreich Hirams in Karthago abgeschlagen.

Bald zog der Duft gebratener Enten durch das ganze Haus. Bis tief in die Nacht hinein besprachen wir alle Einzelheiten der zurückliegenden Reise, und sogar während des abendlichen Mahls, das Elischa, nun wieder mit Isebels Hilfe, fast beiläufig zubereitet hatte, setzte ich meinen Bericht fort. Und auch Baalator blieb an diesem Abend in unserem Hause, trug seine Erlebnisse noch einmal vor.

Beeindruckt von dem guten Ergebnis der Handelsfahrt und den überstandenen Gefahren meinte Acharbas schließlich, daß man den Göttern auf besondere Weise danken und im Gaditaner Melkart-Tempel ein Opfer darbringen müsse.

So verging der folgende Tag damit, die Weihegaben und ein Opfertier auszuwählen, die aus Karthago mitgebrachten Handelswaren zu sichten und zu überlegen, wie man mit den Tartessiern erneut ins Geschäft kommen könnte. Zu einem endgültigen Ergebnis gelangten wir allerdings nicht.

Am Nachmittag hatte ich Elibaal getroffen und ihm angekündigt, so bald wie möglich nach Sephala reiten zu wollen. Er sagte sofort zu, schien sich darauf zu freuen. Ungeduldig mahnte ich am Abend ein weiteres Mal die Frage an, den nächsten Handel rasch einzuleiten. Nichts ließ mich zögern. Selbst das wechselhafte Wetter störte mich nicht. Und in der Tat trommelte der Regen an diesem Abend besonders heftig auf das flache Dach unseres Hauses.

„Fürst Arganton wird gewiß auf Nachricht warten und Verzögerungen nicht verstehen", nahm ich den am Nachmittag unterbrochenen Faden wieder auf, denn mein Vater hatte sich noch nicht auf unser Vorgehen festgelegt. „Wir sollten diesmal jedoch keinen fremden Boten schicken. Elibaal ist bereit, mich zu begleiten. Auf diese Weise verlieren wir keine Zeit und ehren den Fürsten durch meinen Besuch, was dem Handel nur guttun wird."

Ich drängte darauf, selbst nach Sephala zu reiten, um Arganton über die erfolgreiche Reise nach Karthago zu unterrichten und ein Treffen für unseren nächsten Handel auszumachen. Mehr noch aber sehnte ich mich danach, Tarsia wiederzusehen. Das würde nicht schwer sein, glaubte ich, denn ich wußte die schöne Tartessierin in Argantons Nähe. Elischa schmunzelte, als sie meinen Vorschlag hörte. Sie spürte meine Ungeduld und wartete gespannt darauf, was Acharbas sagen würde.

Ungnädig blickte mich mein Vater statt einer Antwort an. Ihm war nicht verborgen geblieben, was mich zu meinem Wunsch bewegte, und das gefiel ihm nicht. Lange überlegte er, und ich bemerkte, wie sich seine Stirn in Falten legte.

„Ich hätte mir gewünscht, daß Deine Gedanken strikt bei den Geschäften bleiben, Ahab", entgegnete Acharbas kühl, „doch Du bist offenbar ein Träumer, haltlos, wie schwankendes Schilfrohr im Winde." Die abweisende Haltung meines Vaters hatte mich überrascht. Als ich antworten wollte, machte Acharbas eine wegwerfende Handbewegung.

Ich sah ein, daß es doch zu nichts Gutem führen würde, mit ihm zu streiten. Daher unterdrückte ich meinen Zorn mit aller Macht, hielt die Worte zurück, die schon auf meiner Zunge lagen. Natürlich, mein Vater war unfehlbar, bekannt, berühmt. Sogar den Königen konnte er erfolgreich trotzen. In seinem Schatten zu stehen, war für mich jedoch eine Qual. Aber eines Tages, vielleicht schon bald, werde ich Dich, Acharbas, übertreffen, und Abbitte wirst Du dann leisten müssen! dachte ich bei mir. Abrupt erhob ich mich und wandte mich zum Gehen, als ich ganz unerwartet die Stimme meiner Mutter hörte.

„Was ist denn an dem Vorschlag Ahabs falsch, Acharbas?" fragte Elischa. „Sollen die mitgebrachten Waren nur das Lagerhaus weiter füllen?"

Erstaunt sah mein Vater zu Elischa auf, und man merkte schnell, daß er nicht sofort eine passende Antwort wußte. Ärger zeigte sich in seinem Gesicht. Ich war schon versucht, über die kecke Frage Elischas zu schmunzeln. Doch biß ich mir verlegen auf die Lippen, denn das Belächeln seiner Schwäche hätte Acharbas in diesem Augenblick nur noch mehr gereizt. Eine Weile herrschte Schweigen.

„Gut, soll Ahab seinen Willen haben", entgegnete Acharbas schließlich unwirsch, „aber zunächst segeln wir zum Melkart-Tempel. Es wäre unrecht, das Dankopfer für Melkart hinauszuzögern. Erst danach soll Ahab nach Sephala aufbrechen." Ich gewann das Spiel, aber ich hätte es ebensogut auch verlieren können.

So begaben wir uns bereits am zweiten Tage nach meiner Rückkehr von Karthago zum Tempel des Melkart, wo die Priester uns wie beim ersten Male wohlwollend und freundlich empfingen, die wertvollen Weihegaben entgegennahmen und ein feierliches Dankopfer zelebrierten.

2

Es waren wundervolle schlanke Pferde, die ich für mich und Elibaal, meinen jungen, sprachkundigen Begleiter, in dem kleinen Ort an der Küste ausgeliehen hatte. Vor allem Elibaal, der ein glänzender Reiter war, konnte seine Begeisterung über die schönen Tiere kaum zähmen. Ihrem stolzen Besitzer, einem geschäftstüchtigen Tartessier, hatte ich offen meine Absicht dargelegt, zu Fürst Arganton reiten zu wollen. Dennoch mußte ich ihm sechs silberne Armreifen dafür geben. So sehr meine Freundschaft zu Fürst Arganton den Tartessier auch beeindruckte, wurde er doch nicht müde, die Vorzüge seiner Pferde zu betonen. In der Tat erwies es sich bald, daß die Pferde ihren Preis wert waren, denn sie trugen uns überaus schnell und ausdauernd von einem tartessischen Dorf zum andern, wo wir wie beim ersten Mal stets gastfreundlich aufgenommen wurden.

Doch als wir ungefähr die Hälfte der Wegstrecke nach Sephala zurückgelegt hatten und in einer recht großen Siedlung die Nacht verbrachten, riss uns am frühen Morgen des zweiten Tages der Lärm tartessischer Krieger aus dem Schlaf. Bald nachdem die etwa fünfzig Krieger in wildem Galopp durch die Siedlung gestürmt waren, herrschte große Aufregung, deren Grund wir auch schnell erfuhren.

Die Krieger riefen die Bewohner der Siedlung zusammen und berichteten, daß Alorcon und Istolaton, zwei Stammesfürsten aus der Region nordöstlich von Sephala, mit einer starken Kriegerschar in das von Fürst Arganton beherrschte Land eingefallen seien, alles brandschatzten und die Bewohner töteten, wenn diese nicht rechtzeitig zu fliehen vermochten.

Der Fürst, so hörten wir, sei zwar inzwischen mit über tausend Kriegern den Angreifern nach Norden entgegengezogen, um sie zum Kampfe zu stellen, doch werde jeder waffenfähige Mann gebraucht. Alle Männer, die ein Schwert oder eine andere Waffe zu führen verstünden und ein Pferd besäßen, seien daher aufgefordert, sofort nach Sephala mitzukommen. Die anderen sollten bleiben und notfalls die Frauen und Kinder in Sicherheit bringen.

Nicht lange danach hatten die tartessischen Krieger fast sechzig weitere Kämpfer samt ihren Pferden beisammen. Als ihr Anführer uns schließlich inmitten der übrigen Bewohner erblickte, musterte er uns mißtrauisch.

„Wer seid Ihr, und was treibt Ihr an diesem Ort?" fragte er streng. Der Krieger mochte wohl dreißig Jahre zählen, war von schlankem, kräftigem Wuchs und hatte breite Schultern. Sein sanftes Gesicht ließ dennoch große Energie erraten.

Noch ehe ich auf die von Elibaal übersetzte Frage des Kriegers antworten konnte, rief der Tartessier, bei dem wir ein Nachtlager gefunden hatten: „Er ist ein Handelsfahrer aus Gadir und ein Freund unseres Fürsten. Zusammen mit dem jungen Gaditaner, der unsere Sprache spricht und alle Wege unseres Landes kennt, will er zu Fürst Arganton nach Sephala reiten."

„Ihr solltet besser umkehren, denn die Feinde Argantons werden Euch wohl kaum verschonen, wenn Ihr in deren Hände fallt!" erwiderte der tartessische Krieger grimmig. Dann gab er seinen Leuten das Zeichen zum Aufbruch, und in einer großen Staubwolke preschte die Reiterschar nach Sephala davon.

Ich war verwirrt und ratlos. Würde Fürst Arganton siegreich aus dem Kampf mit seinen Feinden hervorgehen? Konnte Tarsia, die in einer kleinen Siedlung nördlich von Sephala lebte, rechtzeitig vor den fremden Kriegern fliehen? Sollten wir nach Gadir zurückkehren und damit die Zeit der Ungewißheit verlängern? Fragen über Fragen stürmten auf mich ein.

Quälende Furcht, die falsche Entscheidung zu treffen, beherrschte meine Gedanken. Unentschlossen und tief besorgt ging ich mit Elibaal zu dem Hause, in dem man uns ein Nachtlager gewährt hatte. Nachdenklich fütterten und tränkten wir zunächst unsere dort wartenden Pferde, was einige Zeit in Anspruch nahm.

Schließlich wollte ich schon mit einem silbernen Armreif meinen Dank für die uns erwiesene Gastfreundschaft abstatten, als der Tartessier, dem das Haus gehörte, uns aufforderte, noch bis zum nächsten Morgen zu bleiben und erst dann zu entscheiden, welchen Weg wir nehmen sollten. Hier würden wir jedenfalls noch sicher sein, zumal man Wachen aufstellen werde.

Ich war sehr dankbar für diesen Vorschlag, befreite er mich doch von dem Zwang, mich sofort und unwiderruflich festzulegen. Auch mein sprach- und wegekundiger Begleiter riet dazu, nicht übereilt zu handeln, sondern alles sorgfältig und in Ruhe zu überdenken. So reifte im Laufe dieses langen Tages und der darauf folgenden Nacht mein Entschluß, den Ritt nach Sephala zu wagen, denn es drängte mich sehr, das Schicksal Tarsias und des Fürsten bald zu erfahren.

Begleitet von den guten Wünschen und Ermahnungen des klugen Tartessiers verließen wir die Siedlung beim ersten Sonnenlicht und ritten gen Norden. In den kleinen Orten, die wir auf unserem Wege passierten, bot sich uns ein ähnliches Bild. Aufmerksame, jede Veränderung wahrnehmende, aber keineswegs ängstliche Menschen bereiteten sich auf die Verteidigung ihres Besitzes vor und vertrauten darauf, daß Fürst Arganton siegen und die Feinde vertreiben werde.

Bis zum späten Nachmittag, als wir schon nicht mehr weit von Sephala entfernt waren, geschah nichts Ungewöhnliches. Dann aber bemerkten wir von einem Hügel aus, über den unser Weg nach Sephala führte, am nordöstlichen Horizont mehrere Rauchwolken. „Das könnten brennende Häuser sein", sagte Elibaal, „doch es sind nicht die Häuser von Sephala. Sie dürften vielmehr in einer Siedlung ein gutes Stück nordöstlich von Sephala stehen."

Fast hätten wir dank unserer ungeteilten Aufmerksamkeit für die Rauchwolken die große und schwer bewaffnete Reiterschar übersehen, die sich kaum zwei Stadien vor uns am Waldesrand versammelt hatte. Die Reiter hatten kein Feuer angezündet. Einige saßen am Boden und unterhielten sich wohl miteinander. Sorgfältig musterte Elibaal die Krieger, während wir uns vorsichtig nach rechts wandten, um hinter eine Gruppe von Akazienbüschen zu gelangen, die uns hätte Schutz bieten können. Doch es war bereits zu spät.

Vier Reiter lösten sich ziemlich rasch aus der Schar am Waldesrand und ritten direkt auf uns zu. „Los! Nach Westen! Das sind nicht die Leute Argantons!" rief Elibaal mir zu, riß sein Pferd herum und hieb dem Tier die Sandalen in die Flanken. Ich tat das gleiche, doch eilte Elibaal mir fast davon. Anders als ich, der nur durch Zufall reiten lernte, war er von Kindheit an gewohnt, mit Pferden umzugehen.

Die fremden Krieger waren auf ihren massig aussehenden Pferden schon bedenklich nahe herangekommen, als wir endlich in schnellem Galopp quer über den mit weit verstreutem, niedrigem Buschwerk bestandenen Hügel preschten. Als ich mich umwandte, konnte ich gerade noch sehen, wie die bei den nächsten Verfolger mit ihren Bogen auf uns zielten, und schon sausten die Pfeile knapp rechts an uns vorbei.

Den Göttern sei Dank, daß wir mit so schnellen Pferden ausgestattet waren. Wir flogen fast den Hügel hinunter in die weite Ebene von Sephala, wo wir nach kurzer Zeit auf den breiten Weg stießen, der nach Westen zum Flusse führte. Wenngleich sich der Abstand zu unseren Verfolgern deutlich vergrößerte, hielt der mir vorauseilende Elibaal das hohe Tempo, so daß ich Mühe hatte, mich auf dem Rücken meines Pferdes zu halten. Ich bewunderte im stillen die Reitkunst des jungen Gaditaners. Sein schlanker Körper schmiegte sich jeder Bewegung des schönen Tieres an.

Selbst als wir südlich von Sephala den großen Fluß erreichten, den wir nach unserem Besuch beim Fürsten mit dem Boot hinuntergefahren waren, sah Elibaal die Gefahr noch nicht gebannt. Da die Ufer hier flacher waren als sonst und die Strömung nicht so stark war, weil es lange Zeit nicht geregnet hatte, ließen wir unsere Pferde zügig den Fluß durchschwimmen und gönnten uns auch danach keine Rast. Auf diese Weise entmutigten wir jedoch die vier fremden Krieger, uns weiter zu verfolgen. Sie machten am Ufer kehrt, während wir auf der westlichen Seite des Flusses nach Sephala eilten.

Die Sonne stand schon tief, und eine merkwürdige Stille lag über der großen Siedlung, in die wir nun auf ungewohntem Wege hineinritten. Der Ort wirkte leer und verlassen. Gerade als wir die ersten Häuser erreicht hatten, preschten von beiden Seiten je zwei Reiter mit gezückten Schwertern aus ihrer Deckung und versperrten uns den Weg. Abrupt stoppten wir unsere Pferde, die sich zunächst erschreckt aufbäumten, aber dann bald beruhigten.

„Wir kommen aus Gadir und wollen zu Fürst Arganton!" rief Elibaal dem Anführer der Gruppe zu, noch ehe dieser etwas sagen konnte. „Eure Leute haben uns erzählt, was passiert ist. Seid auf der Hut! Wir sind von Feinden des Fürsten bis zum Flusse verfolgt worden und vermochten nur dank unserer schnellen Pferde zu entkommen. Vor gut einer Stunde versammelten sich mehr als hundert schwerbewaffnete Reiter, darunter auch Bogenschützen, etwa fünfzig Stadien von hier gen Mittag an einem Waldesrand, so daß wir nicht den direkten Weg nach Sephala nehmen konnten."

Bereits während Elibaal sprach, hatten die vier Tartessier ihre Schwerter wieder in die mit Silberbeschlägen reich verzierten Lederscheiden gesteckt, da sie sahen, daß wir nur kurze Dolche an den Gürteln trugen. „Fürst Arganton ist noch nicht vom Schlachtfeld zurück", antwortete der Anführer der Gruppe befriedigt. „Ich lasse Euch zu Olkadon bringen, dem der Schutz Sephalas aufgetragen wurde." Dann gab er dem unmittelbar neben ihm stehenden Kampfgefährten den Befehl, uns zum Hause des Fürsten zu begleiten, wo Olkadon den Großteil der Verteidiger Sephalas bereithielt.

Nur wenige Minuten später stiegen wir vor dem Hause Argantons von unseren Pferden und stellten überrascht fest, daß Olkadon eben jener tartessische Krieger war, der uns zwei Tage zuvor geraten hatte, nach Gadir zurückzureiten. Mürrisch nahm er nun zur Kenntnis, daß wir seinem Rat nicht gefolgt waren. Doch als er von Elibaal hörte, wo wir vor kurzer Zeit die feindlichen Krieger gesehen hatten, hellte sich sein Gesicht auf. „Habt Dank für diese Nachricht!" ließ sich der Kriegsmann vernehmen. „Der Zufall, der Euch zu mir führte, ist ein Geschenk für mich!"

Sofort rief Olkadon seine fast zweihundert Kampfgefährten zu sich, erläuterte ihnen seinen Plan, teilte sie in drei Gruppen auf und schickte sie mit genauen Anweisungen zu den besonders gut zu verteidigenden Befestigungen am südlichen Ende und am Ostrand von Sephala. Bald war der Vorplatz wieder menschenleer.

Der kampferprobte Gefolgsmann des Fürsten zögerte einen Moment, selbst mitzugehen, überlegte noch, ob er nichts übersehen hatte. Nur drei Krieger außer ihm befanden sich nun in unserer Nähe. Plötzlich wandte Olkadon seinen Kopf zu den dichten Büschen hin, die nur wenige Ellen von Argantons Haus im Westen standen. Dann zog er sein Schwert und rief den Gefährten kurze Befehle zu. Im gleichen Augenblick sprangen fünf schwerbewaffnete Männer hinter den Büschen hervor und griffen ungestüm Argantons Leute an. Olkadon hatte die Gefahr vielleicht gefühlt.

Noch ehe ich erfaßte, was geschah, tauchte Olkadon unter dem mächtigen Hieb des ersten Angreifers durch, rammte ihm sein eigenes Schwert gegen den Hals, drehte sich blitzschnell herum und erwischte den zweiten Krieger mit seinem Schwert am ungeschützten Unterarm. Aus dessen Handgelenk schoß dunkles Blut; die Faust des Getroffenen fiel mit dem Schwert zu Boden. Dem vor Schmerz Taumelnden stieß der Tartessier sodann sein Schwert in die Brust. Dumpf schlug der Mann neben seinem toten Gefährten auf die Steine.

Der dritte Angreifer brachte den jüngsten von Olkadons Leuten mit gewaltigen Hieben in Bedrängnis und stieß mit seiner Waffe nach dessen Bauch, doch wich der junge Mann im letzten Augenblick zurück und wirbelte herum. Der feindliche Krieger stolperte. Er hatte im Eifer wohl eine kleine Unebenheit des Bodens übersehen. Ein weit ausholender Schwerthieb des jungen Tartessiers auf den Nacken des Gegners bereitete auch diesem Kampf ein schnelles Ende.

Während der vierte Mann gerade nach einem tödlichen Schlag gegen seine Kehle zu Boden stürzte, kämpfte der fünfte noch immer mit großer Heftigkeit und Geschick. Für alle überraschend sprang er plötzlich auf mich zu. Mit wenigen Sätzen war er in meiner Nähe und hob sein Schwert. Ich ließ mich flach zu Boden fallen, rollte zur Seite. So ging der Hieb ins Leere. Für einen Moment verlor der Krieger sein Gleichgewicht, und ehe er zu seinem nächsten Schlag ausholen konnte, traf ihn der flinke Tartessier mit einem wuchtigen Hieb an der Schläfe. Das Schwert klirrte auf die Steine, als der Krieger tot niedersank. Ich war inzwischen wieder auf den Beinen, steckte den Dolch zurück, den ich im Fallen fast unbewußt aus der Scheide gerissen hatte.

Für wenige Augenblicke herrschte eigenartige Ruhe. Man hörte nur das schwere Atmen von Argantons Leuten. Olkadon und seine drei Gefährten wischten sich den Schweiß aus den Gesichtern, betrachteten die blutverschmierten Schwerter. „Das hätte auch anders ausgehen können! Sie glaubten wohl, sie könnten uns überrumpeln, doch haben sie sich gründlich verrechnet!" meinte der Krieger, und Elibaal brauchte eine Weile, bis er mir Olkadons Worte übersetzte. Die ungewohnte Gefahr hatte ihn arg mitgenommen, und auch ich wandte mich für einen Moment schaudernd ab.

Dem Verstand die Herrschaft überlassend, fand Olkadon schnell seine kühle Ruhe wieder. Umsichtig gab er jetzt seine Befehle.

„Schafft sie weg!" bedeutete Olkadon seinen Kämpfern. „Aber nehmt vorher die Waffen an euch!" Gehorsam trugen seine Männer alsbald die Leichname fort.

„Ich danke Euch, Olkadon! Ohne Euch und Eure tapferen Kämpfer hätte unser Leben wohl geendet!" Meine Stimme hatte noch nicht die gewohnte Fe stigkeit, als ich dies sagte.

„Durch Euch war ich rechtzeitig gewarnt. So konnten wir die List unserer Feinde gerade noch durchkreuzen. Wir schulden Euch daher Dank." Erstmals sah ich Olkadon an diesem Tage lächeln.

Nachdem er uns der Obhut der beim Hause Argantons verbleibenden kleinen Gruppe von Kriegern anvertraut hatte, begab sich Olkadon an eine Stelle im Südosten der Siedlung, von der aus der erfahrene Tartessier das Land gut überblicken und seine Krieger rasch neu ordnen konnte, wenn die Situation dies erfordern sollte.

Nur wenige Minuten waren erst vergangen, als wir vom südlichen Rande der Siedlung her das Klirren von Waffen und lautes Kampfgeschrei vernahmen. Bald darauf verkündeten die tartessischen Krieger, die vom Dach des Hauses Argantons das Geschehen zu verfolgen suchten, daß es Olkadon dank der ge schickten Aufteilung seiner Kräfte wohl gelungen sei, die Feinde zu umzingeln.

Der Kampf mochte vielleicht schon eine Stunde gedauert haben, die mir wie eine Ewigkeit erschien, als sich plötzlich von Norden her eine gewaltige, langgezogene Reiterschar rasch näherte. Gebannt blickten die tartessischen Krieger auf die herangaloppierenden Reiter. Erst sehr spät meinten sie, daß es ihre eigenen Leute sein könnten.

„Es ist Fürst Arganton! Er reitet an der Spitze!" rief schließlich triumphierend der junge Tartessier, der für seine scharfen Augen bekannt war. Mit einem großen Satz sprang er sodann vom Dach direkt auf den Rücken seines Pferdes und ritt ungestüm dem Fürsten entgegen. Doch er kam gar nicht weit, denn am nördlichen Ende Sephalas, das man vom Hause des Fürsten aus einsehen konnte, traf der junge Tartessier bereits auf die Spitze der Reiterschar. Hier verhielt er sein Pferd mitten auf dem Wege, während die zurückkehrenden Reiter abrupt stoppen mußten und sich das Pferd Argantons hoch aufbäumte. Es war nicht zu hören, was der junge Tartessier dem Fürsten sagte, doch nach wenigen Augenblicken preschten die Krieger unter Führung Argantons direkt zu jenem Ort im Südosten Sephalas davon, an dem immer noch der Kampf zwischen Olkadons Leuten und den Feinden des Fürsten tobte.

Es dauerte keine volle Stunde mehr, als der zu uns herübertönende Kampfeslärm ganz allmählich erstarb. Eine seltsame Stille senkte sich nun über den Ort, dessen Konturen langsam verschwammen, nachdem die Sonne hinter den dunklen Bergen im Westen untergegangen war. Die Krieger, die beim Hause des Fürsten Wache hielten, zündeten Fackeln an und riefen die Frauen und Kinder aus ihren Verstecken herbei, während sich die rasch aus dem Unterschlupf zurückgekehrte zahlreiche Dienerschaft des Fürsten anschickte, für Speise und Trank zu sorgen. Sie schienen alle überzeugt zu sein, daß keiner der Feinde mehr lebte und Fürst Arganton mit seinen Kriegern bald eintreffen werde.

In der Tat mußten wir nicht lange auf sie warten. Es hatte jedoch etwas Gespenstisches, wie sich Argantons Reiterschar allmählich aus der Dunkelheit löste und im Schein der Fackeln auf dem großen Platz vor dem Hause des Fürsten versammelte. Dort türmten sich schon bald die Rüstungen, Schwerter, Dolche, Speere, Bogen und Pfeile, die man den toten Feinden abgenommen hatte. Erschöpft, vom harten Kampf gezeichnet und ohne Siegesfreude fanden sich die Krieger vor dem Fürsten ein. Ihre Haare, Bärte und Kleider starrten vor Dreck. Es roch nach Schweiß und Blut. Viele von ihnen hatten wohl leichtere Verwundungen davongetragen. Die noch vor kurzer Zeit gezeigte Eile war jetzt verflogen. Nur um die im Kampf schwer verwundeten Gefährten kümmerte man sich sofort. Dann rief Arganton seine Krieger erneut zusammen, dankte ihnen in bewegenden Worten für ihre Treue und Tapferkeit und lud sie zu dem großen Festmahl ein, mit dessen Vorbereitung seine Dienerschaft schon begonnen hatte.

Während Fürst Arganton danach noch mit seinen erfahrensten Leuten erörterte, was in den nächsten Tagen zu tun sei, kehrte das Leben langsam in die Siedlung zurück. Überall brannten wieder die Feuer, und zahlreiche Fackeln spendeten wie jede Nacht ihr fahles Licht. Die Umrisse der von den Kämpfern mitgebrachten Pferde zeichneten sich schemenhaft vor den offenen Bratenfeuern ab.

Endlich wandte sich Fürst Arganton seinem Hause zu. Sein Gesicht, die Rüstung und sein Gewand waren mit Blut und Dreck bespritzt. Als er vor der kunstvoll geschnitzten und mit Silber beschlagenen Eingangstür vom Pferd stieg und das schöne Tier einem jungen Burschen aus seiner Dienerschaft übergab, bemerkte er mich nicht sofort, obwohl ich zusammen mit Elibaal nur wenige Ellen abseits auf der steinernen Terrasse stand, von der wir das gesamte Geschehen beobachtet hatten. Erst nachdem Olkadon, der den Fürsten begleitete, auf uns deutete und offenbar seinen Herrn über unsere Anwesenheit aufklärte, erkannte uns Arganton.

„Bei den Göttern, Ahab, ich habe Euch noch nicht erwartet!" rief der Fürst überrascht und legte sein blutverschmiertes Schwert beiseite. „Ich hoffe, Ihr habt Euch meinetwegen nicht zu sehr in Gefahr begeben. Wie Ihr sicher schon wißt, ist es unseren Nachbarn im Norden eingefallen, uns mit Krieg zu überziehen. Doch nach drei Tagen heftigen Kampfes haben wir gegen Alorcon und seine Krieger gesiegt und keinen unserer Feinde am Leben gelassen. Was Ihr in der vergangenen Stunde verfolgen konntet, war wohl der letzte Teil des Kampfes. Leider konnten wir nicht verhindern, daß die Eindringlinge zunächst viele Bewohner unserer Dörfer töteten und die Häuser in Brand setzten."

Als Arganton dies sagte, erinnerte ich mich wieder an die Rauchwolken, die wir am Nachmittag gesehen hatten, und mich quälte der Gedanke, daß Tarsia etwas zugestoßen sein konnte. Daher fand ich nicht sofort die rechten Worte für den Tartessier, so daß Arganton fortfuhr: „Verzeiht mir, daß ich Euch für eine Weile allein lassen muß, aber meine Rüstung drückt mich nun schon lange genug. Ich sehne mich nach einem anderen Gewand. Seid willkommen zum Festmahl!"

„Habt Dank für Eure Gastfreundschaft!" erwiderte ich. „Mögen Euch die Götter allzeit beschützen!"

Freundlich lächelnd verließ Arganton daraufhin die Terrasse. Nur eine halbe

Stunde später erschien der Fürst, in einen herrlichen weiten Mantel gekleidet, wieder vor seinem Hause. Am Gürtel trug er statt des Schwertes einen großen Dolch, der in einem mit Silber verzierten Futteral steckte. Selbst der mit dem Fürsten schon länger vertraute Elibaal staunte über seine eindrucksvolle Erscheinung. Genußvoll atmete Arganton die Luft ein, welche nun nach gebratenen Ochsen duftete, die über offenen Feuern zubereitet wurden. Die Flammen malten grelle Flecke auf den Gesichtern, der Kleidung und den Waffen der tapferen Männer. Das harzige Holz knackte, prasselte, sprühte Funken, und es zischte gelegentlich, wenn das Bratenfett ins Feuer tropfte. Halbwüchsige Jungen und Mädchen liefen zwischen den in der Nähe der Feuer sitzenden Kriegern umher. Auch Turdeton, des Fürsten Sohn, sah ich mitten unter ihnen. Die meisten tollten nur, doch einige halfen der Dienerschaft, die Spieße zu drehen und das Bier auszuschenken, verschwanden aber später in den Hütten und Häusern.

Alsbald begannen die Diener des Fürsten das köstliche Fleisch zu verteilen, und auch wir labten uns an dem saftigen Braten und tranken das von den Tartessiern selbst gebraute Bier. Während Arganton und seine bei ihm auf steinernen Bänken sitzenden Krieger über den gerade beendeten Kampf und die nun zu ergreifenden Maßnahmen für den Wiederaufbau der zerstörten Siedlungen sprachen, überlegte ich lange, wie ich dem Fürsten mein Anliegen vorbringen sollte. Schließlich faßte ich mir ein Herz, als das Gespräch der in unserer Nähe sitzenden Krieger für einen Augenblick abgebrochen war.

„Werde ich die junge Tartessierin, die bei unserem letzten Treffen so anmutig getanzt hat, bald wiedersehen können?" fragte ich Arganton.

„Ihr meint Tarsia?" entgegnete der Fürst erstaunt und verlegen, und als ich nickte, fuhr er – sichtlich nach Worten ringend – fort: „Mein junger Freund, es erschließt sich uns nicht immer, warum das Leben einen bestimmten Lauf nimmt. Doch zürnt Euren Göttern nicht! Ich erzählte Euch bereits, daß Alorcon mit seinen Kriegern in unser Land einfiel und zahlreiche Bewohner tötete, bevor wir ihn zum Kampfe stellen konnten und besiegten. Nur wenigen Tartessiern gelang es, vor den Horden zu fliehen. Auch die schöne Tarsia entkam den fremden Kriegern. Doch stürzte sie auf der Flucht so unglücklich vom Pferd, daß sie schwer verletzt wurde und bald darauf starb. Es schmerzt mich, daß ich Euch diese Auskunft geben muß, da ich sehe, wie Ihr zu der jungen Tartessierin steht. Doch bedenkt bei aller Bedrücktheit, die Ihr nun empfindet, welches Leid die Mutter Tarsias zu ertragen hat, die neben ihrem einzigen Kind an demselben Tage auch ihren tapferen Mann im Kampfe gegen Alorcons Kriegerschar verlor!"

Ich ahnte schon, daß etwas Schlimmes geschehen sein mußte, nachdem Elibaal die ersten Worte Argantons übersetzt hatte, aber als ich von dem tragischen Schicksal Tarsias hörte, fühlte ich eine seltsame Schwere. Mir war, als

107

schnürte sich mein Herz zusammen; alles wurde aschgrau in meinem Innern, und mich erfaßte tiefe Trauer. Was hatte ich falsch gemacht, daß die Götter es mir nicht erlaubten, die Zuneigung der schönen Tartessierin zu suchen? Sollte es denn meine Bestimmung sein, immer wieder dem Haß und der Gewalt zu begegnen, obwohl ich – wie mein Vater bei der Flucht aus Tyros – danach trachtete, solchen Erscheinungen auszuweichen? Meine Hoffnung, im tartessischen Lande Glück zu finden, war nun brutal zerstört.

Während ich meine Gefühle nicht sofort in Worte fassen konnte, schienen die Tartessier die erstaunliche Fähigkeit zu besitzen, sich unmittelbar nach hartem Kampfe und schmerzlichen Verlusten den Fragen zuzuwenden, die der Kriegszug Alorcons hinterlassen hatte. Und so war es Fürst Arganton, der den Faden des Gesprächs erneut aufnahm.

„Als Alorcons Leute den Sieg schon schmecken konnten, haben wir sie mit List und Zähigkeit bezwungen. Aber es war schwer. Tausend von ihnen und wohl fünfhundert von uns", sagte Arganton düster und nachdenklich. „Morgen werden sie alle im Boden ruhen." Der Fürst seufzte. „Und viele Verwundete werden die Sonne nicht mehr oft sehen."

„Aber Ihr habt wenigstens den Sieg davongetragen", bemerkte ich matt.

„Gewiß! Doch jeder Kampf ist anders. Der Sieg bringt immer nur sehr kurzen Jubel, ist ein Geschenk der Götter. Danach folgen Leere, Entsetzen, lange Mühen. Nur eines ist noch schlimmer als der Sieg: die Niederlage."

„Ihr seid doch gewiß nicht nur hergekommen, um die schöne Tarsia wiederzusehen?" Überrascht schaute ich den Fürsten an. Seine Frage hatte ich jetzt nicht erwartet.

„Nein, Fürst Arganton", erwiderte ich noch immer etwas verwirrt, „auch Euretwegen habe ich mit Elibaal den beschwerlichen Ritt nach Sephala unternommen. Meine Reise nach Karthago ist sehr erfolgreich verlaufen, und ich denke, daß ich viele Kostbarkeiten nach Gadir mitgebracht habe, die Euch gefallen werden."

„Nun", unterbrach mich Arganton in seiner lebhaften Art, „habt noch ein wenig Geduld mit mir! Ich werde einige Zeit brauchen, um in den Siedlungen, die gen Norden liegen, nach dem Rechten zu schauen und den Wiederaufbau einzuleiten. Vielleicht wäre es gut, wenn ich Euch – wie schon einmal – am zehnten Tage in meinem Hause an der Küste treffen könnte?"

Ich hatte zwar gehofft, daß Arganton Interesse an einem neuen Geschäft zeigen würde. Dennoch war ich erstaunt, wie direkt der Tartessier trotz der unvorhergesehenen Ereignisse und seiner daraus folgenden Pflichten meine Ankündigung aufnahm. Daher stimmte ich dem Vorschlag des Fürsten sofort zu.

Inzwischen war es sehr spät geworden, und meine Müdigkeit ließ sich nicht länger verbergen. Nachtvögel strichen über Bäume und Büsche. So zog ich mich mit meinem sprachkundigen Begleiter in das Haus Argantons zurück, wo ich Schlaf suchte, aber so schnell doch nicht fand. Noch lange schwebten die Bilder von Argantons Kriegern, den Bratenfeuern, den Gesichtern der Männer, dem miterlebten Kampf, vor allem aber von der schönen, unglücklichen Tarsia, an mir vorüber.

Am nächsten Morgen weckte mich das gleichmäßige Rauschen des Regens, der wohl schon länger angehalten hatte, denn auf dem in der Nacht noch trockenen Boden gab es jetzt große Wasserlachen. Der leichte Wind wehte den Geruch nach Braten, Bier, feuchtem Leder und Pferdekot ins Haus. Es war empfindlich kalt. Elibaal hatte sich einen wollenen Umhang übergeworfen und offenbar schon länger darauf gewartet, daß ich aufwachen würde.

„Zu dieser Jahreszeit ist es hier nicht immer angenehm, aber man muß sich zu helfen wissen", erklärte der junge Gaditaner und deutete lächelnd auf seinen wärmenden Umhang. „Der Regen wird bald aufhören."

Im Hause Argantons herrschte bereits rege Betriebsamkeit, und so waren wir nicht überrascht, als zwei Diener des Fürsten unseren Raum betraten und große Schüsseln mit klarem Wasser brachten. „Der Fürst erwartet Euch", ließ uns einer der Diener wissen.

Bald nachdem wir uns ausgiebig erfrischt hatten, begaben wir uns zu dem Raum, in dem Arganton zu speisen pflegte. Frisch gebackenes Brot, getrocknete Früchte auf schön verzierten Tellern und mehrere große Becher mit Quellwasser bedeckten die lange hölzerne Tafel. Arganton hatte bereits seinen Platz eingenommen. Sein kleiner Sohn saß neben ihm. In seinen Augen sah man noch Müdigkeit.

„Gönnt uns die Freude und teilt mit uns ein bescheidenes Mahl!" begrüßte uns der Fürst. „Ich habe meinen Burschen bereits angewiesen, Eure Pferde zu versorgen."

„Ich danke Euch, Fürst Arganton. Werdet Ihr sogleich gen Norden aufbrechen?" erwiderte ich.

„Die Sorge um die Menschen in den mit Krieg überzogenen Siedlungen duldet keinen Aufschub. Einige erfahrene Leute werden mich begleiten." Arganton wirkte sehr entschlossen.

Kurze Zeit später erschien Olkadon mit einer stattlichen Reiterschar vor dem Hause Argantons. Der Regen hatte aufgehört.

„Mögen Euch weitere Gefahren dieser Art, die Ihr hier erleben mußtet, künftig erspart bleiben, Ahab!" sagte der Fürst. Ich wunderte mich, daß seine Stimme schon wieder so gelassen klang.

So nahmen wir bald Abschied von den gastfreundlichen Tartessiern und ritten in die Siedlung am Ufer des Ozeans zurück, wo wir die wundervollen Pferde, die ihren Preis wohl wert gewesen waren, seinem glücklichen Besitzer übergaben.

3

Was mir im tartessischen Lande widerfahren war, konnte meinen Glauben an die Götter nicht erschüttern, zumal ich nach langem Nachdenken erkennen mußte, daß sie erneut ihre Hand schützend über mich gehalten hatten. Doch haderte ich mit ihnen, weil sie den Tod der schönen Tarsia geschehen ließen und meine Träume so grausam zerbrachen.

Wenngleich ich mich bei meiner Heimkehr nach Gadir bemühte, die Ereignisse in Sephala und die Abmachungen mit Fürst Arganton lebhaft zu schildern, bemerkten Acharbas und Elischa sofort, wie stark ich von dem Tod der jungen Tartessierin betroffen war. Die Gefahr, in der ich selbst geschwebt hatte, verschwieg ich jedoch geflissentlich. Während Elischa meine Niedergeschlagenheit mit sorgenvoller Miene aufnahm, aber keinen unmittelbaren Rat wußte, glaubte mein Vater, daß neue Aufgaben geeignet sein könnten, meine Gedanken in andere Bahnen zu lenken.

„Es ist gut, daß Du bald wieder mit Arganton zusammentreffen und gewiß einen vorteilhaften Handel abschließen wirst", entgegnete Acharbas nach langer Überlegung auf meinen Bericht. „Wir werden sofort nach Deiner Rückkehr von dem tartessischen Hafen unser Schiff für eine kurze Handelsfahrt nach Lixos herrichten. So kann ich gleich ein Versprechen einlösen, das ich während Deiner Abwesenheit Bomilkar, dem vormaligen Besitzer unseres Hauses, gegeben habe. Ungünstige Winde hatten das Schiff des Handelsherrn aus Lixos unverhofft nach Gadir verschlagen, ihm jedoch die Möglichkeit verschafft, seinen Freund, den Ratsherrn Jehaumilk zu sehen. In dessen Hause lernte ich Bomilkar kennen. Er lud uns ein, Handel mit ihm zu treiben. Ein eigenes Schiff besitzt er nicht. Aber er hat offenbar zum Hinterland und zu den Orten weiter im Süden gute Kontakte. Vor allem Gold und Elfenbein scheint man in Lixos wohlfeil erwerben zu können, und vielleicht lassen sich noch andere Geschäfte machen, die guten Gewinn versprechen."

Die Idee meines Vaters eröffnete zwar eine gewisse Abwechslung, doch meine Bedrücktheit wich trotzdem nicht von mir. So nickte ich nur und blickte ziellos in die Ferne.

„Man beobachtet hier übrigens mit Sorge, daß immer häufiger phokäische Segler an Tartessiens Küsten erscheinen", redete Acharbas eindringlich auf mich ein, als er sah, daß ich so wenig Interesse zeigte. „Die Phokäer sind geschickte Händler. Wie schon früher die Karthager knüpften auch sie bereits Kontakte zu einigen tartessischen Fürsten und könnten uns ziemlich schnell unsere Geschäfte verderben. So dürfen wir nicht geruhsam zu Hause sitzen, müssen achtgeben, daß wir nicht aus dem Felde geschlagen werden!"

„Ich weiß!" antwortete ich knapp. „Phokäer waren es auch, die eine Niederlassung weit im Nordwesten unseres Meeres gegründet haben. Der Priester Etbal lehrte mich dies schon." Mein Vater war verblüfft. Wir hatten noch nie darüber gesprochen.

„Richtig!" bestätigte Acharbas, und in seinen Augen spiegelte sich Ernst. „Von dort, Massalia nennen die Phokäer wohl den Ort, läßt sich gut Handel treiben mit den Völkern im Norden, bis zu den Zinn-Inseln hin. Aber selbst Kriegsschiffe der Phokäer, Fünfzigruderer, soll man im Westteil des Meeres schon gesehen haben."

Die nächsten Tage erschienen mir unendlich lang, obwohl Elias und Musa allerlei Anstrengungen unternahmen, um mich zu erheitern und ich die köstlichen Speisen genoß, die meine Mutter mit Hilfe Isebels zubereitete.

Endlich kam der Tag, an dem ich den Fürsten in der kleinen tartessischen Siedlung, nicht weit von Gadir, wiedersehen sollte. Die kostbaren Waren hatte ich sorgfältig ausgewählt und am Vorabend des Treffens an Bord unseres Schiffes bringen lassen. So fuhr ich erneut erwartungsvoll zusammen mit dem sprachkundigen Elibaal von Gadir zum Festland hinüber.

„Ich freue mich, Euch zu sehen, Ahab", begrüßte mich Fürst Arganton, als wir unser Schiff am Morgen des vereinbarten Tages in dem kleinen Hafen an der Küste des tartessischen Landes festgemacht hatten und ich behende von Bord sprang. „Die Götter waren Euch bei der letzten Handelsfahrt offenbar wohlgesonnen. Ihr sagtet es mir schon. Was habt Ihr diesmal aus fernen Landen mitgebracht?"

Der Tartessier war zum Hafen heruntergekommen und konnte es kaum erwarten, die Schätze zu betrachten, die noch auf unserem Schiff verborgen lagen.

„Die Götter mögen Euch alle Zeit beschützen, Fürst Arganton!" erwiderte ich. „Die Reise war nicht einfach, und das Meer innerhalb der Säulen des Melkart ist groß. Aber ich denke, daß ich Eure Erwartungen voll erfüllen kann und Ihr sehr zufrieden sein werdet."

Dann gab ich Musa die Anweisung, zusammen mit einigen unserer Männer die in Karthago erworbenen Kostbarkeiten zum Hause des Fürsten zu tragen und dort auszubreiten.

Musa hatte einen sicheren Blick dafür, wie die großen Amphoren, die mit einem schön gearbeiteten Widder-Griff versehenen bronzenen Schöpfkellen aus Etrurien, das edle sidonische Tafelgeschirr, die karthagischen Öl-Lampen, die herrlichen goldenen Halsketten, die geschnitzten Elfenbeinkämme und der ägyptische Stoff auf den bereitgestellten Tischen präsentiert werden mußten, damit sie ohne Umschweife Gefallen finden konnten. Auch diesmal bewirkte die unübertroffene Talentiertheit und Geschicklichkeit unseres Nubiers wahre Wunder, denn als ich mit Fürst Arganton dessen schönes Haus betrat, war dieser sogleich von den Kostbarkeiten begeistert. Sie schmeicheltem seinem

Status, und er wußte, daß die von mir ausgewählten Güter sein Ansehen unter den anderen tartessischen Fürsten deutlich mehren würden.

Sorgfältig und ausgiebig betrachtete Arganton die Kostbarkeiten, stellte zu einzelnen Gegenständen Fragen nach der Herkunft und der Machart. Keine Antwort blieb ich ihm schuldig, und ich legte es darauf an, Arganton einen Begriff vom Reichtum der Städte fern im Osten zu geben. Geduldig gab ich dem tartessischen Fürsten die gewünschten Auskünfte, und dabei vergaß ich auch nicht, den Wert der Handelswaren gehörig zu betonen.

„Ein Talent reinen Goldes, vier Talente Silber, sechs Talente Kupfer und zwölf Talente Zinn biete ich Euch für diese Güter", sagte Arganton schließlich mit einer ausladenden Bewegung seines rechten Armes. „Seid Ihr zufrieden?"

Ich war von diesen Worten überrascht, aber vielleicht hatte Arganton ja aus meinem Verhalten während unseres ersten Zusammentreffens gelernt, daß es wenig sinnvoll war, den Preis zu niedrig anzusetzen. So lächelte der stolze Tartessier, als ich sagte: „Seid unbesorgt, Fürst Arganton, wir Tyrer verlangen nichts Unmögliches für die Kostbarkeiten, die wir aus fernen Ländern holen, auch wenn dies manchmal mit großen Gefahren verbunden ist."

Bei meinen letzten Worten horchte Arganton auf.

„Gefahren? Gab es in Karthago Krieg?" Nun wollte Arganton Näheres darüber wissen. Zehn Tage zuvor, in Sephala, hatte ich nichts davon erwähnt. Aber damals standen andere Dinge im Mittelpunkt, die uns vollends gefangennahmen. Ich schätzte es in diesem Augenblick, wie sehr der Tartessier Anteil an meinem Schicksal nahm. Das kannte ich von anderen Handelspartnern bislang nicht.

In dem bärtigen, prachtvoll geschnittenen Gesicht des Fürsten war jeder Muskel gespannt. Seine Augen richteten sich mit großer Neugier auf mich. Während meine Männer Gold, Silber, Kupfer und Zinn in gut verschnürten Leinensäcken zum Schiff hinuntertrugen, mußte ich Arganton meine Erlebnisse in Karthago schildern. Beeindruckt lauschte er meinen Worten, nickte verständnisvoll, als ich meinen Bericht beendet hatte.

„Ich bin stolz darauf, Euch meinen Freund zu nennen, Ahab!" sagte der Fürst und faßte mich an meine Schultern. „Ihr fürchtet, wie ich, keine Gefahr!"

Der Fürst dachte dabei wohl auch an die gefährliche Situation und die harten Kämpfe, die er selbst erst vor wenigen Tagen überstehen mußte. Jetzt erst betrachtete ich ihn genauer. In sein Gesicht hatten sich tiefe Furchen eingegraben; seine Augen waren müde und schwermütig. Mit seinen breiten Schultern und kraftvollen Armen schien er mir noch größer und erhabener als zuvor.

„Ihr schaut mich so aufmerksam an", bemerkte der Fürst und kniff die Augen ein wenig zusammen, „was kürzlich geschehen ist, hat auch bei mir seine Spuren hinterlassen, nicht wahr?" Ich nickte stumm.

„Auch wer sich am Ende durchsetzt, muß dafür schwer bezahlen. Jeder Waffengang ist ein tiefer Einschnitt. Ich sehne mich nach solchen Geschehnissen nicht. Glaubt mir, Ahab, ich liebe den Frieden meines Hauses und das angenehme Leben mehr als den Schlachtenlärm!"

In dieser Stimmung nahmen wir erneut Abschied voneinander, und einmal mehr lud mich der Fürst ein, bald wieder nach Sephala zu kommen.

4

Nur wenig mehr als einen Tag und eine Nacht brauchten wir dank des guten Windes, der fast beständig aus Norden wehte, dann lagen jene Hügel zu beiden Seiten der Mündung des großen Flusses vor uns, die wie ein Tor den Blick auf das vielleicht dreißig Stadien landeinwärts liegende Lixos und in die weite Ebene freigab. Es war früher Nachmittag. Vorsichtig fuhren wir durch die Brandung in den breiten Fluß hinein, dessen nördliches Ufer bewaldete Hügel säumten.

Am Ende der ersten großen Schleife des träge dahinströmenden Flusses hatten vor langer Zeit tyrische Handelsfahrer eine ausgezeichnete Schiffslände gefunden und auf dem unmittelbar an dieser Seite steil aufragenden, etwa hundertfünfzig Ellen hohen Hügel eine Siedlung gegründet. Dazu hatten sie einen schönen Tempel aus hellen Steinen errichtet, der schon vom Ozean her zu sehen war und der es im Hinblick auf sein Alter mit dem Melkart-Tempel in Gadir aufnehmen konnte, jedoch nicht dessen Berühmtheit erlangte.

Acharbas kannte Lixos noch von seiner Umsegelung Libyens her, denn er hatte dort seine Fahrt zur Meerenge unterbrochen und lange warten müssen, bis günstige Winde die Weiterreise erlaubten.

„Wie harmonisch sich die Siedlung mit ihren großzügigen Häusern an den Hügel schmiegt! Das habe ich vor mehr als zehn Jahren nicht so deutlich wahrgenommen!" bemerkte mein Vater voller Bewunderung, als wir die Mitte der großen Flußschleife erreichten.

Bereits von dort aus war das lebhafte Treiben zwischen dem kleinen Hafen und der Siedlung zu erkennen. Der Hafen beherbergte zwei Schiffe, konnte aber vielleicht die doppelte Anzahl aufnehmen. Daher fanden wir auch für unser Schiff noch einen geeigneten Platz. Überrascht stellten wir fest, daß eines der beiden Schiffe, die bereits im Hafen lagen und soeben beladen wurden, einem alteingesessenen Gaditaner gehörte, der häufig die nördliche Route des Meeres befuhr und erfolgreich Handel mit den Joniern trieb. Das andere Schiff stammte aus Karthago, und der Handelsfahrer verriet uns ohne Zögern, daß er zum ersten Male hier sei und für Gisgo, seinen Herrn, diese Reise unternehme. Wie ich schnell bemerkte, war es jener Handelsfahrer, der vor nicht allzu langer Zeit Baalator und Isebel von Tyros nach Karthago mitgenommen hatte. Ich bedauerte es, daß ich mich nicht weiter mit ihm unterhalten konnte, aber

unsere eigenen Geschäfte duldeten keinen Aufschub.
Mein Vater drängte, Bomilkar aufzusuchen. So ließen wir unsere Mannschaft, wie wir das meistens taten, beim Schiff zurück und wandten uns dem nach Süden sanft abfallenden Hang des Hügels zu.

Gleich am Hafen fragte ich die ersten einheimischen Träger, die ich erblickte, ob sie wüßten, wo der Händler Bomilkar wohne. Die geschäftigen Leute verneinten, doch einer von ihnen entfernte sich, es bei anderen zu erfragen. Er kehrte bald mit einem ärmlich gekleideten jungen Burschen zurück, der sich erbot, uns zum Hause des Bomilkar zu bringen. Ich gab ihm ohne langes Zögern dafür einen kupfernen Armreif, den er freudestrahlend in einen schmutzigen Beutel steckte. Nach wenigen Minuten, die wir in östliche Richtung gingen, führte ein vielleicht sechs Stadien langer, bequemer Weg schräg über den Südhang zur Oberstadt hinauf, die wir in einem weiten Bogen umgehen mußten und durch das nördliche Tor betraten.

Ich staunte über die Fülle schöner Gebäude. Doch suchte ich in Lixos vergeblich die Anmut und erhabene Pracht tyrischer Tempel und Paläste. Die Bauten dort stachen eher dank ihrer herben Schönheit hervor. Aus manchen Häusern tönte angenehm klingende Musik und Gelächter. Die auf dem Plateau des langgestreckten Hügels liegende Oberstadt war von einer mächtigen Mauer umgeben, deren Steine man sorgfältig zubehauen hatte. Am Südhang schmiegten sich die Häuser der Unterstadt fast halbkreisförmig um den Kern der Siedlung. In der Ebene vor dem Hügel, von dessen kaum merkbaren Wellungen sich die dichten Kronen mächtiger Ulmen und Steineichen abhoben, breiteten sich zahlreiche und gut gepflegte Felder aus. Am Ufer des Flusses sah man gelegentlich Reihen schlanker Pappeln.

Die meist dunkelhäutigen Menschen, die uns begegneten, trugen neben schweren Leinensäcken auch lebende Tiere zu den Schiffen. Dabei fielen mir besonders die jungen Äffchen auf. Sie waren in den reichen Städten an den Ufern des Meeres bis nach Sidon und Tyros sehr beliebt, und man konnte sie dort gut verkaufen. Am östlichen Rande von Lixos gab es zudem eine beträchtliche Anzahl von Zelten, in denen jene hellhäutigen und stolzen Menschen lebten, welche die Wege in das Innere des Landes kannten und von denen mein Vater mir schon oft erzählt hatte.

Diese hellhäutigen Menschen waren es, die nach den Schilderungen Bomilkars dafür sorgten, daß die Handelsherren an der Küste Gold, Elfenbein und andere begehrte Güter erhielten, mit denen sie einträgliche Geschäfte machten. Doch nun standen wir vor dem Hause eines dieser erfolgreichen Handelsherren. Es lag an der Südwestecke des Plateaus, und man hatte von hier einen überwältigenden Blick in das untere Tal des nach der Stadt benannten Flusses und auf den in der Ferne zwischen den beiden Hügeln blinkenden Ozean. Von hier aus sah man auch, daß der Fluß nach einem weiten Bogen durch die Ebene erneut bis auf ein Stadion an den Südhang des Hügels herantrat, auf dem wir uns nun befanden.

Bomilkars Überraschung und Freude schien nicht vorgetäuscht zu sein, als mein Vater über die Schwelle des sehr schönen und großen Hauses trat. Ich folgte ihm auf dem Fuße.

„Ich habe nicht zu hoffen gewagt, daß Ihr so bald nach Lixos kommen würdet, Acharbas. Seid willkommen!" rief der Kaufmann erstaunt aus. „Und das ist Euer Sohn Ahab, von dem Ihr mir erzählt habt!" fügte er, auf mich deutend, hinzu. „Seid ebenso willkommen!"

„Es ergab sich gerade eine gute Möglichkeit, die für unsere Gewohnheiten doch recht kurze Reise zu machen", wiegelte mein Vater ab. „Andererseits hattet Ihr mir die Vorzüge von Lixos so eindringlich beschrieben, daß ich neugierig geworden bin. Wie wir sehen konnten, interessieren sich auch die Karthager für die Güter, die man von den Ländern südlich der Meerenge holen kann."

„Es geschieht meines Wissens nicht sehr oft, daß karthagische Schiffe hier anlegen. Die Kunde über die guten Handelsmöglichkeiten außerhalb der Meerenge scheint jedoch auch in Karthago Folgen zu haben", bestätigte Bomilkar beinahe herausfordernd kühl, aber nicht unfreundlich, so als wollte er meinen Vater reizen, seine Aufmerksamkeit dem Handelsplatz Lixos künftig stärker zuzuwenden.

Wir hatten fast unmerklich den langgestreckten Raum hinter der Eingangstür durchschritten und den Innenhof des Hauses erreicht, als eine junge, dunkelhäutige, hochgewachsene Frau von außergewöhnlicher Schönheit uns entgegentrat. Sie strahlte Würde und Stolz aus. Ihr Gang hatte etwas jugendlich Mädchenhaftes bewahrt. Das türkisfarbene Gewand, das der schönen Frau bis zu den Knöcheln reichte, unterstrich noch die Wirkung ihrer dunklen Haut. Um den Hals und an den Handgelenken trug sie herrlich gearbeiteten, glänzenden Goldschmuck.

„Das ist Rana, meine Frau!" sagte Bomilkar schnell und erklärte ihr im gleichen Atemzug, wer wir seien. Freundlich hieß auch sie uns willkommen und fügte hinzu, daß sie für Erfrischungen sorgen werde. Bomilkar dankte seiner Frau mit einem Lächeln, als sie dies angekündigt hatte.

Nachdem Rana wieder im hinteren Teil des Hauses verschwunden war, nahmen wir auf den schön geformten bequemen Steinbänken im Innenhof Platz. „Seid heute abend meine Gäste!" setzte Bomilkar das Gespräch fort. „Eure Mannschaft wird Euch gewiß für einige Stunden entbehren können."

„Ich danke Euch", entgegnete Acharbas. „In der Tat sind unsere Männer an solche Situationen gewöhnt. Es fehlt ihnen an nichts."

Inzwischen hatte die ebenfalls dunkelhäutige Dienerin Ranas erfrischende Getränke gebracht. Bomilkar konnte natürlich nicht wissen, daß die meisten unserer Männer schon lange gemeinsam das Meer befuhren und gut aufeinander eingespielt waren. Im Laufe der Zeit hatten sie viele nützliche Erfahrungen gesammelt und wußten sich auf schwierige Fälle einzustellen. Vor allem unser kenntnisreicher Steuermann Elias und der kluge Musa hatten ein sicheres Gefühl dafür entwickelt, wann Gefahr drohte und auch ohne die Anleitung ihres Herrn gehandelt werden mußte.

„Ihr seid doch sicher nicht ohne Handelswaren nach Lixos gekommen?" Bomilkar war ein typischer Kaufmann.

„Wir sind für einen guten Handel gerüstet", antwortete ich. „An Bord unseres Schiffes haben wir zahlreiche Vasen und Amphoren, schön gearbeitete Schöpfkellen aus Zypern und ägyptisches Tuch geladen."

„Das ist eine geschickte Auswahl", bemerkte unser freundlicher Gastgeber. „Diese Dinge sind hier sehr begehrt und lassen sich teilweise sogar für den Handel mit den Völkern nutzen, die ringsum wohnen. Ich selbst hätte Gold und Elfenbein dafür zu bieten, das aus weit entfernten südlichen Ländern nach Lixos gebracht wird. Vielleicht können wir morgen die Möglichkeit eines Handels näher prüfen?"

Bomilkar schien die Gelegenheit eines Handels mit uns sehr willkommen, und auch mein Vater setzte darin große Hoffnung.

„Ich habe Euch so verstanden, daß man das Gold und Elfenbein auf dem Landweg nach Lixos bringt. Wäre der Seeweg entlang der Küste nicht einfacher und schneller?" wollte ich von Bomilkar wissen.

„Soweit ich das bislang beobachten und aus Berichten der länger hier ansässigen Menschen erfahren konnte, Ahab, wagt sich kaum ein Handelsfahrer über Lixos hinaus nach Süden, obwohl es dort noch mehrere Siedlungen gibt, in denen sich einst Tyrer und Sidonier niedergelassen haben", erwiderte Bomilkar. „Was Euer Vater vollbracht hat, verdient daher umso mehr Bewunderung. Selbst nach Lixos kommen nur wenige Schiffe, doch hoffe ich, daß sich dies ändert. Es gibt hier zudem keinen Handelsfahrer, der ein eigenes Schiff hat, mit dem man den großen Ozean, weit entfernt von der Küste, befahren könnte. Nur etwa vier Tagesreisen südlich von Lixos, in Migdol,[35] bei einer kleinen, direkt vor der Küste liegenden Insel, lebt ein Handelsfahrer tyrischer Herkunft, der ein taugliches Schiff besitzt. Er war vor einem Monat hier und berichtete, daß es zwar leicht sei, die Küste entlang nach Süden zu segeln, aber da die Winde meist aus nördlicher Richtung wehen, sei es sehr mühsam, den Weg zurück nach Norden zu nehmen. Man müsse oft weite Strecken die Männer rudern lassen, wenn man nicht auf günstigen Wind warten wolle. Eurem Vater sage ich damit sicherlich nichts Neues.

Der Handelsfahrer erzählte aber noch andere interessante Geschichten. Es gebe nämlich fünf Tagesreisen südlich von seinem Heimatort, jedoch weiter draußen im großen Ozean, so daß man das Festland nicht mehr sehen könne, eine wunderschöne Inselgruppe. Auch dort lebten Menschen, groß gewachsen, mit heller Haut, hellen Haaren und meist blauen Augen. Gold und Silber hätten die Menschen dort nicht. Doch wachse auf manchen dieser schönen Inseln eine niedrige Pflanze,[36] aus der man einen purpurroten Farbstoff herstellen könne, der sich in ähnlicher Weise wie bei den berühmten Schnecken am Strande von Tyros und Sidon zum Färben von Tuchen verwenden ließe. Beweisen konnte der Mann seine Behauptungen allerdings nicht. Er kündigte jedoch an, erneut zu den Inseln segeln zu wollen."

Während Bomilkar die Schwierigkeit des Segelns entlang der Küste nach Norden erklärte, nickte Acharbas beifällig. Als unser Gastgeber aber die Geschichte über die Inselgruppe im großen Ozean preisgab und von dem Purpur-Farbstoff erzählte, horchten mein Vater und ich gleichermaßen auf. Witterte Bomilkar vielleicht ein Geschäft, das auch für ihn große Gewinne versprach? Wollte er uns gar veranlassen, die Sache in die Hand zu nehmen?

Die Worte Bomilkars verblüfften mich und erregten meine Neugier. Ich fand allein schon den Gedanken faszinierend, die Inselgruppe anzusteuern, zu erkunden und mit Beweisen zurückzukehren. Und wenn sich dabei die Behauptungen über die Pflanze mit den besonderen Eigenschaften als wahr herausstellte – umso besser!

Als der Tag in Bomilkars Haus zu Ende ging, hatten wir nicht nur vieles über das Leben in Lixos und die unbekannten Inseln im großen Ozean erfahren. Ein kühner Gedanke stieg in mir auf, nahm mich gefangen. Unausrottbar setzte sich dieser Gedanke fest, schwebte fortan wie ein bunter Schmetterling vor meinen Augen. Die erstaunlichen Kenntnisse unseres Gastgebers und dessen ungewöhnliche Offenheit regten mich zu einem Wagnis an, das mein weiteres Leben bestimmen sollte.

Zu verwegen waren meine Gedanken, als daß ich sie hätte aussprechen dürfen. Nicht zum erstenmal beschäftigte mich die Frage, was hinter dem gewaltigen Ozean liegen würde. Mochten sich andere mit dem Zauber des Reichtums zufriedengeben. Den größeren Reiz übte zweifellos die Versuchung des Wissens und der Erkenntnis auf mich aus. Dort allein lag der Weg zum Ruhm. Verwirrt hielt ich inne; doch die Gedanken kehrten zurück, bestürzten mich. Mein Ehrgeiz klomm halsbrecherische Pfade hinauf. Doch wenn es gelang, dies kühne Wagnis auszuführen ...!

Acharbas bemerkte meine Unruhe, nachdem Bomilkar so viel von seinem Wissen preisgegeben hatte. So versuchte mein Vater auf dem Weg zurück zu unserem Schiff, die Bedeutung der auch für ihn faszinierenden Neuigkeiten herunterzuspielen. Ich aber war so gefesselt von dem Gedanken an eine Fahrt zu den unbekannten Inseln und den weiteren Möglichkeiten, die sich vielleicht später noch daran knüpfen würden, daß ich die nächtliche Schönheit von Lixos und des im Schein der Fackeln leuchtenden Tempels nur flüchtig wahrnahm.

Die Aussicht auf Ruhm, der Reiz des Neuen und meine schier unstillbare Wißbegier zogen mich in den Bann.
Die Nacht war kalt. Doch bewirkte wohl nicht die Kälte, daß ich lange Zeit nicht den gewohnten Schlaf fand. Die Erzählungen Bomilkars hatten meine innere Unruhe nach den dramatischen Erlebnissen im tartessischen Lande und dem jähen Ende meines Traums noch gesteigert.

Am folgenden Morgen erschien Bomilkar wie versprochen bei unserem Schiff, und wir zeigten ihm die Handelswaren, die wir mitgebracht hatten. Sie gefielen ihm, wenngleich er sein Interesse als erfahrener Kaufmann sehr zurückhaltend äußerte. Nur seine Bewunderung für unser großes und gut gebautes Schiff verbarg er nicht.

Der Handel beanspruchte überraschend viel Zeit, aber mein Vater, der sich der Sache diesmal angenommen hatte, war nicht so leicht zu beeindrucken. Schließlich einigten sich Acharbas und Bomilkar auf drei Talente Gold und die Stoßzähne von sieben Elefanten. Dies war kein schlechter Preis für sechs große Amphoren und zehn Vasen, vier mit herrlich gearbeitetem Schwanen-Griff versehene Schöpfkellen aus Zypern, ein Talent Weihrauch und zwanzig Ellen schönen ägyptischen Tuches, die auf dem Deck unseres Schiffes ausgebreitet lagen.

Nachdem Bomilkar alle diese Kostbarkeiten von einheimischen dunkelhäutigen Trägern zu seinem Haus hatte bringen lassen und das Gold und Elfenbein von denselben Leuten zu unserem Schiff gebracht worden war, nahmen wir Abschied von dem wissensreichen Handelsherrn und versprachen noch einmal, bald mit den hier so begehrten Waren wieder nach Lixos zu kommen. Der Wind schien diesmal günstig zu sein, und so beeilten sich unsere Männer, das Schiff den Fluß hinunter in das offene Meer zu rudern und sodann das Segel zu setzen. Dennoch erreichten wir erst nach zwei Tagen und Nächten Tingis.[37] Von dort brauchten wir noch einen vollen Tag, bis wir unser Schiff glücklich im Hafen von Gadir festmachen konnten.

Sechstes Buch
UNSER FREUND IN MOTYE

1

Mein Vater war sehr zufrieden darüber, wie sich unsere Geschäfte von Gadir aus entwickelten. Hatte er ursprünglich allein an die tartessischen Fürsten gedacht, als es darum ging, die im östlichen Teil des Meeres verlorene Grundlage unseres Lebens zu ersetzen, so eröffnete sich nun über unseren neuen Partner Bomilkar der Zugang nach Lixos und in das Hinterland Libyens mit seinem Gold und Elfenbein. Und vielleicht bildeten die Erzählungen Bomilkars über die Schätze auf der nur wenigen Menschen bekannten Inselgruppe im großen Ozean sogar noch eine ergiebigere Quelle des Reichtums?

Ich war froh, daß Acharbas nach anfänglichem Zögern den Gedanken an eine mit unserer nächsten Reise nach Lixos verbundene Erkundungsfahrt zu diesen Inseln nicht mehr von sich wies. Doch zunächst mußten wir uns um die von Bomilkar gewünschten Handelswaren kümmern und ein gutes Tauschgeschäft mit dem in Lixos erworbenen Elfenbein machen, das wir bei unserer Rückkehr nach Gadir an Bord unseres Schiffes gelassen hatten. Insgeheim hoffte ich, daß mit dem baldigen Aufbruch zu einer weiteren Handelsfahrt nach Karthago auch eine erneute Reise nach Lixos – und vielleicht darüber hinaus – schnell näherrücken würde. Eine seltsame Unruhe hatte mich erfaßt. Mag sein, daß der Tod Tarsias noch immer auf meiner Seele lastete. Nichts hielt mich zudem in Gadir fest, obgleich die Stadt nicht ohne Reize war und ich das tartessische Land längst nicht genügend kannte. Doch drängte es mich nun, zielstrebig den nächsten Schritt zu tun.

„Wäre es nicht günstig, die Segel zu setzen und in Karthago die hier im Westen so begehrten Waren zu holen? Was meinst Du, Vater?" Es war der zweite Tag nach unserer Rückkehr von Lixos. Acharbas und Elischa saßen im Innenhof unseres Hauses und genossen die Nachmittagssonne. Ich hatte mich – zunächst schweigend – zu ihnen gesellt. Dann platzte ich mit meiner Frage heraus.

Acharbas wandte überrascht seinen Kopf, schaute mich nachdenklich und prüfend an. Mir schien, als huschte ein feines Lächeln über seine Züge. Mein Blick wanderte sodann unwillkürlich zu Elischa hin, blieb dort haften. Sie saß wie erstarrt, sah mich ängstlich, fast flehend an. „Was treibt Dich schon nach kurzer Zeit wieder von Gadir fort, Ahab? Suchst Du erneut die Gefahr, der Du beim letzten Mal nur knapp entronnen bist? Deinen Mut und Eifer zu bestätigen, findest Du auch später noch ausreichende Gelegenheit!" Meine Mutter hatte wohl erst im Nachhinein begriffen, wie dramatisch mein Aufenthalt in Karthago verlaufen war, und sie wehrte sich dagegen, daß dies nochmal geschehen sollte.

„Nein, Mutter! Das ist es nicht, was mich bewegt, wenn ich zu einer weiteren Fahrt nach Karthago dränge. Es ist ..."

„Ich finde den Gedanken gar nicht so schlecht, die nächste Handelsfahrt bald zu beginnen", unterbrach mich Acharbas völlig unerwartet. „Man könnte zudem Hanno in Motye aufsuchen. Das Wetter steht dem nicht entgegen, und unsere Partner würden es kaum verstehen, wenn wir zu lange ausblieben. Sie könnten sich vielleicht sogar anders orientieren, und wir hätten das Nachsehen."

Im stillen war ich dankbar, daß Acharbas mich unterbrochen und mir die Begründung für die nächste Reise abgenommen hatte. Doch gleichzeitig sah ich, wie Elischa mit den Tränen kämpfte. Unendlich traurig schaute sie mich an. Es schmerzte mich, daß mein Verhalten sie so sehr bedrückte. Aber was sollte ich machen? Die tieferen Hintergründe für mein Drängen mußte ich selbst vor Acharbas verschweigen.

Ich wunderte mich dennoch über Elischas Strenge und die Heftigkeit, mit der sie meinem Streben widersprach. Lag dies vielleicht daran, daß sie in Gadir keine innere Ruhe, keinen Frieden fand? Grämte sie sich vielleicht noch immer, daß mit unserer Flucht aus Tyros so vieles zerbrochen war? Ich wußte, in ihrem Herzen lehnte sie sich weiterhin gegen Acharbas' Entscheidung auf, und ihre Sehnsucht nach Tyros ließ nicht nach.

„Die Götter haben mich bisher beschützt und alles gelingen lassen. Warum sollten sie mir künftig ihre Gunst entziehen?" fuhr ich zu Elischa gewandt fort. „Du bist immer mißtrauisch, Mutter! Was Dir gefallen soll, muß alle Vorzüge für sich haben. Doch nur selten kann man es so einrichten."

Ich hoffte, sie mit diesen Worten zu beruhigen, aber es glückte mir nicht. Sie schlug ihre Augen nieder, saß wie versteinert da und verbarg ihre Enttäuschung nicht. Ratlos blickte ich zu meinem Vater hinüber. Er überlegte lange, schien eine Idee zu haben, verwarf sie dann wieder. Schließlich räusperte er sich.

„Vielleicht sollte ich nach Karthago und Motye mitkommen."

Ich war überrascht über diesen Sinneswandel, hatte mein Vater doch angekündigt, sich nur noch in Ausnahmefällen auf lange Seereisen zu begeben. Elischa schaute erleichtert zu ihm auf, als sie diese Worte hörte. Aus irgendeinem Grunde glaubte sie, daß mir schon nichts zustoßen würde, wenn Acharbas an Bord war. Lächelnd lehnte sich mein Vater in die weichen Kissen zurück, die seinen Sessel bedeckten.

Am nächsten Morgen ging ich mit Acharbas zu unserem Schiff. Fast vollzählig fanden wir die Mannschaft an Bord. Nur zwei unserer Tyrer und Musa hatten sich auf den nahen Markt begeben. Die Männer nahmen unsere Pläne für eine Handelsfahrt nach Karthago gelassen auf.

„Die Ladung Elfenbein, die sich noch an Bord befindet, werden wir wohl gut verkaufen können", bemerkte mein Vater zu Elias. „Die Männer sollen dazu noch zehn Talente Zinn, sechs Talente Kupfer und sechs Talente Silber aus dem Lagerhaus holen! Ich denke, diese Güter aus Tartessos versprechen einen vorteilhaften Handel. Wir werden jetzt zum Lagerhaus gehen und dort warten." Der Steuermann nickte.

„Für Nahrung und Wasser werde ich wie üblich sorgen", erkärte Elias, als mein Vater schweigend und nachdenklich das Schiff betrachtete.

„Gut", bestätigte Acharbas, „Du kennst ja unsere Gepflogenheiten." Dann gingen wir von Bord und wandten uns jenem Platz am Hafen zu, wo in einem solide gebauten steinernen Hause der größte Teil unserer Handelswaren lagerte. Nach Baalator mußten wir nicht erst suchen. Er wohnte in demselben Ge bäude und schloß sogleich auf. Auch unsere Männer ließen nicht lange auf sich warten. Drei Stunden später waren die Güter sorgfältig in Leinensäcken verpackt und an Bord gebracht.

Am Abend wählte mein Vater schließlich von den in unserem Hause liegenden Kostbarkeiten noch eine herrlich gearbeitete goldene Schale als Geschenk für Hanno aus. Acharbas hatte sich nun endgültig entschlossen, nach Motye mitzukommen. Es drängte ihn dabei nicht nur die Absicht, Hanno für seine Hilfe in Karthago zu danken und dies mit einem würdigen Geschenk auszudrücken. Fast ein halbes Jahr nach unserer kühnen Flucht aus Tyros wollte mein Vater auch Genaueres über die seitherigen Geschehnisse in den Ländern am Ostrand des Meeres erfahren, als jene spärlichen und oft widersprüchlichen Nachrichten, die ihren Weg ins ferne Gadir fanden.

So segelten wir zum zweiten Mal, nachdem wir in Gadir unseren Wohnsitz genommen hatten, vom großen Ozean durch die Meerenge und erreichten am zwanzigsten Tage kurz vor Sonnenuntergang den Hafen von Motye. Als ich mit Acharbas den uns bereits bekannten Weg vom Hafen durch die kleine Handelsstadt zu Hanno gegangen war, stand der freundliche Karthager, der seit vielen Jahren von Motye aus seine Geschäfte betrieb, gerade vor dem Eingang zu seinem Hause.

„Ich bin sehr glücklich, daß ich Euch endlich selbst meinen Dank für Euren Beistand zur Befreiung Ahabs aus den Händen der tyrischen Frevler abstatten kann!" rief mein Vater und umarmte Hanno herzlich. „Nehmt diese goldene Schale als Andenken an meine tiefe Dankbarkeit und Freundschaft!"

Es dauerte eine Weile, bis auch ich unseren Freund in Motye umarmen konnte. Hanno war überwältigt. Tränen der Rührung und Freude traten in seine Augen.

„Die Götter haben es wohl so gewollt", erwiderte Hanno. „Kommt in mein Haus! Ich werde ein Festmahl bereiten lassen, denn die überraschende Ankunft treuer Freunde erlebt man hier nicht alle Tage!" Und nachdem Hanno seinen Dienern, einem ihm sehr ergebenen Arwader und einer jungen Karthagerin, die nötigen Anweisungen erteilt hatte, wandte er sich uns wieder zu und betrachtete mit Kennerblick das von uns mitgebrachte Geschenk.

„Habt Dank für diese prachtvolle Schale, die zweifellos ein großer sidonischer Meister gefertigt hat, Acharbas! Die Götter mögen Euch alle Zeit beschützen!"

„Ich hoffe, Ihr mußtet nach den von Euch in Karthago so trefflich eingeleiteten Maßnahmen gegen Hiram keine Nachteile erleiden!" sagte Acharbas daraufhin. „Ihr lebt schließlich in einer Stadt, die Tyros Tribut zahlt und in der Reichweite tyrischer Königsmacht liegt!"

„Gewiß hätte König Ithobaal Grund, auf Rache gegen mich zu sinnen", entgegnete Hanno, „denn zum einen wies der Rat von Karthago die von Hiram vorgetragene Bitte des tyrischen Königs ab, seinen Kriegszug gegen Babylon zu unterstützen. Zum anderen mußte Hiram auch noch die Schmach hinnehmen, von den Ratsherren Karthagos scharf gerügt zu werden, weil er die Gesetze der Stadt grob mißachtet hatte. Der Gesandte des tyrischen Königs focht zwar erbittert um sein vermeintliches Recht, Euren Sohn auch auf dem Boden einer fremden Stadt zu ergreifen. Er forderte sogar, daß die Karthager dabei Hilfe geben müßten. Doch half die Beredsamkeit des Tyrers nichts. Was durch Hiram geschehen war, konnte nicht übergangen und erst recht nicht gutgeheißen werden. Nicht nur wir, die unmittelbar Betroffenen, auch die den Tyrern Gewogenen im Rat von Karthago mißbilligten die Tat und redeten voll flammender Entrüstung. Die Strenge der karthagischen Gesetze ließ den Ratsherren keinen Raum für eine andere Entscheidung. So kehrte der Gesandte Ithobaals erfolglos und beschämt zugleich nach Tyros zurück."

„Fürchtet Ihr nicht, daß die Tyrer Euch nach dem Leben trachten, zumal sie sicher Euren Aufenthaltsort kennen?" fragte ich, wohl wissend, wie Ithobaal gegen jene vorzugehen pflegte, die sich seinen Plänen entgegenstellten oder ihm sogar schwere Niederlagen bereiteten. „Denkt daran, verehrter Hanno, durch Hiram wäre ich dem tyrischen König beinahe als Beutestück zugefallen!"

„Man muß in diesen unruhigen Zeiten immer auf der Hut sein, Ahab", versuchte Hanno zu beschwichtigen, „aber noch vertraue ich den in Motye lebenden Bewohnern tyrischer Herkunft. Sie halten nichts von König Ithobaals Plänen und entrichten ihm nur jenen Tribut, der vertraglich festgelegt ist. Tyrische Kriegsschiffe wurden hier schon lange nicht mehr gesichtet. Außerdem wird Ithobaal seine Aufmerksamkeit jetzt dem Vorgehen des Königs von Babylon widmen müssen. Vor wenigen Tagen erst brachte ein sidonischer Handelsfahrer die Nachricht mit, daß Nebukadnezar in den vergangenen fünf Monaten ein gewaltiges Heer gesammelt hat und nun die Stadt Jerusalem belagert, um

König Zedekia und die Judäer zu bestrafen. Gleichzeitig hat der Babylonier die Herrscher der Städte an den Ufern des Meeres schriftlich aufgefordert, sich rasch zu unterwerfen, wenn sie nicht das gleiche Schicksal erleiden wollten, das den Judäern nun widerfahre. Ihr seht also, wie es um König Ithobaal und Eure Heimatstadt steht, denn die Judäer werden sich nicht lange gegen die Streitmacht Nebukadnezars halten können, so daß Tyros bald das Ziel der An strengungen des babylonischen Herrschers werden dürfte. Gewiß fühlt König Ithobaal bereits die ersten Schauer der drohenden Gefahr."

„Was dort geschieht, kann nur die Raben und Schakale erfreuen, nicht aber uns!" warf ich ein.

„Ich habe das so kommen sehen. Dem Ansturm der Kriegerscharen Babylons wird auch Tyros nicht lange trotzen können. Was die Götter beschlossen haben, wird sich erfüllen. Kein Mittel gibt es, das Furchtbare noch abzuwenden", murmelte mein Vater gedankenverloren, um dann zu Hanno gewandt fortzufahren: "Gebt trotzdem auf Euch acht! Ithobaal und seine Getreuen sind haßerfüllt, hinterhältig und gefährlich. Niemand weiß, zu welchen schändlichen Taten der tyrische König in seiner verzweifelten Lage fähig ist, und auch eine unverhoffte Gelegenheit zur Rache wird er nicht versäumen! Den Rausch des Hasses auszukosten, wird bald die einzige Freude sein, die dem König der Tyrer bleibt."

Es bereitete Acharbas keine Genugtuung, kein Behagen, als er von dem Freunde hörte, daß eintraf, was er vorausgesehen. So klang eher Bitternis aus seinen Worten.

„Seid meinetwegen unbesorgt, Acharbas!" versicherte Hanno. „Es leben in Motye viele Kaufleute und Handwerker, die wie ich aus Karthago stammen und auf deren Hilfe ich zählen kann."

Acharbas riet jedoch trotz der wohlklingenden Worte unseres Freundes, das Geschehen in Motye stets sorgfältig zu beobachten. Inzwischen lenkte uns der duftende Braten und der herrliche Wein, den die Diener Hannos hereintrugen, von dem ernsten Thema ab, das wir bis dahin mit unserem Freunde besprochen hatten. Lange verweilten wir bei dem üppigen Festmahl und genossen die köstlichen Speisen. Wie oft Hanno den wohlschmeckenden Wein mit einer wundervoll geformten Schöpfkelle aus dem großen silbernen Mischkrug in unsere Becher füllte, kann ich nicht mehr sagen. Nur dunkel erinnerte ich mich am folgenden Morgen an das Angebot unseres Freundes, die gesamte Ladung Elfenbein aufzukaufen, die im Bauche unseres Schiffes lag.

2

Hanno und Acharbas waren längst auf den Beinen, als ich noch schlaftrunken aus dem schönen Raum, in dem uns der Karthager ein bequemes Nachtlager hatte bereiten lassen, nach draußen blinzelte. Die Sonne tauchte den Innenhof des Hauses in ein bizarres Spiel von Licht und Schatten. Schnell erfrischte ich mich mit dem kühlen Quellwasser, das in einer großen Schüssel bereitstand und trat in den Wohnraum, wo Acharbas und Hanno schon lange auf mich zu warten schienen.

„Die jungen Seefahrer neigen heute dazu, ihr halbes Leben auf dem Nachtlager zu verbringen", spottete mein Vater. Ich war ärgerlich. Wie macht er das nur, dachte ich bei mir, so viel zu trinken und dennoch morgens so ausgeruht zu sein!

„Wer weiß, wozu es gut ist, daß mich die Götter mit erquickendem Schlaf verwöhnen!" bemerkte ich und griff nach den süßen Früchten, die in einer schön bemalten Schale lagen.

„Labt Euch nach Herzenslust, Ahab!" begrüßte mich Hanno freundlich. „Ihr werdet Eure Kräfte für die Fahrt nach Karthago brauchen." Dann wandte er sich Acharbas zu.

„Vielleicht brauchen die Jungen mehr Schlaf als die Alten, die darin schon geübter sind."

Hanno redete beinahe so, als sei die Überfahrt nach Karthago ein sehr schwieriges Unterfangen. Gewöhnlich dauerte die Reise nicht länger als zwei Tage und zwei Nächte, wenn der Wind günstig war. Während ich noch darüber nachdachte, was unser Freund mit seinen fürsorglichen Worten bezweckte, kam Acharbas auf das Elfenbein-Geschäft zurück, das Hanno am Vorabend angesprochen hatte. Die offenbar guten Handelskontakte des in Motye lebenden Karthagers zu den Händlern in Syrakus schienen ein vorteilhaftes Geschäft zuzulassen.

Als mein Vater schilderte, welche neuen Handelsmöglichkeiten sich uns von Gadir aus nach Süden eröffneten, horchte der Karthager auf und lächelte fast unmerklich. „Mit einem Teil dessen, was man in den Siedlungen am großen Ozean begehrt, kann ich Euch sofort dienen", kündigte Hanno sichtlich stolz an, nachdem mein Vater seinen Bericht beendet hatte. „Zwölf große jonische Amphoren, sieben herrlich verzierte Silberschalen und zehn prachtvoll bemalte Vasen biete ich Euch für die Ladung Elfenbein."

Acharbas überlegte nicht lange, zumal er daran zweifelte, daß dieser Teil unserer Handelswaren in Karthago auf ebenso großes Interesse stoßen würde. Dort hatte man andere Quellen für das begehrte Elfenbein, die näher lagen. Rasch kamen wir überein, zu Hannos Lagerhaus in der Nähe des Hafens zu gehen und die jonischen Kostbarkeiten in Augenschein zu nehmen. Sie waren tatsächlich so prachtvoll, wie Hanno sie beschrieben hatte. So begaben wir uns von dort zu unserem Schiff, wo Elias und die übrigen Männer auf uns warteten. Dank der kurzen Wege brauchte unsere Mannschaft nur eine Stunde, um das Elfenbein zu entladen und die neue Fracht sorgfältig an Bord zu verstauen.

Es war noch nicht Mittag, als wir von Hanno Abschied nahmen und den meisterlich angelegten Hafen von Motye verließen. Der zunächst herrschende Südostwind zwang uns jedoch, einen weiten Umweg zu machen, ehe wir etwa nach der Hälfte der Strecke auf günstigere Verhältnisse trafen. So erreichten wir Karthago erst am dritten Tage, nachdem die Sonne schon ihren höchsten Stand durchschritten hatte. Argwöhnisch beobachtete ich jeden Winkel, als unsere Männer das Schiff in den Hafen ruderten und an dem einzigen noch freien Platz festmachten. Es herrschte Hochbetrieb, und der Lärm des nahen Marktes drang zu uns herüber.

Unsere Männer konnten es kaum erwarten, das bunte Leben und die Freuden dieser faszinierenden Stadt zu genießen. Wie immer teilte Elias die Mannschaft so auf, daß jeweils genügend Männer zum Schutz des Schiffes an Bord waren. Auch für Wasser und Nahrungsmittel traf unser Steuermann die nötige Vorsorge. Ich aber machte mich zusammen mit meinem Vater auf den Weg zu Malchus, den ich erneut für einen guten Handel zu gewinnen hoffte.

Diesmal hatte ich keinen Blick für die vielen Menschen aus aller Herren Länder und die schönen Karthagerinnen, die uns begegneten. Zielstrebig, aber nicht ohne Sorge, die Orientierung zu verlieren, bahnte ich mir meinen Weg durch das Gewirr enger Gassen und war froh, als ich das Haus des wohlhabenden und einflußreichen karthagischen Handelsherrn auf Anhieb fand. Andernfalls hätte Acharbas sicher nicht mit spöttischen Bemerkungen gespart.

Malchus begrüßte uns mit großer Herzlichkeit, als sein Diener uns eingelassen hatte. Der Handelsherr war allein in dem schönen Hause, da Batbaal, seine junge Frau, für ein paar Tage auf dem Landgut eines Freundes weilte. Er schien sich immer noch in meiner Schuld zu fühlen. „Möget Ihr nie wieder in eine solche Lage kommen, wie Ihr sie hier erleben mußtet, Ahab! Den Göttern sei Dank, daß alles noch einmal gut ausgegangen ist!" rief Malchus aus. „Es ist eine große Freude für mich, Euch kennenzulernen, Acharbas! Seid meine Gäste!"

„Ich danke Euch, Malchus!" erwiderte mein Vater. „Vor allem schulde ich Euch Dank dafür, daß Ihr meinem Sohn in schwieriger Lage beigestanden habt! Ohne Eure Hilfe stünde es jetzt schlecht um uns. So aber können wir wie gewohnt unseren Geschäften nachgehen und jene Geschehnisse aus der Ferne verfolgen, die unsere Heimatstadt nun in Mitleidenschaft ziehen."

„Ihr kennt die neuesten Nachrichten aus Tyros?"

„Wir kommen soeben von Motye. Dort erzählte uns Hanno von dem Auf bruch des gewaltigen babylonischen Heeres gen Jerusalem, von der Belagerung der Stadt und der heraufziehenden Gefahr für Tyros und die anderen Städte am Meere."

„Dies haben auch wir Karthager vernommen. Es gibt zwar auch bei uns einige Leute, die darauf drängen, die lockeren Bande zu den Tyrern wieder enger zu knüpfen und Hilfe nicht zu versagen. Der Rat unserer Stadt bekräftigte dennoch seine Haltung, sich nicht in die Händel des Königs von Tyros mit Nebukadnezar, dem mächtigen Herrscher von Babylon, verwickeln zu lassen, was seinerzeit auch dem Gesandten des Königs, dem uns allen in unliebsamer Erinnerung bleibenden Hiram, angekündigt wurde. Einer unserer Handelsfahrer, der gestern erst von einer Reise nach Paphos, Sidon und Tyros zurückkehrte, berichtete uns, daß König Ithobaal seine Leute in die an Tyros Tribut zahlenden Städte bis nach Sizilien gesandt hat, um zusätzliche Tribute zu fordern und Krieger anzuwerben."

Bei den letzten Worten von Malchus dachte ich sofort an Hanno. Was würde geschehen, wenn die Tyrer auch in Motye ihre Forderungen stellten und nach Hanno suchten? Malchus schien meine Gedanken zu erraten. „Ich hoffe, daß unser Freund Hanno nicht in die Hände der Tyrer fällt, und auch Ihr solltet bei Eurer Rückfahrt auf der Hut sein! Ithobaals Gefolgsleute üben Grausamkeit, auch wenn sie nutzlos ist", meinte unser Gastgeber.

So waren wir gewarnt und hatten im übrigen das erfahren, was wir über die Ereignisse in den Städten und Ländern am östlichen Rande des Meeres wissen wollten. „Und noch etwas fällt mir zu Tyros ein ...", ergänzte Malchus. „Das Antlitz des Alltags ist im Augenblick trotz des drohenden Unheils fast unverändert. Die Waffenschmiede sind mit der Entwicklung bisher sehr zufrieden. Ihre Künste bringen derzeit reichlich Lohn. Noch immer sind in Tyros die Kaufleute zahlreicher als die Sterne am Himmel. Die meisten versteht der König durch Versprechungen ruhig zu halten. Noch haben die Handelsherren den erwarteten Verdienst. Doch kündigt sich tiefgreifender Wandel an. Einige der Städte am Ostrand des Meeres beugten sich bereits stillschweigend Nebukadnezars Wünschen, und wo dies nicht geschah, säten die Sendschreiben des Babyloniers Angst und Uneinigkeit. Banges Fragen geistert bereits umher; Mißmut wächst mit jedem neuen Tag stärker heran, genährt durch düstere Prophezeiungen. Der tyrische König ist jedoch so durchdrungen von seiner eigenen Wahrheit, daß er nichts von alledem zu bemerken scheint. Von den Seeleuten hört man, daß Ithobaal immer häufiger zur Zielscheibe versteckten Spottes und manchmal sogar unverblümter Vorwürfe geworden sei. Vor wenigen Tagen erst erschien ein tyrischer Handelsherr mit seinem Schiff in Karthago. Er nennt sich Andobal und tat hier kund, daß auch er versuchen werde, sein Hab und Gut in Tyros bald zu verkaufen, um sich an einen anderen Ort im Westen zu begeben."

„Der Handelsfahrer ist uns wohlbekannt", bestätigte Acharbas sofort. „Ihr seht daraus, Malchus, daß die Einsicht in die schlimmen Folgen der Entscheidungen Ithobaals zu wachsen scheint. Immer mehr Tyrer werden nun bemerken, daß sich das Netz der Ränke über Ithobaal selbst unaufhaltsam zusammenzieht."

Der Karthager nickte. „Der Tyrer Andobal ist nicht der einzige, von dem wir solche Pläne kennen. Der Verlauf der Ereignisse vermindert offenbar bereits den Anhang des tyrischen Königs. Und gibt es erst Krieg, wird der Glanz von Tyros sehr schnell verblassen."

Mit wacher Aufmerksamkeit verfolgten die Karthager, was an den östlichen Gestaden des Meeres geschah, dachte ich, als Malchus schwieg. Aber bald wandte sich das Interesse unseres Gastgebers den Geschäften zu. Dabei schien es mir, daß Malchus meinen Berichten über Tartessos und den Schilderungen meines Vaters über unsere neuen Handelsmöglichkeiten in Lixos mit einem ganz anderen Verständnis begegnete, als dies sonst bei einem Handelsherrn üblich war. Ich glaubte, daß Karthager wie er insgeheim daran dachten, selbst die Geschäfte zu machen, aus denen wir noch großen Gewinn zogen und von denen auch Tyros durch die Tributzahlungen aus Gadir seinen Vorteil hatte. Zudem lag es für Karthago nahe, die schwierige Situation der Tyrer auszunutzen und den eigenen Einfluß im westlichen Teil des Meeres und über die reichen Städte am großen Ozean auszudehnen.

„Eure Berichte über die Handelsinteressen der Tartessier und anderer Völker außerhalb der Meerenge klingen sehr vielversprechend", stellte Malchus beeindruckt fest. „Wenn Ihr nach Karthago gekommen seid, um jene Handelswaren zu erwerben, die im Westen so begehrt sind, kann ich Euch wahrscheinlich dienlich sein. Ich vermute, Ihr habt zum Tausche den Bauch Eures Schiffes mit Zinn, Kupfer und Silber beladen?"

„So ist es!" antwortete Acharbas. „Gibt es genügend ägyptische Stoffe, schöne Teller, Schalen, Kannen, Öl-Lampen und vielleicht auch fein gearbeiteten Schmuck in Eurem Lagerhaus?"

„Und Wein?" ergänzte ich.

„Alles das müßte nach meiner Kenntnis noch in ausreichender Menge vorhanden sein", bestätigte Malchus. „Wenn Ihr wollt, könnt Ihr Euch morgen zu früher Stunde selbst überzeugen!"

Dies gefiel meinem Vater, und so kamen wir überein, uns am folgenden Morgen beim Lagerhaus wiederzutreffen.

Die Sonne stand noch nicht weit über dem östlichen Horizont, als unsere Männer die schweren Leinensäcke mit Zinn, Kupfer und Silber zum Lagerhaus unseres karthagischen Partners trugen. Wie sich wenig später herausstellte, hatte Malchus erneut seine gute Übersicht bewiesen. Die zehn Talente Zinn, sechs Talente Kupfer und sechs Talente Silber tauschten wir nach ziemlich kurzem Verhandeln gegen vierzig Ellen schönen ägyptischen Stoff, zwanzig Teller, sechs Schalen und vier Kannen aus Zinn, zehn Öl-Lampen aus Bronze, zehn kunstvoll gearbeitete Elfenbeinkämme und fünf herrliche Halsketten aus Gold und Edelsteinen. Zudem trugen unsere Leute sieben große Amphoren mit karthagischem Wein und zwei Talente Weihrauch zu unserem Schiff.

Der wissensreiche und freundliche Karthager entließ uns jedoch erst, nachdem wir ihm versprochen hatten, den Weg zurück nach Gadir über Motye zu nehmen und Hanno vor der drohenden Gefahr zu warnen. Als wir zum Abschied beisammenstanden und unsere Sorge dem Freund in Motye galt, fiel mir erneut jene Frage ein, die ich schon früher stellen wollte. Ich hatte es bereits bei unserem ersten Treffen als sehr ungewöhnlich empfunden, daß es in Hannos Haus keine Herrin gab. Doch wagte ich es nicht, den Handelsherrn zu fragen. Ich dachte mir, daß Malchus, der unseren Freund viel länger kannte, darüber mehr wissen müßte.

„Warum lebt Hanno in Motye allein? Es will zu ihm doch gar nicht passen, daß Frau und Kinder in dem Hause fehlen." Malchus war einen Augenblick verwundert über meine Frage. Er hob seine buschigen dunklen Brauen, schaute mich prüfend an. Ich fürchtete schon, daß meine Frage unpassend wäre. Doch nach einer Weile entschloß er sich, zu reden.

„Ihr beobachtet sehr genau, Ahab", lobte mich der Karthager, „doch habt Ihr recht daran getan, den Freund nicht direkt zu fragen. So blieb ihm weiterer Schmerz erspart." Ich glaubte bereits, der Karthager wolle nicht mehr sagen, weil er innehielt und seufzte. „Auch Hanno hatte einst eine Familie", erklärte Malchus dann weiter. „Nachdem er in Motye ein schönes Haus erworben und gut eingerichtet hatte, sollte Hannos Frau mit ihrem Sohn ebenfalls übersiedeln. Die junge, schöne Karthagerin hatte sich zunächst geweigert, aber dann doch gefügt. Sie begab sich schließlich in Karthago auf ein Schiff, das nach Motye segeln sollte. Es war eines von drei kleinen Schiffen, die gemeinsam die im Grunde ja nicht weite Strecke überbrücken wollten. Sie gerieten jedoch am zweiten Tag ihrer Reise in einen schweren Sturm. Nur eines der drei Schiffe ist in Motye angekommen. Die anderen sind gesunken. Mit Hannos Frau und seinem kleinen Sohn. Das ist nun zehn Jahre her. Unser Freund spricht nicht gern darüber, und selbst ich habe dies nur durch einen Zufall erfahren."

So gingen wir, nachdenklich, von vielen guten Wünschen, aber auch der Sorge des karthagischen Handelsherrn begleitet, zu unserem Schiff. Elias brauchte dank seiner großen Erfahrung nicht lange, die von den Männern herbeigeschafften kostbaren Handelswaren sorgfältig zu verstauen. Ohne Verzögerung verließen wir noch vor Mittag Karthago.

Diesmal schickten uns die Götter günstigen Wind, so daß wir nach zwei Tagesreisen vor den Hafen von Motye gelangten. Ich wollte gerade das Segel herunternehmen lassen, als Abimilk, den ich auf den Mast geschickt hatte, aufgeregt schrie: „Ein Kriegsschiff, Herr! Ein tyrisches Kriegsschiff befindet sich in der Lagune und fährt auf den schmalen Eingang des Hafens zu!"

„Bleib' oben, Abimilk! Wir segeln weiter nach Norden um die Lagune herum!" rief ich zurück. Umsichtig steuerte Elias das Schiff knapp vor der engen Durchfahrt zur Lagune an der weit ins Meer ragenden Landzunge vorbei nach Norden. Ich erinnerte mich daran, daß von dem Nordende der Stadt ein langer Damm zum Festland führte. Von dort nach Westen waren es nur zehn Stadien bis zum Ufer des Meeres. An dieser Stelle, so erläuterte ich Elias und meinem Vater, gedachte ich zu ankern. Von hier aus konnten wir schnell auf das offene Meer fliehen, wenn uns Gefahr drohte. Beide fanden mein Vorgehen sinnvoll.

„Und was machen wir dann?" fragte Acharbas.

„Ich werde zu Hannos Haus eilen, und wenn die Anwesenheit der Tyrer tatsächlich Hanno gilt, werde ich ihn herausholen!" antwortete ich. Unsere Männer hatten meine Worte mitgehört.

Mein Vater schaute mich lange an, aber noch ehe er etwas erwiderte, unterbrach Musa die Stille und sagte, zu meinem Vater gewandt: „Herr, erlaubt mir, Ahab zu begleiten!"

Schweigend und nachdenklich stand Acharbas in der Mitte des Schiffes, während wir uns dem von mir ausgewählten Ankerplatz näherten.

„Es sollte vielleicht noch Schipitbaal, der Sidonier, mitgehen!" warf Elias ein. „Er ist stark und ein ehemaliger Krieger. Er weiß mit Waffen umzugehen und kennt so manche List." In der Tat war Schipitbaal einer der kräftigsten unserer Männer. Schwertnarben schmückten seinen linken Arm. Sein dunkelbraunes Haar verdeckte zumeist ein gelbes Tuch. Wie fast alle Gefährten trug er einen vollen Bart. Etwas Verwegenes war an ihm. Aus seinem edlen Gesicht blickten wache Augen.

„Gut, mag es so gehen!" entgegnete mein Vater endlich. Er wußte selbst keinen anderen Rat.

Bald danach erreichten wir die Stelle, an der ich ankern wollte. Behende nahmen unsere Männer das Segel herunter. Nur eine kurze Strecke, etwa zweihundert Ellen, mußten sie noch rudern, dann war es soweit, daß Musa einen der beiden Anker fallen lassen konnte. Wenige Augenblicke später glitten Musa, Schipitbaal und ich an einem starken Tau in das flache Wasser und gelangten bald auf den felsigen Strand.

3

Wir trugen wie immer unsere Dolche bei uns. Musa und Schipitbaal hatten außerdem an zwei etwa vier Ellen langen Tauen eine mit einem Loch versehene schwere Kugel aus Bronze befestigt. Diese einfache Vorrichtung konnte eine wirksame Waffe sein, wie Schipitbaal uns nun lebhaft erklärte. Geschickt zusammengerollt fielen diese Taue überhaupt nicht auf. Wir folgten einem schmalen Pfad, der zu dem Damm führte, der die inmitten der Lagune liegende kleine Inselstadt Motye mit dem Festland verband.

Auf dem Damm herrschte reges Kommen und Gehen, aber niemand achtete auf uns. Eine Stunde, nachdem wir unser Schiff verlassen hatten, betraten wir die kleine Stadt von Norden her. Angesichts der vielen geschäftigen Menschen, die uns begegneten oder an denen wir vorbeigingen, blieben wir eng zusammen.

Hannos Haus befand sich an der Festlandseite der Insel nicht weit vom Nordende der Stadt in einer Gasse, die quer zum Hauptweg verlief. Nachdem wir diese Gasse ein gutes Stück hinuntergegangen waren, verlangsamten wir unsere Schritte. Vorsichtig näherten wir uns dem Hause des Karthagers und achteten aufmerksam auf die Menschen, die sich ebenfalls in dieser Gasse aufhielten. Doch als wir das Haus erreicht hatten und uns noch einmal umschauten, konnten wir keine Krieger entdecken.

Klopfenden Herzens pochte ich an die schön verzierte Eingangstür und war erleichtert, als Hannos Diener nach kurzer Zeit öffnete. Er erkannte mich sofort, betrachtete aber mißtrauisch meine beiden Begleiter, die dicht hinter mir standen.

„Ist Hanno im Hause?" fragte ich.

Hannos Diener blickte mich verwundert an. „Ja, Herr! Warum fragt Ihr?"

Mit entschlossenem Schritt ging ich an ihm vorbei ins Innere des Hauses. Musa und Schipitbaal folgten, als wäre dies selbstverständlich gewesen.

Ich traf Hanno im Innenhof seines Hauses, wo er, auf einer bequemen Bank sitzend, einen Brief las, dessen Siegel er wohl gerade aufgebrochen hatte. Überrascht sprang er auf. „Ahab! Was führt Euch zu mir?" rief er. „Ist etwas Schlimmes geschehen?"

„Noch nicht!" entgegnete ich knapp. „Ihr seid in großer Gefahr! Ein tyrisches Kriegsschiff ist vor fast zwei Stunden in den Hafen von Motye eingelaufen. Wir haben daher den Hafen gemieden und nordwestlich von hier, außerhalb der Lagune, geankert. Von Malchus wissen wir, daß Hiram seine Leute ausgesandt hat, um zusätzliche Tributzahlungen einzutreiben und Krieger anzuwerben. Wer weiß, vielleicht will der Tyrer auch Rache nehmen!"

Nachdenklich und unschlüssig stand Hanno vor mir.

„Gibt es hier noch einen anderen Ausgang?" fragte ich.

„Nein!" antwortete Hanno verwundert. In diesem Augenblick klopfte jemand mit einem harten Gegenstand an die Eingangstür. Erschreckt wandte ich mich um und blickte in die Gesichter von Musa und Schipitbaal. Wir hatten wohl alle den gleichen Gedanken. Ohne daß ich sie dazu aufforderte, kletterten meine beiden Begleiter über die an der Rückwand des Innenhofes stehende Bank auf das flache Dach des Hauses und postierten sich über dem Durchgang zum großen Wohnraum.

„Sieh' nach, wer da ist!" befahl Hanno seinem Diener.

Kaum hatte der junge Arwader den Riegel gelockert, als die Tür auch schon aufgestoßen wurde und zwei tyrische Krieger ins Haus drängten. Mit einem Fußtritt beförderte einer der beiden Tyrer die Tür ins Schloß. „Wo ist Dein Herr?" herrschte der andere den verängstigten Diener an. Die Krieger hatten nun ihre Schwerter gezückt. Ehe der junge Arwader antworten konnte, schritten die Tyrer durch den großen Wohnraum auf den Innenhof zu, wo sie Hanno und mich bereits erspäht hatten. Der Diener war erstarrt vor Entsetzen und rührte sich nicht.

Mit einem kurzen Blick machte ich Musa und Schipitbaal klar, daß die Krieger gleich in dem Durchgang erscheinen würden.

Als der erste der beiden Tyrer mit dem Schwert in seiner Hand in den Innenhof trat, ließ Musa die an dem Tau befestigte Bronzekugel auf dessen Kopf niedersausen. Schwer stürzte der getroffene Tyrer zu Boden und bewegte sich nicht mehr. Fast in demselben Moment sprang Schipitbaal geschmeidig wie eine Katze vom Dach herunter und stand nun direkt dem zweiten tyrischen Krieger gegenüber. Der glaubte wohl, leichtes Spiel zu haben und schritt mit gezogenem Schwert auf Schipitbaal zu. Der starke Sidonier schwang aber so geschickt sein Tau mit der Bronzekugel, daß er den Tyrer aus dem Gleichgewicht brachte. Dessen Schwert fiel klirrend gegen die steinerne Bank. Inzwischen war auch Musa vom Dach in den Innenhof hinabgesprungen. Flink wie eine Gazelle gelangte er mit wenigen Schritten hinter den strauchelnden Tyrer und versetzte diesem einen solchen Schlag auf den Kopf, daß der Krieger niederstürzte und reglos liegenblieb.

Hanno mußte ich nun nicht mehr überzeugen, daß Hirams Leute ihm nachstellten.

„Die beiden Tyrer können wir hier nicht zurücklassen. Sie werden nach einer Weile wieder zu sich kommen. Wir dürfen sie auch nicht durch die Eingangstür hinaustragen. Das würde Aufsehen erregen!" gab ich zu bedenken.

„Zwischen meinem Haus und dem des Nachbarn gibt es einen nicht überdachten, schmalen Raum, den wir zur Lagerung von mancherlei Dingen nutzen", meinte Hanno, der jetzt seine Fassung wiedergewonnen hatte. So hoben wir die beiden tyrischen Krieger unter großer Anstrengung auf das Dach und ließen sie in den von Hanno bezeichneten Raum vorsichtig zu Boden gleiten.

„Schnell!" sagte ich ungeduldig. „Wir dürfen keine Zeit verlieren. Die Schwerter nehmen wir mit. Wickelt sie in ein Tuch, damit wir in der belebten Stadt nicht auffallen!"

Hannos Diener hatte sich inzwischen von seinem Schreck erholt, kam bald darauf mit einem großen Leinentuch, verbarg die beiden Schwerter darin und übergab sie mir. Sodann befahl Hanno dem Arwader, die Eingangstür zu verriegeln, sobald wir das Haus verlassen hatten, danach unverzüglich über das Dach zu dem eng befreundeten Nachbarn zu gehen und diesem zu berichten, was vorgefallen war. Alles weitere werde sich dann finden.

Gehorsam tat der junge Arwader, was ihm aufgetragen worden war, denn als wir gerade ein kurzes Stück die Gasse zum Hauptweg heraufgegangen waren, sah ich Hannos Diener bereits vom Dach des Hauses springen und anschließend an die Tür des Nachbarn pochen.

Nun beschleunigten wir unsere Schritte, da wir erwarteten, daß man die beiden tyrischen Krieger bald vermissen würde. Wir sprachen kaum miteinander. Dennoch wollte ich von Hanno wissen, ob sich seine Nachbarn um das zurückgelassene Hab und Gut und seine Dienerschaft kümmern würden.

„Sie werden nicht nur das tun!" antwortete Hanno etwas außer Atem. „Da sie die Hintergründe kennen und zudem nicht gut auf die Mächtigen in Tyros zu sprechen sind, werden sie die Bewohner von Motye aufzuwiegeln suchen. Was gerade geschehen ist, wird unsere Leute beflügeln und zu glänzenden Einfällen verhelfen, wenn sie ihrem Drange nachgeben, Ithobaals Männern zu schaden. Für die Krieger auf dem tyrischen Schiff dürfte es bald unangenehm werden. Trotzdem muß ich zugeben, daß ich mit dem Vorgehen Hirams nicht ernsthaft gerechnet habe." Der Karthager grinste. Er dachte wohl an ganz bestimmte Möglichkeiten, schwieg sich aber zunächst dazu aus.

Hannos Worte beruhigten mich, denn so mußte es ihm leichter fallen, für eine gewisse Zeit in Karthago zu bleiben, bis sich die Lage in Motye geklärt hatte und er dort wieder sicher sein konnte. Die Tatsache, daß viele Leute, denen wir begegneten, Hanno freundlich grüßten und ihm verwundert nachschauten, störte mich anfangs. Doch schließlich gewöhnte ich mich daran und dachte, daß dies eigentlich ein gutes Zeichen war.

Nachdem wir ohne Zwischenfälle die Stadt verlassen und den Damm überquert hatten, bogen wir nicht sogleich in westliche Richtung zum Meere hin ab. Wir folgten noch ein Stück dem Weg, der nach Norden auf den weit im Hintergrund liegenden Berg Eryx führte und wandten uns erst im Schutze des Waldes nach Westen, so daß uns niemand mehr sehen konnte.

Eine halbe Stunde später standen wir am Ufer des Meeres und liefen am Strand entlang zu unserem Schiff. Die Männer warfen uns starke Taue zu und zogen uns nacheinander an Bord, wo mein Vater den sichtlich erschöpften, aber dankbaren Karthager herzlich umarmte.

Während Musa den schweren steinernen Anker an Deck hievte und unsere Mannschaft das Schiff in tieferes Wasser ruderte, erzählte ich Acharbas, was geschehen war. Mein Vater grinste, als er die Geschichte hörte. Sofort rief er Musa und Schipitbaal zu sich, nachdem ich meinen Bericht beendet hatte, lobte sie überschwenglich wegen ihrer Kühnheit und versprach ihnen nach der Rückkehr eine würdige Belohnung.

Ich aber ließ nun das Segel setzen, und bald fuhren wir dank des frischen Ostwindes zunächst nach Westen auf das offene Meer hinaus. Die Sonne stand schon ziemlich tief. So durften wir hoffen, daß uns die bald hereinbrechende Dunkelheit erneut vor möglichen Verfolgern schützen würde.

Wie nur wenige Tage zuvor mußten wir auch diesmal einen weiten Bogen nach Westen segeln, ehe wir am nächsten Morgen auf Südkurs gehen konnten. Gegen Mittag des dritten Tages legten wir im Hafen von Karthago an und gaben unseren Männern einmal mehr die Gelegenheit, die Freuden dieser Stadt zu genießen.

Malchus war trotz seiner umfassenden Kenntnis über das Geschehen im östlichen Teil des Meeres höchst erstaunt, uns zusammen mit Hanno so schnell wiederzusehen. Er hatte gerade Mago zu Gast, der uns ebenfalls freundlich begrüßte. Die Ereignisse, die uns in kurzer Zeit erneut nach Karthago führten, waren schnell geschildert, und als Hanno die beiden Schwerter, die wir den Tyrern in Motye abgenommen hatten, dem Leinentuch entnahm, meinte der einflußreiche Handelsherr zu Acharbas und zu mir: „Nun muß ich noch einmal Abbitte leisten. Verzeiht, daß Ihr mit uns Karthagern solche Mühe habt!"

„Aber eigentlich sind es ja die Tyrer, die so große Schwierigkeiten machen!" fügte er nach einer kleinen Pause verschmitzt hinzu.

„In diesem Fall können wir Euch nicht widersprechen!" entgegnete mein Vater. „Für uns ist es eine Genugtuung, daß es uns gelang, das Vorgehen Hirams zu durchkreuzen und Hanno wohlbehalten nach Karthago zu bringen."

„Ich danke Euch, Acharbas. Ihr aber, Hanno, fühlt Euch als Gast in meinem Hause, bis Ihr meint, nach Motye zurückkehren und dort sicher leben zu können!" fuhr Malchus fort. „Vielleicht solltet Ihr die beiden Schwerter unserem Freund Mago übergeben. Er hat gewiß Verwendung dafür!"

So wechselten die Waffen abermals ihren Besitzer. Mago aber, der die Berichte und die anschließende Unterhaltung zunächst schweigend angehört hatte, überraschte uns wie schon bei einer früheren Gelegenheit mit einer Bemerkung, die aus dem Munde eines Karthagers nur selten zu vernehmen war. "Was steht eigentlich aus der Sicht Karthagos dagegen, wenn wir uns stärker als bisher um die Sicherheit und die Interessen der zahlreichen in Motye lebenden Karthager kümmern? Liegt nicht Karthago näher an Motye als die berühmte Stadt Tyros?"

In der beklemmenden Stille, die den Worten Magos folgte, fand Acharbas als erster seine Sprache wieder. „Wollt Ihr damit sagen, Mago, daß Ihr daran denkt, mit Eurer Flotte nach Motye zu segeln und diese Stadt dem Einfluß des tyrischen Königs zu entreißen?"

„Gewiß", entgegnete der wie sein enger Freund Malchus aus alter und angesehener Familie stammende Mago selbstbewußt, „wenn mich der Rat von Karthago mit dieser Aufgabe betraut! Es steht nirgendwo geschrieben, daß der König von Tyros für alle Zeiten jene Handelsstädte beherrschen und von ihnen Tribut erhalten soll, die sehr viel näher an Karthago oder gar vor dessen Toren liegen. Unsere Priester wissen auch nichts von einem Ratschluß der Götter, der Tyros Vorrechte gewährt. Viele Kaufleute und Handelsfahrer Karthagos klagen schon lange darüber, daß ihre Geschäfte leiden und ihr Leben immer häufiger in Gefahr gerät. Seht doch, Acharbas, was unserem Freunde Hanno gerade widerfahren ist! Und müßt Ihr Euch nicht selbst vor dem Zugriff des Herrschers von Tyros fürchten?"

Die Worte Magos beeindruckten meinen Vater, obwohl er kriegerisches Han deln zutiefst verabscheute.

„Eure Ideen, verehrter Mago, verdienten in der Tat größere Beachtung!" meinte Hanno, dem die offenen Worte des karthagischen Kriegsmanns sehr gefielen.

„Ich glaube, so weit sind wir in Karthago noch nicht", warf Malchus ein. Unserem Freund war die Skepsis meines Vaters durchaus nicht entgangen. „Mit den wenigen Kriegern, die wir ständig unterhalten, wären die Vorschläge Magos nicht dauerhaft zu verwirklichen. Und eine deutliche Vergrößerung unserer bewaffneten Streitmacht oder gar einen Krieg werden die meisten Ratsherren von Karthago jetzt nicht befürworten. Aber niemand kennt den morgigen Tag. Vielleicht weist uns die wohl unabwendbare Niederlage der Tyrer gegen die Babylonier und die damit einhergehende Schwächung von Tyros noch ganz andere Wege! Zudem mag es ja sein, daß manche Städte, die schon seit langer Zeit den Tyrern eng verbunden sind, nun die Gelegenheit sehen, die Last der Tribute endlich abzuwerfen."

Ich war sehr überrascht, wie kühl der karthagische Handelsherr über die möglichen Veränderungen der Machtverhältnisse zwischen den Ländern und Städten am Meere philosophierte. Ich erinnerte mich in diesem Augenblick aber auch daran, was mein Lehrer, der weise Melkart-Priester Etbal, mir seinerzeit über die Geschichte von Tyros erzählt hatte. Was ich in dem vergangenen Jahr am eigenen Leibe erfahren mußte und nun im Hause des einflußreichen Karthagers hörte, bestätigte die von Etbal immer wieder betonte Erkenntnis, daß Machtgier und Neid ganz wesentlich das Handeln der Menschen bestimmen.

„Meint Ihr, daß sich die Babylonier schon bald mit ihren Eroberungen zufriedengeben werden? Wird nicht jeder erschlagene Gegner, jede erstürmte Mauer, jede besiegte Stadt das Selbstgefühl des Königs steigern und immer größeres Begehren wecken? Fürchtet Ihr denn nicht, schließlich auch dem König von Babylon untertan zu werden, wenn dieser erst Jerusalem zerstört, Ägypten seinem Reich einverleibt, Tyros besiegt hat und danach von allen einst den Tyrern tributpflichtigen Handelsstädten die Unterwerfung fordert?" fragte ich Malchus und Mago gleichermaßen. Es reizte mich, zu erfahren, wie weit die Überlegungen der beiden Karthager reichten und wie fest der Boden war, auf dem die machtbewußteren unter den Herren Karthagos künftig zu handeln hofften.

Meine Frage verblüffte selbst Acharbas, aber ich genoß es vor allem, die so stolz und kühl auftretenden Karthager sprachlos zu sehen. Doch zu meinem Erstaunen dauerte die Sprachlosigkeit nicht lange.

„Ohne eine starke Kriegsflotte wird der König von Babylon ein solches Vorhaben, wie Ihr es unterstellt, Ahab, nicht wagen!" erwiderte Malchus lächelnd. „Sollte er jedoch beschließen, eine Kriegsflotte bauen zu lassen, wird Karthago ausreichend Zeit haben, sich darauf vorzubereiten. Dann würde sich in Karthago auch die Stimmung ändern. Ich erwarte aber nicht, daß Nebukadnezar auf diese Weise vorgehen wird. Seine Kriegszüge dürften viel Kraft kosten, und auch nach seinem Sieg wird er große Mühe haben, das gewaltige Reich zusammenzuhalten. Im übrigen wird jeder Sieg die jetzt schon zahlreichen Feinde Nebukadnezars vermehren. Nein, Ahab! Für uns sehe ich zur Zeit keine Gefahr. Vermutlich wird sich der König von Babylon mit uns arrangieren und dafür im Westen den Rücken frei bekommen, wenn er woanders Krieg führen muß. Wir Karthager werden also ruhig abwarten und die Früchte einsammeln, die andere in ihrer Verblendung vom Baum geschüttelt haben!"

So wurde ich ein weiteres Mal und deutlicher als je zuvor darauf hingewiesen, daß selbst der einflußreiche Karthager, der dem kriegerischen Handeln wenig Sympathie entgegenbrachte, sein Verhalten trotz aller Freundlichkeit sehr machtbewußt und kühl berechnend auszurichten pflegte. Hellwach lauerte man in Karthago auf die Fehler der anderen und wartete geduldig, bis sie sich eine Blöße gaben, um dann unerbittlich zuzuschlagen. Dennoch störte der tiefe Ernst unserer Gespräche die angenehme Atmosphäre nicht. Noch lange saßen wir an diesem Tage in dem herrlichen Garten unter schattenspendenden Bäumen beisammen und ließen uns von den Dienern des reichen karthagischen Handelsherrn mit erfrischenden Getränken und köstlichen Speisen verwöhnen.

Wir wollten schon, weil der Abend nahte, den freundlichen Karthager verlassen, als ein numidischer Krieger im Hause eintraf und Mago, seinen Herrn, dringend zu sprechen wünschte. Er wurde sofort hereingeführt. Außer Atem noch vom schnellen Lauf, berichtete der Bote, daß ein tyrisches Kriegsschiff wenige Stadien südlich vom Hafen auf den flachen Strand aufgelaufen war. Nur zwei Lebende seien an Bord. Die aber redeten wirres Zeug. Wir schauten uns alle verwundert an. Hanno wurde zunächst bleich. Dann schmunzelte er. „Vielleicht sind es die Tyrer, die mir in Motye nach dem Leben trachteten und schließlich den versuchten Frevel büßten?"

„Von Motye redete der Tyrer auch, Herr!" bemerkte der Numider.

Ungläubig blickte ich meinen Vater an. Sollten uns Hirams Leute doch von Motye aus verfolgt haben? dachte ich bei mir. Dann wandte ich mich erneut dem karthagischen Kriegsmann zu. Mago überlegte, strich mit der Rechten über seinen dichten Bart. „Wieviele bewaffnete Männer von uns sind bei dem Schiff?" fragte er scharf, aber nicht laut.

„Zehn, Herr! Und eines unserer Schiffe ist zu der Stelle unterwegs."

„Gut! ... Ich komme gleich mit." Mago erhob sich, gürtete sein Schwert um, dankte Malchus für die großzügige Gastfreundschaft und schickte sich an, zu gehen. Als er sah, daß auch Acharbas und ich Abschied von Malchus und Hanno nehmen wollten, las er den Wunsch in unseren Augen. „Wollt Ihr mich begleiten?" Der Kriegsmann lächelte verständnisvoll.

„Gern!" antwortete ich, nachdem ich gesehen hatte, daß Acharbas meine Neugier teilte.

So verließen wir Malchus und seinen unerwarteten Gast aus Motye.

Nur eine Stunde später erreichten wir die Stelle, an der das schlanke tyrische Schiff mit seinem Vorderteil auf dem Strande lag. Das Segel war nicht vollständig geborgen worden. Es bedeckte einen Teil der Planken und hob sich gelegentlich im kräftigen Seewind. Nicht weit von dem fremden Segler entfernt ankerte ein karthagisches Kriegsschiff im flachen Wasser. Die Mannschaft war an Bord geblieben. Nur der Steuermann befand sich an Land bei den Numidern und wartete auf weitere Befehle seines Herrn.

Magos Krieger hatten auf dem sandigen Ufer ein Lager aufgeschlagen und Feuer angezündet. Vier von ihnen beobachteten aufmerksam das fremde Schiff und den Strand unmittelbar davor. Die beiden Tyrer, der eine wohl vierzig, der andere vielleicht zwanzig Jahre alt, saßen bei den übrigen Numidern. Sie labten sich an Datteln, Brot und Wasser. Auf ihren Gesichtern spiegelte sich jedoch Angst.

„Dann erzählt noch einmal, was geschehen ist!" befahl Mago mit finsterer Miene, nachdem der Anführer seiner Numider ihm kurz berichtet hatte.

„Ich bin Mutumbal, Steuermann auf diesem Schiff, Herr!" begann der ältere der beiden Tyrer. Seine Stimme zitterte. „Wir waren in Motye, um in der reichen Handelsstadt Tribut einzufordern und Krieger für König Ithobaal zu werben. Die Ratsherren der Stadt versprachen zunächst Atarbas, dem Führer unserer Gesandtschaft, eine angemessene Menge Goldes selbst einzusammeln und auch geeignete Kämpfer für den tyrischen König zu werben. Sie baten jedoch um vierzehn Tage Zeit und kündigten an, die verlangte Hilfe mit einem eigenen Schiff nach Tyros hinzubringen. Dies wurde ihnen großzügig gewährt. Alles schien gut zu laufen. Doch dann vermißten wir zwei unserer Krieger. Unsere Leute fanden sie schließlich schwer verletzt und bewußtlos zwischen zwei Häusern liegen und trugen sie auf das Schiff. Atarbas forderte Rechenschaft, doch erreichte er nicht viel, denn inzwischen war die Stimmung der Motyer völlig umgeschlagen. Wohl an die hundert wütende, mit schweren Steinen und Knüppeln bewaffnete Männer umstellten uns und drohten uns zu steinigen. Dies wäre ihnen gewiß sehr leicht gefallen, denn der Hafen ist auf allen Seiten von steinernen Kais umgeben und nur durch einen schmalen Kanal mit dem Meer verbunden. Im letzten Augenblick gelang es einem der Ratsherrn, zu vermitteln. Er forderte Atarbas auf, sofort mit seinem Schiff den Hafen zu verlassen und bot an, die Mannschaft mit ausreichend Nahrung und Wasser zu versorgen und den Zwischenfall zu klären. Atarbas hatte keine Wahl, nahm das Angebot an, denn die Motyer drohten noch immer. In der bereits anbrechenden Dunkelheit wurden von eilig herbeigerufenen kräftigen Trägern zwölf gewaltige Krüge und zwei große geflochtene Körbe an Bord gebracht. Es blieb uns nicht die Zeit, das Geschenk der Motyer zu prüfen. Alsbald ruderten unsere Leute das Schiff aus dem Hafen. Außerhalb der Lagune ließ ich das Segel setzen. Der Wind trieb uns in rascher Fahrt nach Südwesten, doch hofften wir darauf, daß sich dies ändern würde, denn unsere Absicht war es, ohne Umweg nach Tyros zurückzukehren. Längst herrschte Nacht, und der volle Mond bot fahles Licht, als Atarbas befahl, Nahrung und Wasser zu verteilen. Zwei unserer Männer hoben den ersten der gefüllten Krüge an. Da stürzten die geflochtenen Körbe um. Deren Deckel öffneten sich, und ..." Mutumbal schluckte, konnte nicht mehr weiterreden. Obgleich von stämmiger Gestalt, wirkte der Tyrer nun zerbrechlich. Dunkelgrau, zerzaust und schmutzig Bart und Haar, grau und sorgenvoll sein Gesicht. Auch sein jüngerer Gefährte wurde nun blaß und rang nach Luft. Seine Augen flackerten.

„Und ... was?" Mago sah den Tyrer ungeduldig an.

„Giftschlangen, Herr! Giftschlangen kamen aus den beiden Körben. Viele! Gewiß an die fünfzig! Und sicher sind noch welche an Bord!" Der Tyrer schüttelte sich. Mago verzog seinen Mund fast unmerklich zu einem feinen Lächeln, schaute zu Acharbas, dann zu mir.

„Ich wußte gar nicht, daß die Motyer solche Geschenke machen. Reichlich kühn!"

„Und weiter?" Streng wandte sich der Karthager erneut dem Steuermann des tyrischen Schiffes zu. Der Tyrer zitterte, begann aber wieder zu reden.

„Ehe wir uns versahen, hatten sich die Schlangen auf dem Schiff verteilt. Beim schwachen Licht des Mondes waren sie kaum zu entdecken. Die Männer schrien und sprangen wild durcheinander, schlugen mit ihren Schwertern zu. Zwei der Krieger gerieten bei dem Kampf zu nahe an den Rand der Planken, strauchelten und stürzten über Bord. Die übrigen bemühten sich weiter, der tödlichen Gefahr zu entkommen. Doch einen nach dem anderen bissen die furchtbaren Schlangen. Ihr Gift wirkte schnell. Bereits nach kurzer Zeit wanden sich die ersten unserer Männer in Todeskrämpfen. Auch Atarbas, der nahe beim Mastbaum stand, blieb nicht verschont. Ich selbst befand mich am Steuerruder, rettete mich durch einen Sprung auf den hölzernen Kasten, den wir zur Aufbewahrung von Waffen nutzten. Mein jüngerer Gefährte kletterte auf den Mast, band sich mit einem Tau dort fest und kam erst bei Tageslicht wieder herunter. Im Laufe des Morgens starben die letzten unserer Männer unter unsäglichen Qualen. Sie liegen allesamt noch auf dem Schiff. Mit einem der langen Ruder erschlug mein Gefährte noch einige der Schlangen, die in die Nähe unseres erhöhten Platzes kamen. Von dort wagten wir uns selbst am Tage nur wenige Schritte hinweg. Das Steuerruder und das Segel bediente ich mit Tauen, die ich befestigen und zu dem uns schützenden Kasten führen konnte. Der kräftige Nordostwind trieb unser Schiff nach Karthago. An schwierige Manöver war jedoch nicht zu denken. So hielt ich geradewegs auf das flache Ufer zu, und als sich das Schiff auf dem Strand zur Seite neigte, sprangen wir rasch von Bord. Dort fanden uns bald Eure Männer."

Der Tyrer seufzte, blickte erwartungsvoll in die Runde der karthagischen Krieger. Die schwiegen und warteten auf die Befehle ihres Herrn. Mago aber verschränkte seine Arme auf der Brust, als der Tyrer seinen Bericht beendete.

Hochgewachsen, breitschultrig, muskulös, wirkte allein schon die Gestalt des Kriegsmanns furchteinflößend. Grimmig schaute der Karthager den Steuermann des tyrischen Seglers an. In seinen großen Augen lauerte der Tod.

„Und sonst hast Du uns nichts zu sagen?" Magos Worte klangen streng und unerbittlich. Mutumbal sah unsicher hinüber zu seinem jüngeren Gefährten. Doch erntete er von ihm nur einen ängstlichen Blick.

„Nein, Herr! Das ... das ist alles!" Der Tyrer zitterte, ahnte wohl, was nun folgen würde.

„Und Du – weißt auch nichts?" wandte sich Mago mit einer Mischung aus Wut und Spott in der Stimme an den jüngeren der beiden Tyrer. Der blickte hilfesuchend, flehend auf seinen Steuermann, doch wagte er es nicht, zu reden. Mago wurde nun ungeduldig. Die Adern auf seiner Stirn traten dick hervor. In seinen Augen blitzte Zorn. Es bereitete ihm sichtlich Mühe, sich zu beherrschen. Dann zeigte er mit der Linken quer über die Bucht nach Westen. Über den Hügeln Karthagos berührte die Sonne bereits den Horizont.

„Eure Zeit ist kurz bemessen. Bevor die Sonne den Tageslauf vollendet, werdet ihr mir sagen, was ihr bisher verschwiegen habt!" Die Stimme des Karthagers klang scharf und ließ keinen Raum für Zweifel. Die beiden Tyrer erstarrten vor Schreck. Doch immer noch kam kein Wort davon über ihre Lippen, was sie nach unserer Meinung wissen mußten. Fast unmerklich gab

Mago seinen Leuten ein Zeichen. Zwei der Numider packten daraufhin den Steuermann, hielten seine Arme nach hinten. Einer der Krieger zog seinen Dolch und setzte ihn dem Tyrer an die Kehle.

„Du glaubst wohl, wir Karthager seien mit der halben Wahrheit zufrieden? Wir kennen die Motyer als friedliche Handelsleute. Sie zürnen oder drohen niemandem ohne Grund. Also! Wen wollten eure Krieger entführen oder gar töten, bevor sie selbst zu Schaden kamen? Hanno, den Karthager, nicht wahr? Antworte!" Während Mago sprach, drang der Dolch des Numiders ein wenig in des Tyrers Kehle, wurde erneut zurückgezogen. Der Steuermann schluckte. Seine Augen waren weit geöffnet, das Gesicht in Schweiß gebadet. Von der Kehle über die entblößte Brust bildete sich langsam ein schmales Rinnsal Blut.

„Wir waren es nicht, Herr! Verschont uns! Hiram gab den Befehl, und Atarbas schickte zwei Krieger in die Stadt!" Verzweifelt kämpfte Mutumbal nun um sein Leben. Er hatte erkannt, das Mago bereits alles zu wissen schien. Der Karthager bewegte unwirsch seinen rechten Arm. Sofort ließen die Numider den Steuermann des Seglers los und traten zur Seite. Gebrochen stürzte der Tyrer auf die Knie, griff mit der linken Hand an seinen Hals. Blut tropfte herab und färbte den Sand vor ihm rot.

„Wir waren es nicht, Herr! Verschont uns!" Sein Flehen ging in den scharfen Befehlen Magos unter.

„Führt die beiden ab! Sie werden hinfort als Rudersklaven auf unseren Schiffen ihr Leben fristen! Das tyrische Schiff zieht hinaus ins tiefe Wasser und setzt es in Brand! Nichts darf davon übrigbleiben! Über das, was hier geschieht, verbiete ich euch, jemals zu reden! Wer dennoch spricht, dem lasse ich die Zunge ausreißen, und danach wird ihm ein langsamer Tod beschieden sein!"

Die Sonne verschwand gerade hinter den Hügeln, als man die beiden Tyrer in Ketten legte. Sodann brachten die Numider ein starkes Tau am Heck des fremden Seglers an und befestigten das freie Ende an dem karthagischen Kriegsschiff, das inzwischen näher herangekommen war. Die Männer an Bord legten sich mächtig in die Riemen, bekamen das tyrische Schiff jedoch erst vom Ufer frei, als ihnen die Numider zu Hilfe eilten und mit aller Kraft den aufgelaufenen Segler schoben. Mit Mago und seinen Kriegern verharrten wir noch lange auf dem leeren Strand, sprachen über den ereignisreichen Tag und bewunderten die Kühnheit der Motyer. Es war bereits dunkel, als etwa fünfzehn Stadien nordöstlich auf dem offenen Meere ein gewaltiges Feuer auflohderte. So fand das frevelhafte Unternehmen gegen unseren Freund in Motye sein verdientes Ende.

Wie Mago mit den unglücklichen Tyrern umging, ließ mich gleichwohl erschaudern. Doch lenkte nicht nur Zorn das Handeln des Karthagers. Er sah darin die einzige sichere Möglichkeit, eine Strafexpedition Ithobaals gegen die Motyer zu verhindern. Der König würde gewiß zunächst vermuten, daß seine

139

Leute in einem Sturm umgekommen seien. Und später – nach der von allen erwarteten Niederlage und Schwächung der berühmten Stadt – erledigte sich die Frage schon von selbst. Beeindruckt von seiner Härte und Unerbittlichkeit nahmen wir danach Abschied von Mago und begaben uns zu unserem Schiff.

4

Der nächste Morgen sah uns schon früh auf den Beinen. Selbst die Möwen hatten ihre Schlafplätze noch nicht verlassen. Diesmal wollte ich mich nicht von Acharbas übertrumpfen lassen und war unter den ersten, die sich für die Reise erfrischten und stärkten. Mein Vater nahm es gelassen hin, daß er keinen Anlaß fand, mir den Spiegel vorzuhalten. Während der angenehmen Stunden im Hause des Malchus war ihm gelegentlich der Stolz anzumerken, wenn ich mit dem weit älteren, erfahrenen und mächtigen karthagischen Handelsherrn verständig redete und ihn durch meine Kenntnisse in Erstaunen setzte.

Inzwischen verließ sich Acharbas auch auf meine Fähigkeiten als Seefahrer und mischte sich nicht ein, wenn ich Anweisungen an unsere Mannschaft gab. So verwunderte es niemanden, daß ich an diesem Morgen unsere Männer bald zur Eile trieb und mein Vater schweigend zuschaute. Mir war sogleich der aus Südosten wehende Wind aufgefallen, und ich gedachte, diese außergewöhnlich günstige Situation zu nutzen. Sie gestattete uns nämlich, dicht unter der Küste des karthagischen Landes Kurs auf Sulcis zu nehmen. So verringerte sich für uns die Gefahr, tyrischen Kriegsschiffen zu begegnen.

Wie immer hatte Elias bereits am Vorabend dafür gesorgt, daß reichlich Nahrung, Wasser und Feuerholz an Bord war. Daher verließen wir den Hafen von Karthago schon zu früher Stunde und kamen dank des kräftigen Windes, den uns die Götter schickten, rasch voran. Erst nachdem wir die Küste des karthagischen Landes weit hinter uns gelassen und das offene Meer erreicht hatten, wich meine Besorgnis, daß wir tyrischen Kriegsschiffen in die Hände fallen könnten. Während der ausgiebigen und interessanten Gespräche mit Malchus und Mago über das kriegerische Geschehen am östlichen Rand des Meeres und dessen weitreichende Folgen war es mir zwar mehrfach in den Sinn gekommen, die Karthager um Beistand zu bitten, solange wir uns in ihrer Nähe befanden. Ich ließ den Gedanken jedoch bald wieder fallen, als immer klarer wurde, wie vorsichtig, selbstbezogen und berechnend die Karthager handelten und wie begrenzt ihre Möglichkeiten waren.

Vermutlich hätte sogar der sonst so handlungsbereite Mago ein derartiges Ansinnen abgelehnt, wenngleich manche Worte Magos, aber auch des einflußreichen Malchus darauf hindeuteten, daß mindestens ein Teil der Mächtigen Karthagos unzufrieden war und nach Veränderung trachtete. Was die Karthager über die Länder und Städte dachten und manchmal recht offen preisgaben, ließ mich selbst während unserer ruhigen und ereignislosen Fahrt nach Sulcis nicht los. Ruhig und innerlich frohlockend schauten sie zu, wie sich das Netz um Tyros unaufhaltsam zusammenzog. Und sicherlich rührten sie keine Hand, wenn die stolze und berühmte Stadt, die Beherrscherin des Meeres, an selbst geschlagenen Wunden verblutete. Eine einfache Lehre war dies! Sie erleichterte den Karthagern das Leben, warf ein bezeichnendes Licht auf ihre Herrschaftskunst. Uns aber, die einstmals Tyrer waren, bot sie keine Freude.

Auch die Handlungsweise Magos gegenüber den Überlebenden des tyrischen Seglers am Abend vor unserer Abreise aus Karthago beschäftigte mich noch immer. Der Kriegsmann mußte sich offenbar sehr sicher fühlen und die Erwartung hegen, daß die Tyrer niemals erführen, was mit ihren Männern und dem Schiff geschehen war. Oder glaubte Mago, daß die Tyrer nach dem Kampf mit dem König von Babylon gar nicht mehr die Macht haben würden, Rechenschaft von ihm zu fordern?

Immer wieder kehrten die Erlebnisse, die Bilder von Tartessien, von Motye und Karthago während der langen Reise zu mir zurück. Selbst das nach zwölf Tagen einsetzende schlechte Wetter lenkte mich nur selten auf andere Dinge hin. So werde ich den feuchten und sehr kühlen Morgen nicht vergessen, der dem Wetterumschlag folgte. Die Führung des Schiffes lag in meinen Händen. Es regnete schon seit Stunden, und mein wollener Umhang war triefend naß. Nur unvollkommen hielt er die Kälte von mir ab. Ich trank hastig einen Becher Wein, und bald spürte ich eine wohlige Wärme in mir aufsteigen.

Als ich danach wieder sinnend am Bug unseres sanft durch die Wellen gleitenden Schiffes stand und Acharbas mich besorgt fragte, welche Gedanken mich denn so fesselten, war mein Vater sehr erstaunt, von mir zu hören, daß ich die Worte Magos und des freundlichen Handelsherrn nicht vergessen könnte.

Acharbas hatte wohl eine ganz andere Antwort erwartet. Doch wenn er glaubte, mein Schmerz über den Tod Tarsias sei nun überwunden, so irrte er.

„Du hast gewiß bemerkt, daß die Tage der tyrischen Herrschaft über Motye gezählt sind", stellte Acharbas fest. „Die Karthager scheinen sich zwar noch nicht einig zu sein, wann und auf welche Weise sie die Herrschaft über diese Handelsstadt übernehmen sollen, aber ihre Begierden weisen klar in diese Richtung. So ist es von großem Vorteil, daß wir gute Handelsbeziehungen zu Karthago aufgebaut und uns die Freundschaft einflußreicher Familien gesichert haben."

„Den Worten Magos war aber noch mehr zu entnehmen, Vater!" entgegnete ich selbstbewußt. „Er dachte offenbar nicht nur an Motye, als er von der Ausdehnung karthagischer Macht sprach. Ich schreibe es nicht seinem ungestümen kriegerischen Wesen zu, wenn er die Herrschaft über alle tyrischen Niederlassungen beansprucht, die im Zentrum des Meeres und im fernen Westen liegen. Auch Malchus hat diesen Anspruch Karthagos bejaht, wenngleich er seine Gedanken in mildere Worte kleidete und auf die begrenzten Mittel der Karthager wies! Eine gänzlich kriegerische Haltung scheint jedoch zur Zeit nicht geeignet, sich unter den übrigen Handelsherren beliebt zu machen."

„Du hast in der Tat sehr genau zugehört", meinte Acharbas daraufhin. „Gewiß wird nach Jerusalems Fall auch unsere unglückliche Heimatstadt bald von Seufzern und Stöhnen, von Kampfgeschrei und stürzenden Mauerwerken widerhallen. Ihr Glanz bleibt dann nur in unserer Erinnerung. Allerdings werden noch viele Tage kommen und gehen, bis die Karthager ihre Herrschaft so weit ausgedehnt haben, daß man in Gadir etwas davon spürt."

„Und wenn Gadir seinen Tribut dereinst an Karthago entrichten muß, wird dies für uns keinen großen Unterschied machen", ergänzte ich. „Wichtig bleibt, daß wir ungestört unseren Geschäften nachgehen können."

Mein Vater nickte zustimmend.

„Ich habe lange über eine Fahrt zu den Inseln im großen Ozean nachgedacht, die Bomilkar uns so nachdrücklich empfohlen hat", sagte Acharbas plötzlich. „Ob er die Wahrheit sprach?"

„Schwer zu sagen, was von seinen Worten richtig ist und was falsch", erwiderte ich zögernd, „aber ..."

„Aber?"

„Aber ich glaube, Bomilkar hat uns einen Wink gegeben. Im übrigen: Warum sollte er das behaupten, wenn es nicht wahr wäre?"

„Das denke ich jetzt auch", meinte Acharbas. „Es wäre schon interessant, selbst vor Ort zu erfahren, ob die von ihm erwähnte Pflanze, die es dort geben soll, tatsächlich als ein neues Handelsgut geeignet ist, aus dem wir Gewinn ziehen können. Allzu weit von dem Festland werden diese Inseln wohl nicht liegen, wenn es bereits anderen Seefahrern gelungen ist, dorthin zu segeln und wieder zurückzukehren. Wenn wir unsere nächste Handelsfahrt nach Lixos so anlegen, daß wir zuerst zu den Inseln im Ozean und von dort gleichsam auf dem Rückweg die Küste des Festlands ansteuern, müssen wir allerdings sehr viel mehr Nahrung, Wasser und Feuerholz an Bord nehmen, als wir dies jemals zuvor nötig hatten."

Meine Freude war sehr groß, als ich diese Worte hörte, zeigten sie mir doch, daß sich mein Vater nach anfänglichem Zögern endgültig dazu durchgerungen hatte, der Anregung Bomilkars zu folgen.

„Bomilkar erwähnte, daß die Inselgruppe fünf Tagesreisen von Migdol entfernt im Ozean liegt", nahm ich den Gedanken meines Vaters auf. „Dies würde bedeuten, daß wir von Gadir aus wahrscheinlich zehn Tagesreisen brauchen werden, um die Inseln zu erreichen."

„Das könnte sein", bestätigte Acharbas, „wenn man stetigen Wind aus Nordost hat."

„Wie weit erstreckt sich denn der große Ozean nach Westen hin?" wollte ich nun von meinem Vater wissen.

„Das kann niemand mit Gewißheit sagen, Ahab", erwiderte Acharbas. „Einige Leute glauben, daß jene Seefahrer, die sich zu weit nach Westen wagten und nicht mehr wiederkehrten, vom Meer verschlungen wurden. In den alten Büchern Ägyptens soll aber geschrieben stehen, daß sich die Meere durch ihre Größe erheblich unterscheiden und auch der Ozean, an dessen Gestaden Gadir und Lixos liegen, fern im Westen von Festland begrenzt wird.[38] Sonchis hat mir dies mehrfach und stets mit den gleichen Worten erzählt, so daß ich es glauben muß. Zudem kenne ich keinen Grund, weshalb er mich hätte belügen sollen. Ich glaube an die Weisheit der Ägypter, doch habe ich nichts darüber gehört, wieviel Tagesreisen man benötigt, um das andere Ufer des Ozeans zu erreichen."

„Du hältst es also nicht für ausgeschlossen, daß man den Ozean überqueren kann?"

Jetzt erst erkannte Acharbas den Sinn meiner bohrenden Fragen. Er stutzte, blickte mich finster an.

„Verscheuche diesen ehrgeizigen Gedanken, Ahab!" Mein Vater biß sich auf die Lippen. Er bereute wohl, daß er so viel von seinem Wissen preisgegeben hatte. „Vergiß nicht, daß wir Handelsfahrer sind! Was wir zur Sicherung unseres Reichtums brauchen, finden wir in der uns schon bekannten Welt. Und im Dienst von Königen vermehrt man nur deren Ansehen und Macht."

„Ist es nicht besser, die Wißbegier über das Streben nach Macht und Reichtum zu stellen?" bedrängte ich Acharbas weiter.

„Zwar ist es niemals nutzlos, etwas Neues kennenzulernen", erwiderte er, „aber die Wißbegier allein kann nicht Rechtfertigung für kühne Taten sein."

„Auch nicht, wenn man das Geheimnis des Ozeans dabei lüftet?"

„So, und das willst Du ergründen?" Besorgt legte Acharbas seine Stirn in Falten. „Und was willst Du dann mit diesem Wissen anfangen?"

„Ich denke darüber nach", antwortete ich unbeirrt.

„Aber man sollte nicht den Tod riskieren, um das Verlangen des wißbegierigen Geistes zu stillen!" Erregt hatte Acharbas dies gesagt, und seine Züge verhärteten sich.

„Und wenn ich es doch täte?" begehrte ich auf.

„Fordere die Götter nicht heraus, Ahab! Sie verzeihen nicht, wenn man in falsch verstandenem Stolz den Bogen überspannt!"

Fasziniert von den Worten meines Vaters dachte ich bei mir, daß ich es eines Tages wagen sollte, die Antwort auf die Frage nach der Größe des Ozeans zu suchen und Acharbas' Ruhm zu übertreffen. Verwegen und überschaubar zugleich war seine Umsegelung ganz Libyens: ein Abenteuer, gewiß – aber doch eins, das kalkuliert war, stets in Sichtweite der Küste! Und nur bei Tage war er mit seinen Schiffen gesegelt, um nichts zu verpassen, was berichtenswert gewesen wäre. Ich wollte mehr: die bisherigen Grenzen sprengen! Immer wieder kehrten meine Gedanken zu diesem Wagnis zurück. Die Kühnheit eines solchen Unterfangens raubte mir fast den Atem.

Noch oft auf unserer langen Reise sprach ich mit meinem Vater über die Erfahrungen, die er in vielen Jahren erworben hatte, und manchmal schaltete sich auch Elias, unser Steuermann, in die Gespräche ein. Der Judäer hatte vor allem über die Sterne großes Wissen. Ich betrachtete dies nicht als bloßen Zeitvertreib. Vielmehr nutzte ich die Gelegenheit, mein eigenes Wissen, das der Melkart-Priester Etbal mir mitgegeben hatte, auf die Probe zu stellen und zu vervollkommnen. Die Kenntnisse, die ich mir auf diese Weise angeeignet hatte, erfüllten mich mit Stolz und Selbstbewußtsein.

Dennoch entging mir nicht, daß viele Fragen ohne Antwort blieben. Dies bedrückte mich, spornte mich aber gleichzeitig dazu an, die Geheimnisse zu erkunden, die sich hinter manchen Fragen zu verbergen schienen. Das mögliche Vorhandensein eines großen Landes jenseits des Ozeans war eine der Fragen, die mich besonders fesselte. Nichts konnte meinen unbändigen Erkenntnisdrang noch zügeln.

Die Beschäftigung mit solchen Problemen wurde jedoch jäh unterbrochen. Nur eine Tagesreise vor der Meerenge geschah es, daß Acharbas einer seltsamen Krankheit anheimfiel, die wir uns nicht erklären konnten. Er behielt keine Nahrung mehr bei sich, und zudem wurde er von starken Fieberanfällen geplagt. Mit großer Sorgfalt bereiteten wir ihm mittschiffs ein bequemes Lager und achteten darauf, daß kein Sonnenstrahl ihn traf.

Schwach fühlte sich Acharbas bald und ungewöhnlich müde. Zunächst hoffte ich, daß langer Schlaf meinem Vater helfen würde. Doch trog die Hoffnung. Vielmehr ergriff mich tiefe Furcht, als Acharbas am hellen Tage in seinen Fieberträumen redete. Irgendetwas schien ihn beharrlich zu verfolgen. Plötzlich stieß er einen gellenden Schrei aus, schreckte hoch, um gleich wieder zurückzusinken. „Das Haupt!" murmelte er. „Siehst Du das blutige Haupt dort? Abgeschlagen! Mit nur einem Schwertstreich! Geräuschlos schwebte es durch den Raum!" Mit wenigen Sätzen war ich vom Heck unseres ruhig dahingleitenden Schiffes herbeigesprungen, als Acharbas während des Schlafes zu sprechen begann.

„Ich sehe nichts ...!" erwiderte ich, nahm seine Hand. „Es ist alles in Ordnung, Vater!" Ächzend richtete er sich ein wenig auf. Mit milchweiß umrandeten Augen stierte er auf das vom Wind gefüllte Segel. Seine zitternden Hände krallten sich hilfesuchend an mein Gewand, krampften sich dann in meine Arme. Langsam ließ ich ihn wieder zurück auf sein weiches Lager gleiten. Schwer atmend, aber ruhig, schlief Acharbas danach bald ein.

„Wir sollten es mit feuchten, kalten Tüchern an den Waden versuchen", meinte Elias, als ich mich voller Sorge zu ihm ans Heck des Schiffes begeben hatte. „Ich erinnere mich, daß man in meiner Heimatstadt bei Fieberanfällen dieses Mittel anzuwenden pflegte."

Es war das erstemal, daß ich diese Erfahrung machte. Ich tat sofort, wie von unserem Steuermann geraten, und Musa half mir dabei. Die Maßnahme zeigte nach einiger Zeit gute Wirkung, und so waren wir froh, daß wir zwei Tage nach den ersten Anzeichen der Krankheit in Gadir ankamen.

Siebtes Buch

DAS WAGNIS

1

„Die Götter haben es mir nicht vergönnt, mit Dir zu den uns noch unbekannten Inseln im großen Ozean zu segeln, Ahab", sagte mein Vater nach vielen Tagen des Wartens traurig. „Du wirst die Fahrt allein wagen müssen, denn ich bin zu schwach, und ich fühle, daß ich mich nicht so schnell erholen werde. Inzwischen droht die für lange Fahrten gute Jahreszeit zu verrinnen. Du solltest also die Abreise nicht länger verschieben." Ich wollte ihm antworten, doch er machte mit der Hand eine ungeduldige Gebärde, und ich sah, wie sein Antlitz vor Erregung glühte.

„Mach Dir meinetwegen keine Sorgen!" beschwichtigte Acharbas sodann. „Wenn ich auch krank bin, so bin ich doch sehr zäh. Die Hauptsache ist, mein Sohn, daß Du wieder zurückkommst. Denke an alles, was ich Dir besonders für diese Fahrt erklärt habe und verwerfe nicht sofort den Rat des kenntnisreichen, erfahrenen Elias, wenn Du in eine schwierige Lage geraten solltest!"

Acharbas ruhte auf seinem Bett. Er war abgemagert, atmete schwer. Er blickte mich so traurig an, als hätte eine unsägliche Enttäuschung ihn ergriffen. Seine Augen sahen wässrig aus, und seine Hände zitterten. So empfand ich Schmerz und nicht Freude, als ich seine Worte vernahm.

Ergriffen faßte ich Acharbas' Hände. „Ich werde tun, was Du mir geraten hast, Vater! Doch zuerst werde ich Baal ein reiches Opfer bringen und ihn anflehen, daß er Dir wieder Gesundheit gibt." Merkwürdig klangen meine Worte, und ich staunte selbst über den fremden Ton meiner Stimme.

Ich sah mich verlegen um. Elischa war mir bis an die offene Tür zum Schlafgemach gefolgt. Sie hatte wohl alles gehört, was Acharbas sagte. Sie schluchzte, und Tränen rannen über ihre Wangen.

Mein Vater litt immer noch an der rätselhaften Krankheit, die ihn auf der Rückreise von Karthago befallen hatte. Auch die in Gadir herbeigeholten Ärzte fanden kein rechtes Mittel gegen die Krankheit. Trotz aller Mühen ließen die Fieberträume nicht nach. Elischa stellte jedesmal einen Bronzekessel mit brennendem Weihrauch neben sein Lager, um das Fieber zu vertreiben. Doch verschaffte dies dem Kranken nur kurze Zeit Linderung. Das Fieber beherrschte ihn trotz allem von Tag zu Tag stärker. Oft quälten ihn auch schwere Leibschmerzen. Da die Krankheit aber allen Künsten der Ärzte trotzte und auch die Nahrung, welche man verschrieb, nicht viel nützte, ordneten die Ärzte schließlich an, man solle ihm alles geben, was er begehre, und überließen die aus ihrer

Kenntnis aussichtslose Genesung den Göttern.

Bereits seit acht Tagen lagen die für Bomilkar, unseren Partner in Lixos, bestimmten Handelswaren im Bauch unseres Schiffes. Fast jeder Platz war mit großen Amphoren und Weihrauchgefäßen aus dem Lande der Hellenen und schönem ägyptischen Tuch gefüllt, das man an den Ufern des großen Ozeans so sehr begehrte. Kostbares Öl, Salben und reich verzierte silberne Teller waren entsprechend Bomilkars Wünschen schon sorgfältig untergebracht. Zusätzlich hatte ich zahlreiche kleinere jonische Schalen und Vasen, bunte Glasperlen und Tonfiguren als Tauschobjekte für die auf den Inseln lebenden Menschen an Bord genommen. Selbst reichlich Feuerholz lag schon verstaut unter den Planken. Auch genügend Feuerstein, Stäbe zum Feuerreiben und feines, leicht entflammbares Gewölle befanden sich bereits in gut verschlossenen Behältern. Nur Nahrungsmittel und Wasser fehlten noch. Ihrer Auswahl wendete ich diesmal besondere Aufmerksamkeit zu.

So ließ ich für die lebenden Tiere, eine Ziege und zwei Schafe, einen passenden Käfig aus Holz zimmern und an Deck gut vertäuen, so daß sie bei rauher See nicht über Bord fallen konnten. Dazu befahl ich den Männern, alle mitgeführten Vasen, Krüge und Amphoren mit Datteln, Nüssen, Honig, frisch gebackenem Brot, gekochtem und gebratenem Fleisch, getrocknetem Fisch, Erbsen, Bohnen, gedörrtem Obst und Wasser zu füllen.

Eindringlich, mit unbeirrbarer Sorgfalt und Geduld überprüfte ich schließlich zum letztenmal die Ladung und Ausrüstung des Schiffes, die Nahrungsmittel und das Trinkwasser. Nichts wollte ich bei dieser Reise dem Zufall überlassen. Peinlich genau kümmerte ich mich um jede Kleinigkeit. Meine Handlungsweise sollte nicht nur meinen Vater beruhigen. Sie gab auch der Mannschaft und mir selbst Zuversicht, denn alle wußten, daß die Fahrt zu den unbekannten Inseln unser bisher größtes Wagnis sein würde.

Dann war die Stunde des Abschieds gekommen. Acharbas' Hände zitterten; seine Augen wurden feucht, als ich an sein Lager trat. Er nahm all seine Kraft zusammen. „Im Laufe meines Lebens habe ich so vieles erfahren, gewonnen und verloren", begann er stockend und ungewohnt leise. „Stets nahm ich es einfach hin, gehorchte der Vorsehung der Götter. Doch was nun mit mir geschieht, verstehe ich nicht mehr. Es ist, als werde alles anders und nichts so sein wie bisher." Acharbas schloß für einen Moment erschöpft seine Augen, öffnete sie dann wieder. „Doch mein Zustand soll Dich nicht abhalten, zu tun, was Du tun mußt! Du wirst es schaffen!" hauchte er. „Die Götter mögen Dich beschützen!"

„Ja, Vater! Ich werde zurückkommen!"

Elischa schluchzte. Nicht enden wollte unsere Umarmung. Die klagenden Blicke meiner Mutter schmerzten mich. Noch lange sah ich sie in der Tür zu unserem Hause stehen, als ich die schmale Gasse zum Hafen hinunterging.

147

Immer wieder wischte sie sich die Tränen von den Wangen. Ich hatte versprochen, keine Vorsichtsmaßnahme außer acht zu lassen. Dennoch fühlte ich, daß dieser Aufbruch anders war als sonst. Ich wollte das so früh in mich gesetzte Vertrauen rechtfertigen. Doch andererseits ...

Die ersten Tage unserer Fahrt verliefen wie gewohnt. Der stetige Wind aus Nordost brachte uns gut voran. Die hohen Berge auf dem Festland boten uns am Tage zunächst noch eine sichere Orientierung, und bei Nacht erlaubten die meist klar sichtbaren Sterne, den eingeschlagenen Kurs zu halten. Von Acharbas wußte ich, daß die Berge jedoch bald weit ins Hinterland zurücktreten würden.

Am dritten Tage schon verschwand die Küste aus unserem Blickfeld, und nach den Angaben Bomilkars mußten wir nun beinahe ein Drittel der Strecke zurückgelegt haben. Doch als wir am zehnten Tage noch keine Insel am Horizont auftauchen sahen, bemächtigte sich der Mannschaft eine gewisse Unruhe, obwohl Elias und ich den Männern immer wieder versicherten, daß die Küste des Festlands im Osten nicht weit entfernt sein konnte und weder an Nahrungsmitteln noch an Wasser Mangel herrschte. Wir hatten erst eines der beiden Schafe geschlachtet und gegessen.

Allerdings machte auch ich mir Sorgen, wenngleich das schon in der vorausgegangenen Nacht aufgekommene schlechtere Wetter und niedrige Wolken unsere Sicht erheblich einschränkten. Da ich fürchtete, daß unser Schiff auf felsige Klippen auflaufen und zerschellen könnte, verdoppelte ich in der Nacht die Wachen und schärfte unseren Männern ein, nach Feuern Ausschau zu halten und auf die Geräusche des Meeres zu achten.

Nichts geschah in der Dunkelheit der Nacht. Nur merkten wir, daß sich das Wetter erneut änderte, die Wolken immer häufiger den Blick auf die Sterne freigaben und der seit Tagen recht schwache Wind auffrischte. Umso überraschter waren wir, als wir im ersten Licht des elften Tages eine dicht bewaldete Insel[39] mit steilen Klippen ganz nahe links vor uns aufragen sahen. Nicht auszudenken, wenn wir in tiefer Nacht an diesen Ort geraten wären! Melkart hatte jedoch seine schützende Hand über uns gehalten und zur rechten Zeit das Licht des neuen Tages geschickt.

Unsere Freude war groß, doch schien es mir nicht ratsam, mit dem starken Wind im Rücken eine Landung zu versuchen. Auch Elias pflichtete mir bei. Zu hoch brandeten die Wogen an das felsige Ufer. So entschied ich, die Insel im Westen zu umsegeln, um nach einem geeigneten Ankerplatz zu suchen.

Erst nachdem wir die am weitesten nach Westen vorspringende Landzunge passiert hatten und der Küste nach Südosten folgten, wurde das Meer deutlich stiller. Blau war hier das Wasser, und der Wind erreichte nicht mehr die uns vertraute Stärke, da hohe Berge willkommenen Schutz boten. Gespannt und aufmerksam beobachteten wir das langsam vorbeigleitende Ufer, bis wir am späten Vormittag eine Siedlung entdeckten. Sofort ließ ich das Segel herunternehmen. Obwohl wir uns immer recht nahe am Ufer befanden, war es wegen der starken Strömung nicht einfach für die Männer, das Schiff zu der Stelle zu rudern, die Elias als günstigen Ankerplatz ausgemacht hatte. Gegen Mittag gelang es aber doch, diese Stelle zu erreichen und das Schiff mit Hilfe der beiden steinernen Anker in eine sichere Lage zu bringen.

Zusammen mit Musa und fünf weiteren Männern sprang ich in das nicht sehr tiefe Wasser und watete die wenigen Ellen bis zu dem flachen Strand. Bald waren wir von wild aussehenden, hochgewachsenen, aber friedlichen Menschen umringt – genauso, wie Bomilkar sie beschrieben hatte. Ihre breiten Gesichter und hellen Haare wirkten auf uns sehr fremdartig. Die Männer trugen Kleidung aus Ziegenleder und gewebten Binsen. Bei einigen sah ich Halsketten aus durchbohrten Muscheln. Sie führten keine Waffen und schienen fremde Menschen, die auf großen Schiffen über den Ozean kamen, nicht zum ersten Male sehen.

Freundlich traten wir auf die meist jungen Männer zu und beschenkten sie mit bunten Glasperlen sowie einigen kleinen Tonbechern, über die sie sich sehr freuten. Da wir ihre Sprache nicht verstanden, versuchte ich mit einer Zeichnung in dem dunklen Sand, durch die ich Festland, Inseln und Meer andeutete, zu erklären, woher wir gekommen waren und wohin wir segeln wollten. Es dauerte nicht lange, dann schienen die ältesten meine Zeichnung verstanden zu haben, denn einer von ihnen ergänzte die von mir angedeuteten Inseln, bis sieben kleine Kreise in den Sand gemalt waren. Als er dann mit seiner rechten Hand auf die um ihn herumstehenden Leute zeigte und anschließend auf den linken oberen Kreis der Zeichnung deutete, entnahm ich daraus, daß wir uns auf jener Insel befanden, die am weitesten draußen im Ozean lag.

Woher aber wußten diese Menschen, daß es sieben Inseln waren? Als ich durch meine Gesten herauszufinden suchte, ob sie Schiffe hätten und dabei auf unser Schiff deutete, schüttelte der älteste unter den Männern seinen Kopf, während andere nickten. Dies verwirrte mich zunächst, bis einige Männer sich zum Gehen wandten und uns zugleich aufforderten, ihnen zu folgen. Nach kurzer Zeit kamen wir zu einem kleinen Wald nahe der Küste. Dort zeigten uns die Bewohner der Insel ihre Boote, gewaltige Einbäume, die sie aus hartem Holz der großen Kiefern gefertigt hatten, die es hier reichlich gab. Wenn diese Leute, so dachte ich bei mir, mit solchen Booten über das offene Meer zu den anderen Inseln fuhren, verdienten sie unseren Respekt.

Nicht weit von dem Liegeplatz ihrer eindrucksvollen Boote sah ich nun auch das Dorf dieser Menschen liegen, einfache Steinhäuser und ausgebaute Höhlen am Rande einer langgestreckten Schlucht, in deren Hintergrund ein gewaltiger Berg aufragte. Nachdem wir die Boote ausgiebig begutachtet hatten und den Männern zu erklären suchten, wie beeindruckt wir von diesen Booten waren, luden sie uns mit freundlichen Gesten ein, zu ihrem Dorf mitzukommen. Der Weg dorthin erwies sich als recht steinig und mühsam. Es war ziemlich warm, und die jetzt für längere Zeit scheinende Sonne setzte uns bei dem steilen Anstieg arg zu. Zahlreiche Schafe und Ziegen kletterten auf der Suche nach Nahrung zwischen den Felsen umher. Schließlich erreichten wir die Häuser, die ich schon vom Liegeplatz der Boote aus gesehen hatte. Man hatte die kaum behauenen Steine ohne jegliches Bindemittel geschickt übereinander geschichtet. Gleichwohl wirkten die Häuser sehr solide.

Neugierig betrachteten uns die Frauen und Kinder. Sie zeigten keine Furcht. Während sich die Frauen nach einigen Worten des ältesten der uns begleitenden Männer bald in die Häuser zurückzogen und emsige Geschäftigkeit entfalteten, blieben die Kinder in der Nähe des zentralen Platzes. Dort ließen wir uns auf steinernen Bänken nieder. Man reichte erfrischendes Quellwasser in dunklen, mit Ritzungen verzierten Schalen aus Ton und bedeutete uns, daß ein Mahl zubereitet werde.

Nun erst bemerkte ich, daß Musa mehrere verschiedene Pflanzen in seinen Händen hielt und unter den erstaunten Blicken der Inselbewohner eine nach der anderen auf einem Stein zerrieb. Ich lobte unseren dunkelhäutigen Nubier, weil er sogleich daran gedacht hatte, aus welchem Grunde wir zu diesen entlegenen Inseln gesegelt waren. Als sich jedoch bei keinem der Versuche mit den Pflanzen die erhoffte purpurrote Farbe zeigte, von der Bomilkar verheißungsvoll gesprochen hatte, begann ich zunächst zu zweifeln. War unser Freund in Lixos doch einem Geschichtenerzähler aufgesessen?

In diesem Augenblick schaute ich zu den Frauen hinüber, die nicht weit entfernt von uns die Speisen zubereiteten. Fast hätte ich übersehen, daß zwei von ihnen purpurrote Umhänge aus Wolle trugen. Mir fiel diese Besonderheit erst auf, als Musa meinen Blicken folgte.

„Seht, Herr! Man kennt hier doch eine Möglichkeit, Wolle zu färben." Musas Augen glänzten, nachdem er soeben noch seine Versuche enttäuscht aufgegeben hatte. So bedeutete ich dem neben mir sitzenden ältesten Mann des Dorfes, die beiden Frauen herbeizurufen.

Als die Frauen zu uns herübergekommen waren, zeigte ich auf ihre purpurroten Umhänge und fragte, wie sie diese gefärbt hätten. Doch weder sie noch der Alte verstanden, was ich wollte. Während ich noch überlegte, ritzte sich Musa mit seinem Dolch in einen Finger seiner linken Hand und drückte ein wenig Blut heraus. Dann färbte er mit diesem Blut einen winzigen Zipfel seines hellen Gewandes. Der Alte hatte dies sehr interessiert verfolgt, und nun verstand er, wonach wir fragten. Sogleich befahl er den Frauen, etwas zu holen, und als sie bald darauf mit einem Büschel Pflanzen, zwei Mahlsteinen und mehreren großen Töpfen aus dunklem Ton wieder bei uns erschienen, erläuterte der Alte gemeinsam mit den beiden Frauen geduldig und gestenreich das überraschend schwierige und in verschiedenen Stufen ablaufende Verfahren. Zuerst, so verstand ich endlich, mußte man eine ausreichende Menge einer bestimmten Pflanze trocknen und zwischen Mahlsteinen zu Pulver zerreiben. Das aus den Pflanzen gewonnene Pulver mischte man in einem Topf mit zu Pulver zerriebenem Kalkstein und dem Urin eines Ziegenbocks und kochte dies zu einem Sud, der danach sieben Tage stehen mußte. Zum Schluß erhitzte man den Sud erneut und erhielt die purpurrote Farbe. Dort hinein tauchte man nun ein Tuch oder Kleidungsstück.

Der Alte wunderte sich sehr, als ich das Gehörte in ein mitgebrachtes Tontäfelchen ritzte und schaute fasziniert auf meine Zeichen. Dann fragte ich ihn, wo man die Pflanze hier denn finde.

Es dauerte lange, bis der Alte nickte und mit seiner rechten Hand auf den Weg deutete, den wir heraufgekommen waren. Sodann zeigte er auf die Bergkette, die sich hinter uns gen Süden erstreckte, aber weniger hoch aufragte als jener Berg, der den nördlichen Teil der Insel einnahm. Bomilkar schien also auch in dieser Frage nichts Falsches erzählt zu haben. Doch lenkte mich das dampfende und saftige Ziegenfleisch, das nun herbeigetragen und verteilt wurde, für eine Weile davon ab, meinen Wissensdurst zu stillen. Bald nahm ich voller Ungeduld den Gesprächsfaden wieder auf. Da ich wissen wollte, ob auch auf den anderen Inseln die uns interessierenden Pflanzen zu finden waren, malte ich mit einem spitzen Stein erneut sieben Kreise in den Sand zu unseren Füßen. Auf meine Frage hin deutete der Alte neben mir nur auf den Kreis, der die Insel unmittelbar südlich von uns darstellen sollte und machte gleichzeitig mit einigen Gesten klar, daß auch dort Menschen lebten.

Schließlich gelang es mir auch noch, dem Dorfältesten zu erklären, daß wir für unsere weitere Fahrt Wasser und Nahrung brauchten, und nach einiger Zeit standen zehn große Behälter aus Ton bereit, die von den Frauen mit frischem Wasser gefüllt worden waren. Dazu erstanden wir zwei Ziegen, für die wir bei der Ankunft an unserem Schiff je zwei der schönen jonischen Schalen eintauschen wollten.

So dankten wir unseren freundlichen und trotz ihrer einfachen Lebensweise zufrieden wirkenden Gastgebern und gingen, von zehn jungen Männern begleitet, welche die schweren Wasserkrüge trugen, noch vor Einbruch der Dunkelheit zu unserem Schiff zurück. Während zwei unserer Leute die Ziegen an der Leine führten, vergaß Musa nicht, einige Pflanzen jener Art auf dem Rückweg zum Schiff einzusammeln, die man zur Herstellung der purpurroten Farbe brauchte.

Elias und die übrigen an Bord gebliebenen Männer hatten sich schon Sorgen gemacht. Erleichtert begrüßten sie uns, als wir wieder unversehrt am Strand erschienen. Hier verließen uns die zehn jungen Inselbewohner, nachdem sie das Wasser aus ihren Krügen in unsere leeren Amphoren gegossen und die versprochenen vier Schalen erhalten hatten, die aus dem Lande der Jonier stammten. Dann endlich brachte ich Melkart ein reiches Dankopfer dar, denn hätten wir die Insel schon in tiefer Nacht erreicht, so wäre unser Schiff gewiß an den steilen Klippen zerschellt. Noch bis tief in die Nacht hinein plauderten wir gelöst über unser Erlebnis, und ich entschied, am folgenden Tage zu der südlich gelegenen Insel[40] zu segeln.

Wir schliefen recht lange und legten erst ab, als die Sonne schon ziemlich hoch am Himmel stand. In geringer Entfernung zur Küste fuhren wir nach Süden. Dank des frischen Nordwindes und der starken Strömung passierten wir die Südspitze der Insel schon nach drei Stunden. Von dort sahen wir bereits die südlichste der Inseln liegen, und Elias meinte, daß wir sie wohl in einem Tag und einer weiteren Nacht erreichen könnten.

Als am frühen Morgen des nächsten Tages die Nordküste dieser Insel direkt vor uns lag, riet Elias, die westliche Seite anzusteuern. Sie erschien flacher als die andere Seite der Insel, und unser Steuermann glaubte daher, hier einen ebenso günstigen Platz zum Ankern zu finden, wie wir ihn am Vortage verlassen hatten. Kaum drei Stunden später entdeckten wir weit im Süden der Insel einen geeignet erscheinenden flachen Strand. Vorsichtig näherten wir uns dem Ufer, verhielten das Schiff etwa zwanzig Ellen davon entfernt, denn ich fürchtete die scharfkantigen schwarzen Steine. Dann ließen wir die beiden Anker fallen.

Es war angenehm warm. Noch schienen uns die Inselbewohner nicht bemerkt zu haben, denn am Strand ließ sich niemand blicken. Nur das Rauschen der Brandung war zu hören. So beschloß ich, mit einigen Männern und natürlich Musa die nähere Umgebung zu erkunden. Wie zwei Tage zuvor gelangten wir mit wenigen Schritten durch das flache Wasser an den mit scharfkantigen Steinen und Geröll bedeckten Strand und wandten uns nach Norden dem Lauf eines Baches zu, der sich nicht weit von unserem Ankerplatz ins Meer ergoß.

Wir hatten die Mündung des Baches zwar bereits gesehen, aber die Stelle als zu gefährlich gefunden, um dort zu ankern. Nach einer Stunde erreichten wir endlich den Bach, dem wir sodann aufwärts in eine Schlucht folgten.

Noch einmal verging eine Stunde. Dann blieb Abimilk, der die Spitze unserer kleinen Karawane übernommen hatte, plötzlich stehen und mahnte uns, still zu sein. Wenig später hörten wir das charakteristische Meckern von Ziegen, das aus der üppig bewaldeten Schlucht, die wir nun erreicht hatten, zu uns herübertönte. Aufmerksam setzten wir unseren Weg fort. Als wir um die nächste Biegung kamen, öffnete sich die bis dahin enge Schlucht zu einem weiten Talkessel, in dessen Mitte sich eine Siedlung mit zwanzig einfachen Steinhäusern befand. Jetzt erst erkannten wir, daß ein schmaler Pfad auf der gegenüberliegenden Seite aus der Schlucht herausführte.

Die Bewohner hatten uns sofort gesehen und riefen aufgeregt ihren Ältesten herbei. Nachdem ein hochgewachsener Mann mit vollem weißen Haar aus seinem Haus ins Freie getreten war, in der Mitte der Siedlung an einer dort aufgestellten großen Steinplatte stehenblieb und erwartungsvoll zu uns herüberschaute, gingen wir ruhig und furchtlos auf ihn zu.

Die Aufregung der Dorfbewohner hatte sich nun gelegt. Gespannt beobachteten die Männer, in einem Halbkreis hinter ihrem Ältesten stehend, das weitere Geschehen, während die Frauen und Kinder bei den Häusern blieben. Der weißhaarige Alte stützte sich schwer auf einen schön geformten mächtigen Stab, wie ihn bei uns die Hirten bei sich trugen, wenn sie ihre Schafe und Rinder hüteten.

Als wir auf dem Dorfplatz angekommen waren, hob der alte Mann als Zeichen des Willkommens schweigend seine rechte Hand. Langsam ließ er seinen Blick über unsere gespannten Gesichter gleiten, in die das Sonnenlicht jetzt tiefe Schatten zeichnete. Einen nach dem anderen maß er mit seinem wachen Blick. Dann sprach der Alte mit tiefer Stimme einige Worte, die wir nicht verstehen konnten, aber wie eine Begrüßung klangen. Ich bedankte mich für seine Worte und überreichte ihm als Geschenk eine schön bemalte jonische Schale, die er lange bewunderte und mit großer Freude entgegennahm. Danach wandte sich der Alte um und gab mit seiner freien Hand ein Zeichen. Bald darauf traten mehrere Frauen auf uns zu und boten uns in ähnlichen Schalen, wie wir sie schon auf der Nachbarinsel kennengelernt hatten, frisches Wasser an. Dankbar kosteten wir davon.

Meine Erfahrung von unserer ersten Begegnung mit den Inselbewohnern nutzend, malte ich nun auch hier sieben Kreise in den lockeren, aber glatten Boden. Der Alte und die bei ihm stehenden Männer seines Dorfes verfolgten meine Bemühungen mit großem Interesse und Erstaunen. Als ich meine Zeichnung dann noch durch die Darstellung unseres Schiffes ergänzte und unseren Reiseweg erläuterte, nickten alle beifällig. Bei dem etwas mühsamen Hin und Her der gestenreich geführten Fragen und Erklärungen gewann ich den Eindruck, daß die Bewohner dieses Dorfes vielleicht von fremden Seefahrern gehört, aber noch nie solche Menschen und ihre Schiffe gesehen hatten. Besonders Musa fesselte die Aufmerksamkeit der jungen Inselbewohner. Dabei war es nicht nur seine dunkle Hautfarbe, sondern die Größe des Nubiers, welche die Männer des Dorfes in Erstaunen versetzte. Der Nubier war vierundvierzig Jahre alt, hatte krauses Haar und trug Sandalen aus Leder. Sein kurzes ärmelloses Gewand reichte ihm bis zu den Knien und gab die starken Muskeln frei. Verlegen lächelte Musa und spielte mit der Pflanze, die er von der Nachbarinsel mitgebracht hatte. Mich erinnerte dies eindringlich daran, den weißhaarigen Mann zu fragen, wo es hier solche Pflanzen geben würde.

Der Alte schaute sich die Pflanze, für die wir so großes Interesse zeigten, genau an, blickte dann aber mit ungläubigem Erstaunen auf uns. Offenbar konnte er nicht verstehen, warum wir gerade nach dieser Pflanze suchten. Schließlich deutete der Alte mit seiner Hand nach Norden und sprach einige uns unverständliche Worte mit den jungen Männern seines Dorfes. Drei dieser Männer machten sich daraufhin bereit, uns zu führen und forderten uns auf, mitzukommen. So nahmen wir Abschied von dem freundlichen Alten und folgten seinen Leuten auf dem schmalen Pfad, der an der nördlichen Seite der Schlucht hinaufführte.

Es war nun schon später Vormittag, und ich dankte den Göttern, daß gelegentlich dunkle Wolken vorüberzogen, die uns vor der Sonne schützten. Als wir an einem herrlich gelegenen Aussichtspunkt angelangt waren, atmete ich mit einem Mal ein wenig härter und schneller. Nicht vor Erschöpfung, sondern vor Aufregung und Freude. Zunächst, weil ich nicht wußte, wohin ich zuerst schauen sollte, und später, weil mir bewußt wurde, daß ich vielleicht der erste Fremde hier oben war. Nach einer Stunde recht schnellen Aufstiegs befanden wir uns auf einem Bergrücken mit niedrigem Bewuchs, und noch ehe die jungen Inselbewohner erklären konnten, am Ziel des Aufstiegs zu sein, stellte Musa fest, daß unter den Pflanzen viele von der Sorte waren, die wir suchten.

Unsere drei Begleiter deuteten wortreich und mit lebhaften Gesten immer wieder an, daß dieser Bewuchs an vielen Stellen ihrer Insel zu finden sei. Ich war mit dem Ergebnis meiner Erkundung sehr zufrieden und ließ jeden unserer Männer ein großes Bündel dieser Pflanzen mitnehmen. Die drei jungen Inselbewohner bat ich, zu unserem Schiff mitzukommen. Sie willigten gern ein, und so stiegen wir von dem Bergrücken hinab zur Küste, blieben aber auf der nördlichen Seite der Schlucht, wo der schmale Pfad unseren Rückweg erleichterte.

Müde und hungrig kamen wir am frühen Nachmittag bei unserem Schiff an. Dort hatte Elias, wie am Morgen mit mir verabredet, eine Ziege geschlachtet und das Fleisch auf einer am Strand errichteten Feuerstelle zubereiten lassen. So lud ich unsere drei jungen Begleiter ein, noch bei uns zu bleiben und das herrlich duftende Mahl mit uns zu teilen. Sie genossen es sichtlich, auf diese Weise belohnt zu werden und schauten immer wieder staunend zu unserem großen Schiff hinüber, das nahe beim Ufer auf den Wellen schaukelte.

Nachdem wir uns gestärkt hatten, schenkte ich den drei Inselbewohnern zum Abschied einige bunte Glasperlen und bedeutete ihnen, daß wir bald wiederkommen würden. Während sich die drei jungen Männer am späten Nachmittag auf den Weg zu ihrem Dorf begaben, trugen unsere Leute die Pflanzenbündel und das eifrig gesammelte Feuerholz zum Schiff, denn Elias hatte mir geraten, bald aufzubrechen, um die Südspitze der Insel noch bei Tage umrunden zu können. Von dort wollten wir dann nach Osten segeln und später, in Sichtweite des Festlands, Kurs auf Lixos nehmen.

2

Es kostete unsere Mannschaft große Anstrengung, das vollbeladene Schiff in tieferes Wasser zu bringen, und es war notwendig, ein gutes Stück auf das offene Meer zu rudern, ehe es sinnvoll erschien, das Segel zu setzen. Auch danach mußten wir alle unsere Künste aufbieten, um die in weitem Bogen ins Meer ragende Südspitze der Insel ansteuern zu können, ohne der zerklüfteten Küste zu nahe zu kommen. Elias stellte überrascht fest, daß der sonst beständig aus Nordosten wehende Wind auf West gedreht hatte. Dies bereitete uns große Schwierigkeiten, denn noch hatten wir die Südspitze der Insel nicht umfahren.

Erst drei Stunden später erreichten wir eine Position, die es uns erlaubte, in sicherem Abstand von den gefährlichen Klippen der Insel einen östlichen Kurs einzuschlagen. Doch nun machte uns die rasche Verschlechterung des Wetters große Sorgen.

„Seht doch, seht!" rief Musa plötzlich vom Vorschiff zu mir herüber und deutete mit der Hand nach Westen. „Bei allen Göttern, was ist das?" Im Westen erhob sich drohend eine dunkle Wolkenwand, und die schon bald unmittelbar über uns hängenden, von weiß über grau bis violett gefärbten Wolken schienen gierig nach uns greifen zu wollen. Zu allem Unglück setzte auch noch der Wind aus. Das bedeutete, wie Elias und ich wußten, nichts Gutes.

„Es wird bald einen gewaltigen Sturm geben!" meinte Elias trocken. „Wir sollten das Segel herunternehmen, dicht zusammenrollen und fest an Deck verzurren." Unser Steuermann war der einzige, der eine vergleichbare Situation schon einmal erlebt hatte, während ich dies nur aus den Erzählungen meines Vaters wußte. So folgte ich dem Rat von Elias und wies unsere Leute an, das Segel zu bergen und sorgfältig an Deck zu vertäuen. Verwundert, aber gehorsam, taten sie wie geheißen.

Elias überprüfte noch einmal die Ladung und den Holzkäfig mit den Tieren, ließ hier und da die Taue fester zurren. Auch die Vorrichtungen zum Kochen und das frisch gesammelte Feuerholz verstaute man unter Deck. Nichts lag mehr lose auf den Planken. Inzwischen war es ziemlich dunkel geworden. Angstvoll starrten unsere Männer auf den Himmel.

„Es ist ... wie der Beginn der Nacht!" murmelte Abibal.

Plötzlich zuckte im Westen der erste Blitz, und alle erschraken.

„Sichert die Ruder und bindet euch mit starken Tauen an den Ruderbänken fest!" rief Elias den Männern zu, denn in der Ferne hörte man jetzt ein dumpfes Grollen und ein eigenartiges Rauschen.

„Das ist wohl ein schwerer Regen, der uns nun heimsuchen wird", schrie ich zu Elias hinüber, der wenige Ellen entfernt am Heck des Schiffes stand und zusammen mit Musa das Steuerruder hielt, während ich mich am Mast festzubinden suchte.

„Regen?" gab Elias zurück, „der Himmel wird gleich seine Tore öffnen und ganze Fluten über uns ausschütten!" Der junge Abibal stand in meiner Nähe und hatte die Worte des Steuermanns gehört.

„Ist das ... ist das wahr?" fragte er zutiefst erschrocken.

„Ja. Es ist so, wie ich es sage!" antwortete Elias unwirsch.

Es war nun so dunkel geworden, daß ich Elias und Musa nur noch schemenhaft erkennen konnte. Unsere Männer hatten sich auf die Ruderbänke niedergekauert, aber manche schienen sich trotz der eindringlichen Aufforderung nicht festgebunden zu haben, denn als ein Blitz das Schiff in helles Licht tauchte, sah ich, daß einige von ihnen erschreckt aufgestanden waren.

„Bindet Euch endlich fest!" schrie ich zornig, doch ging meine Anweisung in dem lang anhaltenden Donnergrollen unter, das dem Blitz wenige Sekunden später folgte. Der Donner war noch nicht vollständig verhallt, als der Sturm mit einer Heftigkeit losbrach, die ich mir nicht hatte vorstellen können. Gleichzeitig begannen die Wolken ihre Fracht über uns auszugießen. Wie eine Feder wurde das Schiff nun von den mächtigen Wellen hochgehoben und wieder fallengelassen. Die Tiere wurden unruhig in ihrem engen Käfig.

Im Licht des nächsten Blitzes sah ich Elias und Musa immer noch am Steuerruder stehen. Ihnen war es offenbar gelungen, sich rechtzeitig festzuzurren. Unmittelbar darauf riß mich eine gewaltige Welle, die unser Schiff von hinten überrollte, von den Beinen. Als ich wieder auftauchte und atmen konnte, wurde mir klar, wie bedeutsam der Ratschlag von Elias war. Ich wäre gewiß über Bord gespült worden, wenn ich mich nicht mit einem starken Tau an den Mast gebunden hätte. Mir war bis zu diesem Augenblick nie in den Sinn gekommen, daß ich im Meer den Tod finden könnte. Vielmehr dachte ich voller Vertrauen an das Meer. Zum erstenmal in den vier Jahren, die ich zur See fuhr, hatte ich vor dem Meer Angst. Während ich noch darüber nachdachte, brach sich erneut eine riesige Welle über dem Vorschiff, und ich glaubte, daß wir nicht mehr auftauchen würden. Holz splitterte und krachte, aber ich konnte nicht sehen, was passiert war. Zu meinem Erstaunen gewann unser Schiff bald wieder seine normale Lage.

Plötzlich hörte ich Schreie, die aus dem aufgewühlten Ozean kamen.

„Die Welle hat Schipitbaal über Bord gerissen!" schrie jemand.

„Hamilko ist nicht mehr an seinem Platz!" rief eine zweite Stimme.

„Auch Abibal fehlt!" rief ein anderer.

Zweimal noch hörte ich die Schreie aus dem Meere. Dann war nur das Heulen des Sturms und das Rauschen der Wellen zu vernehmen. Sehen konnte man jetzt nichts. Es schnürte mir das Herz zusammen, daß wir unseren Männern, die über Bord gefallen waren, nicht helfen konnten. Krampfhaft und verzweifelt umklammerte ich den Mast, als wäre ich nicht schon dort angebunden.

Eine Weile verschonten uns die Wellen mit ihrem todbringenden Spiel. Dann aber brach sich eine dritte riesige Woge über dem Heck unseres Schiffes und begrub es für einen kurzen Augenblick unter sich. Wieder glaubte ich, Holz krachen zu hören. War dies jetzt das Ende? durchfuhr es mich. Als das Heck erneut auftauchte, vernahm ich den verzweifelten Aufschrei unseres Nubiers: „Das Steuerruder, Herr! Das Steuerruder ist zerbrochen!"

In diesem Moment erhellte ein weiterer Blitz unser Schiff, und ich sah, wie Musa und Elias gebeugt in ihren Tauen hingen, mit denen sie sich am Heck festgebunden hatten. Das dramatische Geschehen kam mir vor wie ein schlimmer Traum. Wollten die Götter uns auf diese Weise ihre Macht vorführen? Zürnten sie uns gar? Der langanhaltende Donner, der dem Blitze nach einigen Sekunden folgte, riß mich aus meinen Gedanken und steigerte meine Angst. Ich zuckte zusammen, obwohl der Donner ja nichts Ungewöhnliches für mich war.

Lange noch zog sich unser Tanz auf den aufgepeitschten Wogen des großen Ozeans hin, bis der Sturm endlich nachließ, der heftige Regen aufhörte und das Schiff wieder sanft durch das Meer glitt.

Tiefdunkle Nacht umgab uns. Die Konturen des Schiffes waren kaum zu erkennen. Völlig durchnäßt und fröstelnd lockerte ich ein wenig die Taue, mit denen ich mich an den Mast gebunden hatte und setzte mich auf die Planken. Ich fühlte mich schwach und müde. Trotzdem konnte ich nicht schlafen und blickte gedankenverloren zum Himmel empor. Wieder glaubte ich zu träumen, denn die Wolkendecke riß allmählich auf, und bald war der Himmel klar und voller Sterne. Ein unbeschreibliches Glücksgefühl erfaßte mich.

Gaben uns die Götter ein Zeichen, daß doch nicht alles verloren war? Das vertraute Bild des nächtlichen Himmels beruhigte mich. Erschöpft lehnte ich meinen Rücken an den Mast. Beinahe wäre ich doch noch eingeschlafen, als Elias plötzlich vor mir stand. „Jahwe sei Dank! Ihr seid wohlauf, Ahab!" rief er aus, während er mich mit seiner freien Hand berührte. Elias setzte sich ebenfalls auf die Planken nieder. „Wir treiben steuerlos im großen Meer!" vernahm ich seine seltsam klingende Stimme. Es war das erste Mal, daß ich Angst bei unserem Judäer bemerkte. Auch ihm fehlte wohl eine genaue Vorstellung von dem, was nun folgen würde. Eine tiefe Niedergeschlagenheit hatte sich des Steuermanns bemächtigt, und es schien so, als würde er an unserer Rückkehr zur Küste zweifeln.

„Ich glaube, wir haben einige Männer verloren!" erwiderte ich.

„Ja!" sagte Elias. „Schipitbaal, Hamilko und Abibal. Ich hörte ihre Schreie. Wären wir näher an der Küste gewesen oder nur eine Stunde später abgesegelt, der Sturm hätte uns wohl an die Klippen geschleudert." Mir schauderte bei dem Gedanken.

Wieder schaute ich auf den Himmel. Noch nie hatte ich so viele Sterne gesehen. Es dauerte eine Weile, bis ich unter ihnen den Nordstern gefunden hatte. Die Nacht erschien mir sehr lang, aber dies lag wohl daran, daß überhaupt nichts mehr geschah, nachdem der schreckliche Sturm vorüber war. Irgendwann im Laufe der Nacht beschlich mich das Gefühl, als sei alles vor sehr langer Zeit passiert. Tatsächlich konnten aber nur wenige Stunden seit dem Ende des Sturms vergangen sein, und wir hatten angesichts der Dunkelheit noch nicht einmal volle Klarheit über das Geschehen gewinnen können.

Unendlich langsam brach der neue Tag an. Der Himmel wurde allmählich grau, die ersten Sterne verblaßten, und ich sah, wie sich der Horizont immer deutlicher abzeichnete. In dem noch schwachen Licht des neuen Tages erkannte ich die Umrisse des Schiffes und bald auch weitere Einzelheiten. Erschöpft, angsterfüllt und zutiefst betroffen lagen die Männer zwischen den Ruderbänken. Doch ich war noch zu müde, um damit zu beginnen, mir über unsere Situation Klarheit zu verschaffen.

Abimilk, der junge Tyrer, schluchzte. Er saß nur wenige Ellen von mir entfernt auf den Planken. Ich wußte: Er trauerte besonders Abibal nach. Die beiden jungen Tyrer waren unzertrennlich gewesen. Und nun? Ich hatte ein Trostwort bereit für den Verzweifelten; für die eigene Verzweiflung fand ich keinen Trost.

Schließlich ging die Sonne auf. Geblendet von ihrem gleißenden Licht drehte ich meinen Kopf unwillkürlich nach links zum Heck unseres Schiffes. Als ich die Augen wieder öffnete, sah ich fern am Horizont eine Insel aus dem Meere ragen. Erschreckt wollte ich aufstehen, doch ich kam gar nicht weit. In der plötzlichen Aufregung hatte ich vergessen, daß ich immer noch mit einem starken Tau am Mast festgebunden war.

„Elias!" rief ich, „Elias, sieh' doch! Die Insel!"

Unser Steuermann hatte eine Weile auf den Planken gelegen, fuhr erschreckt hoch und schaute sich verstört um, bis er seine Augen in jene Richtung wandte, die ich mit meiner linken Hand wies. Auch Musa und die übrigen Männer waren durch meine lauten Rufe aufgeschreckt. Keiner verstand zunächst, was ich meinte. So unfaßbar erschien das, was geschehen war. Inzwischen hatte ich das Tau gelöst und mich zum Heck begeben, wo sich Musa gerade aus seinem langen Tau wickelte.

„Wir sind weit nach Südwesten abgetrieben worden!" sagte ich zu Elias, der mir sofort gefolgt war.[41]

„Der Wind weht wieder aus Nordost!" stellte der erfahrene Steuermann fest.

„Und zu allem Unglück sind wir manövrierunfähig, Herr!" fügte Musa bedrückt hinzu.

Erschrocken starrten wir auf die nun weit entfernte Insel, vor deren Südküste uns der gewaltige Sturm am Abend zuvor gepackt hatte. Das Schiff schlingerte stark.

„Was nun?" entfuhr es mir. Hilfesuchend schaute ich Elias an. Der Steuermann zuckte mit den Schultern. Schweigend verharrten wir so für kurze Zeit. Allmählich erkannten auch unsere Männer, daß wir im Augenblick ratlos waren, und bald begannen einige, ihr Schicksal zu beklagen.

„Was ist geschehen?" murmelte der junge Abimilk entsetzt. Er schüttelte seinen Kopf, als wollte er nicht glauben, was er mit eigenen Augen sah. Dann hielt er die Hände vor sein Gesicht.

„Wir müssen zurückrudern, Herr!" schrien mehrere unserer Männer verzweifelt.

Im ersten Moment hatte dieser Gedanke auch von mir Besitz ergriffen. Doch nachdem ich zusammen mit Elias das Schiff näher betrachtet hatte, mußten wir feststellen, daß sieben von unseren sechzehn Rudern durch die Gewalt der Wellen weggebrochen waren. Die neun restlichen Ruder? Nein, das würde nicht reichen! Es gab also keine Möglichkeit, das schwere Schiff mit eigener Kraft zu der immer noch in der Ferne sichtbaren Insel zurückzubringen.

Entsetzen zeigte sich in den Gesichtern der meisten unserer Männer, als ich ihnen erklärte, warum es nicht möglich sei, die Insel zu erreichen, und ich wunderte mich selbst, wie ruhig ich jetzt zu ihnen sprach. Drei unserer Seeleute hatten die Wellen mitgerissen, und schon dieser Verlust allein wog schwer genug, um Verzweiflung und Trauer in unsere Herzen zu senken. Die Erkenntnis aber, daß die Wellen sogar das Steuerruder unseres Schiffes zerschlagen hatten und wir nun nahezu hilflos den Winden und den Meeresströmungen ausgeliefert waren, lähmte selbst den erfahrenen Elias, der sonst auch in schwierigen Situationen stets einen Ausweg wußte.

Beklommen, schweigend saßen wir eine Weile da. Das Ungeheuerliche hatte uns, die Erfolgsgewohnten, stumm gemacht. Die Hoffnung, zu der rettenden Insel noch zurückzukommen, hegte nun keiner mehr.

Die Bedrücktheit wich auch dann nicht von uns, als wir entdeckten, daß nur eine der Amphoren, in denen wir unser Trinkwasser aufbewahrten, zerbrochen war. Wie durch ein Wunder hatten die Tiere an Bord nicht den geringsten Schaden genommen. Und ein nicht geringeres Wunder war es, daß die Nahrungsmittel zwar naß, aber vollständig in ihren Behältern im Bauch des Schiffes lagen. Zusammen mit dem Schaf und den Ziegen, die wir in dem gut vertäuten Käfig mitführten, hatten wir doch für eine Weile ausreichend Nahrung, wenngleich niemand ahnen konnte, wann wir wieder Land erreichen würden.

Tief lag das Schiff im Wasser. Unter Deck schwappte es sehr bedrohlich, und so befahl ich, den Bauch des Schiffes mit Schalen und Kannen leerzuschöpfen. Den ganzen Tag brauchten wir dazu. Erst dann glitt das Schiff erneut fast wie gewohnt durch die Wogen. Nur das Schlingern hörte nicht auf.

Ein großer Teil der Handelsgüter war zerschlagen oder durch das Meerwasser unbrauchbar geworden, was mir nun aber weniger bedeutsam erschien. Für viel wichtiger hielt ich es in dieser Lage, daß wir genügend Feuerholz an Bord hatten, obwohl wir erst einmal warten mußten, bis es wieder trocken war. Und schließlich lag das Segel, das wir gerade rechtzeitig vor dem Sturm herunternehmen und mit starken Tauen an Deck festbinden konnten, immer noch an seinem Platz.

„Was meinst Du, Elias", sagte ich, als mein Blick auf das kunstvoll verschnürte Tuch fiel, „sollten wir das Segel setzen, wenn es wieder getrocknet ist?"

Unser Steuermann überlegte lange, schaute mehrfach zur Insel zurück, vergewisserte sich vom Stand der Sonne und prüfte erneut die Richtung des Windes.

„Ohne Steuerruder werden wir uns nur direkt mit dem Wind vorwärtsbewegen können, und auch dabei wird es schwierig sein, das Schiff auf Kurs zu halten, solange das Steuerruder fehlt. Bei dem stetigen Wind aus Nordost werden wir uns jedoch immer weiter von der Inselgruppe und von dem Festland im Osten entfernen!" gab Elias endlich zu bedenken.

Die Antwort des erfahrensten unter uns leuchtete zwar unmittelbar ein, doch erschien sie mir dennoch ungeheuerlich. Ich verharrte einen Moment lang betroffen; dann faßte ich mich. „Wir werden also schneller wissen, ob der große Ozean im Westen von Festland umgeben ist oder ob wir – wie manche Leute meinen – in den Schlund des grenzenlosen Meeres hinabgezogen werden, wenn wir das Segel setzen?"

„So ist es, Ahab!"

Ich scheute mich, die gewiß folgenschwere Entscheidung sofort zu treffen. Doch was half es, wenn ich damit zögerte oder mich sogar entschloß, das Segel schön verschnürt an seinem augenblicklichen Platz zu lassen und auf ein Wunder zu warten? Da wir nur für eine begrenzte Zeit Nahrung und Wasser an Bord hatten, würden wir vielleicht verhungern oder verdursten. Der Gedanke an ein solches Schicksal erinnerte mich daran, daß wir seit dem Verlassen der Insel weder Speise noch Trank zu uns genommen hatten und mich selbst schon mehrfach ein Hungergefühl plagte.

So befahl ich allen, sich erst einmal mit Früchten und den Resten des Ziegenfleisches zu stärken, das vom Vortage übriggeblieben war, aber mit dem Trinkwasser besonders sparsam umzugehen. Mir gab diese Maßnahme Zeit zum Nachdenken.

Angestrengt versuchte ich, mir die Kenntnisse und Überlegungen noch einmal in Erinnerung zu rufen, die ich auf der Rückreise von Karthago mit meinem Vater ausgetauscht hatte. Da erwachte in mir eine kühne Hoffnung. Und bald glaubte ich, die richtige Lösung gefunden zu haben. Wenn es stimmte, was die Priester in Sais lehrten und die Meere sich auch durch ihre Größe unterschieden, mußte man früher oder später wieder auf Festland treffen. Vielleicht gab es ja weit im Westen des Ozeans, auf dem wir uns nun befanden, tatsächlich Land! Vielleicht lebten dort Menschen! Wiesen mir die Götter durch unser Mißgeschick nicht den Weg, berühmter zu werden und eine noch größere Leistung zu vollbringen als einst mein Vater? Erneut träumte ich davon, die Fesseln der uns bekannten Welt zu sprengen und meinen Fuß auf bisher fremdes Land zu setzen. Nun stand sie vor mir: die Gelegenheit, das völlig Neue, Vorbildlose zu vollbringen.

Schweigend labten wir uns an der kalten Speise, während die Sonne unaufhaltsam höher stieg und durch ihre Wärme allmählich unsere Kleidung trocknete.

Gegen Mittag ließ ich endlich das Segel auseinanderschnüren und bald darauf wieder an dem unversehrt gebliebenen Mast anbringen. Kaum war dies geschehen, nahm unser Schiff leicht schlingernd Fahrt auf und durchschnitt fast wie gewohnt die dunklen Wogen.

„Wir sollten versuchen, eines der Ruder als Ersatz für das zerbrochene Steuerruder am Heck des Schiffes anzubringen", meinte Elias. Und so geschah es, wenngleich die Wirkung mäßig war. Nur unvollkommen ließ sich das Schiff steuern, aber es war besser als vorher.

Ich begann, die seit dem Sturm verflossenen Tage sorgfältig zu notieren. Ohne das ich dies wollte, mußte ich lächeln.

„Ihr nehmt unsere Lage offenbar erstaunlich leicht, Ahab!" Der Judäer hatte mein Lächeln bemerkt. Seine Stimme klang vorwurfsvoll. „Lockt Euch die Gefahr? Habt Ihr gar besondere Freude daran?"

„Nein, Elias. Es ist nicht die Gefahr. Es ist der Ruhm, der mir so deutlich winkt!"

„Was wollt Ihr damit sagen?" Elias war jetzt ärgerlich und gab sich keine Mühe, dies zu verbergen.

„Nun", begann ich etwas unsicher, „vielleicht hat bisher niemand, außer der Sonne, das große Meer überquert. Wenn es jenseits des Ozeans tatsächlich Land gibt und die Götter uns nicht umkommen lassen, werden wir die ersten sein, die ..."

„Vergeßt Eure Träume, Ahab, solange wir kein Land sehen!" Zuweilen konnte der Judäer unerbittlich sein. „Auch ich habe einst von den Priestern in Judäa zahlreiche Legenden gehört. Gewiß, manches davon erwies sich als wahr, doch vieles hat auch getrogen!" setzte Elias nach.

„Ich gebe aber nicht auf!" beharrte ich zornig. „Jeder mag nach seiner Art auf das, was geschah, reagieren", gab ich dem Steuermann – nun wieder etwas sanfter – zurück, „die Menschen sind schließlich von Natur aus verschieden!"

„Aber was wahr ist, bleibt für alle dasselbe!" Hart klangen die Worte des Judäers. Ich wußte keine Entgegnung darauf.

3

Die zweite Nacht, die wir nach dem schrecklichen Sturm auf dem Meer verbrachten, war sehr ruhig verlaufen. Der klare Himmel gab wiederum den Blick auf die unzählbaren Sterne frei und ließ uns erkennen, daß sich unser Schiff stetig nach Südwesten fortbewegte, wie Elias es gesagt hatte.
Als erneut der Morgen anbrach und der so beruhigend wirkende Sternenhimmel langsam einem hellen Blau wich, aus dem nur die Sonne hervorstach, bemerkte ich bald, daß die Insel, auf der wir vor nicht einmal zwei Tagen noch ein üppiges Mahl genossen hatten, nicht mehr sichtbar war. Ich unterließ es jedoch, meinen Gefährten diese Neuigkeit sofort mitzuteilen und wartete geduldig, bis sie selbst die Veränderung feststellten. Allerdings hoffte ich vergebens, die längst befürchtete Aufregung unter unseren Männern zu vermeiden. Die Veränderung machte ihnen einmal mehr bewußt, in welch ungewisser Lage wir uns befanden. Es half nichts, daß ich das Verschwinden der Insel herunterspielte und offen zeigte, daß ich mich mit dem Lauf der Dinge bereits abgefunden hatte. Angst machte sich unter den Männern breit, als sie erkannten, wie allein wir auf dem unendlich erscheinenden Ozean waren.
Nur mit großer Mühe gelang es Elias, unsere Seeleute zu beruhigen. Auch ihn plagten Zweifel, ob die Entscheidung, unser Schiff mit Hilfe des Segels rascher voranzutreiben, richtig war. Zwischen den Worten, die er mit den Männern wechselte, stand Elias immer wieder sinnend in meiner Nähe am Heck, blickte auf die Wellen und die deutliche Spur, die unser Schiff in dem tiefblauen Meere hinterließ und betrachtete das leicht geblähte Segel. Mehrfach schüttelte er seinen Kopf. „Wie kann das sein?" hörte ich ihn murmeln. Verwundert ging ich zu ihm, schaute ihn fragend an.
„Die Schnelligkeit, mit der sich unser Schiff von der Insel fortbewegt hat, kann nicht allein am Wind liegen, Ahab!" sagte Elias plötzlich. „Dazu ist der Wind zu schwach. Ich glaube, es gibt hier eine starke Meeresströmung, die in die gleiche Richtung wirkt wie der beständige Wind. Andernfalls müßten wir die Insel noch sehen können."
Überrascht schaute ich unseren Steuermann an. In der Schätzung des durchfahrenen Weges auf dem Meere besaß Elias eine unübertroffene Gewandtheit.
„Du magst recht haben, Elias!" erwiderte ich nach einiger Überlegung. „Umso eher werden wir Gewißheit über unser Schicksal erhalten. Zwar kann niemand von uns genau ermessen, welche Strecke wir in den vergangenen zwei Tagen zurückgelegt haben, doch dürfte dies wohl der Entfernung von Karthago nach Motye nicht unähnlich sein!"
Elias nickte und schlug vor, eine Ziege zu schlachten, sobald das Feuerholz,

das wir von der Insel mitgenommen hatten, vollständig trocken war. So geschah es, und ich freute mich insgeheim darüber, daß die warme Speise unsere Männer wieder in eine bessere Stimmung versetzte. Auch meine strenge Anweisung, die Nahrungsmittel und vor allem das Trinkwasser auf möglichst viele Tage aufzuteilen, fand keinen Widerspruch. Unser Schiff machte weiter gute Fahrt, und nichts deutete auf einen neuerlichen Sturm oder andere Gefahren hin. Lähmende Eintönigkeit legte sich wie eine harte Fessel über uns. So verging Tag um Tag auf dem tiefblauen Meer, ohne daß irgendetwas geschah. Nur manchmal spielten Delphine in den glitzernden Wellen, begleiteten und beobachteten uns.

Am dreiunddreißigsten Tage verzehrten wir unsere letzten Nahrungsmittel, und von dem Trinkwasser blieb nur eine Handvoll für jeden von uns übrig. Noch immer war kein Land zu sehen. Die Sonne brannte unablässig von dem wolkenlosen Himmel, und der Wind trieb unser Schiff schon seit zwanzig Tagen direkt nach Westen. Unsere Gesichter waren von der Sonne versengt, obwohl wir alle Möglichkeiten nutzten, im Schatten zu verweilen. Anfangs hatten wir uns mit dem Öl eingerieben, das wir als Handelsware nach Lixos bringen wollten. Doch war es nach so vielen Tagen längst verbraucht. Vielleicht trugen aber auch die Salzluft und der beständige Wind zur Veränderung unserer Haut bei.

Nur selten machte sich Unruhe unter der Mannschaft breit. So war dies auch an diesem dreiunddreißigsten Tage. Besorgt vernahm ich am Nachmittag erregtes Gemurmel. Ich befand mich bei unserem Nubier am Heck und bemerkte, wie einer der nach Land ausspähenden Tyrer resigniert das Vorschiff verlassen hatte und den Gefährten in seiner Nähe kundtat, daß der Ozean wohl bald zu Ende sei und das Schiff sicher von einem gewaltigen Strudel verschlungen werde. Auch Musa hatte die Worte gehört. Sofort eilte er nach vorn.

„Vor dem alles verschlingenden Strudel braucht ihr euch nicht mehr zu fürchten!" rief er mit lauter Stimme. „Wenn es ihn tatsächlich gäbe, wäre uns dieses Schicksal längst widerfahren. Nein, Männer, den Strudel gibt es nicht!" Noch immer ängstlich schauten die Gefährten nun Elias fragend an.

„Wahrscheinlich ist es ein Schauermärchen! Sorgt euch also darüber nicht!" befand der Judäer knapp. Schnell kehrte nach diesen Worten Ruhe ein. Aber wie lange, dachte ich, würde die Ruhe halten?

Immer wieder der blaue Himmel, immer wieder die unendliche See, und bei allem die quälende Ungewißheit. Grausam und bedrückend war diese Eintönigkeit. Jeden Tag dieselben anklagenden Gesichter, die mich in zunehmender Verzweiflung anstarren. In den Augen der Männer sah ich stets dieselben Fragen und dieselbe Angst. Niemand in Gadir wußte, wo wir waren, und wir nicht, wohin wir fuhren. Niemand, außer den Göttern, konnte uns helfen. Niemand würde berichten von unserem Tod.

163

Nun begann auch ich zu zweifeln. Fortgeweht war meine frühere Gewißheit. Nur eine schwache Hoffnung blieb noch. Manchmal wünschte ich mir, der Vogel Phönix zu sein. Zurückfliegen wollte ich zum heimatlichen Hafen, der Zerbrechlichkeit unseres so bedrängten Lebens entfliehen, neu beginnen. Aber was hätten wir anders machen können? Wind und Meeresströmung bestimmten unseren Weg.

Von Zeit zu Zeit murmelten die Gefährten leise Gebete vor sich hin. Elias hatte sich an diesem Abend für eine Weile in den hintersten Teil des Schiffes zurückgezogen, seinen Gebetsriemen um den linken Arm geschlungen und vor einem kleinen tragbaren Altar zu Jahwe, seinem Gott, gebetet. Auch ich flehte nun unsere Götter um Beistand an, während ich nicht weit entfernt von unserem Steuermann am Heck des Schiffes auf den Planken saß.

Obgleich die Gefährten um mich waren, fühlte ich mich einsam. Dann dachte ich darüber nach, wodurch ich die Götter wohl erzürnt hatte, daß sie mich in solches Unglück stürzten. War es die Sorge, die ich Acharbas und Elischa zweifellos bereitete, da sie uns alle sicher längst zurückerwarteten und nun mit jedem weiteren Tag annehmen mußten, daß der große Ozean uns verschlungen hatte? War es meine Kühnheit, welche die Götter mißbilligten?

Ich konnte keine Antwort finden. Auch Elias war völlig niedergeschlagen. So vieles wußten wir, doch unser Wissen schien nutzlos zu sein.

„Vielleicht kann man den Weisheiten der Ägypter doch nicht trauen", bemerkte der Steuermann.

„Eben das ist die Frage", erwiderte ich. „Andererseits ..."

„Ihr zweifelt nicht, Ahab?" meinte Elias überrascht.

„Nun", entgegnete ich kühn, „warum gibt es denn bei den weisen Ägyptern die dunkle Kunde von einem Land fern im Westen? Soll alles denn der Phantasie der Priester entsprungen sein?" Elias stutzte, sagte aber nichts.

„Warten wir ab, was geschieht", fügte ich nach kurzem Zögern mit gespielter Ruhe hinzu, „ist nicht ohnehin schon alles im voraus entschieden?"

Mir wurde nur immer klarer, daß sich die Situation bald zuspitzen würde, wenn die Götter uns nicht retteten. Wir hatten weder Nahrungsmittel noch Wasser, und ich dachte, daß spätestens am nächsten Tag der Durst verheerend sein würde. Als sich die Sonne dem Horizont im Westen näherte, begann ich zu verzweifeln. Doch nach einiger Zeit glaubte ich, daß in Gadir alle an mich dachten. Dies gab mir wieder Zuversicht und Mut. Ich suchte erneut den Horizont ab, aber ich konnte kein Land entdecken.

Die Sonne ging unter. Trotzdem schaute ich angestrengt weiter. Selbst als es zu dunkeln begann, gab ich nicht sofort auf. Am östlichen Himmel erschien wie ein blitzender Kristall der erste Stern, und bald danach umgab uns die dunkle Nacht. Schnell ziehende Wolken bedeckten für kurze Zeit den Himmel. Dann zerriß erneut der dünne Schleier und gab den Blick auf die Sterne frei.

Geheimnisvoll, lautlos wie ein ruderloses Boot, glitt die silbern schimmernde Sichel des aufgehenden Mondes über den Horizont. Ich spürte, wie die mächtige funkelnde Kuppel über mir unwiderstehlich meine Blicke anzog. So suchte ich, um mich wach zu halten, all die Bilder und Figuren, die von den Sternen gebildet wurden. Sie waren, so hatte mich einst der Priester Etbal gelehrt, seit Urzeiten gleichgeblieben. Schwarz, voll abgrundtiefen Schweigens wölbte sich die Kuppel über mir, wo die zahllosen Sterne ihr vertrautes Muster zeichneten. Nie zuvor hatte ich mich den strahlenden Symbolen der Götter so nah gefühlt.

Eigentlich hätte ich schon schlafen sollen, denn wir waren übereingekommen, daß Elias das Schiff jeweils von Mittag bis Mitternacht und ich die folgenden zwölf Stunden übernehmen sollte. So war mir nicht viel Zeit geblieben, bis unser Steuermann mich tief in der Nacht weckte. Ungeduldig wartete ich auf das erste Licht des neuen Tages. Der beständige Ostwind trieb das Schiff durch die dunklen Wogen, und wie ein treuer Wächter stand der Nordstern an unserer rechten Seite. Mit der gleichen Hartnäckigkeit, mit der ich am vergangenen Nachmittag und Abend am Horizont nach Land ausspähte, suchte ich im Morgengrauen weiter.

Verlangte es mich sonst nach Essen und Wasser, so war mir dies jetzt alles gleichgültig. Ich dachte nur daran, daß in der unendlichen Weite des Ozeans doch bald Land zu sehen sein müsse. Man muß wohl mehr als dreißig Tage auf dem einsamen Meer verbracht haben, um zu begreifen, was festes Land bedeutet. Doch auch der vierunddreißigste Tag verstrich, ohne daß eine Küste auftauchte.

Der nächste Morgen verging ereignislos. Am Mittag spürte ich zum erstenmal die Qual des Durstes, und es tröstete mich nicht, daß es meinen Gefährten ebenso erging. Stunde um Stunde verrann, aber nichts geschah. Nur selten redete ich mit Elias, mit Musa oder mit unseren Männern, die gelegentlich laut ihr Schicksal beklagten, jedoch ohne Widerrede abwechselnd das Segel bedienten. Angespannt suchte ich den Horizont ab. Es gelang mir damit wenigstens, den Durst und den Hunger für eine Weile zu überspielen. Selbst als die Sonne erneut zu sinken begann, gab ich die Hoffnung nicht verloren. Die alten Bücher der Ägypter mußten doch recht haben!

Mit diesem Gedanken fiel ich in einen tiefen Schlaf, nachdem es dunkel geworden war. Bald hetzten mich wilde Träume. Danach hatten Elias und Musa lange gebraucht, bis sie mich gegen Mitternacht wieder aus diesem Schlaf reißen konnten.

Das erste, was ich fühlte, war die Trockenheit in meiner Kehle. Ein wenig schwach und schlaftrunken richtete ich mich auf. Die Nacht war tiefschwarz und der Sternenhimmel teilweise von Wolken bedeckt. Wie immer suchte ich sofort den Nordstern, fand ihn schließlich auch, wenngleich er bald darauf hinter einer großen Wolke verschwand. Dennoch beruhigte es mich, daß der treue Wächter immer noch an der rechten Seite unseres Schiffes stand. Der Wind hatte aufgefrischt, und das Rauschen des Meeres war stärker geworden. Ich wunderte mich darüber, daß ich kaum Hunger verspürte. Aber der Durst plagte mich. So versuchte ich, an etwas anderes zu denken, doch es gelang mir nicht sofort. Ich schaute auf den Sternenhimmel, um mich abzulenken, aber bald empfand ich die Nacht unendlich lang und sehnte den neuen Tag herbei. Was mochte dieser sechsunddreißigste Tag auf dem Meere bringen?

Endlich begannen die Sterne zu verlöschen, und ganz langsam wurde der Horizont sichtbar. Ich fühlte mich schwach und elend. Einige unserer Männer stöhnten. Die meisten von ihnen aber schliefen. Es wurde heller, doch nirgends war Land zu sehen. Wieder kam Zweifel auf, ob wir uns richtig verhalten hatten, als wir das Segel setzten. Waren die Aufzeichnungen der Ägypter doch falsch? Dieser quälende Gedanke ließ mich den ganzen Morgen nicht los. Aber sollte ich die Hoffnung aufgeben?

Kurz nach Mittag lag ich im Schatten des vom Wind geblähten Segels an den Mast gelehnt und spürte wieder den Hunger und Durst. Ich sah, wie Musa und Abimilk am Bug unseres Schiffes nach Land ausspähten und bald enttäuscht innehielten. Als sie zu mir kamen, versuchte ich aufzustehen. Mein unbändiger Wille spannte noch einmal die Sehnen zu einem wankenden Gang. Ich taumelte zur Bordwand hin, und wenn Musa mich nicht im letzten Augenblick gehalten hätte, wäre ich wohl ins Meer gefallen.

Elias schaute entsetzt zu. Er hatte eine Stunde zuvor wieder die Kontrolle über das Schiff übernommen. Ich aber ging langsam zum Heck und legte mich nahe der Bordwand nieder.

Geschwächt und müde ruhte ich eine geraume Weile auf den leicht schwankenden Planken. Seltsam frei und leicht war mir plötzlich zumute. Unsichtbar war der Tod, doch nah schien er mir jetzt. Bald würde ich wohl aller Mühen ledig sein. Nur einmal noch erhob ich mich, um Ausschau zu halten. Doch nichts hatte sich an unserer Situation geändert. Ich staunte nur darüber, daß Elias und Musa weniger unter den Qualen des Durstes und des Hungers zu leiden schienen als alle anderen. Verzweifelt rang ich mit meiner Schwäche, legte mich wieder hin und fiel bald darauf in tiefen Schlaf.

Wie gewohnt weckte mich Elias gegen Mitternacht. Fröstelnd erhob ich mich. Dennoch fühlte ich mich nach dem Schlaf erheblich besser und versicherte Elias, daß er sich getrost ausruhen könne. Der Nachthimmel bot zunächst ein ähnliches Bild wie vierundzwanzig Stunden zuvor. Nur der Wind wehte schwächer.

Allmählich wurden die Wolkenlücken seltener, und als sich das erste Licht des siebenunddreißigsten Tages zeigte, hatte sich die Wolkendecke geschlossen. Es war diesig, und der Horizont verschwamm mit dem Meer. Erschöpft kauerten die Männer auf den Planken, müde gegen die Bordwand gelehnt. Immer tiefer waren während der letzten Tage ihre Augen in die Höhlen gesunken, hatten ihren früheren Glanz eingebüßt. Manche glaubten schon, elend zugrundegehen zu müssen.

Der Anblick der Gefährten dauerte mich. Ich wies Abimilk und zwei weitere Gefährten dennoch an, nach Land Ausschau zu halten. Etwa drei Stunden, nachdem das volle Tageslicht eingesetzt hatte, begann es zu regnen, was ziemlich rasch große Unruhe und Freude auslöste und selbst die bis dahin Schlafenden auf die Beine brachte. Wir betrachteten den Regen als ein Geschenk der Götter. Gierig hielten wir unsere Hände auf und schlürften dann das kostbare Naß. Es half wenigstens etwas gegen den quälenden Durst.

Ich weiß gar nicht mehr, wie lange wir uns damit beschäftigten, das Regenwasser mit unseren Händen aufzufangen und zu trinken. Es war doch recht mühsam, auf diese Weise ein wenig Erleichterung zu erhalten. Die leeren Amphoren und Vasen, die ich an Deck aufstellen ließ, füllten sich aber im Laufe des Tages bis zu einem Zehntel ihres Fassungsvermögens, und so hatten wir für einige Tage immerhin trinkbares Wasser.

Um die Mittagsstunde machte mir der Hunger wieder größere Beschwerden. Noch schlimmer schmerzten meine Kiefer. Elias meinte, dies käme daher, daß sie ihrer Arbeit entwöhnt wären und langsam verkrampften. Der Steuermann riet mir, ein Stück von meinem Ledergürtel abzuschneiden, um darauf zu kauen und meine Schmerzen zu lindern. Er selbst habe dies bereits mit einigem Erfolg ausprobiert. Ungläubig zwar, aber ohne Zögern, folgte ich seinem Rat, und tatsächlich fühlte ich nach kurzer Zeit schon Besserung.

Am späten Nachmittag hörte der Regen auf. Die Wolken nahmen andere Formen an und gaben ab und zu den Himmel frei. Der Horizont war deutlicher zu erkennen, doch trotz der nun besseren Sicht zeigte sich nirgends Land. Immer noch segelten wir westwärts. Erschöpft legte ich mich am Heck zum Schlafen nieder, als erneut die Dunkelheit hereinbrach. Wenn die Aufzeichnungen der Ägypter der Wahrheit entsprachen, mußte der Ozean, auf dem wir nun schon seit siebenunddreißig Tagen nach Westen fuhren, in der Tat gewaltig sein, denn in der gleichen Zeit pflegten wir das gesamte Meer von Tyros nach Gadir zu durchqueren. Solche Gedanken beschäftigten mich noch eine ganze Weile, ehe ich einschlief.

Diese Frage ging mir auch nicht aus dem Kopf, nachdem ich um Mitternacht wieder aufgestanden war und von Elias die Kontrolle über das Schiff übernommen hatte. Sollte ich weiter hoffen? Ich klammerte mich an das Unglaubliche, um andere Gedanken zu verscheuchen. Ungeduldig sehnte ich das Licht des achtunddreißigsten Tages auf See herbei. Doch zunächst ging der Mond auf, und bald nahm die Meeresoberfläche in dem matten Licht ein gespenstisches Aussehen an. Fasziniert betrachtete ich eine Weile den Widerschein des

Mondes auf den Wogen. Dann suchte ich erneut den Horizont ab. Nach kurzer Zeit gab ich mein Bemühen erschöpft auf. Ich konnte mich nicht mehr auf den Beinen halten. Enttäuscht setzte ich mich am Heck unseres Schiffes auf die Planken nieder.

Angespannt beobachtete ich, wie die beiden Sidonier, die ich um Mitternacht für die Bedienung des Segels eingeteilt hatte, trotz ihrer Schwäche die schwierige Aufgabe mit bemerkenswertem Gleichmut lösten. Mein Magen rumorte und hielt mich wach. Ich nahm einen Schluck Regenwasser aus der Kanne, die in meiner Nähe stand, aber auch das verschaffte mir keine Linderung. Dann versuchte ich aufzustehen, doch meine Beine gehorchten mir nicht. Zornig schlug ich mit der Faust auf die Planken, zwang mich jedoch schnell wieder zur Ruhe. Die meisten Gefährten schliefen, und die beiden Sidonier hatten meine ungehaltene Reaktion nicht bemerkt, weil das Rauschen der Wellen alle anderen Laute übertönte.

Wir machten gute Fahrt, und immer noch zeigte der Bug unseres Schiffes nach Westen. Die Nacht kam mir unendlich lang vor. Vielleicht lag dies daran, daß mich meine Kraftlosigkeit dazu verdammte, an meinem Platz zu verharren und es außer dem Mond und den Sternen nichts zu sehen gab.

Ich dachte wieder an Acharbas und Elischa. Mußten sie nicht schon längst glauben, daß wir alle umgekommen waren? Es verrann viel Zeit, während ich diesen quälenden Gedanken nachsann, denn als ich schließlich davon abließ, brach der neue Tag an.

4

Ich fühlte nun doch, daß das Regenwasser mich gestärkt hatte. Auch mein Magen schmerzte nicht mehr wie einige Stunden zuvor. So trank ich erneut von dem Wasser, das wir so mühsam aufgefangen hatten. Nur am Rande bemerkte ich das prachtvolle Farbenspiel, das die aufgehende Sonne an den östlichen Himmel zauberte.

Gerade als ich die Kanne mit dem kostbaren Naß wieder an ihren Platz stellte, kam Musa aufgeregt zu mir herüber. „Seht, Herr! Das Meer!" rief der Nubier und zeigte auf die Wellen. „Das Wasser ist nicht mehr tiefblau, sondern eher dunkelgrün!"

Ich zog mich an der Bordwand hoch und blickte auf das Meer. In der Tat! Die Farbe des Wassers hatte sich verändert. Aber sonst war nichts zu sehen. So schwebte die bange Frage weiterhin auf allen Lippen, ob die Götter unsere Rettung nicht doch versagen würden. Und während wir nachsannen und noch damit beschäftigt waren, diese Veränderung zu deuten, flogen drei große Vögel über unser Schiff.

Zum erstenmal nach vielen Tagen sah ich Musa wieder lachen. Seine Freude kannte keine Grenzen und schien ihm neue Kraft zu verleihen. „Land muß in der Nähe sein, Herr!" rief der Nubier und ging nach vorn. Ich nickte und gab mir große Mühe, dem zum Bug eilenden Musa zu folgen.

Gemeinsam hielten wir Ausschau. Es war noch diesig, und so konnten wir zunächst nichts entdecken. Doch eine halbe Stunde später wurde die Sicht klar und gab den Blick auf drei recht hohe Berge frei, die in der Ferne aus dem Meere ragten.

„Land!" schrie Musa mit aller Kraft. „Land!"

Wahrhaftig, es war Land, dem wir uns näherten! Im Nu war die düstere Stimmung nach diesem Anblick verflogen. Nur kurz zuvor noch hatte ich im Innersten verzagt und den baldigen Tod erwartet. Und nun, gerade in dem Augenblick, da meine Hoffnung zu schwinden begonnen hatte, wurde der Traum zur Wahrheit.

So kam es, daß bald keiner der Gefährten mehr schlief, sondern ausgelassene Freude um sich griff. Die Götter hatten doch ein besseres Los für uns bestimmt! Gebannt schauten alle in die von Musa gewiesene Richtung und konnten es kaum fassen, daß die Rettung nun so nahe schien. Tränen der Freude benetzten unsere Gesichter. Die Vögel umkreisten noch eine Weile unser Schiff, bis sie schließlich nach Westen davonflogen. Dankesrufe an die Götter hallten danach über das weite Meer.

Bei den ersten aufgeregten Rufen des Nubiers war auch Elias nach vorn gekommen. „Die alten Schriften der Ägypter stimmen also doch!" murmelte unser Steuermann nachdenklich. „Woher haben sie dies nur gewußt?"

Ich wunderte mich zunächst, daß Elias eine solche Frage in diesem Augenblick in den Sinn kam, aber ich erkannte schnell, wie berechtigt seine Bemerkung war. Auch mich ließ dieser Gedanke hinfort nicht mehr los. Dennoch suchte ich die Aufmerksamkeit meiner Gefährten auf die für uns unmittelbar lebenswichtigen Fragen zu lenken.

„Wir werden uns noch einige Stunden gedulden müssen, bis wir endlich wieder Land betreten können", erklärte ich den Männern, die bisher so tapfer durchgehalten, Hunger und Durst ertragen hatten. „Teilt das restliche Wasser gegen Mittag unter euch auf! Dies wird euch stärken. Ich denke, daß wir noch vor Sonnenuntergang das vor uns liegende Land erreichen werden!"

Unser Schiff glitt schnell durch die ruhige See und wir fuhren direkt auf den nördlichen der drei sichtbaren Berge zu.

„Es werden wohl verschiedene Inseln sein", meinte Elias nach weiteren zwei Stunden, die wir bei klarem Himmel nach Westen gesegelt waren.

„Vielleicht liegt erst dahinter das Festland, von dem die Aufzeichnungen der Ägypter künden", merkte ich an, denn inzwischen zweifelte ich nicht mehr daran, daß der große Ozean im Westen von Festland begrenzt sein würde.

„Wir werden bald wissen, ob dies so ist, wenn auf der Insel, die wir nun ansteuern, Menschen leben", erwiderte Elias.

Ich hatte zwar nicht die geringste Vorstellung von dem Land, auf das wir zutrieben, aber mein Gefühl sagte mir, daß es dort Menschen geben mußte. Der Berg wurde zusehends größer. Gegen Mittag tranken wir das verbliebene Wasser, so daß wir wenigstens nicht unter quälendem Durst litten, während wir dem Lande näherkamen.

Nur drei Stunden später verkündete Musa, daß vor dem Berg, auf den wir zuhielten, ein langer, dunkelgrüner Schatten zu sehen sei. Bald danach waren dort die Umrisse von Palmen zu erkennen. Das dem Berg vorgelagerte flache Land ragte offenbar weit in den Ozean hinaus, und wir waren nun der Küste näher, als wir zunächst vermuteten. Zudem hatte das Wasser inzwischen eine hellgrüne Farbe angenommen. Es konnte also nicht mehr sehr tief sein.

Der kräftige Wind trieb unser Schiff in etwa vier Stadien Entfernung vom Ufer an dem flachen und üppig bewachsenen südöstlichen Teil der Insel vorbei auf eine schöne Bucht zu, hinter der sich jener Berg erhob, den wir im Morgengrauen zum erstenmal gesehen hatten. Elias sorgte sich, wie wir das Schiff besser steuern könnten. Einige Zeit beobachtete der Judäer vom Bug aus das näher kommende Gestade.

„Wir dürfen unser Schiff nicht einfach weiter dahintreiben lassen, Ahab! Hier könnte es Riffe geben", rief er mir zu.

„Und was schlägst Du vor?"

„Die restlichen Ruder, Ahab! Sie könnten uns helfen." Elias war vom Vorschiff zu mir nach hinten gekommen. Ich hatte verstanden, was er wollte. Wir mußten es wenigstens versuchen! Und so beorderte ich sechs unserer Männer auf die Ruderbänke und befahl ihnen, die Ruder zu ergreifen.

Als wir die Bucht am späten Nachmittag erreichten und direkt voraus ein gefährliches Riff entdeckten, ließ ich das Schiff mit Hilfe der uns verbliebenen Ruder nach rechts wenden. Mit Schaudern erkannte ich, daß unser Wendemanöver gerade noch rechtzeitig gekommen war. Schmal war die Lücke, aber das Schiff nahm keinen neuen Schaden. Nicht lange danach nahmen wir das Segel herunter. Schließlich lief unser Schiff mit einem sanften Ruck auf den flachen Sandstrand auf.[42]

Bereits als das Schiff die letzten zwei Stadien ohne Segel langsam auf das Ufer zuglitt, betrachteten wir alle fasziniert die herrliche Insel. Beklommen spähten wir jetzt nach allen Seiten. Kein Dorf, kein Haus war zu sehen, aber es war Land! Der Anblick kam mir vor wie ein Traum.

Unsere Männer jubelten, nachdem das Schiff nur wenige Ellen vor dem Ufer seine Bewegung beendet hatte. Selbst der bedächtige Elias wurde von der Begeisterung mitgerissen. Dennoch ersparte ich es unseren Männern nicht, die beiden Anker fallen zu lassen. Dann gingen wir fast ehrfurchtsvoll von Bord.

Es ist ein seltsames Gefühl, nach achtunddreißig Tagen auf See ein unbekanntes Land zu betreten. Ich war ziemlich entkräftet, und es fiel mir schwer, mich auf den Beinen zu halten. Auch die Gefährten wankten. Gleichwohl raffte ich mich jetzt auf und dankte unserem Gott Melkart, daß er uns gerettet hatte.

Einige Gefährten genossen es, sich in dem weichen und warmen Sand auszustrecken und die Empfindung auszukosten, daß sie einem schrecklichen Schicksal entkommen zu sein schienen. Endlich gab es nach der langen Reise wieder Abwechslung und ausgiebigen Spaß. Erst nach und nach nahmen wir die charakteristischen Laute dieses Ortes wahr: das gleichmäßige Rauschen der Brandung, das Flüstern des Windes in den Wipfeln der Palmen, das Schreien unbekannter Vögel in dem dichten Wald, der sich hinter dem schmalen Küstensaum weiter landeinwärts erstreckte. Es war angenehm warm, obwohl die Sonne schon recht tief stand. Beeindruckt von der üppigen Pracht der Insel meinte Elias nach einigen Augenblicken, so wie dieses Land aussehe, sei in den heiligen Büchern seines Volkes das Paradies beschrieben.

Unter großen Leiden und Entbehrungen, fast verzweifelnd schon, hatten wir dem völlig unbekannten Meere einen gewaltigen Sieg abgerungen. Doch stellte sich nicht sofort jenes Vertrauen, jene Zuversicht wieder ein, die unsere Mannschaft vor der Irrfahrt stets ausgezeichnet hatten. Die Furcht steckte den Männern arg in den Knochen.

Erwartungsvoll suchten wir in der unmittelbaren Umgebung nach Menschenspuren. Vergeblich! Am Strand und auf dem schmalen, von hohen Palmen bestandenen Küstensaum fanden wir keine Hinweise darauf, daß hier Menschen lebten. Und der dahinterliegende Wald war undurchdringlich. So zogen wir uns bald wieder zu dem Platz zurück, wo unser Schiff vor Anker lag. Mit Elias und Musa beriet ich, was nun zu tun sei. Wir zweifelten nicht daran, daß es auf dieser Insel Trinkwasser und jagdbare Tiere gab. Zudem wimmelte das Meer von herrlichen Fischen.

Es mochte vielleicht eine halbe Stunde vergangen sein, als bei den nur etwa fünfzig Ellen von uns entfernt aufragenden Palmen zwölf wild aussehende, nur mit einem Lendenschurz bekleidete Menschen[43] auftauchten. Sie hatten ihre hellbraunen Körper an manchen Stellen mit roter Farbe bemalt und trugen lange Wurfspeere bei sich. Unsere Gespräche verstummten sofort, als wir die im ersten Augenblick sehr kriegerisch wirkenden Männer bemerkten.

Regungslos verharrten die zwölf Männer an ihrem Platz unter den Palmen. Ich erhob mich langsam und ging mit unsicheren Schritten auf sie zu. Elias und Musa folgten mir. Etwa fünf Schritte vor der Phalanx der Inselbewohner hielten wir respektvoll inne. Gegenüber dem in der Mitte stehenden, mit langen bunten Vogelfedern geschmückten und besonders kräftig aussehenden Mann breitete ich meine Arme aus und redete den sichtlich verblüfften Krieger in meiner Sprache an. Dann streifte ich den breiten silbernen Ring mit dem eingefaßten Skarabäus aus blauer Glaspaste von dem Mittelfinger meiner linken Hand, überreichte ihn dem Krieger als Geschenk.

Zögernd, aber freundlich lächelnd nahm dieser den Ring in seine Hand und betrachtete ihn bewundernd von allen Seiten. Schließlich streifte der Krieger den Ring über den Mittelfinger seiner linken Hand, wie er es bei mir gesehen hatte und freute sich, daß der Ring paßte und nicht wieder herabfiel. Dann schickte er vier seiner Männer fort und bedeutete uns, daß wir uns alle niedersetzen sollten.

Interessiert betrachteten die Inselbewohner unsere Kleidung. Am meisten aber schienen sie sich darüber zu wundern, daß Musa so völlig anders aussah als wir. Während ich versuchte, dem Anführer der uns gegenübersitzenden Inselbewohner zu erklären, daß wir mit unserem Schiff weit über das Meer gekommen waren, behielten seine Männer fast unmerklich unsere am Strand gebliebenen Gefährten im Blick.

Schon bald kehrten die vier Männer, die der Anführer der Gruppe fortgeschickt hatte, aus dem Wald zurück. Feierlich wurde nun eine tiefe, aus einer Pflanze hergestellte Schale mit einem Getränk gefüllt, und nachdem der von mir beschenkte Mann daraus getrunken hatte, forderte er mich auf, ebenfalls davon zu kosten. Das erfrischende Getränk schmeckte süßlich, und wie uns die Inselbewohner später erklärten, war es die Milch der an manchen Palmen wachsenden Kokosnüsse. Als Elias und Musa ebenso getrunken hatten, bedeutete uns der Anführer der freundlichen Menschen dieser Insel, daß auch unsere Gefährten davon kosten sollten. So schickte ich Musa, um die Männer herbeizuholen.

Wenige Augenblicke später hatten auch sie sich bei uns niedergesetzt. Während nun einer nach dem andern das köstliche Getränk genoß, breiteten die Inselbewohner die in großen Blättern herbeigetragene Speise aus. Es waren Fische, die man im Meer gefangen und dann gekocht hatte. Wieder nahm der Anführer zuerst einen der Fische, aß davon und lud uns mit einer Handbewegung ein, uns in gleicher Weise zu bedienen.

Nach fünf Tagen des Hungerns empfanden wir die erste Speise wie ein Festmahl. Ich sparte daher nicht mit meinem Dank. Als die Sonne hinter der malerischen Bucht untergegangen war, erhoben sich die zwölf Männer, die uns so freundlich empfangen hatten. Doch bevor sie in dem undurchdringlich erscheinenden Wald verschwanden, machte mir ihr Anführer mit leicht zu verstehenden Gesten klar, daß sie nach Sonnenaufgang wiederkommen würden.

Wenngleich wir nicht wußten, was uns am folgenden Tage erwartete, betrachtete ich diese Ankündigung als ein gutes Zeichen. Zunächst war ich glücklich, daß wir uns erst einmal hatten stärken können. So richteten wir uns in der kurzen Zeit bis zum Einbruch der Dunkelheit auf dem in der Brandung leicht schaukelnden Schiff zur Nacht ein. Und während sich unsere Männer einen bequemen Platz an Deck suchten und fröhlich plauderten, erörterte ich mit Elias und Musa, wie wir uns die Hilfe der Inselbewohner sichern sollten, um uns mit Nahrungsmitteln und Trinkwasser zu versorgen.

Zudem galt es, das Schiff wieder voll seetüchtig zu machen. Es bereitete mir großen Kummer, daß wir offenbar immer noch nicht das von den Ägyptern bezeichnete Festland erreicht hatten und der Wind bislang stets aus östlicher Richtung wehte. Wenn sich dies nicht änderte, würden wir nicht nach Hause zurückkehren können. Jeder von uns wußte dies. So waren unsere Sorgen nicht gering, als wir uns nach langen Gesprächen zum Schlafen niederlegten.

Achtes Buch

IM FERNEN LAND

1

Musa hatte die zwei schmalen Boote, die sich in der Morgensonne unserem Ankerplatz näherten, als erster entdeckt. Unsicher, was dies wohl bedeuten würde, blickten wir alle in die von dem Nubier bezeichnete Richtung. Eine halbe Stunde später waren die Einbäume so nahe herangekommen, daß wir die sechs Männer als die Inselbewohner erkannten, die am Vorabend schon an unserem Ankerplatz gewesen waren. Beruhigt ging ich zusammen mit unserem Nubier von Bord und begrüßte die Männer, nachdem diese ihre Boote auf den Strand gezogen hatten.

Diesmal überraschten sie uns mit Kokosnüssen, die sie aus ihren Booten luden und in den trockenen Sand legten. Als auch unsere Gefährten von Bord geklettert waren, zeigten uns die Inselbewohner stolz, wie geschickt sie mit ihren Steinäxten umgehen konnten und die harte Schale der Kokosnüsse aufzubrechen verstanden. Wir zögerten nicht, als uns die freundlichen Menschen zum Trinken und Essen aufforderten, und so wurde unser längst wieder fühlbare Durst und Hunger ein weiteres Mal gestillt.

Ich fand gleichwohl, daß wir uns möglichst rasch aus dieser Situation befreien sollten, so angenehm sie im Augenblick auch schien. Niemand konnte wissen, ob die Menschen hier nicht am nächsten Tage schon ihre Freundlichkeit vergaßen oder einfach nicht mehr wiederkamen. Wie sich bald zeigte, vermutete ich zu Recht, daß die Unruhe unter der Mannschaft zunehmen würde, wenn sich nicht in kurzer Zeit die Möglichkeit einstellte, selbst für Nahrung zu sorgen und die Voraussetzung dafür zu schaffen, die Insel verlassen zu können. Und dazu fehlte noch vieles.

Noch während wir uns an den wohlschmeckenden Nüssen labten, brachte ich den Anführer der Inselbewohner zu dem Versprechen, uns zu einer Stelle zu führen, an der wir trinkbares Wasser finden würden. Nachdem er vier seiner Männer mit den Booten auf die Bucht hinausgeschickt hatte, folgte ich ihm und seinem Begleiter zusammen mit drei meiner Gefährten, denen ich auftrug, große Kannen mitzunehmen, den Strand entlang nach Westen, bis wir an einen kleinen Fluß kamen, den wir von unserem Ankerplatz aus nicht einsehen konnten. Ich glaubte schon, wir hätten unser Ziel erreicht, aber die Männer schüttelten den Kopf und bedeuteten uns, daß wir am Flußufer noch ein Stück landeinwärts gehen müßten. Die feuchte Wärme strengte uns sehr an, zumal kein Lufthauch zu spüren war. Doch nach einigen Minuten gelangten wir zu einem kleinen Wasserfall, auf den die Männer lächelnd zeigten. Sie tranken von dem klaren Wasser, das einen wohl sechs Ellen hohen Absatz herunterstürzte und wir taten es ihnen gleich. Rasch füllten meine Gefährten die mitgebrachten Kannen. Dann begaben wir uns auf den Rückweg.

Elias hatte inzwischen einige unserer Männer angewiesen, aus den an Bord noch vorhandenen und für andere Zwecke nicht benötigten Tauen ein großes Netz zu knüpfen. Die Arbeit daran war schon weit fortgeschritten, als wir bei unserem Ankerplatz anlangten, und ich lobte die Männer sehr. Die übrigen Gefährten hatte Elias unter Führung von Musa ausgeschickt, im nahen Wald nach Feuerholz zu suchen, ihnen aber eingeschärft, sich auf keinen Fall außer Rufweite zu entfernen.

Allerdings vernahm ich mit Bangen, daß sie unsere einzige Axt mitführten. Das herrliche Werkzeug hatte eine Klinge aus Eisen, befand sich sonst stets an Bord, war jedoch nie gebraucht worden, solange ich mit unserem Schiff zur See fuhr. Nun erhielt diese Axt plötzlich eine große Bedeutung, denn nur mit ihrer Hilfe würden wir ein neues Steuerruder fertigen können. Immerhin hing davon die Seetüchtigkeit des Schiffes und unsere Rückreise nach Gadir ab.

Ich atmete daher erleichtert auf, als Musa zusammen mit den unter ihrer schweren Last stöhnenden Männern kurz nach uns zu dem Ankerplatz zurückkehrte. Sie brachten nicht nur die überaus wertvolle Axt, sondern auch die wichtige Kunde mit, daß es in der überschwenglich wuchernden Pflanzenwelt auch schlanke Bäume gab, die wohl siebzig Ellen hoch aufragten und zur Herstellung eines neuen Steuerruders und der sieben verlorengegangenen Ruder geeignet schienen.

Die Axt wurde sogleich von den beiden Inselbewohnern bewundert, und als Musa mit einem einzigen Hieb einen armdicken Ast durchtrennte, verbreitete sich Schrecken in den Gesichtern der freundlichen Männer. Sie wandten ihre Aufmerksamkeit jedoch sofort wieder ihren eigenen Leuten zu, als diese in den beiden Booten anlandeten. Stolz zeigten sie ihren Fang vor.

In zwei großen geflochtenen Körben, die gerade in den schmalen Booten Platz fanden, lagen neben allerlei Schalentieren über vierzig herrliche Fische, von denen jeder gewiß mehr als eine Elle maß. Für vierundzwanzig schön geformte blaue Perlen aus Glaspaste, welche die Männer unter sich aufteilten, erstanden wir die Hälfte des Fangs. Kurz danach verließen uns die Männer und fuhren mit ihren Booten erneut auf die Bucht hinaus, bis sie unseren Blicken entschwanden.

Musa und zwei besonders geschickte Sidonier bereiteten uns noch vor dem höchsten Stand der Sonne ein üppiges Mahl, nachdem sie unter den schattenspendenden Palmen ein großes Feuer entzündet hatten. So kamen wir rasch zu Kräften. Zufrieden stellte ich fest, daß die erworbenen Fische noch für eine zweite Mahlzeit reichten und wir der Notwendigkeit enthoben waren, uns so fort um neue Nahrung zu kümmern. Während ich mit fünf Gefährten erneut zu dem Wasserfall ging, um unsere Trinkwasservorräte zu ergänzen, vollendeten unsere Männer das bereits begonnene Netz.

Am nächsten Morgen drangen Musa und einige weitere Gefährten darauf, ihre Kunst beim Fischfang zu erproben. Doch erwies es sich als sehr viel schwieriger, das vierzehn Ellen lange und acht Ellen breite Netz zu handhaben, als sich unsere Männer dies vorgestellt hatten. Nur selten gelang es, die Fische in dem klaren Wasser zu überlisten, und so blieb die Ausbeute gering. Die freundlichen Inselbewohner, die auch an diesem Morgen mit ihren Booten zu uns herüberkamen, lachten und unterhielten sich aufgeregt, als sie sahen, wie ungeschickt unsere Männer mit dem Netz ihr Glück versuchten. Nach einer Weile forderten sie Musa und einen unserer Sidonier auf, mit ihrem Netz die Boote zu besteigen. Dann fuhren sie mit ihnen nur ein kleines Stück auf die Bucht hinaus, wo sie ihre Geschicklichkeit demonstrierten und in kurzer Zeit so viele Fische fingen, daß wir für Tage genug zu essen hatten.

Diesmal verließen uns die hilfsbereiten Inselbewohner nicht so rasch wie am Vortage. Aufmerksam beobachteten sie, was wir machten und willigten auch ein, als ich sie einlud, mit uns gemeinsam zu essen. Es gefiel ihnen offensichtlich, wie unsere Sidonier den frisch gefangenen Fisch zubereitet hatten. Ich merkte gleichwohl, daß ihre Neugier unserem Schiff galt, zu dem sie immer wieder hinüberschauten. So forderte ich die Männer nach unserem ausgiebigen Mahl auf, mit an Bord zu kommen.

Aufgeregt sprangen sie sogleich auf und konnten es kaum erwarten, den ersten Schritt auf die Planken des ihnen so fremden Gefährtes zu tun. Beeindruckt von den Ausmaßen unseres Schiffes betasteten die Männer alles, wunderten sich über den hohen Mast und das zusammengelegte Segel, zeigten aber zu meinem Erstaunen auf das zerbrochene und am unteren Ende ausgefranste Steuerruder, dessen Wirkungsweise sie sich nicht erklären konnten. Musa, den ich mitgenommen hatte, demonstrierte es den Männern eindrucksvoll, und sie begriffen wenigstens, daß das Steuerruder abgebrochen sein mußte und so nicht mehr brauchbar war.

Nachdem wir wieder von Bord gegangen waren, stiegen die vier Inselbewohner sichtlich zufrieden in ihre Boote und fuhren davon. Noch an demselben Tag begannen Musa und die kräftigsten unter unseren Männern damit, einen Baum zu fällen, der nur etwa hundert Ellen vom Rand des dichten Waldes hoch aufragte und den wir zur Herstellung des neuen Steuerruders ausgewählt hatten. Weit schallten die Schläge der Axt. Doch nur langsam kamen die Männer mit ihrer Arbeit voran, denn das Holz erwies sich als äußerst hart. Erst am folgenden Tage, als die Sonne bereits ihren höchsten Stand erreicht hatte, fiel der mächtige Baum mit einem gewaltigen Krachen in die von uns gewünschte Richtung.

Schon beim Anblick des Baumes war uns allen klar, daß wir nicht in der Lage sein würden, den Stamm bis auf den freien Strand zu bewegen. Dort, wo der Baum jetzt lag, mußte das Steuerruder gefertigt werden.

So vergingen drei Wochen, bis das neue Steuerruder dem alten entsprach und auch die neuen Ruder ihre passende Form erhalten hatten. Die Inselbewohner verfolgten unsere anstrengende Arbeit mit unbezähmbarer Neugierde und zunehmender Bewunderung. Gelegentlich brachten sie sogar große Vögel und andere uns unbekannte Tiere mit, die sie vor unseren Augen töteten und dann auf unserem Feuer zubereiteten. Das reichliche Essen verlieh uns wieder neue Kraft.

Speise und Trank mit den freundlichen Menschen zu teilen, brachte immer wieder Abwechslung, die wir auf uns allein gestellt nicht hätten erreichen können, und daher drückte ich meine Dankbarkeit mit Geschenken an die Inselbewohner aus, die unser Tun mit so großem Wohlwollen begleiteten. Nie aber führten sie uns in ihr Dorf, das vermutlich jenseits der Bucht im dichten Wald versteckt lag. Dennoch waren wir mit den freundlichen Menschen im Laufe der drei Wochen sehr vertraut geworden.

Die Inselbewohner lernten ziemlich schnell, unsere Absichten zu durchschauen, und die Verständigung wurde zusehends leichter. So konnte ich hoffen, auf brennende Fragen, die mir von Anfang an am Herzen lagen, sinnvolle Antworten zu erhalten. Und ich wurde nicht enttäuscht. Denn als ich auf mein goldenes Medaillon deutete, das ich stets um den Hals trug, und wissen wollte, ob es auf dieser Insel Gold gebe, schüttelte der Anführer der Männer seinen Kopf. Mit lebhaften Gesten, die ich inzwischen zu verstehen gelernt hatte, schien er mir aber erklären zu wollen, daß es dort, wo die Sonne untergehe, ein großes Land gebe, das reich an Gold sei.

So waren gleich zwei Fragen in einem Atemzug beantwortet worden. Alle Versuche, von den Inselbewohnern zu erfahren, wie weit dieses Land entfernt sei, blieben jedoch vergeblich. Die freundlichen Männer wußten wohl, daß die nächsten Inseln erreichbar waren, aber darüber hinaus fehlte ihnen eine klare Vorstellung.

Ich wollte es dennoch wagen, den alten Schriften der Ägypter und den Andeutungen der Inselbewohner zu vertrauen. Mit jedem Tag fühlte ich es deutlicher: Das schier Unmögliche war unverhofft zur Möglichkeit geworden! Nachdem es endlich gelungen war, das neue Steuerruder an unserem Schiff anzubringen und wir auch wieder über eine ausreichende Anzahl an Rudern verfügten, rief ich die Mannschaft auf dem Deck des Schiffes zusammen.

„Wie Ihr wißt", begann ich meine Rede, „befinden wir uns mehr als vierzig Tagesreisen von Gadir entfernt auf einer Insel im Ozean, der weiter im Westen durch ein großes Land begrenzt zu sein scheint. Die Götter haben uns hierher geführt und gerettet. Doch auf dieser Insel gibt es offenbar nichts von dem, was wir suchen – kein Gold, kein Silber, keine Edelsteine. Nachdem unser Schiff wieder voll seetüchtig ist, habe ich mich entschlossen, bis zum Festland im Westen zu segeln. Es kann nicht mehr weit sein, da selbst die einfachen Menschen auf dieser Insel davon zu wissen scheinen und sogar behaupten, daß es dort Gold gibt."

Bei meinen letzten Worten blickten sich die Männer verdutzt an. Einige erschraken gar, und es erhob sich große Unruhe. Verzweifelt flehten manche die Götter an. Auch Elias und Musa waren von meinem kühnen Vorhaben überrascht.

„Kaum sind wir dem Tod entronnen, da sollen wir noch weiter nach Westen segeln?" erregte sich Ischbaal, ein älterer Tyrer, und fachte den Unmut zusätzlich an.

„Ist es nicht ohnehin schon schwierig genug, von hier aus nach Gadir zu rückzufinden, Herr? Wir sollten nicht noch weitere Gefahren auf uns nehmen, sondern heimkehren!" mahnte Meribaal, der Sidonier. Die meisten Gefährten nickten beifällig und murmelten zustimmend. Elias und Musa schauten in die Runde, sagten kein Wort. Mit hochrotem Kopf und ein wenig stotternd, wie er es immer in Erregung tat, jammerte Abimilk: „Ihr treibt uns in den Untergang, Herr! So könnt Ihr doch nicht handeln ...! Wäre Euer Vater ..."

„Ich verbiete Dir, so weiterzureden!" unterbrach ich den Tyrer schroff.

Ich hatte mit so viel Widerstand nicht gerechnet, aber ich wollte auch nicht aufgeben. Noch immer faszinierte mich der Gedanke, berühmter zu werden als mein Vater. Und je schwieriger das Wagnis, umso ruhmvoller würde es sein! Ich mußte es einfach wissen, ob es das Festland jenseits des Ozeans tatsächlich geben würde.

Drängender und gefährlicher als je zuvor murrten die Männer. Einige zeigten offen ihre Erbitterung, beschimpften die noch immer Folgsamen und klagten laut über meinen Entschluß. Die Größe des Ozeans sei von mir verheimlicht worden, hörte ich einen der Männer murmeln. Immer stärker wurde das Ansinnen an mich gestellt, sofort nach Gadir zurückzusegeln. Sei man auch gewöhnt an Himmelswunder, meinte einer der Sidonier, so dürften wir doch nicht damit rechnen. Sogar die eher Zurückhaltenden erklärten schließlich, sich weiter vorzuwagen, würde Frevelmut, Vermessenheit, eine Herausforderung der Götter sein.

Ich stand erhöht am Heck des Schiffes und hörte mir dies eine Weile an. Die Worte verwundeten mein Herz. Enttäuscht und zornig blickte ich auf die Männer herab, die mir nun nicht mehr folgen wollten. Alle Anstrengungen, alle Qualen sollten vergeblich gewesen sein? Sollte ich durch Zaghaftigkeit, durch fremde Schuld den erhofften, nun greifbaren Ruhm verlieren? Ob sie durchschauten, daß Ehrgeiz mich drängte und ich blindlings meinem Glück vertraute? Ich wußte es, doch sie durften es nicht wissen! Nur tiefer Glaube kann

Wunder tun und selbst schwerste Hindernisse überwinden. Und nun gefährdeten die Kleinmütigen, die Ängstlichen, den greifbar nahen Erfolg.

Doch ich bezwang meinen Zorn, versuchte heiteren Blicks die Männer zu beruhigen und sie im Netz meines unbändigen Willens einzufangen. Schon hatte ich ihnen den Anfall von Mutlosigkeit verziehen. Mochten andere dabei gescheitert sein, das gewaltige Meer zu überqueren, so mußte dies keinesfalls auch für uns gelten, zumal die Götter mit unserer Errettung ein klares Zeichen gegeben hatten. Ich war besessen von dem Gedanken, daß vielleicht schon bald mein Name in aller Munde sein und den meines Vaters an Ruhm noch übertreffen würde.

„Niemand würde uns glauben, daß wir so weit gesegelt sind, wenn wir mit leeren Händen heimkehrten!" fuhr ich fort. „Nun aber liegt es in unserer Macht, aus dem fernen Land kostbare Güter mitzunehmen, die unseren Berichten Glaubwürdigkeit verleihen. Und dennoch werden wir die einzigen bleiben, die den Weg dorthin kennen und künftig daraus Vorteile ziehen werden."

Doch auch diese Worte beruhigten unsere Männer nicht. Da ergriff Elias das Wort. Er schien zu ahnen, wie hoch der Preis war, um den ich in unübertreffbarer Kühnheit spielte.

„Euch sollte aufgefallen sein, daß während der gesamten Zeit, die wir bisher auf dieser Insel verbringen mußten, der Wind stets aus Osten oder sogar Nord osten kam. Wie ihr wißt, werden wir gar nicht anders können, als diese Insel in westlicher Richtung zu verlassen. Das von euch hergestellte Steuerruder erlaubt uns zwar, besser Kurs zu halten und unseren Spielraum beim Segeln zu vergrößern. Dies verändert jedoch unsere grundsätzliche Situation nicht, solange der Wind aus Osten oder sogar aus Nordosten weht", erklärte Elias.

Die Unruhe unter den Männern legte sich daraufhin, und ich war unserem Steuermann sehr dankbar, daß er auf diese einfache Tatsache hingewiesen hatte.

„Ich verspreche euch, sofort heimzukehren, wenn sich die Gelegenheit dazu ergibt, und wir werden außerdem einen nördlicheren Kurs steuern, nachdem wir die Insel verlassen haben", ergänzte ich. „Der Weg zurück zwingt uns ohnehin dazu, denn wir sind ja von Gadir aus zunächst nach Süden gesegelt und dann weit nach Südwesten abgetrieben worden. Ihr könnt dies selbst am Stand der Sonne oder des Nordsterns ablesen."

So machte ich den verängstigten Gefährten wieder Mut. Niemand widersprach in diesem Augenblick, und ich ordnete daher an, am folgenden Morgen schon mit den Vorbereitungen für unsere Abreise zu beginnen.

2

Die Mannschaft war der Verzweiflung nahe: Auch der dritte Versuch, unser schweres, vollbeladenes Schiff von dem flachen Sandstrand in das tiefere Wasser zu ziehen, schlug fehl. Auf diese Schwierigkeit waren wir nicht gefaßt. Ratschläge gab es nun viele. Doch manchmal hat man an gut gemeinten Ratschlägen schwerer zu tragen, als die Krieger an ihren Waffen!

Ich hatte mir alles so leicht vorgestellt, nachdem alle nutzbaren Amphoren und Kannen mit Trinkwasser und Nahrungsmitteln gefüllt waren. Selbst das in den letzten zwei Tagen an Bord geschaffte Feuerholz hätte für eine sehr lange Reise gereicht. Aber ich wollte den Männern von vornherein die Furcht nehmen, daß wir bei unserer Fahrt ins Unbekannte erneut in eine schwierige Situation geraten könnten.

Den Inselbewohnern war der Sinn unserer Geschäftigkeit natürlich nicht verborgen geblieben. Sie brachten uns eine Fülle an herrlichen Früchten und Nüssen, so daß wir zusammen mit den von unseren Männern gefangenen Fischen reichlich Nahrung an Bord hatten. Staunend sahen die Inselbewohner, daß wir uns vergeblich bemühten, unser Schiff zu bewegen. Interessiert kamen sie näher, um den Grund unseres Mißerfolgs zu erfahren. Sie verstanden nicht, warum es uns nicht gelingen wollte, das Schiff ins Wasser zu bringen, obwohl nur der vordere Teil auf dem Strand aufsaß. So entschloß ich mich ein letztes Mal, die freundlichen Menschen um Hilfe zu bitten. Sie packten sofort begeistert an, und wenige Augenblicke später befand sich unser Schiff vollständig in dem flachen Wasser.

Die Freude unserer Männer war so groß, daß sie beinahe vergaßen, an Bord zu klettern. Während das Schiff langsam in tieferes Wasser glitt und ich das Steuerruder hielt, half Elias unseren Männern dabei, wieder an Deck zu gelangen. Triefend naß, aber ausgelassen fröhlich ergriffen sie die Ruder und brachten das Schiff schließlich so weit vom Strand weg in ruhiges, tiefes Wasser, daß wir wenden und das Segel setzen konnten.

Die Sonne stand schon hoch am klaren blauen Himmel, als wir an dem gefährlichen Riff, dem wir bei der Ankunft nur knapp hatten ausweichen können, vorbeigesegelt waren. Sechs Stunden später umrundeten wir in sicherer Entfernung die Südspitze der Insel und gingen, wie ich es versprochen hatte, auf nordwestlichen Kurs. Eine Gruppe von Delphinen begleitete uns erstaunlich lange und zum Greifen nah.

Die frische Erfahrung, daß unser Schiff wieder voll steuerbar war, gab uns neue Zuversicht. Elias riet gleichwohl dazu, vor den gefährlichen Riffen auf der Hut zu sein und ständig Ausschau danach zu halten. Elias und Musa waren die einzigen unter uns, die solche Riffe aus eigener Erfahrung kannten, und ich erinnerte mich, daß mein Vater mir im Zusammenhang mit seinen lange Zeit zurückliegenden Fahrten von Ägypten aus ins Weihrauchland davon erzählt hatte. So beschlossen wir, die See stets aufmerksam zu beobachten.

Sechs Tage segelten wir bereits südlich einer Kette kleinerer Inseln entlang nach Westen, als eine sehr große Insel[44] mit hohen Bergen zur Rechten auftauchte. Doch da der Wind seit einiger Zeit schon aus nordöstlicher Richtung wehte, machten wir keinen Versuch, an der Küste dieser Insel zu landen. Außerdem hatten wir noch genug Nahrung und Trinkwasser an Bord. Deshalb waren wir nicht gezwungen, unsere Fahrt so frühzeitig zu unterbrechen. Dennoch beruhigte es unsere Mannschaft, mehrere Tage in Sichtweite des Landes zu bleiben. Kaum hatten wir diese langgestreckte Insel am elften Tage hinter uns gelassen, als eine weitere, allerdings deutlich kleinere Insel vor uns auftauchte. Diesmal beschloß ich, die Fahrt zu unterbrechen. In einer schönen Bucht an der Südküste fanden wir recht bald einen günstigen Ankerplatz.

Eingedenk unserer Erfahrung nur elf Tage zuvor vermied ich es, das Schiff auf den flachen Sandstrand auflaufen zu lassen. Wir ankerten vielmehr nur wenige Ellen vom Ufer im seichten Wasser.[45] Es war früher Nachmittag, als Musa und ich als erste von Bord kletterten und den breiten Strand betraten. Hohe Palmen säumten auch hier das Ufer, und im Hintergrund bedeckte dichter Wald die steilen Hänge der Berge, die sich vom Meere her auftürmten.

Während unsere geschicktesten Leute sogleich damit begannen, vom Heck des Schiffes aus das Netz zu werfen und ihr Glück beim Fischfang zu versuchen, erkundete ich mit Musa und zwei sidonischen Gefährten die nähere Umgebung. Schnell stellten wir fest, daß es auch auf dieser Insel Kokosnüsse gab, doch fehlte uns die Geschicklichkeit, die hohen Palmen zu erklimmen. So kehrten wir nach einer Weile lediglich mit mehreren Bündeln Feuerholz zum Ankerplatz zurück.

Weder eine Quelle, noch einen Bach hatten wir bei unserer ersten Erkundung gefunden, doch da ich mir sicher war, daß es auf dieser schönen Insel trinkbares Wasser geben würde, verschob ich die weitere Suche auf den nächsten Tag. Es erschien mir dringend geboten, der Mannschaft Ruhe und Genuß zu gönnen. So errichteten wir gegen Abend eine Feuerstelle auf dem breiten Strand und labten uns danach an den herrlichen Fischen, die unsere Männer in dem klaren Wasser der Bucht gefangen hatten.

Die angenehme Wärme, die selbst zu später Stunde noch auf der paradiesischen Insel herrschte, ließ uns lange auf dem Strand verweilen. Aber schließlich löschten wir das Feuer und begaben uns an Bord. Während die meisten Männer bald in tiefen Schlaf sanken, teilte ich mit Elias die Aufsicht über das Schiff, wie wir dies auf dem Meere zu tun pflegten. Doch nichts passierte während der Nacht, und wir dachten schon, daß die Insel menschenleer sei. Erst am frühen Morgen bemerkte einer unserer Sidonier, der sich anschickte, die

Feuerstelle erneut herzurichten, Fußspuren im feuchten Sand, die nicht von uns stammen konnten. Man hatte uns also beobachtet, aber wohl große Furcht, sich offen zu zeigen.

Im Vertrauen darauf, daß die hier lebenden Menschen ebenso friedlich sein würden, wie auf der ersten Insel, an deren Küste wir gelandet waren, wies ich Musa an, zusammen mit fünf Gefährten nach einer Quelle zu suchen. Ich selbst blieb mit Elias und den übrigen Männern beim Ankerplatz zurück. Während vier unserer Männer sich erneut dem Fischfang widmeten, behielten Elias und ich den Strand und die Umgebung im Auge.

Es mochten wohl zwei Stunden vergangen sein, als Musa mit den fünf Gefährten etwa zwei Stadien von uns entfernt auf dem Strand auftauchte. Schon bald erkannten wir, daß ihre Suche erfolgreich war, denn die Männer näherten sich wegen ihrer schweren Last nur langsam unserem Ankerplatz. Das heitere Gesicht des Nubiers leuchtete, glänzte, blitzte freudiger noch als sonst. Ich ließ das mitgebrachte Trinkwasser sofort in die leeren Amphoren an Bord umfüllen. Dabei erzählte Musa, daß er an einem bewaldeten Berghang einen großen Wasserfall gefunden habe, der leicht zu erreichen sei. Spuren von Menschen habe er dort nicht gesehen. Da die Mittagszeit noch fern war, schickte ich Musa und dieselben fünf Männer ein zweites Mal zu dem Wasserfall. Lange wollte ich nicht auf dieser Insel bleiben, und so trachtete ich danach, unsere Vorräte schnell zu ergänzen.

An diesem Morgen gingen unseren geschickten Männern besonders viele größere Fische ins Netz. Die Sidonier kochten diese Fische sogleich, während sie die kleineren an der Sonne trockneten und dann in die dazu auserschenen Amphoren legten. Gerade als ein gewaltiger Regenguß an der Ostseite des Ge birges niederging, kam Musa mit seinen schwerbeladenen Männern zurück. Unser Ankerplatz lag jedoch zu Füßen des Südwesthanges, und daher blieben wir von dem Regen weitgehend verschont. Ich betrachtete die dunklen Wolken zwar mit Sorge, doch versammelten wir uns alle um die Feuerstelle auf dem Strand, wo gekochte, wohlschmeckende Fische auf uns warteten.

Wenngleich wir also nicht Hunger leiden mußten, sehnte sich doch mancher nach anderer Speise. Aber wir verstanden uns eben nicht auf die Jagd. So mußten wir mit dem zufrieden sein, was wir herbeischaffen konnten. Immerhin hatten wir während unseres dreiwöchigen Aufenthaltes bei den freundlichen Inselbewohnern einige Pflanzen, Früchte und Nüsse kennengelernt, die sich auch zur Mitnahme auf längere Seereisen eigneten. Deshalb entschied ich, daß sich Musa mit seinen fünf Gefährten auf den Weg machen sollte, um unsere arg zusammengeschrumpften Vorräte an Früchten und Nüssen aufzufüllen. Die Männer taten dies gern, da sie solche Dinge besonders schätzten. Als sie am frühen Abend endlich wieder bei unserem Ankerplatz anlangten, konnte ich nicht nur feststellen, daß ihre Mühe lohnend gewesen war.

Auch die beim Schiff verweilenden Gefährten hatten ihre Aufgabe vorzüglich gelöst und für große Fischvorräte gesorgt. Nichts hielt uns mehr auf dieser schönen Insel. Die Männer drängten zur Weiterreise, obgleich ihre Unsicherheit und Furcht beständig wuchs. Nachdem wir am nächsten Morgen unsere restlichen Amphoren mit frischem Trinkwasser gefüllt, genügend Feuerholz gesammelt und danach ein köstliches Mittagsmahl auf dem herrlichen Strand genossen hatten, legten wir ohne Schwierigkeiten ab und fuhren in respektvoller Entfernung an der Küste der Insel entlang.

Der kräftige Nordostwind zwang uns jedoch, einen Kurs zu steuern, der uns noch weiter nach Südwesten versetzte. Die Männer bemerkten dies nicht und blieben ruhig, solange wir Landsicht hatten. Doch als die zweite Nacht auf See vorüber war und der gewohnte hellblaue Himmel das unendlich erscheinende Meer überspannte, fühlten wir uns wieder einsam und verloren. Denn ringsum fand sich kein Land. Nur am Horizont im fernen Westen sah man einige weiße Wolken. So glaubte ich nicht länger an die gerade herrschende Stille, und bald fand ich meinen Argwohn bestätigt.

Elias verstand sofort meine sorgenvollen Blicke, nachdem er sich nach kurzem Schlaf von seinem Lager in der Nähe des Mastes erhoben hatte und zu mir auf den hinteren Teil des Schiffes gekommen war. Wir wagten gar nicht, über unsere Lage zu sprechen, weil wir fürchteten, die Mannschaft zu beunruhigen. Allein, es half nichts. Angst und Verzweiflung ergriffen ohne unser Zutun erneut die meisten unserer Gefährten. Einige begannen sogar, über ihr Dasein zu fluchen.

„Habt noch etwas Geduld!" rief ich ärgerlich. „Wir werden in jedem Fall auf günstige Winde warten müssen." Daß ich für den jetzt wehenden Nordostwind dankbar war, verriet ich nicht. Vielleicht waren es nur noch wenige Tage, die uns vom Festland trennten. Doch mit bisher unbekannter Hartnäckigkeit begehrten die sonst folgsamen Männer auf.

„Unsere Herzen sind voller Unruhe, und die Götter beschützen uns nicht mehr", klagte Abimilk. „Immer weiter führt uns die Reise von Gadir fort. Kehren wir um, Herr, ehe ein weiteres Mal Nahrung und Wasser zur Neige gehen!" Ich aber brannte vor Neugier, wollte nicht aufgeben, wähnte mich schon nahe an meinem Ziel. Ein unwiderstehliches Verlangen trieb mich vorwärts.

„Solche Inseln, wie wir sie kürzlich gesehen haben, können nicht mitten im Ozean liegen", erklärte ich. „Sie künden nach aller Erfahrung die Nähe ausgedehnten Landes an. Wie reich und fruchtbar dieses vor uns liegende Land sein muß, habt ihr selbst auf den paradiesischen Inseln erlebt, die uns für einige Zeit beherbergt haben. Und vor allem: Schaut nach dem Wind! Habt ihr vergessen, was das heißt?"

Elias nickte zustimmend und staunte zugleich, daß mir solche Worte eingefallen waren. Ungern ließen sich die bedrückten Männer jetzt belehren. Noch immer murrend sahen die Gefährten nach der Richtung des Windes, mußten einsehen, daß ich auch diesmal nicht irrte. Ob sie auch gegenüber Acharbas in solcher Lage aufbegehrt hätten? Ich zweifelte daran, und mir war nicht wohl zumute dabei.

Ich zeigte nun offen meinen Ärger und behauptete, ein anderer an meiner Stelle hätte schon längst die Geduld verloren; meine Langmut aber sei nur deshalb so groß, weil ich den Frieden liebe, doch müsse das Murren bald ein Ende haben.

„Haltet die Augen offen und achtet auf jedes Zeichen, das auf Land deuten könnte!" befahl ich dann barsch. Ein weiteres Mal beugte sich die Mannschaft meinem Willen. Meine Beharrlichkeit beeindruckte, machte die Aufbegehrenden still. Auch Elias redete den Gefährten freundlich zu, bestätigte eindringlich, was ich gesagt hatte.

Die meisten Männer schienen einstweilen ihre Furcht zu vergessen. Nur wenige zogen sich auf ihren Platz zurück und flehten die Götter um Beistand an. Ich aber verließ mich darauf, daß unsere Vorräte an Bord nicht ausgehen würden, bevor wir das Festland erreicht hatten. So segelten wir weiter ins Unbekannte.

3

Es neigte sich der achte Tag seinem Ende entgegen, nachdem wir ein zweites Mal während unserer Irrfahrt von einer paradiesischen Insel aufgebrochen waren. Musa stand am Bug unseres Schiffes und beobachtete das Meer. „Herr, seht Euch die Kette weißer Wolken am südwestlichen Horizont an!" rief er plötzlich.

Eilig ging ich nach vorn. Ich vermochte jedoch nur einige Wolken links voraus im fernen Westen zu erkennen und verstand zunächst nicht, warum der Nubier mich herbeigerufen hatte.

„Ich glaube, die Wolken türmen sich an einem Gebirge auf", meinte Musa, als er meinen fragenden Blick bemerkte. So schaute ich noch einmal hin, doch war ich mir auch danach nicht sicher, ob der Nubier mit seiner Vermutung richtig lag. Ich schüttelte meinen Kopf.

„Wir werden erst morgen sehen, was sich unter den Wolken verbirgt", entgegnete ich schließlich und begab mich wieder nach hinten, um einige Stunden zu schlafen. Musa wandte sich enttäuscht ab. Bald darauf hatte sich erneut tiefe Niedergeschlagenheit unserer Männer bemächtigt, die sonst so Mutigen stumm gemacht.

Am nächsten Morgen mußten wir nicht lange warten, bis die Sonne den Dunstschleier im Westen vertrieb. Dann aber lag ein sich unendlich hinziehender Küstenstreifen vor uns, den nach Südwesten zu ein Gebirgszug säumte. Der Nubier hatte das Land als erster entdeckt. Aufgeregt winkte er mich nach vorn, als er sich seiner Sache sicher war. Sofort eilte ich, gefolgt von einigen Gefährten, zum Vorschiff hin. Was wir nun sahen, ließ keine Zweifel zu. Jubel erfaßte jetzt die Männer.

„Ja, das muß es sein!" rief ich triumphierend. Elias, der am Steuerruder stand, nickte bedächtig, und über sein Gesicht huschte ein tiefgründiges Lächeln. Ich löste ihn für eine Weile ab, so daß auch er nach vorn gehen und sich ein genaueres Bild machen konnte.

Das mußte das Festland sein, von dem die Schriften der Ägypter kündeten und die freundlichen Inselbewohner zwanzig Tage zuvor gesprochen hatten. Was die heiligen Bücher behaupteten, war durch den Willen der Götter und unseren Mut zur Gewißheit geworden: das große Meer wurde durch Festland im fernen Westen begrenzt. Ich fühlte in diesem erhebenden Moment eine unüberbietbare Freude, wie man sie nur ganz selten erleben kann. Was ich suchte, hatte ich gefunden und das Erträumte wahrgemacht. Geweiht der Unsterblichkeit glaubte ich mein Leben in diesem Augenblick.

Die Aufregung, die sich nun an Bord verbreitete, ließ niemanden mehr schlafen. Eine eigenartige Spannung erfaßte uns alle. Verjagt waren nun die törichten Gedanken, und neue Zuversicht machte sich breit. Der Wind wehte so kräftig aus östlicher Richtung, daß wir der langgestreckten Küste schnell näherkamen und gegen Mittag bereits in dem Bereich gefährlicher Riffe angelangt waren, die unsere höchste Aufmerksamkeit und unser ganzes Können beanspruchten.

Ich hatte das Steuerruder an Elias übergeben und spähte zusammen mit Musa und Abimilk vom Bug aus nach Riffen und Untiefen. Doch wäre unser Schiff sicherlich kurz vor der Küste noch zerschellt, wenn der erfahrene Steuermann meine genauen Anweisungen nicht so rasch und gewissenhaft ausgeführt hätte. Als Abimilk schließlich die Mündung eines Flusses entdeckte, hielten wir darauf zu. Nicht lange danach ließ ich das Segel herunternehmen und das Schiff von unseren Männern die letzten zwei Stadien zum flachen Ufer rudern, wo wir nördlich der Flußmündung[46] ankerten.

Erleichterung und Freude breiteten sich unter den Männern aus, während Elias immer noch nachdenklich am Heck des Schiffes stand und keine Antwort auf die Frage fand, auf welche Weise die Ägypter von der Existenz dieses fernen Landes Kenntnis erhalten hatten. Ich aber empfand Stolz und malte mir schon aus, wie groß mein Ruhm sein würde, wenn wir erst nach Gadir zurückgekehrt waren und sich die Kunde von unseren Taten in den Städten und Ländern unseres Meeres verbreitete.

„Wir wollen den Göttern ein Dankopfer darbringen!" erklärte ich, nachdem wir von Bord gegangen waren und den flachen Sandstrand betreten hatten.

185

„Sammelt große Steine und Feuerholz, damit wir einen Altar errichten können!"

„Es wird Euch gewiß nicht stören, wenn ich nicht weit von Euch opfere und bete?" bemerkte Elias. Er trug seinen kleinen, etwa eine halbe Elle hohen und ebenso breiten Altar bereits in den Händen.

„Jede andere Art der Verehrung der Götter ist hier willkommen, Elias!" antwortete ich lächelnd. Inzwischen hatte nach Elias auch Musa seinen tragbaren Altar ergriffen und suchte einen würdigen Platz für seine Gebete. Ich nickte ihm verständnisvoll zu. Längst waren wir daran gewöhnt, daß wir nicht alle dasselbe glaubten. Und Etbal hatte mich schon früh gelehrt, daß man die Verehrung unserer eigenen Götter nicht dadurch erhöhte, indem man andere Götter herabsetzte.

Als nach einer Stunde ein schön geformter Altartisch aus den in der Nähe gefundenen Steinen entstanden war, legte ich drei besonders ansehnliche Fische und drei Kokosnüsse darauf und entzündete ein Feuer. So gaben wir dem bald aufsteigenden Rauch unseren Dank an die Götter mit, die uns beschützt und bis zu diesem fernen Land geführt hatten.

Danach erst hieß ich Abimilk, auf den Mast zu klettern und Ausschau zu halten, ob sich irgendwo Leben zeigte. Musa schickte ich mit zwei Gefährten den Fluß aufwärts, das nördliche Ufer zu erkunden und wies sie streng an, in Rufweite zu bleiben. Doch zunächst regte sich nichts. Keine Menschenseele habe man gesehen, meldete mir der Nubier bei der Rückkehr, aber nicht weit von unserem Ankerplatz gebe es einen kleinen Bachlauf, dessen Wasser trinkbar sei. So befahl ich, den Weg noch einmal zu gehen und unsere Vorräte aufzufüllen.

Kaum eine Stunde war vergangen, als Abimilk aufgeregt nach mir rief und mit seiner Rechten in südliche Richtung deutete.

„Jenseits der Flußmündung, etwa zehn Stadien gen Süden, kreuzt ein großer Einbaum in unmittelbarer Nähe der Küste!" verkündete er stolz. „Vier Leute sind in dem Boot, aber ich kann nicht erkennen, was sie machen. Es sieht nicht so aus, als würden sie fischen. Sie scheinen uns nur zu beobachten."

„Gut, Abimilk! Bleib' noch eine Weile oben, und melde mir sofort, wenn das Boot näherkommt!" rief ich zurück, denn vom Strande aus konnten wir das fremde Boot nicht sehen. Eine mit niedrigen Büschen bestandene Bodenwelle am anderen Ufer des Flusses versperrte uns die Sicht. Ich beriet mich kurz mit Elias.

Wir beschlossen, größte Vorsicht walten zu lassen, aber an unserem Ankerplatz zu bleiben. Außerdem teilte ich Wachen ein, um jede Überraschung auszuschließen. Immerhin wußten wir nun, daß hier Menschen lebten, doch konnte noch niemand sagen, ob sie friedlich waren.

„Das Boot bewegt sich zum nahen Ufer hin!" rief Abimilk kurze Zeit später.

„Nun ist es meinen Blicken entschwunden!" meldete er schließlich. „Komm wieder an Deck und ruhe Dich aus! Du kannst später noch einmal den Mast erklettern", rief ich ihm zu. Wenngleich uns keine unmittelbare Gefahr drohte, ließ ich die nähere Umgebung von den eingeteilten Wachen beobachten. Unser Schiff lag ohnehin schon für einen schnellen Aufbruch bereit. Als bis zum Sonnenuntergang nichts Ungewöhnliches geschah, entzündeten wir ein großes Feuer auf dem nahen Strand und erfreuten uns an einem üppigen Mahl. Auch in der ersten Nacht blieb alles ruhig. Der Sicherheit halber schliefen wir dennoch an Bord.

Seit dem Tagesanbruch fühlten wir uns jedoch ständig beobachtet. Ab und zu sahen wir hinter dem ersten Buschwerk nicht weit von unserem Ankerplatz einen mit bunten Federn gekrönten Kopf für kurze Zeit auftauchen, manchmal auch mehrere. Die Wangen und die Stirn der aufmerksamen Späher schienen mit Streifen weiß bemalt zu sein. Nach einer Weile verschwanden die Späher wieder im dichten Regenwald. Eintöniges Gedröhn von Trommeln war daraufhin zu vernehmen, dazwischen grelle Schreie, dem Krächzen großer Vögel ähnlich. Für eine Ewigkeit fast blieb danach alles still.

Die fremden Menschen machten nicht den Eindruck, als ob sie sich zu einem Angriff rüsteten. Trotzdem riet unser Steuermann zur Vorsicht. So verdoppelte ich die Wachen bei dem Schiff. Die heimliche Beobachtung setzte sich beständig fort. Nur des Nachts war niemals etwas zu bemerken. Zwei Tage währte dieses Treiben. Geduldig widmeten sich unsere Männer dem Fischfang und schleppten eifrig Holz und Reisig herbei. Die Menge reichte stets aus, unser kleines Wachfeuer zu nähren, das die ganze Nacht hindurch brannte.

„Sollten wir nicht aufbrechen, Herr?" fragte Abimilk, als wir am Abend des zweiten Tages bei unserem Mahl auf dem schönen Strand um das gewohnte Feuer saßen. Die Frage klang recht zaghaft, obgleich sie auch anderen Gefährten längst auf den Lippen lag. Aber der junge Tyrer fürchtete wohl aus früherer Erfahrung meinen Zorn. Doch antwortete ich nicht gleich, überlegte, warf einen Blick zu Elias hin. Der Judäer hatte offenbar genug gegessen und lehnte sich, nur wenige Schritte abseits von unserer Runde, an den Stamm einer hohen Palme. Er lächelte verschmitzt, als hätte er die Wünsche der Gefährten bereits gekannt.

„Wir werden morgen über den nächsten Schritt entscheiden", erwiderte ich mit ruhiger Stimme. Die Männer nahmen meine Worte ohne Murren. Die meisten widmeten sich noch immer den herrlich duftenden Fischen. So war es recht still. Irgendwo in der Ferne schrie, todverkündend, ein unbekanntes Tier. Weißglühende, heuschreckengroße Leuchtkäfer flogen umher. Ich wandte mich um und schaute dann wieder in die Runde. Der Schein der Flammen warf bizarre Schattenbilder auf unsere Gesichter. Wie mochte unsere Reise nur enden? Gedankenschwer betrachtete ich den Himmel.

Breit war schon die Sichel des Mondes, blaß und merkwürdig flackernd das Licht der Sterne. Silbrig glänzte der sandige Boden. Nur hohe Bäume ragten nicht weit von uns schwarz in den Himmel. Mein Blick fiel auf Elias. Der Judäer lehnte immer noch an dem Stamm der Palme, hatte jetzt die Augen geschlossen. Seine Arme lagen gelöst auf seinem Schoß. Der Mond beleuchtete sein Antlitz, das gequält und aufgewühlt schien, als folge es einem Traumbild, das kein anderer sehen konnte. Sein Gesicht verklärte sich. Wir ließen ihn seinen Traum beenden und störten ihn nicht. Plötzlich setzte er sich auf, reckte sich und schaute einen Moment lang verwirrt um sich.

„Ich habe gesehen ...", murmelte er, zunächst noch unschlüssig, ob er weiterreden sollte, „wie fremdartige, schrecklich bemalte und wie wilde Tiere tanzende Krieger uns umzingelten. Überall waren sie; kein Platz schien leer. Sie kämpften mit großer Heftigkeit und gewaltigem Geschrei. Viel Blut floß, und Rauch stieg in den Himmel. Dann ..." Elias hielt plötzlich inne, starrte abwesend in das Feuer.

„Und weiter?" fragte ich gespannt.

„Nun ja, wie soll ich sagen ...? Dann geschah etwas Merkwürdiges", fuhr Elias leise fort, „dann herrschte ganz unvermittelt Ruhe. Fremde Menschen, darunter auch schöne Mädchen und Frauen, umgaben mich, verbeugten sich vor mir. Der Augenblick währte unsäglich lange, und ... und ich sah euch nicht mehr." Elias schwieg, schaute mich unsicher an. Seine Augen flackerten. Die Hände des Judäers zitterten, als hätte er keine Macht mehr über sie.

Fassungslos und still vernahmen wir die Worte des Judäers. Niemand wußte den Traum zu deuten. Elias selbst saß eine Weile unbeweglich da. Schaudernd bedeckte er dann sein Gesicht mit den Händen.

Hatte sein Gott sich ihm offenbart? So etwas sollte es geben, hatte mich Etbal einst gelehrt. Ich fragte Elias nicht weiter, sann noch lange über die Worte des Judäers nach. Nie erschien er mir rätselhafter als an diesem Abend.

Minutenlang starrten ihn die Gefährten stumm und zutiefst erschrocken an. Unruhe machte sich erneut breit, und einige unserer Männer begannen zu klagen. Angst senkte sich wieder in ihre Herzen, und nicht wenige glaubten nun, daß etwas Ungewöhnliches geschehen würde.

„Melkart bewahre uns!" flüsterte Abimilk, der Tyrer, ergriffen. „Wenn dies ein Zeichen seines Gottes war, drohen uns furchtbare Gefahren." Die Worte Abimilks fanden ein lautes Echo bei den meisten Gefährten, und einigen Männern sank der Mut jetzt wie ein verwelktes Blatt.

„Deshalb sollten wir dieses Land schnell verlassen!" murmelte ein weiterer Tyrer.

„Gegen den Willen der Götter ändert der Wind nicht seine Richtung!" versetzte ich barsch, und augenblicklich verstummten die verängstigten Gefährten. Doch dauerte die Ruhe nicht lange.

„Wir werden bald sterben!" flüsterte Meribaal, der Sidonier.

„Nein!" sagte ich hart in die beklemmende Stille. Der Sidonier zuckte zusammen. Ein baumlanger Bursche war er: lässig in seiner Haltung; pechschwarz, verwildert-struppig Bart und Haar, gutmütig sein Gesicht. Der Dreißigjährige wirkte bisher stets ernst und schweigsam. Ich vermochte es jedoch nicht, ihm ernstlich zu grollen, trotz seiner Aufsässigkeit.

Die milden Worte, mit denen ich ihm nun zuredete und die meine Unzufriedenheit verdeckten, bedrückten den Gefährten mehr als ein Ausbruch des Zorns. So ließ ich es für diesmal genug sein, als ich sah, wie meine Rede wirkte. Der Sidonier war tief beschämt, brachte Entschuldigungen vor, die jedoch keine waren. Verlegen zog er sich seitdem noch mehr zurück.

Ermattet hatte sich Elias wieder an den Baum gelehnt. Mit der rechten Hand wischte er sich den kalten Schweiß von der Stirn. Er wirkte besorgt und tief betroffen. „Nie vorher habe ich so etwas Seltsames erlebt!" sagte er fast unhörbar.

„Gib' Elias einen Becher mit klarem Wasser, Abimilk!" befahl ich knapp. Ich glaubte, der Judäer habe dies jetzt dringend nötig. Der junge Tyrer gehorchte.

Gierig trank Elias, leerte den Becher in einem Zug. Doch erntete Abimilk diesmal kein Lächeln. Ernst blieb der Judäer, tief in Gedanken versunken, verriet uns seine Gefühle nicht.

Noch lange hielt uns das Geschehen wach. Zu erregt waren wir, um sogleich Schlaf zu finden.

4

Über dem flachen Strand lag auch am Morgen des dritten Tages eine unheimliche Stille. In der Ferne hörte man nur gelegentlich Vögel krächzen.

„Sie werden uns beobachten", meinte Musa nachdenklich. Elias nickte.

„Menschen leben also hier", murmelte der Judäer. „Aber sie vermeiden es, uns zu nahe zu kommen. Warum nur? Längst müßten sie doch schon gesehen haben, daß wir keine Kriegerschar sind!"

„Vielleicht sind ihre Herzen voller Furcht?" gab Meribaal, der Sidonier, zum besten.

„Schon möglich!" schaltete ich mich ein. „Merkwürdig kommt es mir vor, daß von einer Siedlung weit und breit nichts zu sehen ist. Kein Feuer brannte während der Nacht, kein Rauch stieg bisher auf."

„Vielleicht sind wir an der falschen Stelle gelandet?" bemerkte Elias. „Wenn wir die Küste entlang nach Norden segeln ...?"

„Du meinst, wir sollten aufbrechen, Elias, nicht wahr?" sagte ich und blickte unseren Steuermann verlegen an. Der Judäer nickte stumm.

„Gut! Dann bereiten wir alles vor. In jedem Falle aber laben wir uns vorher an einem reichen Mahl! Und sobald uns die Götter günstigen Wind schicken, legen wir ab."

Erstaunt blickten die Gefährten nun zum Himmel. Jetzt erst entdeckten sie, was ich längst wußte, daß nämlich der Wind noch immer aus Nordosten wehte. Mit dem Aufbruch hatte es daher keine Eile.

Die ersten Stunden dieses Tages verliefen nicht viel anders als an den Tagen zuvor: Die Männer fischten, holten Wasser vom nahen Bach, sammelten Feuerholz. Wie üblich hatte ich zwei unserer Tyrer als Wachen eingeteilt. Gegen Mittag versammelten wir uns alle um ein großes Feuer auf dem flachen Strand.

„Seht, Herr!" flüsterte Musa, der mit dem Rücken zum Meere saß und den gesamten Strand gut überblicken konnte.

Zögernd, vorsichtig und mit dem Ausdruck großer Achtung näherten sich vom nahen Flusse her vier Bewohner dieses paradiesischen Landes unserem Ankerplatz, gerade als wir uns anschickten, das Mittagsmahl vorzubereiten. Der Nubier hatte die vier Männer zuerst gesehen und mit seinen Gesten sofort erreicht, daß wir uns alle gespannt den fremden Menschen[47] zuwandten.

Sie kamen an dem etwas erhöht liegenden Ufer des Flusses entlang, waren mit weich fallenden, kurzen Beinkleidern aus braunem Leder und Brustpanzern bekleidet, die sie mit weißen Vogelfedern geschmückt hatten. An ihren Füßen trugen sie lederne Sandalen. Als Waffen führten sie lediglich kurze steinerne Dolche und schön gearbeitete Steinbeile mit sich, die durch schmale Ledergürtel am Körper festgehalten wurden. Ihre breiten, weichgeformten Gesichter waren bartlos, ihr Alter schwer zu schätzen. Die langen Haare dieser Menschen glänzten blauschwarz und fielen strähnig auf ihre nackten Schultern herab.

Während unsere Männer aufmerksam und erwartungsvoll an dem bereits entzündeten Feuer stehenblieben, trat ich zusammen mit Elias und Musa den vier Bewohnern des Landes einige Schritte entgegen. Ruhig warteten wir dann die Zeichen der Begrüßung dieser Fremden ab. Ehrfurchtsvoll verneigten sie sich vor uns, und ich wunderte mich darüber sehr. Sie blickten dabei vor allem auf Elias. Der volle graue Bart unseres Judäers und dessen Kleidung schienen die vier Männer in besonderer Weise zu beeindrucken. Elias trug in diesem Augenblick ein langes, helles Gewand und eine spitz nach oben zulaufende Kopfbedeckung, wie es in seinem Lande üblich war. Sie ließ ihn sehr groß und zusammen mit seinem vorgerückten Alter recht würdevoll erscheinen. Unter seiner hohen Stirn ragte die leicht gebogene Nase aus dem sonst regelmäßigen Gesicht.

Aber auch die gewaltige Statur unseres Nubiers und dessen dunkle Hautfarbe verfehlten ihre Wirkung nicht. Umso überraschter waren die vier Männer, daß ich einige Worte an sie richtete. Was ich sagte, verstanden sie natürlich nicht. Aber ein freundliches Lächeln erntete ich dafür. Ich lud sie mit einer Geste zum Sitzen ein. Und während wir uns auf den weichen Sand hinabgleiten ließen, erinnerte ich mich daran, daß wir nicht ohne Geschenke in dieses wundervolle Land gekommen waren. Ich winkte Abimilk herbei und befahl ihm, vier Schnüre mit bunten Perlen aus Glaspaste vom Schiff zu holen.

Kurze Zeit später kam der Tyrer mit dem Gewünschten zu uns zurück. Freundlich lächelnd überreichte ich den Fremden das sehr einfache, aber schön aussehende Geschenk.

Die vier Männer freuten sich über diese Perlen sehr. Ihr nach den ersten Minuten etwas gelösteres Verhalten wich jedoch plötzlich deutlich sichtbarer Furcht, als sie die von der hochstehenden Sonne wirkungsvoll beschienene Galionsfigur des Gottes Bes an unserem Schiff entdeckten. Die Männer redeten aufgeregt miteinander. Dann erhoben sie sich rasch, hatten es nun eilig und zogen sich bald auf demselben Weg, den sie gekommen waren, in das mit dichtem Wald bedeckte Hinterland zurück. Ihr Aufbruch erschien uns rätselvoll. War dies gar ein schlechtes Zeichen?

Nachdenklich setzten wir unsere Vorbereitungen für das Mittagsmahl fort und stillten unseren Hunger bald danach mit schmackhaftem Fisch.

Noch lange sprachen wir an diesem Tage über unser neues Erlebnis. Vor allem konnte ich mir nicht erklären, warum die vier Männer insbesondere gegenüber Elias einen so großen Respekt zeigten.

Immer wieder prüfte ich den Wind, doch er drehte nicht, kam weiter aus Nordosten. Trotzdem beschloß ich, stets bereit zu sein, die Anker zu lichten. Am Nachmittag begleitete ich Musa und einen sidonischen Gefährten zum nahen Bach. Zwei Krüge waren leer geworden, und ich wollte sie erneut füllen lassen. Kein Bewohner des üppig bewachsenen Landes ließ sich auf unserem Wege blicken, doch spürten wir: Sie waren da!

Eine ungeahnte Pracht strömte auf unsere Augen ein, überfiel und überwältigte uns. Ich fragte mich, ob ich träumte, ob dies Wirklichkeit sein konnte. So weit das Auge reichte, erstreckte sich, mit Zauberfarben gemalt, das Paradies.

„Mir war, als funkelten zuweilen glänzende Augen im Dickicht, Herr", flüsterte mir Musa plötzlich zu. Ich hatte nichts bemerkt, schaute mich nun nach allen Seiten um.

„Kundschafter, Späher vielleicht ...", sagte ich leichthin. „Höchst seltsam ...!"

Nichts regte sich zunächst. Wir vernahmen nur die gewohnten Laute zahlreicher Tiere, die sich – für uns unsichtbar – in dem dichten Wald bewegten. Man hörte vor allem das Brüllen der Affen. Große, farbenprächtige Papageien flogen vorbei, wohl zwei Ellen maßen sie vom Kopf bis zum Ende des Schwanzes, und am Ufer des Flusses tummelten sich unzählige Ibisse und Reiher.

Zwischen Büschen und Bäumen blühten fremdartige, beinahe tierähnlich anmutende Blumen, von handgroßen Schmetterlingen, kleinen Vögeln und Bienen umschwirrt. Berauschend war der Duft der herrlichen Blumen. Nur eines störte: Myriaden von Mücken. Sie plagten uns unablässig, und nie wurden wir ihrer Herr.

Auf dem Rückweg machten wir kurz halt. Erschöpft lehnte sich Musa mit dem Rücken gegen einen schattenspendenden Baum und wollte gerade seinen schweren Krug auf den Boden stellen. Im gleichen Augenblick bemerkte er den vorschnellenden Leib einer vier Ellen langen, beinahe armdicken Schlange. Er schrie auf, ließ den gefüllten Krug fallen, sprang behende zur Seite.

Als er sich umschaute, sah er wie wir die Schlange gerade noch im dichten Unterholz verschwinden. Der umfallende Krug, aus dem sich nun das Wasser ergoß, hatte sie wohl erschreckt. Erleichtert stellte ich fest, daß sie nicht zugebissen hatte. Auch der Krug war nicht zerbrochen.

„Ob sie wohl giftig war?" fragte Musa mit ungewohnt leiser Stimme. Der Nubier zitterte ein wenig. Nur langsam strafften sich seine Züge, wich der Schreck aus dem Gesicht.

Ich zuckte mit den Schultern. „Die Bewohner dieses Landes werden es wissen", sagte ich trocken. Musa holte tief Luft. Er hob den fast leeren Krug vom Boden auf.

„Soll ich noch einmal umkehren und neues Wasser holen?" fragte er.

„Morgen!" antwortete ich. Es war jetzt mir zu spät geworden, und allein wollte ich den Nubier nicht gehen lassen. Dem üppigen Wald war bis zu diesem Ereignis nichts Gefahrdrohendes anzusehen. Doch nun beschloß ich, noch vorsichtiger zu sein. Nachdenklich schritten wir zum Ufer des Flusses hinunter und von dort zu unserem Schiff zurück.

Im Kreise der Gefährten machte das Geschehene rasch die Runde. Die Begegnung mit der Schlange hätte auch anders enden können, und ein weiteres Unglück wäre für meine Absichten keineswegs zuträglich gewesen.

Was wir während des Rückwegs vom nahen Bach erlebt hatten, erregte bei den auf uns wartenden Männern keine Freude. Man hörte nur ängstliches Gemurmel. Ich fühlte, daß das Feuer des Widerspruchs weiter schwelte. Noch loderte es nicht zur Flamme empor. Doch wenn auch nur einer der Männer in die Glut blasen würde, dann ... So redete ich ihnen erneut freundlich zu, und es gelang mir, die Ängstlichen zu beruhigen. Ich atmete danach erleichtert auf, zumal der Judäer mir keine Hilfe gab.

Elias war seit dem merkwürdigen Traum sehr still, wurde noch nachdenklicher als ich ihn vorher schon auf der langen Reise kannte. Und als die Dunkelheit sich an diesem Abend über das fremde Land senkte, sah man ihn einsam auf den Planken des Schiffes sitzen. Ruhig blickte er auf den tiefschwarzen Himmel und hielt Zwiesprache mit den Gestirnen.

Neuntes Buch

DER WEISE PRIESTER

1

Es war ein seltsames Bild, das sich uns am frühen Nachmittag des vierten Tages unseres Aufenthaltes in dem fremden Lande bot. Vom Flußufer her nahte eine Sänfte, die von vier Kriegern getragen wurde. Hinter ihr schritten vier weitere Begleiter, die volle Körbe in ihren Händen hielten. Die prachtvoll ausgestattete Schar kroch wie eine farbenschillernde Raupe zu uns heran.

Als die Krieger die mit langen, bunten Vogelfedern geschmückte Sänfte etwa zwanzig Ellen vor uns abgesetzt hatten, entstieg ihr ein prunkvoll gekleideter Mann von kräftiger Statur und mittlerem Alter. Auf seinem Kopf trug er eine herrliche Federkrone. Fast vollständig verdeckte sie seine glatten, blau schwarzen Haare. Seine Beinkleider waren, wie die seiner Begleiter, aus hellem Leder gefertigt, und seine Brust umhüllte ein Lederpanzer, den man mit schönen Meeresmuscheln verziert hatte.

Ehrfurchtsvoll verneigte sich der hochgewachsene Mann vor Elias und mir, nachdem er leicht wiegenden Ganges die wenigen Ellen auf uns zugeschritten war. Auch seine Begleiter verneigten sich danach in gleicher Weise. Während die vier Krieger mit verschränkten Armen unmittelbar neben der Sänfte verharrten, traten die vier übrigen Begleiter auf ein Zeichen ihres Herrn nach vorn. Aus ihren kunstvoll geflochtenen Körben reichten sie uns gebackene Spezereien und gebratene Wachteln. Wir nahmen dies gern an. Als wir uns setzten, ließ sich auch der fremde Würdenträger nieder und teilte mit uns die köstlichen Speisen.

Überrascht bemerkten wir, daß zwei seiner Begleiter dünn ausgewalztes, dem Papyros ähnelndes Material, Pinsel und Farben aus einer Basttasche nahmen und sich sogleich anschickten, uns zu malen.

Die anfängliche Schweigsamkeit wurde bald beendet, denn ich begann in meiner gewohnten Art zu erklären, wie wir über das große Meer gekommen waren. Dies schien unser Gegenüber erstaunlich schnell zu verstehen, denn er nickte achtungsvoll. Nur einen kurzen Augenblick verrieten seine Augen eine gewisse Erregung, als er die Galionsfigur am Bug unseres Schiffes sah.

Mit lebhaften Gesten und einem nicht enden wollenden Schwall von Worten machte er uns dann seinerseits deutlich, daß er sich Kan Xul nenne und der Herr der Siedlung Altun Ha[48] sei, die eine Tagesreise von hier gen Sonnenuntergang liege. Dorthin lud er uns ein und kündigte für den Tag, an dem die Sonne zum dritten Male aufgehe, zwei Boote an, die uns nach Altun Ha bringen sollten.

Als wir verstanden hatten, sahen wir uns verdutzt an. Auf ein derartiges Angebot waren wir nicht vorbereitet. Indes, warum sollten wir die Gelegenheit verstreichen lassen? Die Siedlung kennenlernen, vielleicht gab es im Lande Edelsteine, Silber und Gold ...

Ich nickte fast unmerklich und schaute den stolzen Herrscher freundlich an. So schwierig es auch war, sich zu verständigen – das Zeichen meiner Zustimmung wirkte. Es bedurfte vieler Worte nicht.

Schließlich erhob sich der Mann mit bewundernswerter Geschmeidigkeit von seinem Platz. Als auch wir aufgestanden waren, wies uns der fremde Herrscher mit feinem Lächeln auf das Kunstwerk seiner Begleiter hin. Staunend erkannten wir, mit welcher Genauigkeit die Zeichner uns dargestellt hatten. Selbst die Verschiedenartigkeit unserer Gestalten, der Hautfarbe, der Haartracht und der Kleidung hatten sie unverwechselbar erfaßt. Vor allem die Gestalt des Nubiers, seine Größe und Schlankheit, seine dunkle Haut, das Kraushaar und die wulstigen Lippen schienen die Künstler sehr zu fesseln. So konnten wir nicht umhin, das Werk zu bewundern.

Dann verneigte sich der fremde Herrscher erneut und schickte sich an, zu gehen. Doch bevor er wieder seine Sänfte bestieg, überreichte ich ihm zum Zeichen unseres Dankes ein schön gearbeitetes Räuchergefäß und vier kleine, kunstvoll geformte Figuren aus Ton. Mit großer Ehrerbietung nahm er die Geschenke an.

Würdevoll stieg der Herr von Altun Ha wieder in seine Sänfte und ließ sich von dannen tragen. Als die kleine Karawane am Flußufer angekommen war, bemerkten wir erst, daß dort zwei große Boote bereitlagen, vor denen vier weitere Krieger ihren Herrn erwarteten.

Die freundliche Einladung in das unbekannte Hinterland reizte mich, doch das Schiff und den größten Teil der Mannschaft zurücklassen ...? Es war mir nicht wohl zumute dabei, aber eine innere Stimme sagte mir, daß ich es trotz allem wagen sollte.

„Die Bewohner dieses Landes scheinen von einem ganz anderen Schlage zu sein als jene Menschen, die wir auf den Inseln kennengelernt haben", stellte Elias fest, nachdem der Herr von Altun Ha unseren Blicken entschwunden war. „Trotz der Ehrfurcht, die sie uns gegenüber zeigten, fehlt es ihnen nicht an Selbstsicherheit, Würde und Stolz. Sie kennen offenbar mehr als nur die Sorge um das tägliche Überleben."

„Das glaube ich auch", erwiderte ich, „und Deine Erscheinung, Elias, hat die Menschen hier besonders beeindruckt. Vielleicht kann uns das noch nützen. Wir sollten jedenfalls der Einladung des Herrn von Altun Ha Folge leisten. Ich denke, dies wird uns große Vorteile bringen."

Meine Worte trafen die Mannschaft wieder einmal völlig unvorbereitet. Zunächst war es nur Staunen, nicht Widerspruch, was sich in den Gesichtern der Männer ausdrückte. Bald aber schlug mir ein wüstes Stimmengewirr entgegen. Alle schrien durcheinander, überboten sich in Beschimpfungen, temperamentvolle, wilde Seeleute, die sie waren. Die Bestätigung, daß der große Ozean im Westen durch Land umschlossen war, hatte doch nicht alle Männer wieder mit Vertrauen erfüllt. Nur oberflächlich war die Ruhe. Nur begrenzt hielt uns die gemeinsam ertragene Gefahr zusammen. Und nur für kurze Zeit drängten die Begegnungen mit den fremden Menschen die Ungewißheit unserer Heimkehr nach Gadir in den Hintergrund.

Ungewohnt erschienen mir trotz allem die heftig fuchtelnden Hände und die geballten Fäuste. Seit unserem Schiffbruch vor mehr als vierzig Tagen hatte sich der Zwiespalt in der Mannschaft nie so unverhüllt gezeigt, waren die Meinungen nie so wütend aufeinandergeprallt.

Der Sprecher der Erregten und Ängstlichen war – wie schon mehrfach zuvor – der junge Tyrer Abimilk. Er ließ nicht ab, die Forderung zu wiederholen, sofort aufzubrechen, nichts mehr zu wagen. Zu viel habe das kühne Unternehmen bereits gekostet, meinte er. Man dürfe jetzt keine Zeit verlieren und solle nicht noch weitere Männer ungewissem Gewinn opfern. Mit seinen Worten peitschte der Tyrer erneut die Wogen auf. Ahnte er gar, daß es mein Ehrgeiz war, der mich zu immer neuen, kühnen Wagnissen trieb? In heimischen Gewässern, in vertrauter Umgebung, wäre sein Verhalten nicht ungesühnt geblieben, doch hier ...? Wie sollte ich den Unbotmäßigen strafen? Vermutlich brauchte ich den jungen Tyrer noch!

Musa dagegen verfocht die Ansicht, es wäre Unsinn, die Gelegenheit so einfach fahren zu lassen. Unter den Männern waren die beiden Meinungen ziemlich gleich verteilt, und der Streit wollte nicht enden. Ungern gestand ich es mir ein – die Zügel drohten mir zu entgleiten. Schließlich erzwang ich mir Gehör. Ruhe kehrte für einen Augenblick ein, und alle Augen waren nun auf mich gerichtet.

„Nur wenige Tage noch und wissen werden wir, was dieses Land uns bieten kann! Habt also Geduld! Im übrigen ist ein Aufbruch nur möglich, wenn der Wind aus Süden oder Westen kommt. Ist jemand unter euch, der das widerlegen kann?" Scharf und schneidend wie nie zuvor hatte ich die Frage gestellt. Alle schwiegen.

„Also! Da immer noch ein kräftiger Nordostwind weht, bleibt uns keine Wahl. Offenbar ist dies der Wille der Götter!"

Die eben noch so Wütenden und Widerspenstigen saßen jetzt still und kleinlaut da. Niedergeschmettert und gelähmt vor Furcht hockte Abimilk, der junge Tyrer, nicht weit von mir auf dem Sand. Kein Wort kam über seine Lippen. Er hatte meine entschlossene Reaktion wohl nicht erwartet, fühlte sich hilflos und einsam zugleich. Tief eingeprägt in seine Seele hatten sich die entsetzensvollen Stunden jenes Sturms, der unser Schiff zum Spielball des tobenden Meeres machte. Der Tod Abibals, seines besten Freundes, ging ihm sehr nah.

„Werden die Götter uns denn jemals günstigen Wind schicken, der uns zurück nach Gadir bringen kann?" murmelte der Tyrer verzweifelt.

„Vielleicht müssen wir noch eine Weile warten und Geduld haben." Diesmal hatte ich einen versöhnlichen Ton gewählt und schaute Abimilk milde an.

„Umso wichtiger ist es, die Freundschaft der hier wohnenden Menschen zu gewinnen!" verkündete Elias knapp. Musa nickte. Niemand widersprach.

Trotz der wiedergewonnenen Ruhe war ich mir meiner Mannschaft nicht sicher. Die Widerspenstigen und Ängstlichen hatte ich nicht bekehrt. Die nächste Gelegenheit schon würden sie gewiß nutzen, die Funken in der Asche erneut anzufachen. Zu leicht hatte ich mir das Unternehmen vorgestellt. Doch nun galt es, mutig den nächsten Schritt zu tun. Von keinem Hindernis, von keiner Schranke wollte ich mich noch abhalten lassen. Ich war entschlossen, das un gangbar Erscheinende gangbar, das Unausdenkliche möglich zu machen.

„Wir werden das Schiff auf keinen Fall unbeaufsichtigt lassen!" sagte ich. „Was meinst Du, Elias, wird es ausreichen, wenn uns drei unserer Männer in das unbekannte Hinterland begleiten?"

„Da der Herr von Altun Ha von zwei Booten gesprochen hat, die er schicken wolle, wäre dies wohl angemessen. So kann die Mehrzahl der Männer unter der Führung von Musa das Schiff bewachen, für Feuerholz, Wasser und Nahrung sorgen", antwortete Elias. „Die Bewohner dieses Landes verhalten sich uns gegenüber bis jetzt freundlich, ja sogar ehrfurchtsvoll. Sie werden uns aber kaum unbeobachtet lassen."

So bestimmte ich den Arwader Boschmun, den Sidonier Meribaal und den aufsässigen Abimilk, mit uns zu kommen, falls der Herrscher dieses Landes sein Wort wahrmachen sollte. Ich traute Abimilk jetzt nicht rückhaltlos, wollte ihn unter den Augen behalten. Der junge Tyrer war völlig überrascht, sagte aber nichts. Den anderen schärfte ich ein, Geduld zu üben, immer in der Nähe des Schiffes zu bleiben und Musa Gehorsam zu leisten.

Boschmun konnte seine Freude kaum verbergen, als er hörte, daß er Elias und mich begleiten dürfe. Er war der Tüchtigste der Gefährten und zugleich der Bescheidenste. Der Arwader zeichnete sich durch ein stilles Wesen und große Wißbegier aus, jammerte und klagte nicht so häufig wie die anderen, wenn ihm Unerwartetes oder vermeintlich Schlimmes widerfuhr.

Den jungen Mann hatte Elias aus einem mir unbekannten Grunde von Anfang an in sein Herz geschlossen. Wie ein Vater war der Judäer zu ihm und lehrte ihn so manches Wissen. Bald konnte der Arwader sogar ein wenig lesen und schreiben. Vor allem aber erwarb er sich enorme Kenntnisse im Rechnen und in der Sternenkunde.

Die übrigen Männer sahen rasch ein, daß es sinnlos gewesen wäre, mir jetzt zu widersprechen. Sie kannten meinen festen Willen, die Gunst der Stunde zu nutzen, die uns das Angebot des fremden Herrschers verschaffte. Es gab sogar einige unter den Männern, die ihre Enttäuschung nicht verbargen, daß sie Elias und mich nicht begleiten durften. Anderen wiederum mußte ich versprechen, den Aufenthalt in diesem Lande nicht lange auszudehnen, sondern so bald wie möglich nach Gadir zurückzusegeln. So war ich den Göttern dankbar, daß sie den Wind immer noch aus Nordost wehen ließen und es mir so erleichterten, die Männer zu beruhigen.

Von meiner eigenen Unruhe sagte ich den Männern – und auch Elias – nichts. Oft schweiften meine Gedanken nach Gadir, und ich fragte mich, was Acharbas und Elischa nun glauben mochten, nachdem unsere Rückkehr so lange überfällig war. Ob mein Vater von seiner Krankheit wohl genesen war? Er hatte ja einen unbeugsamen Willen! Doch ich fand keine befriedigende Antwort, und auch die Götter gaben mir kein Zeichen.

Mit jedem weiteren Tag in diesem fernen Lande fühlte ich die Last schwerer werden, die ich mir ohne Zwang aufgebürdet hatte. Einerseits zog mich das Unbekannte, vielleicht sogar Ungeheuerliche, in seinen Bann. Zudem reizte mich die Aussicht auf Gold und Edelsteine, oder gar andere Kostbarkeiten, von denen wir noch nichts ahnten, neue Wagnisse einzugehen. Andererseits aber drängte es mich zur Rückkehr, Acharbas und Elischa wiederzusehen und die für sie zweifellos schwer erträgliche Ungewißheit zu beenden.

2

Unsere Männer hatte ich zur Geduld ermahnt. Doch in den zwei Tagen nach unserer ersten Begegnung mit dem fremden Herrscher spürte ich immer deutlicher, wie meine eigene Ungeduld rasch zunahm. Deshalb war ich dankbar, als tatsächlich am frühen Morgen des dritten Tages zwei große Boote am nördlichen Flußufer nahe bei unserem Ankerplatz anlegten und ein prachtvoll gekleideter Krieger zusammen mit zwei der insgesamt acht Bootsleute zu uns herüberkam. Sein wohl zwei Ellen langes und an beiden Schneiden mit scharf geschliffenen Steinspitzen besetztes Holzschwert hing an seiner linken Seite.

Gemeinsam mit dem Judäer ging ich dem Fremden einige Schritte entgegen. Ehrfurchtsvoll verneigte sich der Krieger vor Elias und mir, nachdem er die kurze Wegstrecke zurückgelegt hatte. Dann bedeutete er uns mit einer einladenden Geste, daß die Boote seines Herrn für uns bereitstünden. Ich lächelte und nickte. Doch nur mit Mühe gelang es mir, meine Unruhe, meine Sorge zu unterdrücken.

Ich erinnerte die bei unserem Schiff bleibenden Gefährten noch einmal daran, was ich ihnen in den vergangenen zwei Tagen eindringlich erklärt hatte. Schweigend hörten sie mich an. Dann folgte ich zusammen mit Elias und den drei von mir ausgewählten Männern dem Fremden zum Ufer des Flusses. Geschickt und kraftvoll brachten die Krieger die Boote in Fahrt, indem je zwei von ihnen, vorn und hinten in dem wohl fünfzehn Ellen langen Einbaum stehend, ihre mächtigen Paddel rhythmisch ins Wasser stießen. Die Krieger waren nur mit einem breiten Ledergürtel und einem Lendenschurz bekleidet. Ihre Schwerter trugen sie dabei so, daß diese nicht stören konnten, während sie die Boote vorwärtsbewegten.

Wenngleich wir zunächst kaum ein Wort mit dem Krieger wechselten, den uns der Herr von Altun Ha geschickt hatte, gab es im Laufe der eintönigen Fahrt doch immer wieder den Versuch, gestenreich zu fragen oder etwas zu erläutern. So erfuhren wir, daß sich der prachtvoll gekleidete Krieger, der mit Elias und mir im vorderen Boot Platz genommen hatte, Ak Kan nannte. Erst später wurde uns klar, daß er wegen seiner Kühnheit und seines herausragenden Könnens zum obersten Krieger berufen worden war.

Die geringe Strömung ließ uns rasch vorankommen. Nur selten wurde der dichte Wald, der beide Ufer säumte, von kleinen Lichtungen unterbrochen. Mit staunenswerter Ausdauer steuerten die Männer unsere beiden Boote durch die zahllosen Windungen des Flusses, und bis zum Mittag begegneten wir nur wenigen Bewohnern des Landes, die flußabwärts fuhren. Unmittelbar vor einer Stromschnelle legten die Boote schließlich am nördlichen Ufer an. Hier war der Wald gerodet und ein freier Platz geschaffen worden.

Im Schatten eines weit ausladenden Baumes am Rande dieser Lichtung warteten zwölf Krieger, die sich um drei Sänften gruppierten. Wie uns Ak Kan durch Zeichen mit den Händen zu verstehen gab, waren die Sänften für uns bestimmt, da man nun den Fluß verlassen müsse, um nach Altun Ha zu gelangen. Doch bevor wir unseren Weg fortsetzten, führte uns der prachtvoll gekleidete Krieger zu einem mit Palmblättern gedeckten steinernen Haus, das auf einer aus Erdreich errichteten Plattform stand. Dort boten uns zwei Diener des Herrn von Altun Ha frisch zubereitetes Geflügel und herrliche Früchte an.

Nach dem köstlichen Mahl, das fast eine Stunde dauerte, brachen wir auf und begaben uns auf den schmalen, aber offenbar vielbenutzten Weg nach Altun Ha. Die acht Ruderer, die uns mit ihren Booten hergebracht hatten, blieben am Fluß zurück, während die auf uns wartenden Krieger nun die drei Sänften trugen, in denen je zwei von uns Platz genommen hatten. Der Gang der Krieger war so ebenmäßig, daß die Sänften kaum schwankten.

Nicht immer verlief der nach Norden führende schmale Weg durch dichten Wald. Ab und zu öffnete sich der Wald zu einer Lichtung, gelegentlich säumte hohes Buschwerk unseren Weg, und als wir am späten Nachmittag durch einige Felder kamen, auf denen allerlei uns unbekannte Pflanzen angebaut waren, erklärte uns Ak Kan, daß wir bald Altun Ha erreichen würden. Und tatsächlich erblickten wir nicht lange danach die ersten Gebäude des Ortes.

Im Gegensatz zu den vielen einfachen und ärmlichen Hütten, die sich von den Feldern bis an den Rand des Ortes hinzogen, sahen wir nun Häuser aus grauen Steinen. Sie standen auf niedrigen, jedoch sorgfältig eingeebneten Plattformen, die vielleicht zwölf Ellen lang und ebenso breit waren. Ihre Dächer hatte man mit großen Palmzweigen bedeckt. Dazu fehlten auch kunstvoll gearbeitete Zisternen nicht, in denen man das Regenwasser sammelte. Sogleich umfing uns der Duft gebratener Vögel in den Gassen, wo die Frauen ihre Herdfeuer vor den Häusern angezündet hatten.

Schließlich fesselten die Tempel und Paläste unseren Blick. Sie befanden sich auf deutlich höheren Plattformen und bildeten einen geschlossenen Bereich, der wohl hundert Ellen in der einen und zweihundert Ellen in der anderen Richtung maß und die Mitte dieser Siedlung beherrschte. Fremdartig er schienen uns diese Bauten, hatten sie doch keine Ähnlichkeit mit dem, was wir kannten.

Waren wir schon auf dem langen und für die Krieger wegen der feuchten Wärme sehr beschwerlichen Wege vom Fluß hierher vielen Menschen begegnet, so herrschte nun ein reges Leben, nachdem wir die ersten Felder passierten. Doch als wir Altun Ha erreichten, wurde uns ein Empfang zuteil, wie ich ihn noch niemals erlebt hatte.

An beiden Seiten des hier verbreiterten, aber ungepflasterten Weges erwarteten uns zahlreiche Menschen – Männer, Frauen und Kinder, die mit weißen Vogelfedern winkten. Wir wurden mit Blumengebinden behängt, und auf dem Wege hatte man Tausende von Blumen ausgestreut. Muscheltrompeten und Fellpauken ertönten, als wir dem zentralen Platz des Ortes näherkamen, und von der Empore eines großen Tempels stiegen Wolken brennenden Harzes auf, die angenehmen Duft verbreiteten.

Schon von weitem sahen wir Kan Xul, den Herrn von Altun Ha, vor seinem Palaste stehen. Zehn Stufen führten zum Eingang des Palastes empor. Auf der obersten Stufe, die erheblich breiter angelegt war, hieß uns der Herrscher mit einem breiten Lächeln willkommen. Er trug einen prächtigen mantelartigen Umhang aus Tierfell, der ihm bis weit über die Knie reichte. Tief verneigte er sich vor uns, als wir unseren Sänften entstiegen waren. Nach ihm begrüßte uns der oberste Priester.

Der in einen Umhang aus Tierfell und bunten Vogelfedern gekleidete hochgewachsene Mann ehrwürdigen Alters nannte sich Yat Balam und sollte während des restlichen Tages nicht mehr von unserer Seite weichen. Doch zuerst führte uns der Herrscher von Altun Ha in seinen Palast, wo sich die Oberhäupter der vornehmsten Familien in einem großen Raum versammelt hatten. Wie alle anderen Bewohner dieses paradiesischen Landes, die wir bislang gesehen hatten, waren auch sie bartlos und verneigten sich ehrfurchtsvoll vor uns.

Zwei Zeichner saßen mit überkreuzten Beinen auf dem steinernen Boden und hielten die feierliche Zeremonie in leuchtenden Farben für ihren Herrscher fest. Später erst sahen wir, mit welch bewundernswerter Genauigkeit und Feinheit es den Künstlern gelungen war, uns Fremde auf Pergament aus Tierhaut abzubilden.

Höflich wies man uns steinerne Schemel mit weichen Kissen als Sitze zu. Der Herrscher nahm uns gegenüber Platz. Auf seinem Thron lagen schöne Raubtierfelle, Wahrzeichen der Herrschermacht, sorgfältig ausgebreitet.

War für unser leibliches Wohl schon vordem gut gesorgt worden, so fanden wir jetzt in den Räumen des Palastes eine solche Fülle von Körben mit gebackenen Spezereien und gebratenen Truthühnern vor, daß wir unseren Augen nicht trauten. In rot bemalten Schüsseln bot man Honig dar. Ja, selbst schön geformte, der Natur nachempfundene Schalen, Krüge und Becher mit köstlichem Saft von uns unbekannten Früchten und mit einem Getränk, das die Bewohner dieses Landes 'Kakao' nannten, standen bereit. Die zahlreiche Dienerschaft, meist junge, schön gewachsene Mädchen, kümmerte sich mit großer Emsigkeit darum, daß Speisen und Getränke rasch ergänzt wurden und niemals Mangel herrschte.

Wir ergötzten uns aber nicht nur an den köstlichen Speisen und Getränken. Uns fesselte vielmehr noch das Gepränge, das der Herrscher von Altun Ha und die Vornehmen des Ortes vor unseren Augen entfalteten. Ihre Ohrpflöcke, Halsketten und Amulette aus Gold, Silber und Edelsteinen glitzerten im Licht der zahlreichen Kienfackeln, die nach Einbruch der Nacht entzündet worden waren. Dagegen erschienen unsere Geschenke, drei herrlich gearbeitete Becher und eine Kanne, die ich Kan Xul bald nach unserer Ankunft überreicht hatte, nicht sehr eindrucksvoll. Der Herrscher von Altun Ha fühlte sich dennoch geehrt und zeigte große Dankbarkeit. Ihm entging allerdings nicht, daß der edle Schmuck, den er und die Vornehmen von Altun Ha trugen, meine besondere Aufmerksamkeit erregte.

Noch lange genossen wir an diesem Abend die Gastfreundschaft des Herrschers. Bald füllten die Kienfackeln den langgestreckten, niedrigen Raum mit Rauchstreifen. Das fahle Licht ließ die mit Stern- und Götterbildern bunt bemalten Wände mal fern, mal nah erscheinen. Und manchmal gewann ich den Eindruck, daß die Götterwesen, die den rings um die Wände laufenden Fries bedeckten, geisterhaft tanzten oder schwebten. Nicht weniger geisterhaft wogten und schwebten die Menschen im unruhig hüpfenden Feuerschein. Die ungeahnte Farbenpracht überwältigte uns alle, machte nachdenklich, beklommen. Da wir schon während der Bootsfahrt einige Worte der fremdartigen und zunächst unverständlichen Sprache lernten und im Laufe des Abends noch weitere hinzukamen, gelang es uns immer besser, Gedanken und Wünsche zu bekunden. Vor allem Elias und der ehrwürdige Priester versuchten mit großem

Eifer, die Sprache des anderen zu ergründen.

Nach dem Ende des Festmahls führte uns der Herrscher von Altun Ha durch die anderen Räume seines Hauses. Als letzter einer Reihe von prachtvoll bemalten Räumen lag im hintersten, von großen Bäumen beschatteten Teil des Palastes ein langgestreckter Saal, an dessen Wänden sich knapp unterhalb der Decke quadratische Lichtöffnungen befanden. Der einzige Zugang war mit einem Korallenvorhang versehen. Dort hatten Dienerinnen ein Nachtlager für uns bereitet und nicht mit weichen Kissen gespart, die aus Bast und Vogelfedern gefertigt waren.

Auf einer steinernen Bank stand ein dreiarmiger, grünlich schimmernder Halter. In ihn hatte man ellenlange Kienspäne gesteckt. Sie waren mit Harz so durchtränkt, daß sie langsam, ohne zu qualmen, verbrannten. Ihr milder Schein verbreitete ein angenehmes, beruhigend wirkendes Licht.

Überwältigt von der Gastfreundschaft des Herrschers von Altun Ha kam bei niemandem von uns das Gefühl der Gefahr auf, obwohl wir uns doch in einem fremden Land befanden und beinahe nichts vom Leben jener Menschen wußten, in deren Hände wir uns begeben hatten. Die Erlebnisse dieses Tages ließen uns lange nicht schlafen, und wir begeisterten uns daran, die Worte auszutauschen, die wir während der kurzen Zeit von den Bewohnern dieses Landes gelernt zu haben glaubten.

Vor allem Elias hatte viel zu unseren Kenntnissen über die fremdartige Sprache beizusteuern. „Ist es nicht faszinierend", fragte er plötzlich, „neben der Sprache auch noch herauszufinden, wie weit das Wissen und die Fähigkeiten dieser Menschen reichen?"

„Dazu müßten wir allerdings mehr Zeit haben!" erwiderte ich. „Immerhin kennen die Bewohner dieses Landes Gold, Silber und Edelsteine, und sie sind in der Lage, diese Dinge kunstvoll zu bearbeiten."

„Ihre Waffen fertigen sie jedoch aus Stein und Holz, während sie Pfeil und Bogen nicht zu kennen scheinen", ergänzte der Arwader.

„Das meinte ich nicht, als ich von Wissen und Fähigkeiten sprach", sagte Elias. „Wenn ich die Worte und Gesten des Priesters Yat Balam verstanden habe, so genießt dieser Mann wohl auch deshalb große Verehrung und Respekt, weil er Kenntnisse besitzt, die ihn von anderen Menschen in diesem Lande deutlich unterscheiden und die ihm sogar besondere Macht verleihen!"

„Vielleicht werden wir bald sehen, ob der Priester uns sein Wissen vorführen will", bemerkte ich. „Vor allem aber möchte ich erfahren, woher der Herrscher von Altun Ha Gold, Silber und Edelsteine bezieht und was ihm diese Dinge wert sind."

Am nächsten Morgen erlebten wir einen weiteren Beweis der Gastfreundschaft und Achtung, welche die Bewohner dieses Landes uns entgegenbrachten. Kan Xul hatte seinen Dienerinnen offenbar befohlen, dafür zu sorgen, daß es uns an nichts fehlte. Die fünf schön gewachsenen, jungen Mädchen verneigten sich bis zum Boden, als wir unsere Ruhestätte verließen und in den schmalen Vorraum traten, wo die Dienerinnen auf uns gewartet hatten. Sie mochten vielleicht sechzehn Jahre alt sein. Ihre langen schwarzen Haare glänzten, und die samtene Haut ihrer Wangen hatten sie in verwirrenden Mustern mit weißen Linien bemalt. Die Mädchen trugen nur kurze Gewänder, die mehr freigaben, als sie bedecken konnten. Ihre Ohren zierten kleine Ringe aus Jade, die man mit goldenem Draht befestigt hatte, und an den Handgelenken glitzerten Armbänder aus herrlichen Edelsteinen.

Graziös bewegten die jungen Mädchen ihre biegsamen, schlanken Körper und weckten unsere Begehrlichkeit. Lächelnd reichten sie große Schüsseln mit klarem Wasser, das sie wohl kurz zuvor aus der nahen Zisterne geholt hatten. Wir schätzten die Erfrischung umso mehr, als die Sonne bereits hoch an dem blau gefegten Himmel stand und die feuchte Wärme uns schon wieder arg bedrückte.

Nur wenig später geleiteten uns die Dienerinnen in einen offenen Innenhof, den ich am Vorabend gar nicht bemerkt hatte. Dort empfingen uns Kan Xul und der Priester Yat Balam überaus freundlich. Während wir uns an den wohlschmeckenden, gebackenen Spezereien und köstlichen Früchten erfreuten, die von den Dienerinnen herbeigetragen wurden, kündigte Kan Xul gestenreich an, daß wir noch viel über sein Volk und sein Land erfahren sollten. Dabei deutete er absichtsvoll auf Yat Balam.

Kaum war dies geschehen, als der Priester auch schon begann, die Umrisse des Landes darzustellen, indem er kleine rote Blüten, die er einem neben ihm stehenden Korbe entnahm, auf den weißgetünchten Fußboden des Innenhofes legte und nicht vergaß, den Ankerplatz unseres Schiffes mit einer Muschel zu bezeichnen. Bald danach hatte Yat Balam ein Bild des Landes mit Flüssen und Bergen auf den Fußboden gebreitet, und wir lernten rasch, daß es noch zahlreiche andere Orte gab, die wie Altun Ha einen eigenen Herrscher hatten.

Die nächste Siedlung, so erklärte der Priester gestenreich, liege zwei Tagesreisen gen Sonnenuntergang an einem Fluß, der nach Norden ins Meer fließe. Er nannte sie Lamanai[49] und schilderte mit eindrucksvollen Gebärden, daß man mit den dortigen Herrschern freundschaftlich verbunden sei. Er selbst stamme aus Tikal,[50] das zehn Tagesreisen gen Südwesten liege und große Macht habe. Die Herrscher Tikals zeichneten sich dadurch aus, daß sie häufig Krieg führten und die dabei gemachten Gefangenen an bestimmten Tagen den Göttern opferten. Dennoch wagten sich die Kaufleute von Altun Ha und anderen Orten des Landes in das mächtige Tikal, um Handel zu treiben. Sie blieben unbehelligt, da auch die dortigen Herrscher großen Nutzen von dem Handelsaustausch hätten.

Aufmerksam lauschten wir den Schilderungen Yat Balams, die selten von

Kan Xul unterbrochen wurden. Meist dauerte es lange, bis wir begriffen hatten. Vor allem Elias fragte immer wieder nach und machte ein Spiel daraus, indem er den Worten des weisen Priesters, deren Bedeutung er ganz sicher zu erkennen glaubte, Worte aus unserer Sprache entgegenstellte.

Allzu schnell verging darüber der Morgen. Hatten wir in den wenigen Stunden schon vieles erfahren, so sollten wir am Nachmittag und erst recht nach Einbruch der Dunkelheit erkennen, über welches bedeutsame Wissen Yat Balam verfügte. Der Priester hatte uns nach einem reichen Mittagsmahl zu einem merkwürdigen Gebäude am Rande des Palast- und Tempelbereichs geführt, das mir bereits wegen seiner unregelmäßigen Fensteröffnungen und Nischen aufgefallen war. Es diente ihm, wie wir schließlich sahen, zur genauen Beobachtung von Sonne, Mond und Sternen.

Erneut behalf sich Yat Balam bei seinen Erläuterungen mit einer eindrucksvollen Zeichnung auf dem Fußboden des größten Raumes in diesem Gebäude, um uns zu zeigen, daß er die Bewegungen der Sonne, des Morgensterns und des Mondes kannte und zu berechnen wußte. Als sich am Abend der klare Sternenhimmel über Altun Ha ausbreitete, ließ es sich der weise Priester nicht nehmen, den Sinn der zahlreichen Maueröffnungen und Nischen zu erklären. Wir verbargen unser Staunen nicht. Doch sorgte der in der Sternenkunde außerordentlich wissensreiche Elias einmal mehr dafür, daß die Bewunderung nicht einseitig blieb.

Noch an demselben Abend richtete Yat Balam an uns die Bitte, länger in Altun Ha zu verweilen. Ich erkannte damals nicht den Hintergedanken, den der Priester mit seiner Bitte verband und glaubte, er wolle lediglich das reiche Wissen unseres Steuermanns über die Sterne nutzen. Dabei hätte mich die Ehrfurcht, die insbesondere die äußere Erscheinung des Judäers von Anfang an bei den Menschen dieses Landes weckte, daran erinnern müssen, daß hinter dieser Bitte mehr stand, als nur das Interesse an dem Kenntnisreichtum unseres Gefährten.

Wir waren längst wieder in den Palast des Herrschers von Altun Ha zurückgekehrt und genossen ein weiteres Mal dessen großzügige Gastfreundschaft, ohne zu wissen, wie wir sie vergelten konnten. Diesmal war auch Sak Kuk, die wunderschöne Frau des Herrschers, zugegen, und sie hatte ihre eigenen Dienerinnen mitgebracht.

Uns zu Ehren reichten die anmutigen, so fremdartig schönen Mädchen Speisen und Getränke herum. Als Elias einem der Mädchen eine Schale mit Kakao abnahm, berührten sich ihre Hände, und des Mädchens offenes, langes Haar streifte seine Wange. Das Mädchen lächelte ihn bedeutungsvoll aus großen, braunen Augen an. Verwirrt und seltsam berührt, wie ich den Judäer noch nie gesehen hatte, lächelte auch Elias, verschlang das Mädchen fast mit seinen Blicken. Doch schnell wandte er sich erneut mir zu, denn die Bitte des Herrschers harrte noch einer Antwort.

„Was meint Ihr, Ahab? Sollen wir länger in diesem Lande bleiben?"
Meine Verlegenheit hätte kaum größer sein können, als Elias mich fragend anblickte. Ich selbst war bei unseren Männern im Wort, den Aufenthalt in diesem Lande nicht lange auszudehnen, sondern sobald es der Wind erlaubte, nach Gadir zurückzusegeln. Außerdem beunruhigte mich der Gedanke, die Mannschaft und unser Schiff länger allein zu lassen. Eine Tagesreise entfernt von der Küste und unserem Schiff fühlte ich trotz der Gastfreundschaft ein tiefes Unbehagen. Andererseits ließ sich die Neigung des Judäers nicht einfach abtun, die ihm plötzlich zugefallene Bedeutung auszukosten und dem Wunsch des weisen Priesters nachzukommen.

So fand ich nach einigem Hin und Her mit Elias die Lösung, daß der Judäer zusammen mit Boschmun, dem Arwader, noch weitere zehn Tage in Altun Ha bleiben solle, während ich schon am folgenden Morgen mit den übrigen Männern an die Küste zurückkehren würde. Yat Balam und Kan Xul verfolgten meine Unterhaltung mit Elias schweigend, aber mit zunehmender Spannung, denn sie konnten keines von unseren Worten verstehen. Umso größer war ihre Freude, als ich ihnen schließlich gestenreich darlegte, zu welchem Ergebnis wir gekommen waren.

Sogleich rief der Herrscher von Altun Ha denselben Krieger herbei, der uns am Vortage von der Küste abgeholt hatte. Ehrerbietig nahm Ak Kan die Befehle seines Herrn entgegen, um sich dann wieder zu entfernen. Ich muß dennoch gestehen, daß mich trotz der Gastfreundschaft und Ehrfurcht des Herrschers von Altun Ha eine gewisse Unruhe erfaßte, die ich nicht zu erklären vermochte.

„Am achten Tage sollte der Herrscher von Altun Ha mir erneut seine Boote schicken, denn ich will ihn und den Priester noch einmal sehen!" sagte ich nachdenklich zu Elias, nachdem wir uns in die hinteren Räume des Palastes zurückgezogen hatten. „Richte meinen Wunsch in einer günstigen Stunde bald nach meinem Abschied aus, Elias, wenn Du der Zustimmung des Herrschers sicher bist!"

Erstaunt sah mich der Judäer an.

„Fürchtet Ihr, daß der Herrscher mich nicht gehen lassen wird, wenn Ihr nicht selbst in dessen Palast erscheint?" erwiderte Elias mit einem mißtrauischen Unterton in seiner Stimme.

„Nein! Ich weiß nicht, warum es mich drängt, ein zweites Mal nach Altun Ha zu kommen. Ein unerklärliches Gefühl läßt mich diesen Wunsch äußern", gab ich zurück. Und das war sogar aufrichtig. Elias merkte sofort, daß es keinen Sinn hatte, mich weiter zu bedrängen, denn er kannte mich schon lange genug.

Der nächste Morgen sah uns früher auf den Beinen, als am Tage vorher. Noch während wir uns an den köstlichen Speisen erfreuten, die von den schönen, jungen Dienerinnen Kan Xuls gereicht wurden, erschienen der Priester Yat Balam und der Krieger Ak Kan im Palast. Auf ein fast unmerkliches Zeichen Kan Xuls eilte eine weitere Dienerin mit einer wundervollen Kette aus Gold und Lapislazuli herbei.

Wir hatten uns bereits erhoben, als der Herrscher würdevoll auf mich zuschritt und mir die herrliche Kette um meinen Hals legte. Mit tiefer Verbeugung nahm er sodann Abschied von mir, und noch als ich auf dem Platz vor dem Palast die Sänfte bestieg, war ich so überwältigt von der Dankbarkeit des Herrschers, daß ich beinahe vergessen hätte, Elias und dem bei ihm bleibenden Arwader Lebewohl zu sagen.

3

Ein gewaltiger Regenschauer ging gerade hernieder, als unser Boot am nördlichen Ufer des Flusses nahe der Küste anlegte und ich die Krieger des Herrschers von Altun Ha entließ. Erleichtert erblickte ich unser Schiff. Es schaukelte sehr heftig auf dem aufgepeitschten Meere. Kaum hatte ich mit meinen beiden Gefährten den freien Strand erreicht, als Musa und die übrigen Männer uns auch schon entgegenliefen.

„Wo habt Ihr Elias und den Arwader gelassen, Herr?" rief Musa, noch ehe er bis zu uns herangekommen war.

„Sie sind dem Reiz der schönen Frauen erlegen, die es in diesem Lande gibt!" antwortete ich. Die Männer schauten ungläubig, grinsten dann, schnalzten mit der Zunge. Musa lachte laut los, hielt aber bald inne, als ich keine Miene verzog und nicht die geringste Neigung zeigte, eine andere Erklärung zu geben. Er wurde noch unsicherer, nachdem meine beiden Gefährten unaufgefordert bestätigten, daß die Frauen hier tatsächlich an Liebreiz und Schönheit kaum zu übertreffen seien. Doch schließlich machte ich der Verblüffung Musas ein Ende und nannte ihm den wahren Grund, weshalb Elias und der Arwader nicht mit uns zurückgekommen waren. Obgleich wir alle völlig durchnäßt waren, umarmten wir uns fröhlich, als hätten wir uns monatelang nicht gesehen. Dabei hatte ich ja erst vor weniger als drei Tagen die beim Schiff zurückbleibenden Männer verlassen.

Doch bald legte sich die Aufgeregtheit, und die Männer lauschten gespannt, was ich über unsere Erlebnisse in Altun Ha erzählte. Ich vergaß dabei auch nicht, meine Absicht zu erwähnen, dem Herrscher von Altun Ha in wenigen Tagen ein zweites Mal meine Aufwartung zu machen. Danach aber, so kündigte ich an, wolle ich nach Gadir zurücksegeln. Die Männer nahmen dies mit großer Freude auf, wenngleich es ihnen in dem paradiesischen Lande an nichts fehlte. Daher kam es nicht selten vor, daß ich manchen meiner Gefährten die Götter um günstigen Wind anflehen hörte.

Meine Anweisung an die Mannschaft, die Abreise Schritt für Schritt vorzubereiten und den notwendigen Nahrungs- und Trinkwasservorrat zu ergänzen sowie für genügend Feuerholz zu sorgen, beruhigte die Männer sehr, denn sie zeigte ihnen, daß ich meine Absicht ernst meinte. Auf solche Weise hielt ich die Gefährten auch über jene Zeit beschäftigt, die ich erneut in Altun Ha weilen wollte.

Ich hegte keinen Zweifel daran, daß am Morgen des achten Tages, nachdem ich von Elias Abschied genommen hatte, das Boot des Herrschers von Altun Ha an der Mündung des Flusses nahe bei unserem Ankerplatz bereitliegen würde. Und so geschah es. Der Krieger Ak Kan, dem auch diesmal die Aufgabe zugefallen war, mich sicher zu geleiten, wirkte nun schon vertraut. Er begegnete mir jedoch mit der gleichen Ehrfurcht wie am ersten Tage.

Ich hatte mich am Vorabend entschieden, zwei andere Gefährten, Sidonier beide, mitzunehmen und den übrigen Männern noch einmal eingeschärft, Musa zu gehorchen. Auch wagte ich es diesmal, Abimilk beim Schiff zurückzulassen, unterstellte ihn der strengen Aufsicht Musas. Ihm traute ich jetzt zu, den jungen Tyrer zu bändigen.

So brachen wir bald auf und folgten Ak Kan zu den am Flußufer wartenden Kriegern. Während meine beiden Gefährten fasziniert die kraftvollen und unglaublich gut aufeinander abgestimmten Paddelschläge der acht Krieger betrachteten, nachdem wir vom Ufer abgelegt hatten, fesselte ich die Aufmerksamkeit von Ak Kan mit einer solchen Fülle von Fragen, daß der tapfere Krieger mich mehrfach erstaunt ansah. Mit großer Geduld setzte er jedesmal seine Erklärungen fort. So war ich am Abend, als wir uns Altun Ha näherten, um manche Worte seiner Sprache reicher. Die beiden Sidonier verfolgten mein Treiben mit Verwunderung. Sie begriffen erst sehr viel später, wie sinnvoll meine Bemühungen waren.

In Altun Ha hatten sich gerade die letzten Regenwolken verzogen, als wir die steinernen Häuser erreichten. Kan Xul war unsere Ankunft offenbar schon gemeldet worden, denn er erwartete uns auf den Stufen, die zu seinem Palast heraufführten und verneigte sich in gleicher Weise wie bei unserer ersten Begegnung. Zu meiner Freude traten nun auch Elias und unser Arwader aus dem Palast. Sie verhielten sich jedoch anders, als ich es bisher von ihnen kannte, aber ich vermochte die Veränderung nicht zu deuten.

Nachdem wir der Aufforderung Kan Xuls gefolgt und in den Innenhof des Palastes gegangen waren, sorgte der Anblick köstlicher Speisen und Getränke dafür, meine Aufmerksamkeit für eine Weile abzulenken. Erst spät fiel mir auf, daß auch der Herrscher von Altun Ha nicht mehr jene Selbstsicherheit ausstrahlte, die ich noch vor wenigen Tagen bei ihm beobachtet hatte. Doch gerade als ich mich anschickte, die Gründe für sein verändertes Verhalten zu erfragen, kam ein Krieger aus dem großen Vorraum in den Innenhof des

Palastes. Tief verneigte er sich vor seinem Herrn. Dann trat er nahe an Kan Xul heran und flüsterte ihm einige Worte zu. Sofort erhob sich der Herrscher von Altun Ha und verließ das Festmahl zusammen mit Ak Kan, dem er einen kurzen Wink gegeben hatte. So war ich plötzlich allein mit meinen Gefährten.

„Nun, was geht hier vor, Elias?" fragte ich unseren Judäer ungeduldig.

„Ich fürchte, der Kriegszug des Herrn von Tikal wird wohl auch Altun Ha nicht verschonen", erwiderte Elias, „aber laßt mich die Geschichte von Anfang an erzählen, Ahab!"

Ich erinnerte mich daran, daß der weise Priester den Namen Tikal erwähnt hatte, als er uns über dieses Land, die Siedlungen und die verschiedenen Herrschaftsbereiche aufzuklären suchte. Daher nickte ich jetzt nur kurz.

„Bald nachdem Ihr von Altun Ha zur Küste aufgebrochen seid, Ahab, habe ich mit unserem Arwader den weisen Priester Yat Balam nach Lamanai begleitet. Zu Bahlum Kuk, dem Herrscher von Lamanai, das zwei Tagesreisen westlich von hier an einem nach Norden führenden Fluß liegt, unterhält Kan Xul seit jeher freundschaftliche Beziehungen, und auch die Priesterschaft beider Orte ist eng miteinander verbunden. Deshalb trifft man auf dem Wege zwischen Lamanai und Altun Ha nicht nur Händler, die ihren Geschäften nachzugehen pflegen, ohne sich besonders um die Art der übrigen Beziehungen zu kümmern. Hier hat sich vielmehr unter den vornehmen Familien beider Orte die Sitte herausgebildet, sich häufig gegenseitig zu besuchen. Die Priesterschaft aber tauscht sogar ihre Beobachtungen, Erkenntnisse und Erfahrungen aus, weil sie glaubt, damit ihre Macht über die Menschen festigen zu können. Selbst der ehrwürdige und schon etwas gebrechlich wirkende Priester Yat Balam scheut den beschwerlichen Weg nicht.

Offenbar war unser Kommen bereits durch Boten angekündigt worden, denn Bahlum Kuk, der Herrscher von Lamanai, empfing uns mit der gleichen Ehrfurcht und Achtung, die wir auch in Altun Ha erfahren hatten. Dennoch herrschte in Lamanai von Anfang an eine für uns zunächst nicht erklärbare Unruhe, deren Ursache wir jedoch bald verstehen lernten.

Im Kreise der Priesterschaft, wo wir die meiste Zeit verbrachten, war die Unruhe nicht minder zu spüren. Yat Balam verstand es schließlich, mir darzulegen, daß der mächtige Herr von Tikal seine Krieger ausgeschickt hatte, um in den Siedlungen am östlichen Rande seines Herrschaftsbereichs Gefangene zu machen, die als Sklaven dienen oder den Göttern geopfert werden sollten. Mehrere Späher hatten dem Herrn von Lamanai übereinstimmend berichtet, daß die Krieger von Tikal die nur zwei Tagesreisen südlich liegende Nachbarsiedlung bereits überfallen hätten.

Yat Balam ließ sich jedoch durch diese Berichte nicht darin beirren, im Tempelbezirk zu verweilen, zumal ihm der Herrscher von Lamanai sogleich versichert hatte, daß man für einen Kampf mit den Kriegern von Tikal gerüstet sei. Und tatsächlich änderte sich rasch das Leben und Treiben in der Siedlung. Man sah nun viele Krieger, die in aufwendigem und farbenprächtigem Federschmuck, wild aussehenden Tiermasken, mit Schwertern und Speeren bewaffnet durch die Siedlung eilten.

Die ersten beiden Tage und Nächte vergingen im Kreise der Priesterschaft wie im Vogelfluge. Viel mehr als Yat Balam wußte der Oberpriester von Lamanai über die Bahnen der Sonne, der Planeten und des Mondes zu berichten, doch brachte man mir hier noch größere Verehrung entgegen als in Altun Ha, nachdem ich mein Wissen über die Sterne vorgeführt hatte.

Am dritten Tage bei Sonnenuntergang wurden wir gemeinsam mit Yat Balam zum Herrn von Lamanai gerufen. Bahlum Kuk saß auf einem an den Seiten mit schönen Tiergestalten verzierten und mit einem gelb-schwarzen Raubtierfell bedeckten steinernen Sessel, als ein Diener uns in den großen Saal des Palastes führte. Neben Bahlum Kuk lag still und aufmerksam sein silbergrauer, furchterregender Hund.

Zu Füßen des Herrschers, doch in gebührendem Abstand, kniete ein Gefangener, der von zwei Kriegern flankiert wurde. Der Gefangene hatte sein Gesicht grell bemalt. Er trug eine kunstvoll gearbeitete Adlermaske, einen mit weißen Federn geschmückten Lederpanzer, kurze Beinkleider aus Tierfell und sehr schön verzierte Ledersandalen. Nur seine Waffen hatte man ihm abgenommen.

Auf die Worte des Herrn von Lamanai antwortete der Gefangene nicht. Er blickte Bahlum Kuk nur haßerfüllt in die Augen. Plötzlich schnellte er empor, ergriff blitzartig den am Gürtel des neben ihm stehenden Kriegers steckenden Obsidiandolch und hob seinen Arm gegen Bahlum Kuk.

Da geschah etwas Unglaubliches. Der Hund des Herrschers von Lamanai sprang auf den Gefangenen zu und erfaßte ihn am linken Handgelenk. Doch fast in demselben Augenblick fiel der Hund auch schon tot zu Boden. Der Gefangene hatte ihm mit dem Obsidiandolch den Bauch aufgeschlitzt. Erst jetzt gelang es den beiden Kriegern, die Arme des Gefangenen zu ergreifen und ihm den Dolch zu entwinden.

Bahlum Kuk war erregt aufgesprungen und warf seinen Kriegern einen kurzen zornigen Blick zu. Den Gefangenen aber starrte er sodann lange durchdringend an. Der Herr von Lamanai mag wohl mit dem Gedanken gespielt haben, den Gefangenen sofort zu töten. Doch ließ er seine Hand, die schon den Griff des Dolches gefaßt hatte, wieder sinken. Auf ein Zeichen des Herrschers brachten zwei weitere Krieger einen Holzkäfig herein. In diesen sperrte man den Gefangenen und trug ihn aus dem Saal. Als der Fremde mich für einen kurzen Moment erblickte, erschrak er. Doch bevor ich darüber nachdenken konnte, was dies bedeuten mochte, erheischte das weitere Geschehen im Palast erneut meine Aufmerksamkeit.

Inzwischen breitete sich langsam eine dunkle Blutlache auf dem hellen

Steinboden aus. Diener eilten herbei. Sie waren jedoch durch den Anblick des toten Hundes so verwirrt, daß sie erst einer zornigen Anweisung ihres Herrn bedurften, ehe sie das schrecklich zugerichtete Tier hinaustrugen. Wie sehr sie sich danach auch bemühten, die Spuren des entsetzlichen Geschehens zu beseitigen, so blieb doch ein großer dunkelroter Fleck zurück.

Der Priester sah dies als schlimmes Vorzeichen an und ließ offenbar auch in dem anschließenden Wortwechsel mit dem Herrn von Lamanai keinen Zweifel an seiner Besorgnis aufkommen. Schließlich bedeutete mir Yat Balam, daß wir am folgenden Morgen zu früher Stunde nach Altun Ha aufbrechen würden. Der Herrscher von Lamanai aber mußte sich nun um die von den Kriegern aus Tikal drohende Gefahr kümmern. Daher nahmen wir bald Abschied von Bahlum Kuk.

Bei dem Gefangenen, so erfuhr ich später, handelte es sich um den Sohn des Herrn von Tikal. Er zählte zu den tapfersten Kriegern und war am Morgen mit sechs Gefährten nicht weit von Lamanai entfernt in einen Hinterhalt geraten, als er die Lage und die Befestigung des Ortes auskundschaften wollte. Seine Gefährten hatten im Kampf den Tod gefunden. Er aber wurde durch eine List überwältigt und gefangen in den Palast geführt, wo wir Zeugen seines kühnen Versuchs wurden, den Herrscher von Lamanai zu töten.

Unsere Rückkehr nach Altun Ha verlief ohne Hindernisse. Allerdings folgten wir dem Rat der Krieger und fuhren mit einem Boot zuerst ein gutes Stück den Fluß hinunter nach Norden, bevor wir uns nach Osten wandten und auf einem anderen Wege Altun Ha erreichten. Die Leute von Lamanai sind jedoch bald nach unserer Abreise in den Kampf gezogen, wie ein Bote von Bahlum Kuk heute morgen dem Herrn von Altun Ha berichtete. Die Nachricht, die ihm vorhin überbracht wurde, bevor er das Festmahl verließ, bedeutet wohl nichts Gutes."

4

Kaum hatte Elias diesen letzten Satz gesprochen, als Kan Xul zusammen mit dem Priester in den Innenhof des Palastes zurückkehrte. Besorgt wirkten sie, und über die Anwesenden breitete sich Ratlosigkeit wie ein schwarzer Schleier. Erwartungsvoll richteten sich unsere Blicke auf den Herrn von Altun Ha, der seine Gelassenheit und innere Ruhe verloren zu haben schien. Mit unsicher wirkender Stimme begann er zu schildern, was die Boten ihm vor kurzer Zeit berichtet hatten, während Yat Balam, der weise Priester, mit eindrucksvollen Gesten half, uns die Worte Kan Xuls verständlich zu machen. Dabei beobachtete ich mit Staunen, daß sich Elias häufig einschaltete und zeigte, welches Wissen ihm in den wenigen Tagen zugewachsen war.

So erfuhren wir, daß der Herrscher von Lamanai seinen Gefangenen durch den Biß einer giftigen Schlange hatte töten lassen, nachdem dieser sich weiterhin standhaft weigerte, Einzelheiten über den Kriegszug seines Vaters zu verraten. Für einen Krieger war ein derartiger Tod würdelos und mußte auch von dem Herrscher Tikals als tiefe Schmach empfunden werden, wie Yat Balam mit eindrucksvollem Mienenspiel deutlich machte.

Kurze Zeit nach dem Tod des tapferen Kriegers hatte die Hauptstreitmacht des Herrn von Tikal das südliche Vorfeld von Lamanai erreicht und sofort den Kampf begonnen. Den Kriegern von Lamanai war es zwar gelungen, ihrem Gegner große Verluste zuzufügen, doch hatten sie es nicht vermocht, der gewaltigen Übermacht der Angreifer lange standzuhalten. Nur wenige von ihnen waren den Kriegern Tikals lebend in die Hände gefallen. Der Herrscher von Lamanai hatte sich mit seinen Kriegern zunächst in die gut befestigte Siedlung zurückgezogen, und als deren Verteidigung am folgenden Tage – denn nachts pflegte man in diesem Lande nicht zu kämpfen, weil man die Dunkelheit fürchtete – nicht mehr möglich schien, über den Fluß nach Norden in Sicherheit gebracht, wo er die Hilfe des Herrn von Altun Ha erwartete.

Kan Xul hatte nicht gezögert, einen bedeutenden Teil seiner Krieger dem mit ihm verbündeten Bahlum Kuk entgegenzuschicken. Offenbar war es aber auch ihnen nicht gelungen, die Krieger von Tikal zu besiegen. Bahlum Kuk war deshalb mit seinen Getreuen weiter nach Norden geflohen. Die Streitmacht Tikals rückte nunmehr jedoch auf Altun Ha zu.

So befahl Kan Xul, hohe Zäune aus mehr als armdicken Baumstämmen zu zimmern und dort im Boden zu verankern, wo sie dazu dienen konnten, den Zugang zur Siedlung zu verwehren. In wenigen Stunden verwandelte sich jedes Haus in eine Festung. Auch ließ der Herrscher eilig Nahrungs- und Wasservorräte anlegen und für alle Fälle Fluchtwege nach Norden und Osten vorbereiten. An Speeren, Schwertern, Äxten und Schilden gab es dagegen keinen Mangel. Vor allem Schwerter mit scharfen Steinspitzen und Äxte hatte man kürzlich erst in großer Zahl aus Col Ha,[51] einem kleinen Ort etwa eine Tagesreise nördlich von Altun Ha, erworben. Dort lebten die besten Steinmetzen. Ihre Kunstfertigkeit war weit über die Grenzen des Tieflandes berühmt und selbst den Völkern jenseits der Berge im Süden bekannt.

Welche Geschäftigkeit in Altun Ha nun auch herrschte, so konnte doch nichts darüber hinwegtäuschen, daß die Krieger aus Tikal große Furcht ausgelöst hatten. Selbst Kan Xul war von Furcht nicht frei. Sein Gesicht verdüsterte sich einmal mehr, als erneut ein Bote hereingeführt wurde. Dieser berichtete, daß die Krieger Tikals eine Tagesreise von hier ihr Lager aufgeschlagen hätten und gewiß am folgenden Tage in Altun Ha sein würden.

Yat Balam, der weise Priester, bemerkte mit Sorge, wie wenig Kan Xul bislang eingefallen war, um der drohenden Gefahr zu begegnen. Die Maßnahmen des Herrschers von Altun Ha überzeugten den Priester nicht. Hilfesuchend blickte er immer wieder auf Elias, als erwarte er von diesem ein Wunder. Schließlich trug Yat Balam unserem schon durch seine bloße Erscheinung so eindrucksvoll wirkenden Judäer die Bitte vor, dem Herrscher mit seinem Wissen beizustehen.

Wenngleich ich die Fähigkeiten und Kenntnisse meines Gefährten für außergewöhnlich hielt und ihm sehr viel zutraute, erstaunte es mich doch, wie gut Elias seine Rolle spielte, in die er fast ohne besonderes Zutun hineingeraten war. Er schien diese Rolle zu genießen und gar nicht daran zu denken, von hier zu fliehen oder zum Aufbruch zu drängen. Auch konnte ich mir nicht erklären, daß Elias trotz der unmittelbar drohenden Gefahr keine Furcht zeigte.

Ruhig und würdevoll bedeutete er dem Herrscher von Altun Ha, die Befestigung der Siedlung zu vollenden. Dieser Ratschlag machte zwar keinen sonderlichen Eindruck auf den weisen Priester, gab aber dem Herrn von Altun Ha Zuversicht, durfte er sich mit seinen bisherigen Maßnahmen immerhin auf dem richtigen Wege wähnen. Elias spielte jedoch mehr auf Zeit für eigene Überlegungen, denn von kriegerischen Dingen wußte er nicht viel, und der Angriff der Krieger aus Tikal schien erst für den nächsten Tag bevorzustehen.

„Ich glaube", sagte der Judäer plötzlich zu mir gewandt, „die Menschen in diesem Lande lassen sich durch etwas Unerwartetes leicht beeindrucken. Doch zweifle ich daran, daß allein mein Auftritt gegenüber den anrückenden Kriegern aus Tikal viel bewirken könnte. Ich habe zwar noch keine Erklärung dafür gefunden, warum der hochrangige Gefangene des Herrn von Lamanai so erschrak, als er mich erblickte. Doch wäre es vielleicht ein zu gewagtes Spiel, auf ein ähnliches Verhalten der übrigen Krieger aus Tikal zu hoffen. Seht Ihr eine Möglichkeit, Ahab, wie man dem Herrn von Altun Ha zum Siege verhelfen könnte?"

Ich war auf eine derartige Frage überhaupt nicht vorbereitet. Vielmehr dachte ich daran, möglichst noch vor dem entscheidenden Kampf um Altun Ha, dessen Ausgang ungewiß war, von hier wegzukommen und unbeschadet mit meinen Gefährten zu unserem Schiff zu gelangen. So zögerte ich mit meiner Antwort und gab Elias Gelegenheit, mich weiter zu bedrängen.

„Ihr denkt wohl nur daran, Altun Ha schnell wieder zu verlassen und zur Küste zurückzukehren, nicht wahr, Ahab? Aber ich sage Euch, dies wird nicht gehen, denn der Herrscher wird Euch im Augenblick kaum seine Krieger für ein solches Unterfangen mitgeben. Und ohne sie wäret Ihr verloren!"

Elias hatte mich sofort durchschaut. Mich ärgerte aber weniger die Tatsache, daß sich der Judäer mir erneut überlegen zeigte. Viel mehr noch erzürnte mich der Vorwurf, der in seinen Worten lag.

„Siehst Du es als abwegig an, Elias, wenn ich mich zuerst um das Schicksal unserer Männer sorge?" erwiderte ich so zornig, daß Kan Xul und der weise

Priester bekümmert miteinander zu murmeln begannen, obwohl sie unsere Worte sicher nicht hatten verstehen können.

„Nein! Das ist auch nicht die entscheidende Frage!" gab der Judäer in ruhigem Ton zurück. „Unser weiteres Schicksal hängt davon ab, ob wir dem Herrn von Altun Ha aus der gefährlichen Lage heraushelfen. Lösen wir diese Aufgabe, dann steht dem Rückweg an die Küste nichts mehr entgegen! Wenn wir den Bedrängten nicht mit einem guten Rat beistehen können, werden wir vielleicht ebenso wie sie ein schreckliches Ende nehmen."

Ich sah ein, daß Elias die Situation wohl richtig erfaßt hatte. Doch fiel mir nun erst an den Worten des Judäers auf, daß er selbst keinen erkennbaren Drang zeigte, dieses Land bald zu verlassen. Lag darin die Erklärung für das veränderte Verhalten des Judäers, als ich ihm an diesem Abend nach einigen Tagen Abwesenheit wieder begegnete?

Beinahe hätte ich die mir schon auf der Zunge liegende Frage in diesem Augenblick an Elias gestellt, wenn nicht Ak Kan, der prachtvoll ausgestattete und grell bemalte Krieger, in den Innenhof des Palastes getreten wäre. Der Krieger war kein Riese, sondern kaum mittelgroß. Sein Körper, geschmeidig und zäh wie der eines Raubtiers, war der ganzen Länge nach mit schmalen rotweißen Streifen bemalt und wies viele Narben auf, Zeichen seiner unzähligen Siege. Und seltsam gutmütig erschien sein breites Antlitz. Sein Haarschopf reichte ihm bis weit in den Nacken.

Wie Yat Balam uns sofort auseinandersetzte, erbat Ak Kan von seinem Herrn die Erlaubnis, die zum Schutze von Altun Ha in der Nähe der Siedlung verbliebene Streitmacht hinter die Befestigungen zurückzuziehen, da die Dunkelheit nun hereingebrochen war.

Noch während der weise Priester uns die Bitte des Kriegers erläuterte, hatte Kan Xul zustimmend genickt, und Ak Kan war wieder davongeeilt. Es herrschte in der Tat tiefe Dunkelheit, doch als ich aus dem nicht überdachten Innenhof blickte, bemerkte ich, daß gerade der Mond über dem Horizont erschienen war und bald das Land in sein mildes bläuliches Licht tauchen würde. Wir hatten Vollmond. Und bei diesem Licht sollten sich die sonst so tapferen Krieger dieses Landes fürchten?

„Vielleicht können wir die Krieger von Altun Ha dazu bringen, von ihrer Gewohnheit abzuweichen und ihre Feinde bei Nacht zu überraschen!" sagte ich zu Elias. „Das Licht des Vollmondes müßte doch ausreichen, um sich in bekannter Umgebung sicher zu orientieren!"

„Das ist wohl nicht nur eine Frage der Orientierung, Ahab", entgegnete der Judäer, „die Krieger fürchten sich tatsächlich, und die Priester haben dieses Gefühl offenbar noch durch ihr Machtwort verstärkt!"

„Dann liegt der Schlüssel für das Verhalten der Krieger also bei den Priestern!" ließ ich nicht locker, denn nun war ich von meinem Gedanken selbst fasziniert. Die Priester haben es auch bei uns schon immer verstanden, Angst zu verbreiten! dachte ich bei mir.

„Ich will versuchen, Yat Balam zu überzeugen und sehen, ob mein Wort Gewicht hat!" gab Elias schließlich nach. „Vielleicht gibt es doch noch eine Möglichkeit", sagte der Judäer nachdenklich und wohl mehr zu sich selbst, „aber es wird sicher nicht leicht sein!"

Der weise Priester und der Herr von Altun Ha hatten mein Gespräch mit Elias sehr aufmerksam verfolgt, seinen Sinn aber gewiß nicht erfaßt. Die Elias in wenigen Tagen zugewachsene Erfahrung und sein vertrauter Umgang mit dem Priester erlaubten es jedoch, Yat Balam meinen Gedanken ziemlich rasch verständlich zu machen.

Tiefe Sorge war im Gesicht des Priesters zu lesen, als er unseren Wunsch verstanden zu haben schien, daß die Krieger von Altun Ha bei Nacht kämpfen sollten. Eine Weile sah es so aus, als hätte unser Vorschlag keine Aussicht, ernsthaft erwogen zu werden.

„Wir pflegen doch auch bei Nacht zu segeln und fürchten uns erst recht nicht, wenn der Vollmond uns begleitet", setzte ich meinen Gedanken, zu Elias gewandt, fort. „Kann den Herrn von Altun Ha nicht die Aussicht überzeugen, daß die Krieger Tikals fliehen werden, wenn ihnen etwas völlig Unerwartetes widerfährt?"

Heftig nickte Elias nach diesen Worten. Der Judäer bewies nun aber ein weiteres Mal seine Überlegenheit und Erfahrung, als er meinen Gedanken gegenüber Yat Balam in eine Prophezeiung umwandelte, die ihre Wirkung selbst auf den Herrn von Altun Ha nicht verfehlte.

So ging dieser Tag mit dem Versprechen des weisen Priesters zu Ende, man werde die Krieger am nächsten Morgen mit den neuen Absichten vertraut machen.

Zehntes Buch

DER KRIEGSZUG

1

Eine lange Kolonne mit allerlei Habe bepackter Menschen begab sich kurz nach Sonnenaufgang auf den Weg nach Norden. Es waren Frauen und Kinder, die auf Befehl des Herrn von Altun Ha, nur von wenigen Kriegern begleitet, nach Col Ha in Sicherheit gebracht werden sollten. Sie hätten, da ihre Häuser und Hütten ohnehin meist außerhalb der soeben vollendeten Befestigungen standen, nicht geschützt werden können.

Merkwürdig fremd und starr lag die Siedlung bald vor unseren Augen. Zwar glänzten auch jetzt noch die Terrassen, Häuser, Tempel und Paläste durch ihre herbe Schönheit in der Morgensonne. Aber kein Kinderlachen erscholl, kein Lied der Frauen mischte sich in die Stimmen der Vögel und das Gebrüll der Affen, die wie sonst den nahen Wald bevölkerten.

In der Nacht war es, wie erwartet, ruhig geblieben. Weitere Späher wurden nun ausgeschickt, um zu erkunden, wo sich die feindliche Streitmacht befand und welchen Weg sie nahm.

Noch am frühen Morgen besichtigte der Herr von Altun Ha zusammen mit Ak Kan, dem tapferen Krieger, die Befestigungen. Auch der Herrscher hatte sich nun das Gesicht grell bemalt; rot und weiß leuchteten die dicken Streifen. Ein zwei Ellen langes und furchterregend aussehendes Schwert trug er an seiner linken Hüfte. Mit besorgter Miene hatte der Herrscher uns zuvor empfangen und zu dem Rundgang eingeladen, denn er wollte unsere Meinung hören. So begleiteten wir die zwei Männer, in deren Händen auch unser Schicksal lag.

Überall sahen wir jetzt Krieger mit großer Emsigkeit arbeiten. Elias staunte über die Geschicklichkeit, mit der die Krieger von Altun Ha von vornherein jene Teile der Siedlung den Angreifern überließen, die nur schwer zu verteidigen gewesen wären, statt dessen aber die Befestigungen eng um den Kern der Siedlung zogen und sehr stark machten. Die Dächer der unmittelbar am Rande der Befestigungen liegenden flachen Steinhäuser hatte man mit dicken Balken verstärkt, hinter denen die Krieger Schutz vor feindlichen Waffen finden konnten. Schwere Steine, zahllose Speere, Schilde und Steinäxte lagen griffbereit.

Nachdem wir in den Palast zurückgekehrt waren, lobte Elias das Befestigungswerk, das die Krieger von Altun Ha vorbereitet hatten, über alle Maßen. Als er aber wissen wollte, was denn geschehe, wenn der erste Angriff abgewehrt werde und dann die Dunkelheit hereinbreche, verstanden Kan Xul und sein tapferer Krieger die Frage nicht. Doch in diesem Augenblick betrat Yat Balam, der weise Priester, den Raum, und der Judäer machte einen weiteren Versuch, Antwort auf seine Frage zu erhalten.

Yat Balam erkannte bald, was Elias mit seiner Frage im Sinn hatte. Er zögerte mit einer vollständigen Antwort, mußte er doch fürchten, von althergebrachten Weisheiten seines Volkes abzuweichen, wenn er dem Gedanken des Judäers nachgab. Vielleicht wehrte sich Yat Balam auch deshalb so hartnäckig, dem Gedanken von Elias zu folgen, weil er sich der Unterstützung der Priesterschaft nicht sicher war und seine eigene Stellung nicht gefährden wollte. Daher bedeutete uns der weise Priester, daß der Kampf wohl entschieden sei und die Leute aus Tikal ihren Kriegszug beenden würden, wenn es ihnen nicht gelinge, Altun Ha sofort zu erobern. Kan Xul und Ak Kan nickten zu diesen Worten heftig.

Yat Balam entging jedoch nicht, daß Elias mit dieser Antwort nicht zufrieden war. Der gequälte Blick des Priesters verriet, wie sehr es ihn schmerzte, nichts bewirkt zu haben, was Elias von dem Gedanken eines nächtlichen Kampfes hätte abbringen können. So war er sichtlich erleichtert, daß die Ankunft mehrerer Späher dazu führte, unser Gespräch zu unterbrechen. Die Krieger berichteten, daß die Streitmacht aus Tikal von Westen her geschlossen heranrücke und am späten Nachmittag Altun Ha erreichen werde.

Völlig überraschend wollte Elias nun wissen, ob die Krieger aus Tikal auch die Gewohnheit hätten, bei ihren Angriffen Feuer zu legen. Als Kan Xul, Ak Kan und der weise Priester dies bejahten, schlug der Judäer vor, man solle sofort alles dürre Holz und Reisig in der unmittelbaren Umgebung der Siedlung einsammeln und ins Zentrum bringen lassen. Auf diese Weise würden die Angreifer in der Nähe nichts mehr finden, was sie dazu nutzen könnten, um die Befestigungen und die zahlreichen Häuser niederzubrennen.

Nicht ahnend, welche Absichten Elias mit seinem Vorschlag tatsächlich verband, stimmte der Herrscher von Altun Ha zu, und bald nachdem Ak Kan den Palast verlassen hatte, sah man Scharen von Kriegern große Bündel mit Reisig und dürrem Holz in den Tempelbezirk tragen. Selbst ich erkannte erst sehr viel später, welche Pläne unser Judäer mit dieser Maßnahme verfolgte.

Gegen Mittag war schon eine riesige Menge an Holz und Reisig zusammengekommen, doch machte Elias dem inzwischen mißtrauischen Ak Kan klar, daß es nicht genug sei. So trugen die Krieger noch eine weitere Stunde lang Bündel für Bündel herbei, bevor sie sich ausruhen durften.

Gerade als Elias zufrieden auf den gewaltigen Vorrat an Holz und Reisig blickte, wurde ein Krieger hereingeführt, der offenbar einen langen Weg hinter sich hatte. Er wirkte sehr erschöpft, und bevor er redete, gab man ihm zu trinken. Er berichtete schließlich, daß er aus Lamanai komme und gesehen habe, wie der Herrscher mit seinen Kriegern, welche die ersten Kämpfe unversehrt überstanden hatten, nach Lamanai gezogen und nun im Begriffe sei, die dort zurückgelassenen Krieger Tikals zu vertreiben und deren Gefangene zu befreien.

Nach Tagen sah man endlich wieder Freude im Gesicht des Herrn von Altun Ha aufblitzen, und er beschenkte den Boten mit einem wundervollen Mantel aus Raubtierfellen.

Bald kehrte jedoch der erstaunliche Gleichmut zurück, der das Verhalten des Herrn von Altun Ha bislang gekennzeichnet hatte und sich auch darin zeigte, daß die Vornehmen in diesem Lande selbst unter der unmittelbar drohenden Gefahr nicht auf ein üppiges Mahl verzichteten. Immer häufiger trafen jetzt Späher ein, die den Herrscher und seinen obersten Krieger darüber unterrichteten, auf welche Weise sich die feindliche Streitmacht der Siedlung näherte.

Ruhig und selbstsicher sorgte Ak Kan dafür, daß die letzten Vorbereitungen auf den Angriff getroffen wurden. Dagegen mußte ich ebenso wie meine Gefährten alles aufbieten, um die Unruhe zu verbergen, die uns angesichts der quälenden Ungewißheit über die kommenden Ereignisse erfaßt hatte.

Die innere Spannung wuchs noch, als der Herr von Altun Ha uns aufforderte, ihn und den Priester zum zentralen Tempel, dem höchsten Gebäude des Ortes, zu begleiten. Von dort oben, so versicherte Kan Xul, lasse sich das unabwendbare Kampfgeschehen am besten beobachten, und dennoch liege der Tempel außerhalb der Reichweite der feindlichen Speere.

Ich sah mich um, warf einen Blick auf das Gebäude. Nicht sehr hoch war der schöne Tempelbau, vielleicht zwanzig Ellen bis zur obersten Plattform, doch hoch genug, um von dort aus einen Rundblick über den gesamten Ort und bis zu den ersten Feldern zu gewähren. Zur obersten Plattform des Tempels führte eine steile Treppe empor. Nur wenig beruhigte es mich, als Yat Balam uns erklärte, daß von eben diesem Tempel aus ein Fluchtweg vorbereitet sei, falls man der feindlichen Streitmacht nicht Herr werden könnte.

Nachdem wir auf der obersten Plattform des höchsten und prachtvollsten Tempels angekommen waren, bot sich uns ein atemberaubendes Bild. Überall sah man am Rande des Ortes auf den zu kleinen Festungen hergerichteten Gebäuden und auf künstlichen Hügeln die Krieger von Altun Ha kampfbereit in vollem Federschmuck und leuchtend bunter Kriegsbemalung stehen. Ihre runden Schilde waren mit weißen Federn eingefaßt. Nur wenige Krieger befanden sich außerhalb der Befestigungen. Sie duckten sich hinter mannshohen Büschen, die ihnen Sichtschutz gaben. Hier endeten lange geflochtene Taue, mit denen die Leute von Altun Ha gewaltige Bäume in ihrer natürlichen Position hielten, aber bereits so vorbereitet hatten, daß sie beim Lösen der Taue sofort umstürzen würden.

Bis auf das Gekreische der Papageien und das Gebrüll der Affen im nahen, dichten Wald herrschte für eine ganze Weile noch eine merkwürdige Stille. Friedlich lag die Landschaft ringsum da; man konnte nicht vermuten, daß schon bald ein furchtbarer Kampf beginnen sollte. Dann mischten sich plötzlich in die vertrauten Laute einige Vogelstimmen. Der Herrscher von Altun Ha und die sechs Krieger, die er zu seinem Schutz bei sich behalten hatte, nickten sich verständnisvoll zu, als sie dies vernahmen. Noch während der weise Priester uns erklärte, daß die Krieger aus Tikal sich bei der verdeckten Annäherung an ihre Gegner auf diese Weise zu verständigen pflegten, gab Kan Xul seinem in der vordersten Linie stehenden obersten Krieger Ak Kan lautlos ein Zeichen.

Nur wenige Augenblicke später brach vor der West- und Südseite der Befestigungen ein furchterregendes Kampfgeheul los. Fast gleichzeitig begannen die Priester auf der obersten Plattform des nicht weit von uns entfernten zweiten Tempels die großen Fellpauken zu schlagen. Zum Kampfe anfeuern sollten sie die eigenen Krieger, Angst und Schrecken hervorrufen bei den Feinden.

Wohl an die zweitausend Krieger sah man nun von Westen und Süden her auf Altun Ha zustürmen, während eine gleiche Zahl von Kriegern den Ort zu verteidigen suchte. In ihren Kriegskleidern und mit ihrer Bemalung glichen sie kaum noch menschlichen Wesen! Angstvoll verfolgten wir das Geschehen.

Als die ersten Angreifer die hohen Bäume vor den Befestigungen erreicht hatten, sprangen die hinter den Büschen lauernden Krieger von Altun Ha auf und hieben mit ihren Schwertern die dicken Taue durch. Mit einem gewaltigen Krachen stürzten die Bäume auf die anrennenden Feinde, wobei viele umkamen oder schwer verwundet liegenblieben. Doch nicht allen Kriegern aus Altun Ha gelang es nach diesem überraschenden Schlag, den Speeren der Angreifer zu entkommen. Zwei der tapferen Krieger wurden von Speeren getroffen und fielen zu Boden.

Hatten die Angreifer schon zu Beginn des Kampfes um Altun Ha einige Krieger verloren, so wurden ihnen noch größere Verluste zugefügt, als sie unmittelbar an die Befestigungen herangekommen waren. Unter dem Lärm der Fellpauken und dem Geschrei der von erhöhten Positionen aus kämpfenden Krieger von Altun Ha prasselte ein solcher Regen von schweren Steinen, Steinäxten und Speeren auf die Angreifer nieder, daß sie die oft tödlichen Waffen immer weniger mit ihren Schilden abzuwehren vermochten. So war der Boden vor den Befestigungen bald mit toten oder schwer verwundeten Kriegern aus Tikal bedeckt. Doch sah man nicht selten auch Krieger von Altun Ha von Speeren oder Streitäxten getroffen niedersinken.

Heuschreckengleich bedrängten die Feinde den Ring aus Befestigungen und Häusern. Ihre Wurfspeere, Steine, Äxte surrten durch die Luft. Ungestüm schlugen sie mit Steinäxten auf die hölzernen Befestigungen ein, rammten Baumstämme gegen das Gemäuer, suchten hinaufzuklettern, um günstigere Kampfplätze zu finden. Die Leute von Altun Ha wehrten sich tapfer. Doch wenn hundert Angreifer hinsanken, kehrten ebenso viele wieder.

Dennoch gaben die ersten Erfolge der direkt in die Kämpfe verwickelten

Krieger den übrigen Verteidigern Mut und Zuversicht.

Dort aber, wo es den Angreifern gelang, die Verteidigung zu schwächen oder gar zu durchbrechen drohten, entwickelte sich ein hartnäckiger Kampf Mann gegen Mann. An diese Stellen schickte Ak Kan seine besten Krieger, die bis jetzt ungeduldig hinter den Befestigungen darauf gewartet hatten, in den Kampf einzugreifen. Zusammen mit diesen Kriegern sah man nun auch den tapferen Ak Kan mit eleganten Schwerthieben viele Angreifer niederstrecken. Geschickt leitete er den Kampf durch Zurufe und Zeichen, lief hierhin und dorthin, war überall, wo er ein Wanken spürte. Wie besessen teilte er den Todesmut der Gefährten, und so gelang es ihm, die Schwächeren erneut voranzutreiben. Nur wenige von Ak Kans Leuten fielen den Angreifern lebend in die Hände.

Ak Kan vollbrachte schier Unglaubliches, wagte sich ins dichteste Schlachtgewühl, machte tollkühne Ausfälle mit einigen Getreuen, richtete den Mut der Verzweifelten wieder auf, ermahnte, feuerte an, schrie Befehle. Wie von den Göttern geschützt kämpfte er; kein Speer, kein Schwertstreich ritzte seine Haut. Zahlreiche Krieger aus Tikal sanken von seinen Schwerthieben getroffen blutüberströmt nieder. Mit seinem Einsatz bewirkte Ak Kan wahre Wunder. Doch trotz dieser Heldentaten schien die Zahl der Feinde nicht abzunehmen.

Wir mußten zusehen, wie ein neuer Ansturm begann. Das rasende Geheul der fremden Krieger übertönte jedoch nur einen Moment lang das Gedröhn der Trommeln. Dann mähte eine Wolke gleichzeitig geworfener Speere viele An greifer nieder.

Drei Stunden wogte der blutige Kampf mit großer Heftigkeit, und immer noch konnte keine der beiden Seiten die Oberhand gewinnen. Die Sonne neigte sich bereits dem westlichen Horizont zu. Da meinte Yat Balam, der weise Priester, daß der richtige Zeitpunkt gekommen sei, mit seinen Mitteln zu versuchen, die entscheidende Wende herbeizuführen.

Auf sein Zeichen hörten die Priester ganz plötzlich auf, die Fellpauken zu schlagen, und während wir auf Geheiß Yat Balams zusammen mit dem Herrn von Altun Ha und seinen sechs Kriegern den vorderen Rand der obersten Plattform des großen Tempels räumten, trat Elias gemessenen Schrittes nach vorn, so daß er von der tiefstehenden Sonne wirkungsvoll beschienen wurde und für alle Krieger sichtbar war. Ein kurzes, wildes Schlagen der Fellpauken setzte ein und erstarb sogleich wieder.

Die hochgewachsene Gestalt des bärtigen Judäers in dem langen, hellen Gewand und mit der eigenartigen, nach oben spitz zulaufenden Kopfbedeckung ließ die Krieger aus Tikal für einen Augenblick vor Schreck erstarren. Jäh verstummte das Kampfgeschrei, doch die Angreifer flohen nicht.

In der unerwarteten Stille packte die Verteidiger plötzlich ein wahrer Rausch. Zu spät erwachten die Krieger Tikals aus ihrer Erstarrung. Die Sekunde des Zögerns, dieser eine, kaum faßbare Moment genügte. Die kurze Fassungslosigkeit der Feinde nutzten Ak Kan und seine mit dem Anblick des Judäers vertrauten Krieger, um mit ihren Speeren und Streitäxten zahlreiche Feinde zu töten. Als die Krieger aus Tikal aber sahen, daß so viele Gefährten schwer getroffen zu Boden sanken, wichen sie gen Sonnenuntergang in den Schutz des nahen Waldes zurück.

2

Auf der obersten Plattform des großen Tempels von Altun Ha dachten nach dem Ende des Kampfes wohl alle dasselbe: War dies schon die Entscheidung, oder würden die Krieger aus Tikal am nächsten Tag einen zweiten Versuch wagen?

Die Befestigungen hatten dem Ansturm der Feinde weitgehend standgehalten, und fast ein Wunder schien es, daß die Krieger aus Tikal hatten zurückgeschlagen werden können. Nur an zwei Stellen war es den Angreifern gelungen, Breschen in die Verteidigung zu schlagen, bis das unerwartete Erscheinen unseres Judäers und die geschickte Nutzung dieses Auftritts die von den feindlichen Kriegern erreichten Erfolge schnell wieder zunichte machte. Und schließlich rettete uns die hereinbrechende Dunkelheit, doch nur für den Au genblick schien die Gefahr gebannt.

Den beiden Sidoniern kam dies alles vor, wie ein schrecklicher Traum. Kleinmütig und furchtsam waren sie, aber sie klagten nicht. Jetzt erst ahnte ich, wie nahe wir dem Untergang an diesem Abend gewesen waren, und daß Elias, der Herrscher von Altun Ha und der weise Priester ihr Vorgehen lange vorher abgesprochen haben mußten. Das Geschehen zeigte mir zudem, wie weit der Einfluß unseres Judäers auf die Leute von Altun Ha schon reichte. Und bald sollte ich erfahren, daß dies noch nicht alles war, was sich während meiner Abwesenheit von Altun Ha verändert hatte.

Inzwischen ließ Kan Xul seinen tapferen Krieger Ak Kan herbeiholen. Als dieser mit seinem Schild in der Linken und dem bluttriefenden Schwert in der Rechten endlich vor dem Herrscher erschien, lobte Kan Xul seinen obersten Krieger überschwenglich. Dann gab er ihm den Befehl, Späher auszuschicken, die auskundschaften sollten, was die Krieger aus Tikal nun planten. Unabhängig davon ordnete er an, die im Kampfe getöteten Krieger zu bergen, die Ver wundeten zu versorgen und die Befestigungen wieder herzurichten.

Schon von unserem Beobachtungsplatz aus konnten wir erkennen, daß auch unter den Kriegern von Altun Ha viele Tote zu beklagen waren. Betrübt und innerlich gespannt sah Kan Xul deshalb der Rückkehr der Späher entgegen. Der Herrscher von Altun Ha mußte nicht lange warten. Die Feinde, so wurde ihm bald berichtet, hatten sich ganz nah bei der Siedlung, aber abseits des Weges, der nach Lamanai führte, auf einem kleinen, abgeernteten Feld gesammelt, hielten nun Kriegsrat und bereiteten ihr Nachtlager vor. Die Späher konnten offenbar nicht nahe genug an das Lager ihrer Feinde herankommen, um die Worte des Anführers zu verstehen, denn dieser hatte einige Wachen aufstellen lassen. Doch deutete nach Berichten weiterer Späher alles darauf hin, daß sich die Krieger aus Tikal nicht endgültig zurückziehen wollten. Sie schienen für den folgenden Tag einen zweiten Angriff zu planen.

Die Sonne war längst hinter den sanften Hügeln im Westen untergegangen und die Dunkelheit hereingebrochen, als Kan Xul erneut seinen obersten Krieger rufen ließ. Es dauerte nicht lange, bis Ak Kan die Stufen des Tempels heraufkam. Die Spuren des Kampfes konnte man bei ihm kaum mehr sehen, aber der noch vor kurzer Zeit von Ak Kan gezeigte Stolz über die erfolgreiche Abwehr des Angriffs hatte einer neuen Unruhe Platz gemacht. Er sah unglücklich aus, denn viele seiner besten Gefährten hatten den Tod gefunden oder solche Wunden davongetragen, daß sie an dem weiteren Kampf nicht mehr teilnehmen konnten.

Ausgiebig berieten der Herrscher von Altun Ha und sein oberster Krieger, wie der Streitmacht aus Tikal nun zu begegnen sei, doch kamen sie offenbar nicht zu einem Ergebnis, das sie zuversichtlich stimmte. Schließlich wandten sie sich hilfesuchend an Elias. Der Judäer hatte dies schon erwartet und wies den Herrn von Altun Ha darauf hin, wie verwundbar die Krieger Tikals im Augenblick seien. Sie schöpften ihre Kraft nämlich allein aus dem Sonnenlicht; beim Licht des Mondes aber könnte man ihnen beikommen, meinte der Judäer. Seine eigenen Leute, so erläuterte Elias weiter, sollten um das Lager ihrer Feinde sofort einen Ring aus dürrem Holz und leicht brennbarem Reisig aufschichten und danach an allen Stellen gleichzeitig anzünden. Die auf solche Weise aufgeschreckten Feinde würden dann leicht besiegt werden können. Sie selbst aber brauchten sich vor der Nacht nicht zu fürchten, denn der in seiner ganzen Pracht schon weit über dem Horizont sichtbare Mond, so erklärte er gestenreich, würde das Land noch viele Stunden mit seinem milden Licht erhellen.

Es war für den Judäer sehr schwierig und äußerst zeitraubend, sich verständlich zu machen. Ohne die Hilfe des weisen Priesters hätte Elias es wohl nicht geschafft. Enttäuscht und wehmütig schüttelte Kan Xul zunächst seinen Kopf, als er begriff, was Elias wollte. Keine Sekunde lang wich die Spannung aus seinem Gesicht. Qualvolle Angst zeigte sich in seinen Augen. Düster und stumm schritt Kan Xul eine Weile auf der obersten Plattform des Tempels hin und her.

Doch die Ehrfurcht vor dem Judäer war inzwischen so gewachsen, daß der Herrscher von Altun Ha, sein oberster Krieger und der weise Priester dem Vorschlag nur noch weniges entgegensetzten, obwohl die von ihnen verlangte

Handlungsweise allen bisherigen Gewohnheiten widersprach. Kan Xul machte ein bekümmertes Gesicht, blickte unsicher auf den weisen Priester. Auch der war unschlüssig, überlegte wohl, wie er es schaffen könnte, Elias von dem Vorschlag abzubringen. Ihm schien jedoch nichts Passendes einzufallen. Elias drängte. Es sei keine Zeit zu verlieren, machte er den Zögernden mühsam klar. Schließlich befahl der Herrscher schweren Herzens, so vorzugehen, wie Elias es beschrieben hatte. Schwermütig hatte der weise Priester zuvor genickt. Und der tapfere Krieger gehorchte. Kein Zug in seinem mit wilden Farbmustern grell bemalten Gesicht verriet, wie er über den unerhörten Befehl dachte. Ohne Murren wurde das bisher so Gefürchtete und zudem Verbotene ausgeführt.

Bald nachdem Ak Kan davongeeilt war, sah man die Krieger von Altun Ha handliche Bündel aus dürrem Holz und Reisig von dem riesigen Vorrat im Tempelbezirk holen, den sie am Tage dort aufgetürmt hatten. Geschickt schlichen Ak Kans Gefährten an die vorher festgelegten Stellen heran. Der Lärm der längst wieder geschlagenen Trommeln überdeckte alle Geräusche. Den noch gingen die Krieger äußerst vorsichtig zu Werke, wenn sie mit ihren Bündeln in die unmittelbare Nähe des Lagers ihrer Feinde kamen, und daher dauerte es wohl mehr als zwei Stunden, bis das abgeerntete kleine Feld vollständig mit dürrem Holz und Reisig umschlossen war.

Über das Antlitz des Judäers glitt ein selbstzufriedenes Lächeln. Er sah, wie die meisten Krieger immer wieder jenseits der Befestigungen im Wald verschwanden. Was er erstrebt hatte, war erreicht. Die Krieger folgten gehorsam ihrem Herrn und dem weisen Priester, zeigten sich kampfbereit auch in der Nacht.

Nahezu eintausend Krieger von Altun Ha hielten das Feld umstellt, wo ihre Feinde aus Tikal nicht zu ahnen schienen, welche Gefahr ihnen drohte. Gut ge deckt hinter dichtem Buschwerk und mächtigen Bäumen warteten Ak Kan und seine Gefährten auf das verabredete Zeichen. Plötzlich erstarb das Gedröhn der Trommeln, und in die eingetretene Stille ertönte das dreimalige Schlagen der Fellpauken. Sofort entzündeten die Krieger an zahlreichen Stellen gleichzeitig Feuer und warfen die brennenden Kienfackeln in den Wall aus dürrem Reisig.

Der Herrscher und der weise Priester standen neben uns auf der obersten Plattform des Tempels – gespannt, unbeweglich ihre Gesichter. Wir alle warteten, hofften.

Rasch züngelten die Flammen empor und umgaben das Lager der Krieger aus Tikal bald mit einem Ring aus Feuer und Rauch, während Ak Kan mit seinen Gefährten im Schutze des dichten Waldes kampfbereit lauerte. Ihre Feinde aber vermochten wohl nicht gleich zu fassen, was vor ihren Augen geschah, weil sie solches nicht gewohnt waren. Sie gerieten sofort in höchste Verwirrung und schienen über den unerwarteten nächtlichen Angriff so erschrocken, daß sie wertvolle Zeit verloren. Das Feuer fand auf dem mit trockenen Pflanzenresten bedeckten Feld reichlich Nahrung, und so kamen die Flammen schnell auf sie zu.

Zu spät sahen sie die Speere, die aus dem Dunkel des Waldes geworfen wurden, zu spät erkannten sie, daß es kaum ein Entrinnen gab. Viele Krieger aus Tikal, die dem bald hell auflodernden gewaltigen Flammenring dennoch zu entkommen trachteten, wurden nun von den außerhalb des Feldes lauernden Kriegern von Altun Ha niedergemacht, soweit nicht die Speere schon ihr tödliches Werk vollendet hatten. Dabei kam es Ak Kan und seinen Kämpfern zugute, daß ihre Feinde meist nicht mehr die Zeit fanden, ihre Schilde zu ergreifen und so den Speeren und Schwerthieben schutzlos ausgeliefert waren.

So viele Feinde tot oder schwer getroffen zu Boden sanken, so viele brausten und sausten heran. Immer von neuem, immer wilder drängten die fremden Krieger von der Mitte des Feldes mit lautem Geheul nach vorn, unbekümmert um das Los, das ihrer harrte. Ein grausiges Gemetzel wirbelte sie jedoch – entwaffnet schon durch ihren Schrecken, mitgerissen von der Verwirrung, verzweifelt über die Aussichtslosigkeit des Kampfes – durcheinander, raubte ihnen den Mut zu langem Widerstand. Nichts fruchtete ihre Tapferkeit. Nur einem kleinen Teil der feindlichen Krieger gelang es, den brennenden Ring zu durchbrechen und gen Westen zu fliehen. Um ihre wenigen Gefangenen kümmerten sie sich nicht mehr. Sie ließen sie auf dem brennenden Feld zurück.

Zwei Stunden währte die furchtbare Schlacht im bleichen Mondlicht und im Schein des selbst gelegten Feuers. Dann verhallte allmählich das Kampfgeheul; der Lärm der Trommeln und Fellpauken erstarb und wich einer unheimlichen Stille. Von dem Feld flutete, strömte, wälzte sich eine dunkle Masse erschöpfter Krieger in den Ort. Ak Kan vermied es nämlich klug, die geschlagenen Feinde weiter zu verfolgen, und während nach dem Ende des kurzen, aber heftigen Kampfes auch das Feuer allmählich erlosch, zog er seine Krieger hinter die Befestigungen zurück, sorgte sich mit den noch unverletzten Gefährten um die Verwundeten.

Die Zahl der mit furchtbaren Wunden bedeckten Krieger und der Toten war – und das erkannte man erst jetzt – erschreckend groß. Dies hinderte die Lebenden nicht, den herrlichen Sieg zu feiern. Unbeschreiblich war der Jubel. Nach und nach versammelten sich immer mehr der tapferen Krieger auf dem weiten Platz zwischen den Palästen und Tempeln. Und an die Spitze der Krieger hatte sich Ak Kan gestellt. Hunderte von Kienfackeln beleuchteten das Geviert.

Die großen Trommeln auf der obersten Plattform der Tempelpyramide ließen erneut ihr dumpfes Dröhnen vernehmen, Fellpauken donnerten, Muschelhörner ertönten. Wohin man auch blickte, tauchte das duftende Räucherharz die große Siedlung in weiße Nebelwolken.

Würdevoll trat nun der Herrscher in Kriegstracht auf der obersten Plattform des Tempels nach vorn, mit Schild und Schwert bewaffnet, umgeben von den höchsten Priestern. Mit einem gewaltigen Siegesjubel begrüßten ihn die ver sammelten Krieger. Das Trommeln erstarb, und ganz plötzlich herrschte eine gespenstische Stille. Einen Augenblick verharrte Kan Xul schweigend im Schein der Fackeln. Ein breites Lächeln zeigte sich auf seinem Antlitz. Dann hörten wir die Worte des Herrschers. Er sprach nicht lange, dankte, mahnte und lud die Krieger zu einem Festmahl ein.

Auf ein lautloses Zeichen des Herrn von Altun Ha stieg Ak Kan die Stufen des Tempels empor. Er hatte die wertvollste Trophäe erbeutet, den Schmuck des getöteten Anführers der Feinde. Die herrliche Edelsteinkette übergab er dem Herrscher. Der reichte sie weiter an den überraschten Judäer. Ihm, der mit seinem weisen Rat die Entscheidung herbeigeführt und den Kriegszug des Herrschers von Tikal endgültig zum Scheitern gebracht hatte, gehörte der größte Ruhm.

Dann feierte man noch in der Nacht die siegreichen Kämpfer und ließ bis zum ersten Licht des neuen Tages die Fellpauken ertönen.

3

Die Sonne stand schon hoch am klaren Himmel, als wir endlich erwachten. Hatte ich nur geträumt, oder war das tatsächlich alles geschehen, was nun in meiner Erinnerung haftete? Ein Blick aus dem Fenster des Palastes überzeugte mich. Die Krieger von Altun Ha waren längst dabei, die Spuren des Kampfes zu beseitigen, der am Vortage und in der Nacht hier stattgefunden hatte.

Man barg die Toten, auch die erschlagenen Feinde, die man im Dunkel der Nacht nicht gefunden hatte, begrub sie außerhalb der Siedlung. Noch immer trunken vom Sieg beweinte man die eigenen toten Krieger. Dann begannen Ak Kans Leute, den Ort aufzuräumen, die Häuser, Gassen und Plätze reinzufegen von den Trümmern, Scherben und Splittern, die der heftige Kampf zurückgelassen hatte. Nur wenige Gefangene hatten die Krieger von Altun Ha im Laufe des furchtbaren Kampfes gemacht. Sie waren zunächst in vorbereitete Holzkäfige eingesperrt worden, denn man wollte sie später dem Kriegsgott feierlich opfern.

Kan Xul, der Herr von Altun Ha, begrüßte uns ehrerbietig im Innenhof seines Palastes, der an diesem Tage merkwürdig leer wirkte. Wir erfuhren aber bald, daß Kan Xul in kürze die ersten Späher zurückerwartete, die er bereits am Morgen ausgeschickt hatte. Sie sollten auskundschaften, wo sich die wenigen verbliebenen Krieger Tikals jetzt aufhielten und ob die Wege nach Altun Ha erneut sicher seien.

Einstweilen erfreuten wir uns an den köstlichen Speisen und Getränken, die von den Dienern Kan Xuls zubereitet wurden. Die in ihrer Mehrzahl recht jungen Diener sorgten flinker als je zuvor dafür, daß es dem Herrscher an nichts fehlte, war ihnen das Schicksal der Sklaverei oder des Opfertods auf den Altären Tikals doch erspart geblieben.

Die dramatischen Ereignisse des vergangenen Tages und der letzten Nacht kamen mir immer wieder in den Sinn, während ich den Eifer der Dienerschaft bewunderte und die emsige Arbeit der Krieger außerhalb des Palastes beobachtete. Langsam wurde mir dabei bewußt, in welche Gefahr wir uns begeben hatten, und ich fragte mich, ob diese Gefahr nun endgültig vorüber war. Schrecken zitterte in mir nach, und Dankbarkeit hegte ich gegenüber den Göttern. Dem Verhängnis waren wir auch diesmal nur knapp entronnen.

Wenngleich ich noch nicht einmal achtundvierzig Stunden in Altun Ha weilte, bedrückte mich der Gedanke, daß ich Musa und unsere übrigen Männer schon so lange alleingelassen hatte. Auch die köstlichsten Speisen vermochten es nicht, meine Sorgen zu zerstreuen. Die beiden Sidonier dagegen fanden wieder Gefallen an dem Aufenthalt im Palast des Herrn von Altun Ha, nachdem sie am Vortage und in der Nacht noch große Furcht gezeigt hatten.

Besonders eigenartig aber verhielten sich Elias und der Arwader. Vor allem der Judäer, der sonst so gesprächig war, schwieg beharrlich. Er wirkte sehr bedrückt, obwohl er angesichts der Hochachtung, die ihm hier widerfuhr, keinen Grund dazu gehabt hätte.

Am frühen Nachmittag beschloß ich, dies aufzuklären. Doch konnte ich mein Vorhaben nicht sofort verwirklichen, weil gerade zwei Späher vor den Herrscher von Altun Ha geführt wurden, die aus dem Westen und Süden zurückgekehrt waren. Sie berichteten, daß sie in schnellem Laufe fast eine Tagesreise weit auf ihren Wegen vorgedrungen wären und keine feindlichen Krieger mehr gesehen hätten. Nur auf dem Wege nach Lamanai seien gelegentlich Spuren der Krieger aus Tikal zu erkennen gewesen. Der Weg nach Süden aber, zu dem Flusse hin, der ins östliche Meer münde, sei völlig sicher.

Diese gute Nachricht bestärkte mich darin, möglichst bald zum Schiff zurückzukehren, obwohl es mir in Altun Ha an nichts fehlte.

„Was meinst Du, Elias", wollte ich nun von unserem Judäer wissen, „wäre es jetzt nicht an der Zeit, dieses paradiesische Land zu verlassen und die Heimreise anzutreten?"

Elias schien diese Frage lange befürchtet zu haben, denn er wechselte zunächst einige sorgenvolle Blicke mit dem weisen Priester und sah mich dann unsicher und traurig zugleich an. Er zögerte lange, versuchte meine Stimmung zu erforschen. Seufzend rang er nach Worten, und ich konnte mich nicht erinnern, unseren Steuermann jemals so erlebt zu haben.

Das Verhalten des Judäers machte mich nun neugierig, und ich ermunterte ihn zum Reden.

„Ich wollte es Euch schon unmittelbar nach Eurer Ankunft in Altun Ha sagen, aber ich habe es nicht vermocht, Ahab! Nun, da Ihr mich so direkt fragt, kann ich Euch nicht mehr ausweichen. Yat Balam und der Herr von Altun Ha haben bereits während Eurer zeitweiligen Abwesenheit darauf gedrängt, daß ich in ihrem Lande bleibe. Ich möchte vor allem die Erwartung des weisen Priesters nicht enttäuschen und bin geneigt – ja, eigentlich schon entschlossen, dem Drängen Yat Balams und Kan Xuls nachzugeben. Ich bitte Euch, Ahab, gebt mich frei und zürnt mir nicht, wenn ich Euch nicht auf das Schiff folge, sondern fortan in diesem Lande bleibe!"

Während Elias dies sagte, nickte der Arwader verlegen, denn ihm war die veränderte Haltung unseres Steuermanns nicht entgangen. Auch der weise Priester und der Herr von Altun Ha hatten schnell bemerkt, welche entscheidende Frage zwischen Elias und mir besprochen wurde. Aufmerksam beobachteten sie uns. Ich konnte für eine Weile keinen klaren Gedanken fassen – so sehr hatten mich die Worte des Judäers überrascht. Den beiden Sidoniern erging es nicht anders. Gespannt warteten sie darauf, was ich wohl antworten würde.

„Ich weiß", unterbrach Elias das Schweigen, „es kommt alles ein wenig plötzlich, aber ich hatte keine Zeit, Euch langsam darauf vorzubereiten."

Das Ansinnen des Judäers erschien mir im ersten Augenblick als ungeheuerlich, und ich fragte mich, was Elias dazu bewogen haben mochte. Fühlte er sich schuldig an dem Schiffbruch und den schlimmen Folgen, die sich daraus ergaben, und fürchtete er deshalb, meinem Vater unter die Augen zu treten? Glaubte er die Beschwernisse der Heimreise nicht ertragen zu können? Die Verehrung, die Elias dank seines Wissens und Wirkens von den Menschen in Altun Ha entgegengebracht wurde, konnte es nach meiner Vorstellung nicht sein.

„Ich verstehe Dich nicht, Elias! Was erhoffst Du Dir davon?" Meine Frage klang hilflos, und ich war es ja auch, vermochte es nicht zu verbergen.

„Seht, Ahab", versuchte der Judäer zu erklären, „ich fühle, daß ich in diesem Lande viel bewirken kann und sehr willkommen bin. An dem Leben hier finde ich sehr großen Gefallen, und zudem bewegt mich die Erkenntnis, daß mein vorgerücktes Alter nicht erlauben wird, noch für längere Zeit Handelsfahrten zu unternehmen. Euch aber lasse ich mit einem Wissen zurück, daß meinem ebenbürtig ist."

Unwillkürlich begann ich nachzurechnen. Elias war nun fünfundvierzig Jahre alt und keineswegs gebrechlich. Gleichwohl drückten seine Worte Endgültigkeit aus.

„Was immer auf unserer gefahrvollen Heimreise geschieht, Elias", fand ich endlich meine Selbstsicherheit wieder, „wird Dich nicht der Gedanke quälen, uns Deine große Erfahrung entzogen zu haben? Und was soll ich meinem Vater

sagen, mit dem Du so viele Gefahren geteilt und bestanden hast?"
„Ihr seid selbst schon so erfahren und kenntnisreich, daß ich Euch nichts mehr lehren kann, Ahab!" entgegnete Elias. „Euren Vater aber bittet um Vergebung für mein Tun! Ich weiß sehr wohl, wie er zunächst darüber denken würde, doch glaube ich, daß er am Ende Verständnis für mein Handeln fände!"
„Bist Du denn so sicher, Elias, daß Dir die Menschen in diesem Lande immer gewogen sein werden? Niemand kennt den morgigen Tag, aber ich glaube nicht, daß Du hier Dein Glück finden wirst. Schließlich wirst Du bei Gefahr nicht einfach auf ein Schiff steigen und abreisen können! Niemand wird Dir dann beistehen können, wenn Neid und Machtgier, die auch hier zu walten scheinen, Dein Leben bedrohen. Und ob wir je wiederkommen, wissen nur die Götter!" warf ich ein.
„Seid unbesorgt, Ahab!" antwortete der Judäer. „Ich vertraue auf Jahwe, meinen Gott!"
„Und nichts kann Dich abhalten von Deinem Entschluß?"
„Nichts, Ahab! Keine Macht der Welt kann mich noch hindern. Weshalb dies so ist, vermag ich nicht zu erklären."
Elias hatte offenbar auf alle Fragen und Vorhaltungen eine Antwort bereit. Enttäuscht mußte ich erkennen, daß er nicht umzustimmen war.
„Nun gut, Elias", erwiderte ich , „dann mag es so geschehen! Die Götter sind meine Zeugen, daß ich alles versucht habe, um Dich zur Heimkehr nach Gadir zu bewegen!"
Der Judäer lächelte bei diesen Worten nicht, wie es sonst seine Art war, wenn er sich mit einem Gedanken durchgesetzt oder seine Überlegenheit bewiesen hatte. Sorgenvoll schaute er in die Runde, und man sah, daß ihn dieser Sieg schmerzte.
Der Herr von Altun Ha und der weise Priester erkannten nicht sofort, welche Richtung mein Gespräch mit dem Judäer genommen hatte. Als es uns aber gelungen war, zu erläutern, daß Elias in Altun Ha bleiben werde, hellten sich die Mienen des Herrschers und des weisen Priesters auf, löste dies große Freude und Stolz zugleich aus. Erst jetzt begriff ich, wie sehr die Herren dieses Landes auf eine solche Entscheidung gehofft hatten und sich nun bereichert und gestärkt fühlten. Allerdings zögerte ich nicht, ihnen anzukündigen, daß ich zusammen mit meinen übrigen Männern das Land verlassen und über das große Meer zurücksegeln wolle.
Kan Xul nickte verständnisvoll, nachdem ich mein Vorhaben erklärt und den Wunsch geäußert hatte, daß man uns am folgenden Tage zu unserem Schiff bringen möge. Sofort rief der Herrscher von Altun Ha seinen obersten Diener herbei und gab ihm eine Reihe von Anweisungen, die ich nicht verstehen konnte, aber deren Inhalt mich später umso mehr überraschten.
An diesem Nachmittag dachte ich mit Sorge an unsere Heimreise, die wir

nun ohne den erfahrenen Judäer antreten mußten. Sein Entschluß, nicht mit uns zurückzukehren, lastete schwer auf mir, und ich fürchtete, dies könnte die Mannschaft noch mehr ängstigen, zumal es völlig ungewiß war, ob wir jemals den Rückweg über den großen Ozean finden und die Winde günstig sein würden. Auch der mir plötzlich kommende Gedanke, daß es ohne die glücklichen Einfälle des Judäers vielleicht keine Rückkehr gäbe, beruhigte mich nicht. Zwar fühlte ich Dankbarkeit und wähnte mich in tiefer Schuld. Doch was uns bevorstand, wog nun schwerer.

Bedrückt verließ ich zusammen mit dem Arwader und den beiden Sidoniern den Palast, um bei einem Gang durch die Siedlung ein wenig Abstand zu dem Geschehen zu gewinnen, das unsere Lage so plötzlich und unerwartet verändert hatte. Aber es gelang mir nicht. Meine Männer konnten ihre erneut aufkeimende Furcht nicht verbergen, und es kostete mich große Mühe, sie zu beruhigen. An einigen Stellen am Rande und auch außerhalb der Siedlung stiegen noch immer Rauchwolken nach oben. Zudem roch die Luft nach Blut und verbranntem Holz, und bald zwang uns ein heftiger Regenschauer, in den Palast zurückzukehren. Wir fanden Elias allein in dem hinteren Raum, der uns als Nachtlager diente. Nachdenklich saß er auf einer steinernen Bank, blickte sorgenvoll auf.

Wir schilderten kurz, was wir gesehen hatten, und erörterten mit Elias noch einmal die überstandene Gefahr. Tief waren wir in unserem Gespräch versunken. Doch nach einer Weile wandte ich mich blitzschnell um. Ein Geräusch – das leise Knistern noch wenig getragener Ledersandalen – hatten meine überwachen Ohren vernommen. Durch die schmale Tür war ein Mädchen von großer Schönheit in den Raum getreten.

Sie machte mit ihren Händen Zeichen, daß wir zum Herrn von Altun Ha kommen sollten. Elias lächelte ihr zu, nickte. Nun erkannte ich auch, daß es dasselbe Mädchen war, das vor einigen Tagen so großen Eindruck auf den Judäer gemacht hatte.

Sie mochte siebzehn oder achtzehn Jahre alt sein. Schlicht war sie gekleidet: einen knielangen Rock aus feinem Hirschleder trug sie, mit handbreiten roten Streifen bemalt und Fransen am unteren Rande, dazu einen passenden Brustschmuck, mit herrlichen Vogelfedern besetzt. Das blauschwarze, lang herabfallende Haar rahmte ihre rot betupften Wangen ein. Ihr schön geformter Mund hatte die gleiche Schwermut, wie sie den meisten jungen Mädchen in diesem Lande eigen war. Von langen Wimpern beschattet, glänzten ihre dunklen, mandelförmigen Augen, gleich zwei braunen Opalen mit grünem Feuer.

Ohne eine weitere Antwort abzuwarten, wandte sich das Mädchen dem Saale zu, in dem der Herrscher weilte, und wir folgten ihr.

Dort waren erneut Späher eingetroffen, die gute Nachrichten überbracht und den Herrn von Altun Ha dazu bewegt hatten, die Frauen und Kinder aus Col Ha zu holen. Sie sollten im Laufe des nächsten Tages wieder in der Siedlung eintreffen und für den Fortgang des gewohnten Lebens sorgen. Aber nicht nur dies ließ uns der Herrscher wissen. Er unterstrich noch einmal mit großer Eindringlichkeit, daß meiner Abreise nichts mehr im Wege stünde. Danach entfernte sich Kan Xul zusammen mit dem schönen Mädchen, und wir gingen in den uns zugewiesenen Raum zurück.

Während ich nachdenklich auf die Siedlung schaute und mich von dem gewaltigen Rauschen des Regenschauers gefangennehmen ließ, war Elias fast unmerklich an mich herangetreten. Auch er wirkte noch nicht so gelöst, wie ich ihn sonst kannte. Ernst und prüfend betrachtete er mich.

„Ich weiß, wie Euch zumute ist, Ahab!" redete er auf mich ein. „Ihr werdet den Rückweg nach Gadir finden, denn Ihr habt den Mut, den Kenntnisreichtum und das Gespür Eures Vaters. Allerdings müßt Ihr wohl an die zehn Tagesreisen nach Norden segeln und dann erst einen östlichen Kurs wählen. Der weise Priester hat mir auf beharrliches Befragen zwar nicht viel über die Verteilung von Land und Meer sagen können. Aber er bedeutete mir, daß sich das Festland noch etwa sechs Tagesreisen nach Norden erstrecke, und nördlich davon im Meere eine große Insel liegen solle. Mehr wissen die Leute hier nicht darüber, da sie das offene Meer nicht zu befahren pflegen und mit ihren kleinen Booten stets in Küstennähe bleiben."

Ich fragte mich, was den Judäer zu diesen Worten trieb. Quälten ihn Schuldgefühle, weil er uns verließ? Wollte er sich selbst beruhigen? Oder fürchtete er sich gar vor der Ungewißheit des Rückwegs? Das letztere verwarf ich sogleich wieder, denn ich hatte unseren Steuermann immer als wagemutig erlebt. Wenigstens hatte er versucht, von den kenntnisreichen Priestern Näheres über Land und Meer zu erfahren. So antwortete ich knapp: „Entscheidend ist zunächst, daß uns die Götter günstigen Wind schicken!" Und nach einem kurzen Blick auf den wolkenverhangenen Himmel fügte ich hinzu: „Das ist jetzt noch nicht der Fall!"

„Die Priester versicherten mir, daß der Wind bald aus einer anderen Richtung wehen werde", erwiderte Elias, der nun bemerkte, daß er meinen Unmut nicht zu besänftigen vermochte. Auch die herrlichen Speisen und Getränke, mit denen uns der Herrscher von Altun Ha am Abend zu erfreuen hoffte, halfen wenig, meine tiefe Sorge über die bevorstehende Trennung von Elias zu zerstreuen.

Schlecht schlief ich in dieser letzten Nacht, die ich im Palast des Herrn von Altun Ha verbrachte. Meine Gedanken an den Judäer und an die ungewisse Rückreise über den großen Ozean ließen mich keine Ruhe finden. Als ich am Morgen erwachte, erschienen mir die Erlebnisse des vergangenen Tages beinahe unwirklich. Doch nachdem ich Elias und die anderen Gefährten, die schon auf mich warteten, in dem kleinen Vorraum unseres Schlafgemaches miteinander plaudern hörte, wußte ich, daß sich alles so zugetragen hatte und ich meinem Los nicht entfliehen konnte.

Langsam wie ein Greis erhob ich mich von meinem Lager, lehnte mich müde gegen die Wand hinter mir. Mein Blick fiel auf die kleine Tasche, die ich am Gürtel trug. Ich öffnete sie, fand darin zwei goldene und sechs silberne Armreifen, ein kleines Tontäfelchen und ein Stück zusammengerolltes Ziegenleder, das ich bereits während der langen Seefahrt für kurze Aufzeichnungen genutzt hatte. Es war noch Platz für weitere Eintragungen. Da nahm ich meinen Dolch und ritzte die für mein Ohr so fremdartig klingenden Namen der Menschen und der Orte dieses Landes in das kleine Stück Leder, denn ich fürchtete doch, sie auf der Heimfahrt zu vergessen.

Die Sonne stand bereits hoch an dem tiefblauen Himmel. Kein Lufthauch war zu spüren. Im stillen bewunderte ich die Priester, die nach den Worten des Judäers eine baldige Änderung des Wetters geweissagt hatten.

Das Treffen mit dem Herrn von Altun Ha nahm an diesem Morgen einen völlig anderen Verlauf als an den übrigen Tagen, die ich in seinem Palast weilte. Kan Xul erwartete uns im blumengeschmückten Innenhof. Er trug ein sehr kostbares Gewand und hatte neben den obersten Priestern die höchsten Würdenträger von Altun Ha um sich versammelt. Sie waren ebenfalls prachtvoll gekleidet. Leuchtend hoben sich die bunten Gewänder, Edelsteinketten und Federkronen vor den hellen Wänden ab. Der angenehme Duft brennenden Harzes hüllte uns ein.

Köstliche Früchte und frisch gebackene Spezereien ließ der Herrscher auf kleinen, kunstvoll geflochtenen Bastmatten herbeitragen. Das Treffen erschien mir wie ein Fest. Schweigsam, wie Schatten, und flink, ohne Übereilung, bewegten sich die Diener in dem schönen Innenhof, schoben sich zwischen die Gäste, ohne auch nur einen Arm zu berühren oder etwas zu verschütten. Erst nachdem sich alle Gäste ausgiebig an den herrlichen Speisen erfreut hatten, erläuterte mir Kan Xul mit vielen Gesten, die ich inzwischen gut zu deuten wußte, daß er für meinen Weg zur Küste des östlichen Meeres alles vorbereitet habe.

Über dem ausgiebigen Mahl war es Mittag geworden. Ich verstand sehr wohl, daß die fortgeschrittene Zeit ein Nachtlager am Ufer des mir bereits bekannten Flusses erzwingen würde, bevor man am nächsten Morgen mit den dort bereitliegenden Booten flußabwärts fahren konnte. Denn immerhin waren es von Altun Ha bis zum Fluß etwa achtzig Stadien, und den Fluß hinab zum Meer sogar erheblich mehr. Noch einmal überschüttete mich der Herrscher von Altun Ha mit einem nicht enden wollenden Schwall von Worten, die Dankbarkeit auszudrücken schienen, zumal er dabei mehrfach auf Elias deutete.

Schließlich winkte er die beiden hochgewachsenen, prachtvoll gekleideten Krieger herbei, die am Eingang zum Innenhof schon auf das Zeichen ihres

Herrn gewartet hatten. Sie trugen nun eine wohlverschnürte, recht große Bastmatte zu dem steinernen Tisch, neben dem Kan Xul stand, legten sie dort ab und traten ehrerbietig einen Schritt zurück. Freundlich lächelnd öffnete der Herr von Altun Ha das offenbar sehr schwere Bündel.

Was dort nun ausgebreitet lag, war Labsal für unsere Augen, denn die Bastmatte war mit kunstvoll gearbeiteten Figuren, Anhängern und Messern aus Obsidian, zwei durch Silberdraht gehaltene Büschel kostbarer Federn, wohl zwanzig großen Halsketten aus herrlichen Edelsteinen, Gold- und Silberschmuck gefüllt.

Unter den staunenden Blicken der Priester und der Würdenträger machte mir der Herr von Altun Ha diese Kostbarkeiten zum Geschenk. Die wundervollen Dinge waren für mich und meine Gefährten eine Augenweide. Überwältigt von der Pracht der Türkise, der Anhänger aus Jade, Lapislazuli, Obsidian, den Ketten aus schönen Muscheln und Edelsteinen, den Vogelfedern und dem Glanz des Goldes dankte ich Kan Xul und ergriff dabei seine Hände.

Über das bartlose, breite und schön geschnittene Gesicht des Herrschers glitt ein zufriedenes Lächeln. Vielleicht glaubte der Herr von Altun Ha sogar, daß dieses große Geschenk die Trennung von Elias wettmachen könnte. Doch wenn Kan Xul meine Freude und Dankbarkeit in dieser Weise einschätzte, so irrte er. Nichts konnte den Verlust unseres Steuermanns ausgleichen. Die Entscheidung des Judäers, in dem von Gadir so fernen Lande zu bleiben, empfand ich zudem als meine Niederlage. Und nun war die Stunde des Abschieds unwiderruflich gekommen.

Nachdem die beiden Krieger die Kostbarkeiten wieder verhüllt und hinausgetragen hatten, stand Elias plötzlich vor mir. Ernst und traurig blickte er mich an. Dann umarmte er mich, und ich erwiderte seine Umarmung.

„Vergebt mir, Ahab, wenn ich Euch nun fehlen werde!" sagte er mit bebender Stimme. „Ich werde zu Jahwe beten, daß er Euch beschützen möge!"

„Ich hoffe, Du wirst Deine Entscheidung nie bereuen!" antwortete ich tief bewegt.

Danach umarmte Elias die beiden Sidonier und den Arwader, ermahnte sie eindringlich zum Gehorsam und empfahl sie und die beim Schiff wartenden Gefährten auch dem Schutz seines Gottes.

Kan Xul, der wie die übrigen Würdenträger dem Geschehen ehrfurchtsvoll zugesehen hatte, deutete mit einer Geste an, daß unsere Begleiter bereitstünden. So verließen wir den Palast und traten auf die breite Empore hinaus. Dort wartete Ak Kan, der oberste Krieger, mit zwölf bewaffneten Begleitern schon auf uns. Ein letztes Mal verneigte sich der Herr von Altun Ha vor mir. Dann schritt ich, gefolgt von meinen drei Gefährten, die Stufen zu dem Vorplatz hinunter und bestieg die Sänfte. Bald darauf setzte sich unsere kleine Karawane in Bewegung.

4

Während die schlanken Boote pfeilschnell den Fluß hinunterglitten, verharrte ich die erste Zeit tief in Gedanken versunken auf den weichen Kissen. Erst jetzt wurde mir so recht klar, wie sehr mir der Judäer fehlte. Betrübt und zornig war ich über mich selbst, weil ich gegenüber Elias schwach und furchtsam war und im Grunde nicht wußte, was ich tun sollte. Nichts hatte geholfen, den Judäer von seiner Entscheidung schließlich doch wieder abzubringen.

Ich empfand eine schreckliche Leere, hegte keinen einzigen Gedanken mehr, den ich mein eigen nennen konnte. Nie zuvor war ich so niedergeschlagen und ratlos gewesen. So unberechenbar war des Menschen Sinn, so sehr hatte mich die Erfahrung geblendet, daß ich nichts Böses ahnte, als der Judäer das Unerhörte wagte. Ich hatte nach dem denkwürdigen Gespräch mit Elias gefürchtet und gezweifelt, geglaubt und gehofft und mir einzubilden versucht, daß er es sich doch noch anders überlegen würde. Aber am Morgen danach war alles schnell zur Gewißheit geworden, und meine letzte Hoffnung schwand unerbittlich dahin.

Nun saß ich einsam in dem rasch dahingleitenden Boot. Und plötzlich hatte ich ein seltsames Bild vor meinen Augen. Die Eingebung, die mir durch meinen Kopf zuckte, als ich noch einmal an das in den letzten Tagen Geschehene dachte, war beinahe so wahnwitzig, daß ich es gar nicht zu Ende denken wollte, aber schließlich doch dazu gezwungen war: Hatte sich nicht alles so abgespielt, wie Elias es in seinem Traum gesehen hatte? Wie durch gerade aufreißenden Nebel erblickte ich das kluge Antlitz des Judäers und hörte noch einmal seine Worte. „Und ich sah euch nicht mehr!" hatte er am Ende, nur leise flüsternd, gesagt.

Ein feines Rauschen und das häufig wechselnde Spiel von Licht und Schatten rissen mich jedoch bald aus meinen Gedanken. Aufgeregt und ungeduldig schaute ich abwechselnd immer wieder auf den klaren Himmel und die Bewegungen der Bäume am nahen Ufer des Flusses. Ak Kan, der mit mir zusammen im ersten Boot saß, sah mir verwundert, aber schweigend zu. Er trauerte noch um seine engsten Gefährten, die im Kampf um Altun Ha getötet worden waren.

Nun aber wollte er wissen, was mich so bewegte, doch es gelang mir erst nach vielen Mühen, ihm zu erklären, daß es die Richtung des Windes war, die jetzt meine Aufmerksamkeit erregte. Erstmals, seitdem wir dieses Land betreten hatten, wehte der Wind aus Süden, und ich fürchtete, daß diese günstige Situation nicht lange anhalten würde! Ich konnte es kaum erwarten, die Küste zu sehen, obwohl die geschickten Krieger unsere Boote mit regelmäßigen, kraftvollen Paddelschlägen in schneller Fahrt den trägen Fluß hinuntertrieben.

Nachdem wir am Vorabend den Fluß erreicht und dort nach einem üppigen Mahl die Nacht verbracht hatten, waren wir am frühen Morgen in die bereitliegenden Boote gestiegen. Zu meiner Überraschung befahl Ak Kan seinen Leuten, auch das dritte Boot zu nutzen. In seinem geräumigen Bauche brachten die Krieger jene schweren Lasten unter, die sie bislang tragen mußten. Ich wunderte mich darüber sehr, denn das wohlverschnürte Bündel mit dem Geschenk des Herrn von Altun Ha hatte in meinem Boot seinen Platz gefunden, und für meine Gefährten genügte das zweite Boot. Doch erst am Ufer des Meeres sollte ich erfahren, was sich in den anderen geflochtenen Bündeln verbarg.

Gegen Mittag sahen wir das Meer vor uns liegen, und nachdem die Krieger unsere Boote sicher auf das flache nördliche Ufer des Flusses gezogen hatten, erblickten wir auch das Schiff. Unversehrt schaukelte es sanft auf den leichten Wellen. Und immer noch wehte der Wind aus südlicher Richtung!

Musa und die übrigen Gefährten bemerkten uns sofort, blieben aber zunächst unschlüssig in der Nähe des Schiffes auf dem Strand stehen, als sie eine so große Zahl von Kriegern auf sich zukommen sahen. Sie liefen uns jedoch bald entgegen, nachdem wir ihnen zuwinkten und sie wohl auch erkannt hatten, daß die Krieger schwere Lasten trugen.

„Was ist mit Elias?" fragten fast alle gleichzeitig und vergaßen beinahe, uns zu begrüßen.

„Er hat beschlossen, in diesem Lande zu bleiben! Ich konnte ihn nicht umstimmen, mit uns zu kommen!" antwortete ich in ernstem Ton. Merkwürdig still wurde es danach. Musa schaute mich fassungslos und ungläubig an.

„Wir können es bezeugen!" riefen die beiden Sidonier und der Arwader in diese Stille hinein, bevor ich wieder etwas sagen konnte.

„Das ist eine lange Geschichte!" unterbrach ich die Gefährten. „Ich werde euch alles erzählen, wenn wir an Bord sind! Ist genügend Wasser, Nahrung und Feuerholz auf dem Schiff?"

„Ja, Herr!" erwiderte Musa. „Wir haben alles getan, was Ihr uns aufgetragen habt!"

„Dann wollen wir keine Zeit verlieren, denn nur die Götter wissen, wie lange der günstige Wind noch anhält!" sagte ich mit einer Entschlossenheit, die Musa verwunderte.

Inzwischen waren wir an der Stelle des Meeresufers angelangt, wo unser Schiff vor Anker lag. Ich fühlte eine gewisse Erleichterung, daß Ak Kan für eine Weile unsere Aufmerksamkeit fesselte. Er befahl seinen Kriegern, die Lasten vor uns abzulegen. Dann enthüllte er die geschickt geschnürten Bündel, und wir sahen mit Staunen, daß sie köstliche Speisen enthielten, die nicht so rasch verderben konnten. Die Diener des Herrschers von Altun Ha hatten getrockneten und geräucherten Fisch, in Streifen geschnittenes, geräuchertes Fleisch und eine große Menge Palmenfrüchte und ölhaltige Nüsse mitgegeben.

„Kan Xul, der Herr von Altun Ha, schickt Euch Nahrung für Eure lange

Reise!" versuchte Ak Kan zu erklären und deutete dabei auf das Meer.
Ich war verblüfft. Doch zeigte das neuerliche Geschenk ein weiteres Mal, wie gut uns die Bewohner dieses Landes verstanden. Dankbar ergriff ich die Hände des tapferen Kriegers, der nun fast unmerklich lächelte und stolz zu sein schien, daß Kan Xul ihn ausgewählt hatte, um uns dieses Geschenk zu überreichen.

Während sich die zwölf Begleiter Ak Kans nur wenige Ellen entfernt auf den Strand niedersetzten, ließ ich die Bündel wieder verschnüren und von unseren Männern auf das Schiff bringen. Als die gesamte Mannschaft schließlich an Bord gegangen war, nahm ich Abschied von Ak Kan. Ehrfurchtsvoll verneigte sich der oberste Krieger des Herrn von Altun Ha vor mir. Seine Begleiter sprangen auf und taten es ihm nach. Dann bestieg ich unser Schiff und befahl, die Anker zu lichten.

Schwer fiel es unseren Männern, das beladene Schiff in tieferes Wasser zu rudern. Doch wäre es zu gefahrvoll gewesen, angesichts der zahllosen Riffe sofort unter Segel zu fahren. Ich hatte Musa nach vorn geschickt und führte selbst das Steuerruder nach den Ratschlägen, die mir der Nubier zurief. So dauerte es fast eine halbe Stunde, bis wir eine günstigere Position erreicht hatten und ich das Segel setzen ließ.

Ak Kan und seine Krieger verharrten noch recht lange am Ufer und verfolgten staunend unsere Manöver. Ich blickte jedoch nur gelegentlich zu ihnen zurück, da die schwierige Strecke meine ganze Aufmerksamkeit erzwang. Plötzlich stellte ich fest, daß die Krieger verschwunden waren.

Drei Stunden später hatten wir endlich die letzte Kette der gefährlichen Riffe ohne Schaden passiert. Mit nordöstlichem Kurs segelten wir zwischen denselben kleinen und flachen Inseln hindurch, die wir bereits von der Anreise her kannten. Da wir uns nun im offenen Meere befanden und nicht mehr jene Anspannung herrschte, die uns bis dahin fesselte, löste ich mein Versprechen ein, das ich den Männern am Strand gegeben hatte: Ich erzählte ihnen die dramatischen Geschehnisse in Altun Ha und erläuterte vor allem die Umstände, die den Judäer dazu bewegt hatten, bei dem Herrn von Altun Ha und seinen Priestern zu bleiben. Gebannt lauschte die Mannschaft meinen Worten, und ich war froh, daß die Männer keine Niedergeschlagenheit spüren ließen. Dazu hatte allerdings auch Boschmun beigetragen. Der Arwader ergänzte meinen Bericht mit seinen Erlebnissen, erklärte manches, was mir bisher verschlossen war.

Schließlich gab ich jedem unserer Männer eine Edelsteinkette aus dem Schatz, den mir der Herr von Altun Ha zum Abschied geschenkt hatte. So war die Mannschaft trotz des Fehlens von Elias bei guter Stimmung, als wir schon weit draußen auf dem Meere mit Palmenfrüchten und Nüssen unseren Hunger stillten. In meinem Munde spürte ich noch lange den Geschmack der köstlichen Speisen.

Langsam neigte sich die Sonne dem Horizont zu, und noch immer trieb der beständige Südwind unser Schiff durch die türkisfarbenen Wogen. Wir machten zunächst gute Fahrt. Stets blieben wir in Sichtweite des flachen Festlandes, hielten aber aus Respekt vor den auch hier vermuteten gefährlichen Riffen einen großen Abstand.

Lange bevor dieser denkwürdige Tag zu Ende gegangen war, hatte ich angeordnet, daß Musa die Aufgaben des Judäers übernehmen sollte. Wie vordem Elias, so löste mich nun der Nubier in der Führung des Schiffes ab. Und auch der übrigen Mannschaft wies ich entsprechende Aufgaben und Ruhezeiten zu. So beorderte ich jeweils zwei unserer Männer als Ausguck auf das Vorschiff, da wir diesen Teil des Meeres nicht kannten und uns vor unliebsamen Überraschungen schützen wollten. Dennoch fühlte ich mich merkwürdig sicher, als sich nach Einbruch der Dunkelheit der vertraute Sternenhimmel über uns ausbreitete und bald auch der Mond unser Schiff und die Wellen in ein mildes Licht tauchte. Schlimm hätte das Unternehmen in diesen Tagen enden können, dachte ich. Doch dank der Gunst der Götter hatten wir in dem fremden Land keinen Schaden genommen.

Ruhe herrschte an Bord. Musa und die meisten Männer hatten sich zum Schlafen niedergelegt. Nur das leise Plätschern der von unserem Schiff durchschnittenen Wogen war zu hören. Meine Gedanken schweiften zurück nach Altun Ha. Was mochte Elias nun denken? Ob er seine Entscheidung inzwischen doch bereute? Vielleicht war ihm die Unausweichlichkeit seiner Lage erst jetzt bewußt geworden! Allein – es half nichts mehr. Der Judäer hatte offenbar genug von langen und gefahrvollen Reisen, wollte die Gunst der Stunde nutzen, die Achtung genießen, die ihm so unerwartet zugefallen war. Ein eigenes Haus mit zahlreicher Dienerschaft und nicht zuletzt eine schöne Frau ließen ihn vielleicht erst recht abrücken von dem Gedanken, sich zurückzuwagen über das weite, noch unbekannte Meer. Kein Wort konnte ihn aus dem paradiesischen Land vertreiben; kein Ehrgeiz zerrte wie bei mir an seiner Seele. Ich fand dennoch, daß ich alles in meinen Kräften stehende versucht hatte, um ihn von seinem Entschluß abzubringen. Oder war es der Wille der Götter, daß alles so geschah?

So segelten wir fünf Tage und fünf Nächte die Küste des paradiesischen Landes entlang nach Norden. Am sechsten Tage aber ließen wir das Festland, wie von dem Judäer vorausgesagt, hinter uns. Mit nordöstlichem Kurs steuerten wir auf das offene Meer hinaus, und allmählich verschwand die Küste wie ein langgezogener Schatten.

In der ersten Nacht fern vom Festland kamen wir für kurze Zeit in ein Gebiet, in dem beinahe Windstille herrschte. Schlaff hing das Segel herunter, und leise gluckste das Wasser am Bug des kaum Fahrt machenden Schiffes. Fast alle Gefährten schliefen. Plötzlich erscholl ein Schrei. In der Eintönigkeit und Stille empfand ich ihn lauter, als die Seevögel kreischten. Es war Boschmun, der den Schrei ausgestoßen hatte. Wir alle erschraken, sahen den sonst immer so ruhigen Arwader fragend an.

Boschmun schaute sich verwirrt um. Unaufgefordert redete er dann. Einen Lichtschein habe er soeben im Wasser gesehen. Ein großes Schiff sei dort in der Tiefe gefahren, bemannt mit Toten. Die jungen Seeleute ruderten, und vorn am Bug des Schiffes habe Acharbas gestanden und gerufen: „Kommt ihr endlich, meine Gefährten? Schon lange warte ich auf euch. Wo aber weiltet ihr? Ich sah euch so lange nicht!"

Er habe antworten wollen. Doch dann sei das Schiff plötzlich in der Finsternis verschwunden.

Abimilk, der – wie wir alle – die Worte Boschmuns angehört hatte, lachte bitter.

„Es ist nichts", sagte ich ärgerlich. „Beruhigt euch! Es gibt keine Gefahr."

Meine Worte verhallten jedoch, als hätte ich sie niemals gesprochen. Stundenlang noch beschäftigte die Männer jener seltsame Traum.

Elftes Buch

HEIMKEHR NACH GADIR

1

„Land!" rief der junge Sidonier, der auf der rechten Seite des Vorschiffs den Horizont beobachtete.

Zwei Tage und zwei Nächte waren wir gesegelt, nachdem wir ein letztes Mal auf jenes Land geblickt hatten, das nun unseren ehemaligen Steuermann beherbergte. Es war noch früh am Morgen, und Musa steuerte das Schiff. Durch den Lärm erwachte ich sofort. Noch etwas benommen begab ich mich nach vorn. Der Sidonier hatte sich nicht geirrt. Rechts vor uns erstreckte sich ein schmaler Landstreifen mit einer nicht sehr hoch erscheinenden Bergkette im Hintergrund.[52]

„Versuche einen östlicheren Kurs zu steuern, Musa!" rief ich nach hinten.

„Wollt Ihr dort an Land gehen, Herr?" gab Musa zurück.

„Ja! Wir werden jede Möglichkeit nutzen, um unseren Nahrungs- und Wasservorrat aufzufüllen!" entgegnete ich. „Du weißt, Musa, wie gewaltig die Strecke ist, die wir noch vor uns haben. Dies könnte die Insel sein, von der Elias gesprochen hat, und ich denke, wir können die Küste erreichen, bevor es Abend wird."

Musa tat, wie geheißen. An der Stellung des Segels sahen wir, daß der Wind aus südwestlicher Richtung wehte. Wie gewohnt übernahm ich gegen Mittag das Steuer, und der Nubier begab sich nach vorn. Rasch kamen wir der Küste näher und gelangten am frühen Nachmittag bereits in flaches Wasser mit gefährlichen Riffen. Doch Musa fand immer einen Weg und sorgte mit seinen Zurufen dafür, daß ich unser Schiff sicher an den Riffen vorbeisteuern konnte.

Nachdem wir das Schiff gewendet und etwa sechzig Ellen vom Ufer entfernt vor Anker gelegt hatten, schickte ich Musa mit zwei Tyrern an den sandigen Strand. Wir mußten nicht lange warten, bis unsere drei Gefährten wieder zurückkamen und verkündeten, daß sie einen kleinen Fluß gefunden hätten, dessen Wasser genießbar sei. Spuren von Menschen waren ihnen bei ihrer kurzen Erkundung nicht aufgefallen. Daher schickte ich Musa zwei Sidonier zu Hilfe und ordnete an, Feuerholz zu sammeln, aber in Sicht- und Rufweite zu bleiben. Ich selbst beobachtete zusammen mit den übrigen Gefährten von Bord aus aufmerksam das weit einsehbare Ufer, doch nichts regte sich, was uns hätte Angst einflößen können. Dennoch verließen wir erst am Abend das Schiff, um uns gemeinsam mit Musa und seinen wackeren Helfern ein köstliches Mahl zu gönnen, das wir auf einem großen Feuer zubereiteten.

Wir beschlossen, bis zum Mittag des folgenden Tages an diesem Ankerplatz zu verbringen, bis dahin genügend Fische im Meere zu fangen, sowie den Wasser- und Feuerholzvorrat zu ergänzen. Niemand störte uns. Nach unserem Tagewerk genossen wir den herrlichen Abend. Bei angenehmer Wärme saßen wir am Feuer und plauderten fröhlich miteinander. So war es schon fast Mitternacht, als wir uns wieder an Bord begaben.

Am folgenden Morgen hatte ich großes Vergnügen daran, zunächst den Arwadern und dann den beiden Sidoniern zuzusehen, wie sie sich mit wechselndem Geschick bemühten, im flachen Wasser mit ihrem Netz Fische zu fangen. Doch gegen Mittag war eine erstaunliche Menge zusammengekommen. Inzwischen befanden sich auch die Vorräte an frischem Wasser und Feuerholz an Bord, für die Musa gemeinsam mit den anderen Gefährten gesorgt hatte. Nichts stand unserer Abfahrt mehr im Wege, und daher zögerte ich nicht, die Mannschaft an ihre Ruderplätze zu beordern und die Anker lichten zu lassen.

Langsam glitt unser Schiff aus dem Uferbereich hinaus und näherte sich der schmalen Lücke, die zwischen den ersten beiden Riffen durchfahren werden mußte. Plötzlich rief Boschmun, der Arwader, der an der linken Bordwand seinen Platz hatte und wohl eher zufällig nach Westen schaute, daß sich von dort vier lange Einbäume rasch auf uns zubewegten. Die Boote waren noch weit entfernt. Dennoch versetzte mich dies in Unruhe. Daher ließ ich sofort das Segel hochziehen, nachdem wir die erste Riffkette passiert hatten.

Schnell nahm unser Schiff Fahrt auf, denn der Wind wehte ziemlich kräftig und blähte das Segel voll auf. Die Boote waren unterdessen etwas näher an uns herangekommen, und wir konnten sehen, daß in jedem dieser Einbäume acht Männer saßen, die mit heftigen Paddelschlägen unser Schiff einzuholen suchten. Die Götter aber schickten uns günstigen Wind und ließen Musa eine breite Fahrrinne in der äußeren Riffkette finden. So vergrößerte sich der Abstand zu den Booten bald wieder, und wir erreichten in schneller Fahrt das offene Meer.

Erleichtert beobachteten wir nach einiger Zeit, daß unsere Verfolger ihren Versuch aufgegeben hatten. Ich aber beschloß, den nordöstlichen Kurs beizubehalten. Dem Sonnenstand nach befanden wir uns noch weit südwestlich jenes Meeresgebiets, aus dem es uns nach dem schweren Sturm zu dem fernen, paradiesischen Land verschlagen hatte.

Allmählich entfernten wir uns von der langgestreckten Insel. Sechs Tage und Nächte segelten wir auf dem großen Ozean, und nichts Bemerkenswertes geschah. Am siebten Tage, als sich die zwischen zahllosen weißen Wolken gelegentlich hindurchscheinende Sonne ihrem höchsten Stand näherte, entdeckte Musa rechts von uns einen langen, flachen Landstreifen, der sich in einem weiten Bogen in nördliche Richtung erstreckte. Ich ordnete sogleich an, auf Ostkurs zu gehen und auf die Nordspitze der Insel[53] zuzusteuern. Am Abend desselben Tages noch erreichten wir die Küste, nachdem wir dank der Hilfe der Götter einen sicheren Weg durch die Riffe gefunden hatten.

Lange beobachteten wir den Uferbereich der Insel, bevor ich mich entschloß, Musa mit zwei tyrischen Gefährten zur Erkundung auszuschicken. Ich verdoppelte diesmal die Wachen und legte unser Schiff so vor Anker, daß wir bei Gefahr schnell hätten fliehen können. Doch erwies sich meine Sorge als unbegründet. Gleichwohl dauerte es sehr lange, bis Musa und die zwei Tyrer wieder in Sichtweite waren. Die Dunkelheit brach schon herein, als unsere Gefährten endlich an Bord kletterten und berichteten, daß sie im Innern der Insel, eine Stunde von unserem Ankerplatz entfernt, einen Bachlauf mit wohlschmeckendem Wasser entdeckt hätten.

Da die Insel unbewohnt zu sein schien, entschied ich, an Land zu gehen, Feuer zu entzünden und ein ausgiebiges Mahl zu bereiten.

Zufrieden stellte ich an diesem Abend fest, daß unsere Männer guten Mutes waren, obgleich wir das Festland bereits vor sechzehn Tagen verlassen hatten. Der weitaus größte Teil der Rückfahrt nach Gadir lag noch vor uns, doch vermied ich es, dies zu erwähnen. Ich fürchtete gleichwohl, daß die Ungeduld und Angst der Gefährten früher oder später doch hervorbrechen würde.

An diesem Abend verzehrten wir die letzten Vorräte, die uns der Herr von Altun Ha mitgegeben hatte. Nur die herrlichen Früchte und Nüsse sollten noch für einige Tage reichen. Der Wind hatte deutlich nachgelassen, und wir genossen die angenehme Wärme der sternenklaren Nacht.

Am folgenden Morgen ergötzte ich mich ein weiteres Mal an den Künsten, mit denen unsere Sidonier und Arwader im flachen, klaren Wasser den herrlichen Fischen nachstellten, während sich Musa mit dem größeren Teil der Mannschaft ins Innere der Insel aufmachte, um Wasser und Feuerholz zu holen. Weit vor Mittag kehrten die Männer wieder zurück und verstauten mit großem Geschick alles an Bord, was sie mitgebracht hatten. Da unsere Sidonier und Arwader mehr Fische erbeuteten, als wir in den Vorratsbehältern an Bord unterbringen konnten, nahmen wir uns die Zeit für ein ausgedehntes Mahl auf dem schönen Strand, so daß nicht mehr viel für die hungrigen Seevögel übrigblieb. Dann verließen wir die Insel, bestiegen unser Schiff und segelten bei nun wieder kräftigem Südwind nach Nordosten.

Während der folgenden zwei Tage sichteten wir noch mehrere kleine Inseln, die wir aber in großem Abstand passierten. Danach umgab uns für lange Zeit das unendlich erscheinende Meer. Eintönigkeit beherrschte erneut unser Leben. Oft sann ich dann über das Geschehene nach. Und häufiger noch dachte ich an unsere Ankunft in Gadir, malte mir aus, was dann geschehen würde. Wohl mußte auch ich eines Tages sterben, doch nie würde mein Name, nie mein Ruhm verloren sein!

Allmählich bedeckten immer häufiger drohende Wolken den Himmel, so daß wir vor allem bei Nacht manchmal nicht wußten, ob unser Kurs noch richtig war. Wir konnten nichts anderes tun, als das Schiff vor dem Wind zu halten. So dankte ich jedesmal den Göttern, wenn die Wolken wenigstens teilweise verschwanden und wir uns wieder orientieren konnten. Je länger unsere Reise dauerte, umso mehr drehte der meist kräftige Wind und kam schließlich beständig aus Westen. Sonst aber gab es kaum Abwechslung, und wie ich befürchtet hatte, bemächtigte sich unserer Männer eine zunehmende Ungeduld. Denn auch nach dreißig Tagen entdeckten wir keine Anzeichen von Land.

Bedenklich zusammengeschmolzen waren bereits Nahrung und Wasser. Zu ausgiebig, zu sorglos, ohne Maß, hatten wir in den ersten Tagen Hunger und Durst gestillt. Und fehlte es bei der unfreiwilligen Fahrt gen Westen schon nicht an lauten Klagen, so vermehrte die erneute Ungewißheit die nie gänzlich abgeklungene Furcht.

Am grau verhangenen Morgen des einunddreißigsten Tages ruhte ich in der Nähe des Mastes aus, während Musa das Schiff steuerte. Unweit von mir sah ich Abimilk und Boschmun, den Arwader sitzen. Der junge Tyrer war aufgeregt, redete auf Boschmun ein. „Machst Du Dir keine Gedanken?" hörte ich ihn plötzlich sagen.

Nun war es nicht die Art des Arwaders, sich Gedanken zu machen. Doch jetzt hatte eigentlich jeder von uns mehr als sonst Ursache dazu. Aber Boschmun zuckte mit den Schultern und schwieg. Gleichwohl fühlte ich Gefahr. Ich ahnte Schlimmes, glaubte auch zu wissen, was der Tyrer wollte. Ich schätzte es nicht, wenn die Gefährten ängstlich und mutlos waren, durfte nicht erlauben, daß der Tyrer erneut Flammen der Angst schürte, anstatt ruhig abzuwarten, was weiter geschah.

Nicht schon wieder wollte ich Bedrücktheit und Zagheit aufkommen lassen. Furcht und Aufsässigkeit mußte man im Keime ersticken, hatte mein Vater mich gelehrt. Wenn ich dem Treiben nur zusah, die Dinge laufen ließ, konnte mir die Herrschaft über das Schiff und die Männer sehr rasch entgleiten. So war es zuviel der Dreistigkeit, die sich der Tyrer erlaubte, und es genügte diesmal wohl nicht, ihn mit einem unwilligen Blick zu strafen. Entschlossen erhob ich mich von den Planken, ging auf Abimilk zu.

„Angst?" fragte ich. „Wenn Du den Untergang des Schiffes und unseren Tod fürchtest, dann bete zu den Göttern! Dies wird Dich sanfter stimmen, befinden wir uns doch ohnehin in ihrer Hand!"

Düster, verstockt schwieg Abimilk. Der junge Tyrer nestelte verlegen an seinem Gewand herum und rückte erst nach einigem Zögern mit dem heraus, was ihn so sehr beschwerte. Er fürchtete meine Strenge, doch unterließ ich es zunächst, hart und offen auszusprechen, was mein tiefer Groll an Worten in Bereitschaft hielt.

„Ich sah in der Nacht, als sich die Wolken für einige Zeit teilten, den Nordstern am klaren Himmel stehen", begann Abimilk. „Und er war höher am Firmament, als ich ihn je vorher gesehen. Verirrt haben wir uns, Herr, und der Ozean wird uns am Ende doch noch verschlingen!" Der Tyrer wollte noch etwas sagen, doch blieben ihm die Worte im Halse stecken. Kalter Schweiß perlte auf seiner Stirn.

Ich hatte in der Nacht geschlafen. Von neuem zusammengeballt hatten sich seitdem die Wolken, schütteten schwere Regengüsse auf uns herab.

„Und wo hast Du den Nordstern erblickt? Auf der rechten Seite?" fragte ich.

„Nein, Herr! Auf der linken, aber ..."

„Was ... aber?"

„Nichts, Herr."

„Wie Du selbst recht gut weißt, segeln wir nach Osten. Und dort liegt Gadir. Beruhige Dich also!" Meine letzten Worte hatte ich schon ohne Härte gesprochen. Dann legte ich sogar Freundlichkeit in meine Stimme, lobte die frühere Tapferkeit des Tyrers und klopfte ihm auf die Schulter.

Es gelang mir mit einiger Mühe, auch die übrigen Männer zu beruhigen, obwohl sie ja wußten, daß wir nach dem Bruch des Steuerruders achtunddreißig Tage unterwegs gewesen waren und die Entfernung von der letzten Insel, die wir im Westen des großen Ozeans betreten hatten, bis nach Gadir kaum geringer sein konnte.

Doch als wir nach vierunddreißig Tagen auf dem Meere immer noch kein Land gesichtet hatten und zudem unsere Vorräte an Nahrung und Wasser zu Ende gegangen waren, erfaßte auch mich große Unruhe. Was hätte ich dafür gegeben, wenn Elias jetzt bei uns gewesen wäre!

Wieder waren wir den Göttern dankbar für jeden Reguß, der es uns wenigstens erlaubte, unseren Durst zu stillen. Die Wolken bedeckten nun vollständig den Himmel, und so vermochten wir nur noch zu Beginn und zum Ende jedes Tages zu erkennen, in welche Richtung unser Schiff die dunklen Wogen durchschnitt. Jedesmal stellte ich dabei fest, daß wir auf Ostkurs waren, wenn wir das Schiff direkt vor dem Wind hielten. Wie sehr wir uns aber anstrengten, sahen wir doch kein Land. Auch Seevögel ließen sich nicht blicken. Es war kalt, und der häufige Regen setzte uns arg zu. Die Wolken lagen fast auf dem Meere.

Das Wasser hatte jene dunkle, blaugrüne Farbe, die ich von Gadir her kannte. Doch Musa meinte, daß diese Farbe im gesamten Meere bis hinauf zu den Zinn-Inseln[54] anzutreffen sei. So konnte ich eben doch nicht sagen, wo wir uns befanden und wie weit es noch bis zum Festland sein würde. Nichts geschah, was unseren Männern hätte neue Zuversicht geben können, und mit jedem Tag, den wir so dahintrieben, sank die Hoffnung, die Heimkehr doch noch zu schaffen.

Hatte ich mich bei meinen Berechnungen so stark geirrt? Von Zweifeln und heftigen Selbstvorwürfen gepeinigt, fand ich kaum Schlaf. Die anklagenden Blicke meiner Gefährten schmerzten mich. Wieder litten wir grausamen Hunger. Doch je größer die Not, umso mehr klammerte ich mich an das Eingreifen der Götter.

2

In der Nacht zum sechsunddreißigsten Tage auf dem Meere wurde ich plötzlich unsanft aus dem Schlaf gerissen. Ich war an meinem Schlafplatz zur Seite gerollt und mit meinem Kopf an die Verankerung des Mastes geschlagen. Benommen von dem Schmerz versuchte ich mich aufzurichten. Dabei bemerkte ich, daß der Wind deutlich an Stärke zugenommen hatte. Unser Schiff schlingerte und tanzte auf den hohen Wellen. Es war völlig dunkel, und so kroch ich mühsam zum Heck.

Der Nubier hielt tapfer das Steuerruder.

„Ich glaube, es gibt Sturm, Herr!" schrie Musa, als ich bei ihm angelangt war. „Das Schiff ist kaum zu halten!"

Der Wind heulte fürchterlich, und das Meer war ähnlich aufgewühlt, wie wir dies zu Beginn unserer unvorhergesehen langen Reise erlebt hatten. Die Kälte drang mir bis in die Knochen.

„Wir müssen das Segel herunternehmen!" rief ich dem Nubier zu. „Ich kümmere mich darum!"

Langsam kroch ich auf den Planken zu den beiden Sidoniern hin, die das Segel bedienten. Unsere übrigen Männer klammerten sich an ihren Ruderbänken fest, um nicht über Bord zu fallen, denn das Schiff wurde von der rauhen See hin- und hergeworfen. Gemeinsam mit den Sidoniern und zwei weiteren Männern, die mir am nächsten saßen, schaffte ich es, das Segel herunterzuziehen. Wir verstauten es mühsam zwischen den Ruderbänken.

„Bindet euch fest!" befahl ich sodann unseren Männern. „Ihr wißt, was passiert, wenn ihr meine Anweisung mißachtet!"

Die Dunkelheit hinderte mich jedoch daran, zu überprüfen, ob alle meinen Befehl befolgten, doch glaubte ich, daß sie den Tod ihrer Gefährten wohl noch nicht vergessen hatten. Nicht lange danach brach der Sturm mit unvorstellbarer Kraft los. Die See tobte, und gewaltige Regengüsse prasselten mit solcher Heftigkeit auf uns herab, daß ich zu zweifeln begann, ob wir dies überstehen würden. Völlig durchnäßt, hungernd, frierend und ohne eine genaue Vorstellung davon, wo wir uns befanden, zurrte ich mich an dem Mast fest. Verzweifelt flehte ich Melkart um Beistand und Rettung an. Doch blieb unser Schiff ein Spielball des Sturmes und der Wellen. Da tröstete es mich wenig, daß die

Schwärze der Nacht allmählich einem dunklen Grau Platz machte und ich nun das Schiff überblicken konnte. Aber mehr sah ich auch nicht.

Der Nubier hielt noch immer das Steuerruder, und unsere Männer schienen meine Anweisungen diesmal beachtet zu haben. Der heftige Regen und die tiefliegenden Wolken begrenzten die Sicht jedoch auf weniger als fünfzig Ellen. Immer häufiger überrollten die tosenden Wellen unser Schiff, aber jedesmal hielt es stand. Doch plötzlich hob eine riesige Woge unser Schiff wie eine Nußschale in die Höhe, und einen Moment später sackte es wieder herunter. Ich wollte gerade das Tau, das sich gelöst hatte, wieder fester zurren. Da spürte ich einen schweren Stoß. Ein gewaltiges Krachen und Splittern folgte.

Schreie mischten sich in das Krachen von Holz, in das Rauschen des Sturms und das Tosen der Wellen. Augenblicklich befand ich mich unter Wasser. Ich schwamm verzweifelt, kam an die Oberfläche und blickte mich entsetzt um. Aber ich sah das Schiff nicht mehr. Ehe ich einen Gedanken fassen konnte, schlug eine weitere Woge über meinem Kopf zusammen. Ich schluckte Wasser, und wieder dauerte es eine Weile, bis ich an die Oberfläche des Meeres gelangte. Hatte ich die Orientierung verloren und das Schiff an der falschen Seite gesucht? Hinter mir, in nur zehn Ellen Abstand, schwamm etwas Längliches. Ich erreichte es mit wenigen Armstößen. Es war der Mast unseres Schiffes! Nein, nur ein Teil davon!

Jetzt begann ich zu begreifen, was geschehen war. Erschrocken und fast gelähmt klammerte ich mich mit letzter Kraft an den Mast. Als eine Woge ihn hochhob, sah ich, daß noch weitere Teile des Schiffes auf dem Meere schwammen und von den Wellen herumgestoßen wurden. Von den Gefährten war nichts zu sehen.

Allmählich wurde mir klar, daß unser Schiff auf einem Felsen zerschmettert worden war. Doch der Vorgang hatte sich mit solcher Schnelligkeit abgespielt, daß ich nicht alle Einzelheiten erfassen konnte. Das Meer tobte weiter, und ich mußte kämpfen, um nicht den Halt zu verlieren und erneut ins Wasser zu stürzen.

Ich weiß nicht mehr, wie lange ich den Mast bereits umklammert hielt, als meine Kräfte nachließen. Schon glaubte ich, zu schwach zu sein und doch ertrinken zu müssen. Da bemerkte ich, daß der heftige Regen aufgehört hatte und die Sicht beinahe schlagartig besser geworden war. Dies gab mir neuen Mut und zusätzliche Kraft. Ich blickte mich um. Nicht weit von mir, vielleicht zwei Stadien entfernt, ragten schroffe Felsen aus dem Meere. Einen Augenblick lang vergaß ich, daß meine Schultern und meine Arme schmerzten. Angestrengt versuchte ich, mir darüber klar zu werden, in welche Richtung der zerbrochene Mast getrieben wurde. Ich erkannte bald, daß der Wind von den Felsen her wehte und der Abstand zu ihnen größer zu werden schien. Zuerst war ich verzweifelt, aber als der Mast nach einiger Zeit erneut von einer riesigen Woge emporgehoben wurde und ich eher zufällig in die entgegengesetzte Richtung schaute, sah ich auch dort Felsen aus dem Meere aufsteigen, die jedoch erheblich größer wirkten und sich über ein weiteres Gebiet erstreckten. Sie waren wohl drei Stadien entfernt, und ich hatte den Eindruck, direkt darauf zuzutreiben. Doch vom Wasser aus verlor ich die Felsen immer wieder aus den Augen.

Nach einer Weile bemerkte ich, daß sich der Mast, an den ich mich klammerte, auf einen bestimmten Punkt zubewegte, wo die Felsen besonders schroff in den Himmel ragten. Ich fürchtete schon, daß mich die immer noch rauhe See gegen die Felsen schleudern würde und ich auf diese Weise sterben müßte. Als ich näher kam, erkannte ich jedoch, daß es zwischen den steilen, zerklüfteten Felsen kleine, flache Buchten gab. Aber selbst zweihundert Ellen vor dem Ufer war ich nicht sicher, welchen Weg der zerbrochene Mast nehmen würde. Es fiel mir mit jeder Sekunde schwerer, das rettende Stück Holz noch zu umklammern. Manchmal spürte ich kein Gefühl mehr in meinen Armen. Sie schienen mir nicht mehr zu gehören.

Für einen Moment dachte ich daran, den Mast loszulassen, doch traute ich mir nicht zu, die starke Brandung schwimmend durchqueren zu können. Und dann ging alles ganz schnell. Ich sah gerade noch, wie die Spitze des Mastes von einer mächtigen Welle gegen einen ins Wasser hineinragenden Felsen gedrückt wurde. Da bäumte sich der Mast auch schon auf und wirbelte herum. Entsetzt umklammerte ich den Mast noch fester und befand mich plötzlich unter Wasser. Ich sah nichts mehr. Der Atem stockte mir. Sekunden später warf mich eine weitere Brandungswelle an den steinigen Strand. Ich fühlte einen starken Schmerz in meinem linken Arm. Erschreckt ließ ich den Mast los. Fast in demselben Augenblick überrollte mich eine Welle, und ich glaubte schon, wieder ins Meer gerissen zu werden. Ich versuchte mich mit meinen Händen an den scharfkantigen Steinen festzuhalten. Der Sog war immer noch stark. Ich kämpfte weiter. Die spitzen Steine rissen mir Arme und Beine auf. Mit letzter Kraft kroch ich ein paar Ellen weit auf den Strand, als mich das zurückflutende Wasser für einen Moment freigab. Dann blieb ich erschöpft liegen.

Ich weiß nicht, wie lange ich so auf dem nassen Strand lag. Ich schreckte plötzlich hoch, als ich das Geschrei von Vögeln hörte. Es waren Möwen, die nicht weit von mir auf den Klippen um gute Plätze stritten. Ich fror und ich fühlte Hunger und Durst. Verwundert stellte ich fest, daß ich mein goldenes Medaillon immer noch um den Hals trug. Mein Dolch steckte fest am Ledergürtel. Auch die kleine Gürteltasche mit meinen Aufzeichnungen und den zwei goldenen und sechs silbernen Armreifen war nicht verlorengegangen. Und mein Siegelring prangte am Mittelfinger meiner linken Hand. Meine Kleidung hing naß und zerfetzt an mir herab. Mein Kopftuch hatten die Wellen fortgerissen. Arme und Beine waren blutunterlaufen und schmerzten. Dennoch erhob ich mich und suchte den Horizont ab. Es herrschte jetzt wieder gute Sicht, und ich konnte bis zu den Felsen hinüberblicken, die ich, an den Mast geklammert, zuerst wahrgenommen hatte. Doch keiner von meinen Gefährten war in dem aufgewühlten Meere zu sehen. Der Ozean hatte sie wohl alle verschlungen. In meinem Innern bäumte sich alles gegen diese furchtbare Erkenntnis auf.

Nur langsam wurde mir bewußt, daß die Götter mich auch diesmal gerettet hatten. War ich auf eine Insel gespült worden? Oder befand ich mich schon auf dem Festland? fragte ich mich. Die rötlich schimmernden Granitfelsen, die mich umgaben, vermochte ich nicht einzuordnen. Ich hatte nicht die geringste Vorstellung von dem Ort, an dem mich die Götter hatten stranden lassen.

Noch während ich über das Schicksal meiner Gefährten und meine eigene Lage nachsann, kam die Sonne durch. Ich suchte eine windgeschützte Stelle und genoß die wärmenden Strahlen. Es war noch früh am Morgen. So angenehm ich die Wärme auch empfand, hielt ich es doch nie lange an meinem Platz aus. Immer wieder stand ich auf und suchte das Meer ab. Ich konnte mich einfach nicht mit dem Gedanken abfinden, daß meine Gefährten allesamt umgekommen sein sollten und wollte die Hoffnung nicht aufgeben. Vielleicht waren sie an einer anderen Stelle an Land gespült worden? dachte ich.

Gegen Mittag beschloß ich, die kleine Bucht zu verlassen und den steilen Hang zwischen den Felsen hinaufzuklettern. Meine Kleidung war zwar noch nicht trocken, aber die Wärme der Sonne hatte mir neue Kraft gegeben. Dennoch fiel es mir schwer, die Höhe zu erklimmen. Als ich es schließlich geschafft hatte, bot sich mir ein atemberaubender Anblick. Ich stellte fest, daß ich mich auf einer kleinen Insel[55] befand, die mit allerlei niederem Strauchwerk, Flechten und Gras bewachsen war. Sie mochte vielleicht vier Stadien in der Breite und acht Stadien in der Länge messen. Das östlich der Insel zu erkennende und an dieser Stelle in das Meer vorspringende Festland war jedoch mindestens sechzig Stadien entfernt. Unmöglich für mich, diesen Streifen des Meeres zu überwinden! Wollten mich die Götter hier sterben lassen? durchfuhr es mich. Meine Hoffnung schwand von einer Sekunde auf die andere dahin. Enttäuscht und verzweifelt sank ich zu Boden. Der beständige Wind ließ mich frösteln.

Die Gefährten vom Meer verschlungen, das Schiff verloren, das Gold und die herrlichen Edelsteine auf dem Grunde des Ozeans, ich selbst gefangen auf einer winzigen, vermutlich unbewohnten Insel! Konnte mir etwas Besseres geschehen als zu sterben? dachte ich. Was bedeutete mein Leben noch? Sollte ich für etwas kämpfen, dem ich keinen Sinn mehr beimaß? Ich schloß die Augen und nahm nichts mehr wahr.

Lange muß ich so am Boden gelegen haben. Ich meinte plötzlich, Stimmen gehört zu haben, wußte im ersten Moment aber nicht, ob ich geträumt hatte. Als ich meine Augen öffnete, widerfuhr mir etwas Unglaubliches: Nicht weiter als zwanzig Ellen entfernt, am Rande des steilen Hanges, der zur Bucht hinunterführte, standen zwei ärmlich gekleidete Männer. Sie beobachteten mich erstaunt und schienen unschlüssig zu sein, wie sie sich verhalten sollten. Dann fingen die beiden an, leise zwar, doch sichtlich erregt, miteinander zu reden.

Ich hob meinen Kopf und stützte mich dann auf meine Arme, um aufzustehen. Doch ehe mir dies gelang, waren die beiden hochgewachsenen, kräftig aussehenden Männer mit wenigen Schritten bei mir und setzten sich nieder. Sie musterten mich immer noch neugierig und verwundert.

„In welchem Land bin ich?" fragte ich in meiner Sprache. Ratlos schauten sich die Männer an. Sie verstanden mich offenbar nicht. Der ältere von ihnen begann schließlich zu reden. So aufmerksam ich auch zuhörte, konnte ich doch nichts verstehen. Nur als er auf das im Hintergrund sichtbare Festland zeigte und immer noch weiterredete, glaubte ich Worte vernommen zu haben, die ich schon einmal in Sephala gehört hatte.

„Gadir?" fragte ich, auf die Küste deutend. Der ältere der beiden Männer runzelte die Stirn. Er nickte dann, wies aber mit seiner Hand nach Süden. Also hatte ich mich doch nicht geirrt! dachte ich.

„Ich bin Ahab aus Gadir!" erklärte ich den Männern und zeigte dabei auf mich. „Mein Schiff ist während des nächtlichen Sturms auf den Felsen zerschellt, und ich glaube, alle meine Gefährten sind im Meer umgekommen!"

Die Männer sahen sich wieder ratlos an. So begann ich, die Umrisse meines Schiffes, die Insel, die Felsen, das Meer und die Küste auf den Boden zu malen und gestenreich das Geschehen der letzten Nacht und dieses Morgens zu erläutern. Als die beiden Männer endlich zu begreifen schienen, was sich ereignet hatte und wie ich hierher gekommen war, mußte ich erschöpft innehalten. Der ältere der beiden wühlte daraufhin in dem großen Stoffbeutel, der um seine linke Schulter hing, holte daraus einige getrocknete Apfelringe hervor und gab sie mir. Dankbar verzehrte ich die köstlich schmeckenden Früchte, während die Männer mich immer noch erstaunt betrachteten. Schließlich erhoben sie sich und bedeuteten mir, mit ihnen zu kommen.

Es war schon später Nachmittag, aber die Sonne verbreitete noch eine angenehme Wärme, und der Wind hatte erheblich nachgelassen. Obwohl ich so erschöpft war, daß es mir zunächst unmöglich schien, mich zu erheben, schaffte ich es doch. Die ersten Schritte schmerzten. Mir war elend, und ich hatte Mühe, den Männern zu folgen. Als sie dies bemerkten, verlangsamten sie ihre Schritte. Eine halbe Stunde später erreichten wir die ostwärtige Küste der kleinen Insel und stiegen in eine kleine Bucht hinunter.

Dort warteten noch zwei weitere Männer. Sie schauten überrascht auf, als ihnen ihre Gefährten etwas zuriefen. Sie kümmerten sich gerade um einen Kessel, der über einem Feuer hing, das auf dem flachen und nur etwa vierzig Ellen breiten Sandstrand hell aufloderte.

Die beiden Männer betrachteten mich eindringlich, als wir nähergekommen waren und ihre Gefährten schilderten, wo sie mich gefunden hatten. Freundlich forderten sie mich auf, mich in der Nähe des Feuers niederzusetzen. Aus dem Kessel duftete es nach Fischsuppe. Jetzt erst sah ich, daß nur wenige Schritte entfernt ein großes Ruderboot lag. Und unmittelbar daneben, halb im Wasser und im Schatten der Felsen, gewahrte ich vier riesige Fische, wie sie auch bei Gadir aus dem Meer geholt wurden. Sie waren wohl von den Fischern am Tage zuvor erbeutet worden.

Nachdem wir uns alle an dem Feuer niedergelassen hatten, boten die Männer auch mir eine Schale Fischsuppe an. Seit mehr als vier Tagen war dies die erste warme Speise, die ich zu mir nahm. Ich genoß sie wie ein Geschenk der Götter. Währenddessen erläuterten mir die Männer, daß sie am Vortage zum Fischen herausgerudert waren, aber vor dem heranziehenden Sturm Schutz auf dieser Insel gesucht hatten. Bis zum Festland zurück hätten sie es nicht mehr rechtzeitig schaffen können. Am folgenden Morgen aber würden sie wieder zur Küste aufbrechen, da sie mit ruhiger See rechneten. Ich wunderte mich darüber, daß sich zwei der Männer bald nach dem einfachen Mahl entfernten, um Feuerholz zu sammeln. Doch die Zurückbleibenden machten mir klar, daß sie das Feuer nicht löschen wollten, da die Nächte hier ziemlich kalt seien. Ich merkte rasch, daß die Männer recht hatten, und so legte ich mich wie die Fischer in die Nähe des Feuers, nachdem die Nacht hereingebrochen war.

Erschöpft und an das regelmäßige Rauschen der Brandung längst gewöhnt schlief ich bald ein. Es muß wohl schon gegen Morgen gewesen sein, als ich mich wieder auf unserem Schiff befand. Gerade hatte ich dem Nubier eine Anweisung zugerufen, da krachte und splitterte es in einer Weise, wie ich dies noch nie erlebt hatte. Ich stürzte ins Wasser. Dann die schreienden Gefährten ringsum; dann nur noch das Brüllen und Toben des Sturmes und der Wellen; schließlich der Mast, an dem ich mich festhielt. All das zog an mir vorüber.

Ich wachte auf, und als ich im ersten Morgenlicht die vier Iberer an dem inzwischen beinahe erloschenen Feuer liegen sah, wurde mir klar, daß ich mich tatsächlich auf der Insel befand. Warum war ich in der vorangegangenen Nacht nicht ebenso von den Wellen in die Tiefe gerissen worden? Warum hatten mir die Götter auch in dieser Nacht beigestanden? fragte ich mich. Ich fand keine Antwort darauf. Und bald lenkten mich die Iberer ab, die kurz nach mir aufgewacht waren. Sie kümmerten sich sogleich um das Feuer. Schnell loderten die Flammen wieder auf. Das neue Holz knisterte und knackte. Nach einiger Zeit warfen die Iberer Steine in die frische Glut. Als die Steine heiß genug waren, holte einer der Männer aus einem nahebei stehenden Korb fünf große Fische und legte sie auf diese Steine. Der kräftige Bursche grinste. Nur wenige Minuten später stärkten wir uns an der wohlschmeckenden Speise.

Langsam kehrten Kraft und Mut auch zu mir zurück, obwohl meine Arme und Beine immer noch schmerzten. Zufrieden betrachteten die Iberer den wolkenlosen Himmel und die ruhige See. Nur ein leichter Lufthauch war zu spüren. Auf dem Meere zeigten sich sanfte Wellen. Unmittelbar bevor wir aufbrachen, gab ich jedem der Männer einen von den silbernen Armreifen, die mir zu meinem Erstaunen beim Sturz in das Wasser und beim Kampf mit den Wellen nicht verlorengegangen waren. Sie freuten sich darüber sehr.

Die vier Iberer mußten sich mächtig in die Riemen legen, um das schwerbeladene Ruderboot vorwärtszubringen. Die Männer hatten so sehr mit dem Meer zu kämpfen, daß kaum ein Wort fiel. Sie ruderten meist zu zweit und wechselten sich häufig ab. So erreichten wir erst bei Sonnenuntergang das kleine Fischerdorf an der Küste des Festlands. Dort waren schon viele Menschen an dem breiten und flachen Sandstrand zusammengekommen, denn man hatte das Ruderboot offenbar bereits lange zuvor bemerkt. In die Aufregung und Freude über die Rückkehr der Fischer und den guten Fang mischten sich bald Erstaunen und Neugier. Jeder wollte den Schiffbrüchigen sehen, zumal sich meine Ankunft schnell im Dorfe herumgesprochen hatte. Die Menschen nahmen mich freundlich auf, und man brachte mich schließlich in dem Hause des Iberers unter, dem das Ruderboot gehörte.

3

Es mochte wohl der zweite Tag gewesen sein, den ich in dem kleinen Fischerdorf weilte. Dank der Gastfreundschaft der einfachen Menschen war ich rasch wieder zu Kräften gekommen. Auch die Arme und Beine schmerzten nicht mehr. Meine zerrissene Kleidung hatten die Frauen notdürftig genäht. Voller Unruhe zog es mich immer wieder an den Strand, wo ich nach fremden Schiffen Ausschau hielt. Aber was sollte es nutzen? dachte ich schließlich, als es erneut Abend wurde. Zwar wußte man hier von der Stadt Gadir im Süden des Landes, hatte jedoch keine genaue Vorstellung davon, wie weit sie entfernt war. Den Erzählungen der Leute entnahm ich, daß nur selten ein großes Schiff vorbeisegelte. Doch es war schon Jahre nicht mehr geschehen, daß ein Schiff in der Nähe geankert hatte. So sah ich bald ein, daß die Aussicht, mit einem Schiff nach Gadir zu gelangen, sehr gering war.

An diesem Abend aber fügte es sich, daß ich einem Manne begegnete, der unter den Fischern im Dorfe lebte, jedoch sein Brot als Händler verdiente. Er besaß einen Ochsenkarren und drei Esel und pflegte die Bewohner einiger Fischerdörfer an der Küste des Ozeans mit Lebensmitteln, Töpferwaren und anderen Dingen aus dem Innern des iberischen Landes zu versorgen. Den Leuten in den Bergen brachte er dagegen Fische und Schalentiere. Der Iberer horchte auf, als ich bei meinem Bemühen, etwas über das Hinterland zu erfahren, den Namen 'Sephala' erwähnte. Er behauptete, vor langer Zeit auf einer seiner Fahrten in diesem Ort gewesen zu sein. Weit sei es bis dahin, und man brauche mindestens zwanzig Tage.

Ich machte ihm den Vorschlag, einen seiner drei Esel abzukaufen. Dies lehnte der Iberer zunächst entrüstet ab. Da ich jedoch keine andere Möglichkeit sah, von dem Fischerdorf wegzukommen, bedrängte ich den Händler weiter unverdrossen und bot ihm zwei silberne Armreifen an. Immer noch weigerte sich der Iberer. Silber, meinte er, gebe es in den Bergen genug, und es komme nicht selten vor, daß ihn die Leute im Hinterland damit bezahlten, wenn er ihnen seine Waren verkaufe. Seine Tiere seien so wertvoll, daß man sie nur mit Gold bezahlen könne. Mir wurde das Herz schwer, als ich dies hörte. Doch was blieb mir anderes übrig? So einigten wir uns nach langem Handel auf einen goldenen Armreif für eines seiner drei Tiere und eine große Decke aus Schafwolle, die mich vor der Kälte der Nacht schützen sollte. Gleich für den folgenden Tag verabredeten wir uns.

Als ich an diesem Abend zu dem Haus des iberischen Fischers zurückging, der mich so freundlich aufgenommen hatte, begriff ich erst, wie kühn es war, ohne Kenntnis des Weges und der Gefahren die weite Reise quer durch das für mich unbekannte Land nach Sephala zu wagen. Doch was sollte ich tun? In dem Fischerdorf warten, bis ein Schiff vorbeikam, das mich mitnehmen würde? Den Anstrengungen und Gefahren deshalb aus dem Wege gehen? Nein! Ich glaubte, mich richtig entschieden zu haben. Nachdenklich betrat ich wenig später die Stube, in der sich der Fischer zu dieser Stunde gewöhnlich noch aufzuhalten pflegte. Ihm fiel sogleich meine sorgenvolle Miene auf, und so zögerte ich nicht, dem Iberer meine Pläne auseinanderzusetzen. Er verstand meinen Wunsch, möglichst bald nach Gadir zurückzukehren. Den Händler kannte er schon seit vielen Jahren. Er war aus dem Süden gekommen und hatte sich hier angesiedelt. Über ihn wußte der Fischer nichts Böses zu berichten.

Am nächsten Morgen erwachte ich durch das Geschrei der Möwen. Es herrschte bereits reges Treiben im Hause des Fischers. Schnell bemerkte ich, daß dies mir galt, denn der Iberer füllte zwei kleine geflochtene Körbe mit getrockneten Fischen, die er mir als Wegzehrung für die ersten Tage mitgab. Dankbar beschenkte ich ihn mit einem silbernen Armreif. Dann nahm ich Abschied von ihm.

Zum Hause des Händlers war es nicht weit. Der wartete schon auf mich und traf zu meinem Erstaunen selbst Vorbereitungen zur Abreise. Während er mir, wie am Vorabend vereinbart, eines seiner wohlgenährten, kräftigen Tragtiere samt wollener Decke zuführte und ich ihm dafür einen goldenen Armreif übergab, erklärte der Iberer, daß er mich ein Stück des Weges begleiten werde, da er einige Waren ins südliche Hinterland zu bringen habe. Das gefiel mir, denn so war wenigstens zu Anfang die Gefahr gebannt, daß ich mich in dem unbekannten Land verirren könnte. Der kundige Mann hatte eines seiner Tragtiere bereits mit allerlei schweren Lasten bepackt; das andere stand bereit, um ihm selbst als Reittier zu dienen. Und nachdem ich meinen soeben erworbenen Esel mit den kleinen Körben beladen hatte, ritten wir los.

Der anstrengende Weg führte über hohe Berge und durch wilde Schluchten. Die Menschen, denen wir begegneten, waren meist freundlich und gaben uns Rat, wenn wir darum baten. Nur wenige zeigten sich mißtrauisch oder gar feindselig. Doch der Händler meisterte jede gefährliche Situation und versetzte mich immer wieder durch seine Erfahrung in Erstaunen. Vier Tagesreisen blieben wir zusammen, bis wir an einen großen Fluß kamen. Aber bevor wir uns am Morgen des fünften Tages trennten, holte der Händler ein Stück Ziegenleder aus seinem Beutel hervor, ritzte darauf mit einem spitzen Stein den Verlauf meines Weges, die Flüsse und wichtigsten Siedlungen ein und erläuterte mir an dieser groben Zeichnung, wie ich am besten nach Sephala gelangen würde. Danach führte er mich zu dem Fährmann, der mit seinem Ruderboot Menschen und Tiere über den Fluß zu bringen pflegte, wechselte einige Worte mit ihm und vertraute mich dessen Obhut an. Überschwenglich dankte ich dem tüchtigen Iberer, und während dieser sich flußabwärts der nächsten Siedlung zuwandte, setzte mich der Fährmann mitsamt meinem braven Esel sicher über den breiten Fluß. Dann war ich allein.

Bald bedrückte mich die Einsamkeit. Trauer und Verzweiflung folgten meinem Wege nun wie ein Schatten. Hartnäckig, beständig, unerbittlich nagten das Unglück und der Tod der Gefährten an meinem Herzen.

Sorgsam hütete ich das Stück Ziegenleder, das mir den Weg nach Sephala weisen sollte. Nachdem ich den Fluß verlassen hatte, war ich erst eine größere Strecke nach Süden geritten. Der Himmel hatte sich wieder häßlich, aschfarben bewölkt, und ein trüber Herbstregen nieselte herab. Ich fror, denn ein kühler, unfreundlicher Nordwind wehte. Aber schon nach zwei Tagen drehte der Wind auf Südwesten, brachte wohltuende Wärme mit, und auch die Wolkendecke löste sich auf.

Die wenigen Bauern und Händler, die mir auf dem schmalen, holprigen Wege begegneten, musterten mich stets verstohlen und mit finsteren Blicken, ließen mich aber unbehelligt ziehen. Ich war in den ersten Tagen zwar niemals ganz sicher, ob ich die Beschreibungen des Iberers verstanden hatte und dem richtigen Weg folgte. Da ich aber wußte, daß die Reise mindestens zwanzig Tage dauern würde, verlor ich nicht die Geduld, zumal mich die anfangs südliche Richtung des Weges beruhigte.

Von den Menschen hielt ich mich meistens fern. Doch einmal, als nach fünfzehn Tagen die Nahrungsmittel zur Neige gingen und eine Siedlung mit freundlichen Menschen zum Verweilen lud, erwarb ich für meinen letzten silbernen Armreif so viel Nüsse, Früchte und geräuchertes Fleisch, daß die beiden Körbe fast zu klein waren, um alles aufzunehmen. Und beim zweiten Mal wiesen einsame Hirten mir den Weg, weil ich meine mitgeführte Speise mit ihnen teilte.

Die kühlen Nächte pflegte ich, wie mir der erfahrene Händler geraten hatte, ein gutes Stück abseits des Weges zu verbringen. Ob solche Vorsicht aber tatsächlich geboten war, vermag ich nicht mit Gewißheit zu sagen. Mir widerfuhr auf meiner anstrengenden Reise kein Unheil, und ich hatte mich schließlich daran gewöhnt, die Einsamkeit zu ertragen. Ich will jedoch nicht verschweigen, daß meine Unruhe umso größer wurde, je näher ich dem tartessischen Lande kam, denn von dort war es nicht mehr weit bis zur Stadt Gadir.

Jeden Morgen, wenn mich der Schrei des Esels weckte und ich aufstand, um die Sonne aufgehen und erneut über den blau gefegten Himmel segeln zu sehen, fühlte ich mein Herz heftiger klopfen. Immer stärker quälte mich der Gedanke, daß mein Wissen über die Größe des Ozeans, die fernen Inseln und das jenseits des gewaltigen Meeres liegende Land vor dem Verlust der Gefährten und unseres stolzen Schiffes verblassen würde, wenn Acharbas und Elischa meine Geschichte erst vernommen hatten.

Nur kurz empfand ich Freude, als ich am frühen Morgen des fünfundzwanzigsten Tages meiner Reise durch Iberien von dem letzten Ausläufer der dunklen Berge mit ihren vielen Silbergruben die weite Ebene bei Sephala erblickte. Bald ergriffen die Sorgen wieder Besitz von mir. Würde Fürst Arganton mich überhaupt verstehen? dachte ich. Hatte er noch Interesse an mir, nachdem unser letztes Treffen beinahe ein Jahr zurücklag?

Am Abend desselben Tages band ich meinen braven Esel vor dem Hause Argantons fest. Zwei Diener des Fürsten liefen sofort laut schreiend herbei und schickten sich schon an, mich zu verjagen, als sie mich schließlich doch erkannten. Da erschien Arganton auf der Terrasse, um sich nach der Ursache des Lärms zu erkundigen.

„Ahab!" rief der Fürst überrascht und unsicher, als er mich in meiner ärmlich wirkenden Kleidung und ziemlich hilflos neben dem Tragtier erblickte. „Was ist mit Euch?"

Doch bevor ich antworten konnte, traten zwei Tartessier aus dem Hause, die beim Fürsten zu Gast weilten. Den älteren der beiden Männer bat Arganton zu meinem Erstaunen, unsere Worte zu übersetzen, und es stellte sich bald heraus, daß der aus dem Westen des Landes stammende Tartessier meine Sprache beherrschte. Zunächst aber folgten wir der Aufforderung des Fürsten und gingen ins Haus, während der Stallbursche herbeieilte und mein braves Tragtier versorgte.

„Ich dank' Euch, Fürst Arganton, daß Ihr mich so freundlich empfangt", begann ich meine Geschichte und leerte den Becher mit dem herrlichen Getränk, den mir die flinken Diener sofort gebracht hatten, in einem Zug. „Es war wohl der Ratschluß der Götter, daß ich in dieser schlechten Verfassung vor Euch erscheine. Hinter mir liegt eine lange Reise, die mich nun seit sieben Monaten von Gadir fernhält. Und glaubt mir, für einen Seefahrer ist es fürwahr kein leichtes Unterfangen, fünfundzwanzig Tage auf eines Esels Rücken vom großen Ozean her Iberien zu durchqueren. Dennoch zögere ich, für das letzte Stück des langen Weges nach Gadir Eure Hilfe zu erbitten."

„Ihr werdet jede erdenkliche Hilfe bekommen, Ahab! Erzählt!" unterbrach mich Arganton und reichte mir den Mantel, den ein Diener auf den Wink des Fürsten gerade brachte. „Ich denke, dieser Mantel wird Euch wärmen!"

Dankbar zog ich das schöne Kleidungsstück sofort an und setzte meinen Bericht fort. So erfuhr der Fürst von Sephala als erster von meiner Irrfahrt und von dem entsetzlichen Unglück, das mich vor der Küste Iberiens ereilt hatte. Mir entging dabei nicht, daß Arganton mehrfach ungläubig schaute, während ich meine Erlebnisse schilderte. Auch der sprachkundige Tartessier zögerte gelegentlich mit der Übersetzung meiner Worte. Die Zweifel meiner Zuhörer kränkten mich, und ich überlegte, wie ich vor allem Arganton überzeugen könnte. Daher war ich zunächst erleichtert, daß die Diener des Fürsten duftende Speisen herbeitrugen und gleich darauf die Öl-Lampen anzündeten, denn inzwischen war die Zeit des abendlichen Mahls herangerückt.

Nach den entbehrungsreichen Tagen, die seit meinem Aufbruch vom großen Ozean hinter mir lagen, erschienen mir die herrlichen Speisen wie ein Traum. Arganton zeigte viel Verständnis dafür, daß ich das Wildbret sichtlich genoß und die zahllosen Fragen, die sich nach meinem Bericht ergaben, eher zögernd beantwortete. Der Fürst nahm mir wohl ab, daß mir Schlimmes widerfahren sein mußte. Doch bezweifelte ich, daß er mir meine Geschichte glaubte. Sie erschien ihm zu ungeheuerlich und überstieg vielleicht auch sein Vorstellungsvermögen, zumal er kein Seefahrer war und nicht jene Kenntnisse erworben hatte, die man zur Führung eines Schiffes brauchte. Bei seinen tartessischen Gästen verhielt es sich nicht anders. Deren Erfahrung ging ebensowenig über den engen Bereich hinaus, in dem sie sich bisher zurechtfinden mußten. In ihren Fragen und Äußerungen wirkten sie sogar noch unbeholfener als der Fürst von Sephala.

„Zürnt mir nicht, Ahab, wenn ich nicht alles verstehe, was Ihr berichtet habt", sagte Arganton schließlich, „aber von den Dingen, die Eure Fertigkeiten betreffen, weiß ich nur wenig. Ich erinnere mich jedoch, daß Ihr mir schon vor einem Jahr eindrucksvoll erzählt habt, wie gefährlich die Seefahrt selbst in jenem Meere ist, das sich von den Säulen des Melkart gen Sonnenaufgang erstreckt. Da es den Göttern gefallen hat, Euch zuerst zu mir zu führen, bevor Ihr Gadir wiederseht, seid mein Gast, so lange Ihr glaubt, der Ruhe zu bedürfen! Wann immer Ihr dies wünscht, wird Euch mein Boot den Fluß hinunter nach Gadir bringen!"

Überwältigt von der Großzügigkeit und Klugheit des Fürsten vergaß ich meinen Zorn. So dankte ich Arganton und bat ihn gleichzeitig um Vergebung dafür, daß es mich drängte, bald nach Gadir zu gelangen, dem ich nun bereits sieben Monate ferngeblieben war.

Schon am folgenden Morgen nahm ich Abschied von Arganton und seinen tartessischen Gästen. Der Fürst hatte, wie ich das von ihm kannte, noch am Vorabend die nötigen Anweisungen an seine Leute gegeben, und so lag das Boot zu früher Stunde bereit.

„Ich stehe tief in Eurer Schuld und werde es Euch vergelten, Fürst Arganton!" sagte ich, als wir aus dem Hause getreten waren. „Nehmt einstweilen mein braves Tragtier und verfahrt mit ihm, wie Ihr es für angemessen erachtet!"

„So soll es sein, Ahab!" antwortete der Fürst. „Haltet mich in guter Erinnerung und denkt daran, daß mir ein Geschäft mit Euch immer willkommen bleibt!"

Dann bestieg ich das Boot, und wenig später fuhr ich unter der Obhut von Argantons Leuten den großen Fluß hinunter, der unweit von Gadir in den Ozean mündet.

4

Seltsam ruhig war der Ozean, als das Boot des Fürsten von Sephala an der Küste des tartessischen Landes entlang dem Hafen von Gadir zustrebte. Der für diese Jahreszeit ungewöhnlich schwache Wind kräuselte das Meer zu sanften Wellen, und die Sonne tauchte unsere schöne Stadt in gleißendes Licht. Noch verschloß Ergriffenheit meinen Mund, als die Häuser und Tempel Gadirs rasch größer wurden. Sorgfältig vermied ich es, Argantons Leute anzublicken, um meine Aufregung nicht zu verraten.

Das friedliche Bild, das sich mir an diesem Morgen bot, konnte mich dennoch nicht heiter stimmen. Sorgenvoll und mit klopfendem Herzen dachte ich an die Begegnung mit meinem Vater Acharbas. Wie würde er die schreckliche Nachricht vom Untergang unseres Schiffes und von dem Verlust unserer Mannschaft aufnehmen? Hatte ich Fehler gemacht? Und was würde Acharbas wohl zu meinen Entdeckungen sagen? Solche Fragen hatten mich immer häufiger während der letzten Wochen gequält. Nun aber, in Sichtweite von Gadir, ließen sie mich nicht mehr los.

Am frühen Nachmittag erreichten wir den Hafen. Dort herrschte, wie ich es nicht anders erwartete, geschäftiges Treiben, und man betrachtete uns neugierig. Ehrerbietig nahmen Argantons Leute Abschied von mir, während ich ihnen in ihrer Sprache freundlich dankte. Dann stieg ich an Land.

Welch ein Augenblick – zurück in Gadir zu sein! Dennoch beschlich mich bald tiefes Unbehagen. Stolz wollte ich unser Schiff in den heimatlichen Hafen steuern und gleich darauf von unseren Taten künden. Und nun? Einsam, gequält von tiefer Sorge, gedankenverloren stand ich zunächst unschlüssig auf der Kaimauer. Nur fünf Stadien trennten mich noch von meines Vaters Haus. Aber wie schwer wurden mir jetzt meine Schritte! Schließlich machte ich mich auf den Weg durch die langgestreckten Gassen mit den schönen Häusern zur anderen Seite der Stadt. Seltsam: Kaum jemand nahm von mir Notiz, es sei denn, mit hämischen Blicken.

Wieder stieg die Sorge in mir auf. Ich versuchte, meine schlimmen Gedanken mit Gewalt abzuschütteln. Laßt mich erst einmal zu Hause sein, dachte ich, dann wird alles von selbst gut. Aber so recht glaubte ich doch nicht daran.

Einige herrenlose Hunde verfolgten mich, kläfften, bellten mich an. Die Menschen, die mir begegneten, musterten mich verwundert, doch niemand erkannte mich. Anfangs fühlte ich mich von den Blicken der Menschen in unangenehmer Weise betastet, aber bald beachtete ich dies nicht weiter. Eine merkwürdige Unruhe ergriff Besitz von mir. Noch immer in den herrlichen Mantel des Fürsten gehüllt legte ich die letzten Ellen zu unserem Haus zurück. Alles schien so zu sein wie vor sieben Monaten, als ich Gadir verlassen hatte. Ich klopfte an die schön geformte Tür. Nichts rührte sich, doch dann hörte ich Schritte. Die Tür wurde weit geöffnet, und in dem einfallenden Licht erkannte ich Isebel.

Erschrocken trat die Dienerin meiner Mutter einen Schritt zurück.

„Ahab! Herr!" rief sie aus, „Ihr lebt?"

Ich versuchte zu lächeln, aber es gelang mir nicht. Zögernd betrat ich das Haus. Ich hörte Stimmen aus den hinteren Räumen.

„Willst Du Acharbas und Elischa nicht herbeiholen?" fragte ich Isebel ungeduldig. Doch die Dienerin fiel auf die Knie und schluchzte. „Herr, wenn ich das nur könnte! Vergebt mir, daß ich Euch Schreckliches sagen muß! Euer Vater und Eure Mutter leben nicht mehr!" Isebels Worte schnürten mir die Kehle zu. Ich starrte sie an, konnte für einen Moment nichts sagen.

„Ist das wahr? Acharbas und Elischa sind tot?" flüsterte ich dann ungläubig und blickte auf die weinende Dienerin. Doch fast im gleichen Augenblick, als ich die Worte Isebels überdachte, bedurfte ich ihrer Antwort im Grunde nicht, um zu wissen, daß sie die Wahrheit gesprochen hatte. So sehr ich mich auch dagegen sträubte, es half jetzt nichts, die furchtbare Wirklichkeit nicht anzuerkennen. Sie war da, ließ sich nicht auslöschen.

„Ja, Herr!" vernahm ich ihre Stimme, und es schien mir so, als käme sie aus weiter Ferne. Ich meinte zu schwanken und bemerkte auch zunächst gar nicht, daß die Stimmen im hinteren Teil des Hauses verstummt waren und jemand den großen Wohnraum betreten hatte. Es war Baalator. Fassungslos starrte mich unser Buchhalter an.

„Ahab! Wo kommt Ihr her?" murmelte er. Seine Stimme verriet keine Freude, nur Enttäuschung und Angst.

„Ich habe eine lange Reise hinter mir!" antwortete ich, und ich wunderte mich, daß solche Worte über meine Lippen kamen. In demselben Augenblick traten zwei junge Gaditaner aus dem Innenhof des Hauses in den Wohnraum. Ich kannte sie nicht, hatte sie noch nie gesehen. Mit einer knappen Bemerkung schickte Baalator die beiden fort. Sie musterten mich mit feindseliger Scheu, als sie den Wohnraum durchschritten, das Haus verließen und die Tür, die immer noch offengestanden hatte, nun hinter sich schlossen. Die Dienerin schluchzte.

„Beruhige Dich, Isebel! Gehen wir in den Innenhof!" befahl ich.

Schwerfällig wie ein alter Mann sank ich dort auf die von einem Gaditaner Künstler so herrlich gemeißelte Alabasterbank nieder, während Isebel und Baalator mir gegenüber auf kleinen Schemeln Platz nahmen. Mußte ich schon den Tod der Gefährten und den Verlust des Schiffes beklagen, so fand ich jetzt kaum die Kraft, das neue Unglück zu ertragen.

„Du sagtest, Acharbas und Elischa seien gestorben", wandte ich mich an Isebel, „wie konnte dies geschehen?"

Die Dienerin kämpfte noch immer mit den Tränen, als sie zu erzählen begann. Und so erfuhr ich, daß mein Vater von der rätselhaften Krankheit, die ihn auf der Rückreise von Karthago befallen hatte, nicht mehr genesen war. Sein Zustand hatte sich rasch verschlechtert, als man annehmen mußte, daß ich von der Handelsfahrt zu den Inseln im großen Ozean und nach Lixos nicht mehr zurückkehren würde. Zwei Monate, nachdem ich Gadir verlassen hatte und längst hätte zurück sein müssen, sei Acharbas schließlich gestorben.

Verzweiflung und Hoffnungslosigkeit hatten Elischa daraufhin erfaßt, und als Bomilkar weitere drei Monate später in Gadir erschienen war und versichert hatte, unser Schiff sei niemals in Lixos angekommen, habe Elischa, überzeugt von meinem Tod, kaum noch etwas zu sich genommen. Bald sprach sie von nichts anderem mehr als von ihrem Grabe. Vor vierzehn Tagen sei die Herrin nicht mehr erwacht. An jenem denkwürdigen Morgen habe sie auf ihrem Bette gelegen und sich nicht mehr gerührt.

Die letzten Worte Isebels gingen in ihrem Schluchzen beinahe unter. Die Dienerin zitterte am ganzen Körper.

Ich schloß meine Augen. Vierzehn Tage! dachte ich. Vierzehn Tage! Wenn unser Schiff nun nicht an dem Felsen vor der Küste Iberiens zerschellt wäre! Ein Schatten senkte sich auf meine Freuden, auf mein Leben.

Erst die Worte Baalators rissen mich aus meinen Gedanken: „Niemand in Gadir hat Eure Rückkehr erwartet, nachdem Bomilkar die Nachricht mitgebracht hatte, daß Euer Schiff bis dahin nicht in Lixos gesehen worden war!"

„Das konnte man auch nicht!" erwiderte ich. „Wir sind zwar am dreizehnten Tage unserer Reise von den Inseln im großen Ozean nach Lixos aufgebrochen, aber ein schwerer Sturm hinderte uns daran, unser Ziel zu erreichen!" Und dann erzählte ich, was danach alles geschehen war.

Ungläubig schaute Baalator auf, als ich meinen langen Bericht beendet hatte.

„Und vollbrachtet Ihr auch Wunder der Tapferkeit, Ahab; solange niemand Eure Taten bezeugt, wird Vergessenheit Euer Lohn sein!" Auf diese harten Worte Baalators war ich nicht gefaßt. Ich starrte den jungen Buchhalter betroffen an, beinahe ohnmächtig vor Schmerz und Zorn. Kein Wort brachte ich in diesem Augenblick über die Lippen.

Isebel seufzte. „Wenigstens Euch haben die Götter vor dem Tode bewahrt!" Müde klang ihre Stimme. Inzwischen war es Abend geworden.

„Ich werde nun gehen!" verkündete Baalator plötzlich und stand auf. Ich unterließ den Versuch, ihn zurückzuhalten. Sein merkwürdiges Benehmen hatte mich doch sehr befremdet, und ich sah wohl, daß er mir nicht glaubte. Wenige Sekunden später hatte er das Haus verlassen, und ich war mit Isebel allein. Müde und ratlos verharrte ich auf der bequemen Bank im Innenhof des Hauses und lehnte meinen Kopf gegen die steinerne, hellgetünchte Wand.

„Ich werde Euch das abendliche Mahl bereiten, Herr!" unterbrach Isebel die Stille. Selbstverständlich und vertraut klangen diese Worte Isebels. Ich nickte und warf der Dienerin einen dankbaren Blick zu. Dennoch war für mich nun vollends eine Welt zerstört. Mir kamen wieder Zweifel, ob ich nicht doch das Unglück hätte verhindern können. Ich seufzte leise. Während mich solche Gedanken plagten, ging ich durch das Haus.

Die Räume schienen unverändert. Das gesamte Haus war sauber und aufgeräumt. Alles fand sich an seinem Platz, wie ich es kannte, aber was bedeutete dies schon? Als ich meine Kleidungsstücke an ihrem üblichen Ort liegen sah, wurde mir bewußt, daß ich noch immer meine notdürftig genähten Sachen und den Mantel des Fürsten trug. So nutzte ich die bis zum abendlichen Mahl verbleibende Zeit, diesen Zustand zu ändern.

Ich hoffte, daß mit jeder weiteren Stunde, die ich in dem vertrauten Hause verbrachte, ein Stück meiner Selbstsicherheit zurückkehren würde. Doch ich hatte eher das Gefühl, als träte das Gegenteil ein. Je länger ich im Hause weilte, umso mehr Fragen stellten sich ein, für die ich nicht sofort eine Antwort fand.

Immerhin erfuhr ich von Isebel, daß der Ratsherr Jehaumilk sich um das Begräbnis von Acharbas und Elischa gekümmert hatte und dabei von Baalator unterstützt worden war. Vor allem nach dem Tode meiner Mutter schien sich die Gewohnheit herausgebildet zu haben, daß Baalator häufig in unserem Hause weilte. Dies endete nun plötzlich und unerwartet. So mochte es sein, daß vielleicht darin die Erklärung für sein merkwürdiges Verhalten lag, als ich zurückkehrte.

Schließlich trug Isebel das Essen auf. Aber die früher so köstlichen Speisen hatten in meinem Munde den Geschmack verloren, und auch der Wein bereitete mir keinen Genuß, sondern brachte mir mein Unglück nur noch mehr vor die Augen. Ich trank trotzdem sehr viel, und dennoch brauchte ich an diesem Abend lange, ehe ich Schlaf finden konnte.

Am nächsten Morgen begab ich mich zuerst zu den Gräbern von Acharbas und Elischa. Die Totenstätte lag jenseits der Stadt gen Südosten, ein gutes Stück außerhalb ihrer Mauern. Einige Gräber waren noch nicht sehr alt; andere trugen bereits die Spuren der Zeit. Befriedigt stellte ich fest, daß Jehaumilk die Grabplatten mit Inschriften hatte versehen lassen. Gleichwohl beschloß ich nach einigem Nachdenken, den besten Steinmetzen von Gadir damit zu beauftragen, zwei schöne Grabmäler aus hellem Marmor herzustellen, wie sie sonst nur für die Angehörigen der ältesten Geschlechter dieser Stadt üblich waren. Nur das Beste, so dachte ich, war gut genug für sie. Dies war ich ihnen schuldig.

Als ich durch Gadirs enge Gassen zurückging, um Jehaumilk aufzusuchen, fühlte ich wieder die befremdlichen Blicke der Menschen auf mir haften. Niemand entbot mir seinen Gruß, ohne daß ich vorher das Wort ergriff. Meine Rückkehr schien sich jedoch bereits in der ganzen Stadt herumgesprochen zu haben. Auch Jehaumilk, den ich am späten Vormittag in seinem Hause antraf, war nicht überrascht.

„Ich habe die Nachricht von Eurer Ankunft schon vernommen, Ahab! Seid in meinem Hause willkommen!" begrüßte er mich kühl. „Das tragische Schicksal Eures Vaters und Eurer Mutter berührt mich sehr. Wäret Ihr nur früher zurückgekehrt! Doch laßt mich hören, was Ihr selbst zu sagen habt!" Die Worte des Ratsherrn trafen mich wie ein vergifteter Pfeil. Den Vorwurf übersah ich nicht, doch zwang ich mich zur Ruhe und beschloß, dem Gaditaner freundlich zu begegnen.

„Ich danke Euch, Jehaumilk, daß Ihr Euch an meiner Statt um das würdige Begräbnis von Acharbas und Elischa gekümmert habt. Ich hoffe, es Euch vergelten zu können. Auf grausame Weise mußte ich erfahren, wie unbeständig und vergänglich die Freude an der Heimkehr und am Leben ist. Viel würde ich darum geben, wenn sich alles, was sich in den vergangenen sieben Monaten zugetragen hat, ungeschehen machen ließe. Allein, dies liegt nicht in meiner Macht. Ich vermag zwar ein Schiff nach links oder nach rechts zu steuern, aber nur die Götter entscheiden darüber, ob man das Ziel erreicht."

Ich glaubte, dies würde Jehaumilk besänftigen und freundlich stimmen. Doch die Wirkung meiner Worte war eine andere, als ich erhofft hatte. Das Gesicht Jehaumilks verdüsterte sich von neuem. Der harte, strafende Blick des obersten Ratsherrn der Stadt Gadir ließ mich für einen Moment innehalten. Die dünnen Lippen des Gaditaners lächelten nicht wie früher. In seinen Augen zeigten sich Verachtung und Zorn. Ich spürte eine zunächst unbegreifbare Gefahr,

schwor mir erneut, vorsichtig und höflich zu sein.
„Ihr mögt recht haben, Ahab. Doch sollte sich niemand die Ziele zu hoch stecken!" warf Jehaumilk mit ungewohnter Schärfe ein.
„Das sagt sich leicht. Doch selten ist es so, daß man zugleich mit der Kühnheit der Ziele auch die Größe der Schwierigkeiten erkennt", erwiderte ich.
„Ihr gehört wohl zu jenen Menschen, denen das Abenteuer mehr gilt als das eigene Leben und das Wohlergehen seiner Eltern!" Unerbittlich erschien mir der Ratsherr.
Es lag ihm offenbar daran, mich zu demütigen und in Angst zu halten, damit ich noch lange die Ungnade und Strafe der Götter spüren sollte. Dann ermunterte er mich, weiterzureden.
Und so erzählte ich ihm, was mir nach meiner Abreise aus Gadir widerfahren war. Ungläubig schüttelte Jehaumilk schon während meines Berichtes mehrfach seinen Kopf. Vor allem meine Behauptungen von der Größe des Ozeans, den fernen Inseln und der Entscheidung unseres Steuermanns, bei den fremden Menschen zu bleiben, fanden keinen Glauben. Als ich meinen Bericht beendet hatte, schwieg Jehaumilk eine Weile. „Sonderbare Geschichten! Märchen! Selten habe ich einen Menschen gesehen, der mit ernster Miene so merkwürdige Dinge sagte!" hörte ich wie von Ferne des Ratsherrn Stimme. Dann fragte er: „Was habt Ihr denn in Händen, um Eure Behauptungen zu beweisen?"
„Nichts!" entgegnete ich. „Aber sagt, ist es nicht Beweis genug, daß unser Schiff bei schwerem Sturm vor der Küste Iberiens zerschmettert wurde und ich quer durch das Land zu Fürst Arganton kam?" fügte ich erregt hinzu. „Wo hätten wir denn mit unserem Schiff über ein halbes Jahr lang bleiben sollen? Auf dem Meere? Wären wir irgendwo am diesseitigen Ufer des Ozeans an Land gegangen, so hätte Euch die Kunde hiervon sicherlich längst erreicht! Nichts war geplant, keine Entbehrung, keine Schwierigkeit durch kluge Vorsorge auszuschalten. Allein die Wohlgesonnenheit der Götter brachten uns so weit. Nur der Untergang unseres Schiffes wenige Stadien vor der Küste Iberiens hindert mich daran, Euch die Beweise für die Richtigkeit meiner Schilderungen zu liefern. Sie liegen nun auf dem Grund des Meeres!"
Ich war zornig darüber, weil der Gaditaner mir nicht glaubte, und ich ertrug es nicht, daß er so schlecht von mir dachte. „Nur den Göttern verdanke ich, daß ich nach all den ausgestandenen Gefahren nach Gadir zurückgekehrt bin!" fügte ich empört hinzu.
„Ihr seid stolz und verwegen, Ahab! Ihr solltet lernen, daß erfundene Heldentaten kein Weg zu einem berühmten Namen sind! Und wenn Ihr auch weiter davon redet, so wird Euch doch niemand glauben! Genausowenig werdet Ihr die Sterne vom Himmel rauben können. Euer Stolz wird vielmehr bald zermürbt sein, wenn Ihr fortfahrt, Geschichten zu erzählen, die niemand

bezeugen kann!" erwiderte Jehaumilk in ruhigem Ton. „Wir wissen lediglich, daß Ihr mit Eurem Schiff vor sieben Monaten den Hafen von Gadir verlassen habt. Und am frühen Nachmittag des gestrigen Tages seid Ihr allein mit einem Boot des Fürsten von Sephala in Gadir angekommen. Das ist alles!"

Unerbittliche Klarheit sprach aus den Worten des einflußreichen Gaditaners. Im Vergleich zu früher erschien er mir nun hart und unnahbar. Zwar hörte ich von ihm keine direkte Anklage. Aber er ließ mich deutlich spüren, daß er mein Verhalten nicht billigte. Zudem versteckte er nicht seinen Hohn. Dies kränkte mich sehr. Ich fühlte, wie kalter Schweiß auf meine Stirn trat. Der Zorn des Ratsherrn war mir jetzt lieber als sein Spott.

Nur mühsam gelang es mir, meine Empörung zu zügeln und die schon gefaßte Antwort zu unterdrücken. Ich schuldete Jehaumilk schließlich Dank und glaubte, mir sein Wohlwollen nicht verscherzen zu dürfen. Doch als ich beherrscht und geduldig versuchte, dem Ratsherrn erneut mein Handeln zu erklären, hörte er mir überhaupt nicht zu, sondern ermahnte mich, mein Verhalten strikt zu ändern. So wollte ich mich schon von ihm verabschieden.

„Was werdet Ihr jetzt tun, Ahab?" fragte Jehaumilk plötzlich, als ich mich bereits zum Gehen wandte.

„Ich werde mich um die Grabmäler für Acharbas und Elischa kümmern, die ich beim Steinmetzen in Auftrag gegeben habe!" sagte ich freimütig. „Verzeiht mir, daß ich Eure Geduld so lange in Anspruch genommen habe!"

Meine Antwort schien Jehaumilk zu überraschen. Er hatte wohl erwartet, daß ich ankündigen würde, ein neues Schiff bauen zu lassen. Aber darüber nachzudenken, war die Zeit noch nicht gekommen. Es fehlte mir die Kraft, weiter vorauszuplanen als bis zum nächsten Morgen. Stumm und bedrückt verließ ich nach meinen letzten Worten Jehaumilks Haus.

Den ganzen Nachmittag irrte ich ruhelos durch die Stadt umher. Am liebsten hätte ich mich verborgen und mein Gesicht verhüllt. Trauer und Zorn wechselten sich ab in der Herrschaft über mich. Unauslöschlich brannten die Vorwürfe des Ratsherrn in meiner Seele.

Für einige Augenblicke kehrte ich in jene der drei Hafenschenken ein, die ich auch vor dem Aufbruch zu den Inseln im Ozean gelegentlich mit unseren Männern aufgesucht hatte. Doch die Erinnerung schmerzte. Zudem fühlte ich mich gleich abgestoßen, denn als ich den großen Raum mit seinen grob gearbeiteten Tischen und Schemeln betrat, verstummten sofort die Gespräche der Seeleute und Händler. Die verstohlenen Blicke dieser Leute trieben mich bald fort. Auch der Wirt, der früher so manches Scherzwort mit mir gewechselt hatte, blieb kühl und wußte wohl nicht so recht, wie er sich verhalten sollte. Ich beschränkte mich auf einen Becher Wein und etwas Fladenbrot und ging bald enttäuscht von dannen. Als ich endlich heimkam und Isebel mir öffnete, war es bereits Abend geworden.

Zorn und Schmerz brannten in meinem Herzen. Verzweiflung ergriff Besitz von mir, denn die Kette von Mühsal und Erniedrigungen schien nicht mehr abzureißen. Höhnende Stimmen schrillten in meinen Ohren und wiederholten beständig, was ich an schier Unglaublichem erzählt hatte. Meine Freunde schienen jetzt nicht mehr Freunde zu sein, und jene, die mir schon früher alles mißgönnten, waren noch feindseliger geworden. Selbst wer einst meine Nähe suchte, wandte sich nun von mir ab. Warum nur? dachte ich. Hatten mich die Erlebnisse, die Schicksalsschläge verändert? Nein! Wer sich verändert hatte, waren die anderen!

Zwölftes Buch

DER RAT DES MELKART-PRIESTERS

1

Stundenlang hatte ich am zweiten Tag nach meiner Heimkehr von der sieben Monate währenden Reise an den Gräbern von Acharbas und Elischa verharrt, ringend mit meinem Gewissen, hadernd mit unseren Göttern. Warum hatten sie zugelassen, daß ich Acharbas und Elischa nicht wiedersehen konnte? War es mein unbändiger Ehrgeiz, der mich scheitern ließ? Womit verdiente ich die grausame Strafe? Hatte ich die Götter herausgefordert, vielleicht gekränkt?

So sehr ich auch darüber nachsann, blieben doch alle diese Fragen unbeantwortet. Ich zog mich zurück, schloß mich ab, versuchte, meinen Schmerz mit Wein zu betäuben. Einen Pokal nach dem andern leerte ich. Doch merkte ich rasch, daß sich dadurch nichts bessern würde. Vor allem gelang es mir auf diese Weise nicht, den maßlosen Schmerz zu bezwingen.

Dann machte ich mich erneut auf zum Hafen. Doch kaum war ich aus dem Haus gegangen, da überfiel mich ein unsägliches Gefühl der Leere, als wäre ich in einen tiefen Abgrund gestürzt. Immer wieder mußte ich an meine Begegnung mit Jehaumilk denken. Jedesmal, wenn der Ratsherr bei meinem Bericht ungläubig seinen Kopf schüttelte, hatte es mir einen Stich versetzt. Bei den Göttern, es war doch die Wahrheit, die ich vorgetragen hatte! Warum zweifelte er, der mir einst so gewogen, an meinen Worten? Ich verstand es nicht.

Auch die Nachbarn zeigten über meine Rückkehr keine Freude, sondern wandten sich von mir ab. Ihr Verhalten versetzte mich in maßloses Erstaunen, denn vor meiner Reise hatten die meisten um meine Freundschaft gebuhlt.

Verzweifelt beschloß ich, schon bald den Priester Himilko im Melkart-Tempel von Gadir aufzusuchen.

Nach beharrlichem Bemühen fand ich endlich den alten Gaditaner Tanabal, der mich am folgenden Tage mit seinem kleinen Schiff zum Heiligtum hin überbringen und dort so lange auf mich warten wollte, bis ich meinen Besuch beendet hatte. Einen silbernen Armreif mußte ich dafür hergeben. Doch dachte ich, daß dieser Preis nicht zu hoch sein würde, wenn Himilko guten Rat wußte.

Kein fremdes Schiff lag bei dem Heiligtum vor Anker, als wir nach schneller Fahrt gegen Mittag die kleine Insel erreichten. Ich betrachtete dies als gutes Zeichen, konnte ich doch davon ausgehen, daß der Melkart-Priester nicht durch andere Dienste in Anspruch genommen war und daher genügend Zeit für mich haben würde. Hoffnung beflügelte meine Schritte.

Als ich die letzten Stufen zu dem herrlichen Tempel erklomm, sah ich Himilko bereits in dem prachtvoll gestalteten Vorraum stehen. Er schien mir in seinem langen, weißen Gewand noch ehrwürdiger als früher. Gutmütigkeit sprach aus seinen dunklen, braunen Augen. Mit meinem Geschenk, einer reich verzierten, großen Silberschale aus Sidon, trat ich dem weisen Mann erwartungsvoll entgegen. Die Ruhe und Gelassenheit, die das Antlitz des Priesters ausstrahlte, ergriff bald auch mich. Und als Himilko mich nun freundlich willkommen hieß, war meine anfängliche Aufregung vollends verflogen.

Wir blieben im Vorraum, wandten uns der Südseite zu. Nur wenige Ellen von uns entfernt schlugen die Wogen des Meeres an den felsigen Strand.

„Ich danke Euch, Ahab! Ihr habt den guten Geschmack Eures hochgeachteten Vaters!" lobte mich der Priester, die schöne Silberschale von allen Seiten betrachtend. „Ihr wollt sicher mit mir reden?"

Bei aller Dankbarkeit, die Himilko offen zeigte, überhörte ich nicht den ernsten Ton, der in seinen Worten lag.

„Ich bin gekommen, Euch um Rat zu bitten, ehrwürdiger Priester, denn die schweren Schicksalsschläge, die mir widerfuhren, vermag ich nicht so ohne weiteres zu ertragen", bekannte ich.

„Seid versichert, Ahab, daß ich Euch gut nachfühlen kann, wie sehr der Tod von Acharbas und Elischa Euch schmerzt und auf Eurer Seele lastet!" erwiderte Himilko. „Ihr werdet diese schwere Prüfung, die Euch die Götter bereitet haben, bestehen müssen. Mit Tapferkeit, die Euch ja auch sonst ausgezeichnet hat, solltet Ihr dieses Schicksal tragen können, und denkt daran: Im Unglück sich selbst zu bewahren, ist den Menschen leichter als im Glück. Glaubt also an Euch! Und vertraut auf die Klugheit und Vorsehung der Götter!"

Eine Weile blieb ich stumm. Ich mußte mich erst fassen und mußte überlegen. Jede Unbedachtheit konnte alles zerstören, meine Lage noch schlimmer machen. Nur meinen Stolz gab ich nicht auf.

„Ihr verlangt sehr viel von mir, ehrwürdiger Priester!" beharrte ich. „Doch ist dies ja noch nicht alles, was mich bedrückt und an den Ratschlüssen der Götter zweifeln läßt. Der Tod folgte meinem Wege wie ein Schatten, und es war mehr als einmal so knapp gewesen, daß ich ihm gerade noch entsprang."

„Nun, ich verstehe", fuhr der Priester fort, „ich hörte, Ihr habt auch Euer Schiff samt Mannschaft verloren. Man erzählt sich zudem merkwürdige Geschichten! Doch da ich weiß, daß Machtgier und Neid die Menschen oft zu bösem Tun verleiten, erzählt selbst, was Euch widerfuhr!"

So berichtete ich dem Priester, was sich auf meiner sieben Monate währenden Reise zugetragen, was ich mit eigenen Augen gesehen und welches Wissen ich mitgebracht hatte. Sein unbewegtes Gesicht ließ nicht erraten, ob er gewillt war, mir zu glauben. Schweigend ging Himilko eine Weile auf und ab, überlegte lange, ehe er mir antwortete.

„Ich sehe keinen Anlaß, an Eurer Darstellung zu zweifeln, Ahab. Doch bedenkt, daß die meisten Menschen in solchen Fällen anders reagieren, als wir erwarten oder wünschen mögen! Ihr habt trotz der Schicksalsschläge allen Grund, den Göttern dankbar zu sein."

Ich schaute Himilko erstaunt an. Der Priester runzelte seine Stirn, begann von neuem:

„Überlegt doch, Ahab, durch welch eine Kette von unerhörten Fügungen Euch der Weg über das große Meer geebnet worden ist! Die Götter wünschten offenbar, daß Ihr zurückkehrt und kundtun könnt, was sich auf Eurer langen Reise zugetragen. Beruhigt Euch also und überlaßt Eurem Verstand die Herrschaft! Hütet Eure Erfahrungen und Kenntnisse jedoch vor denen, die ohnehin nur wenig von der Welt wissen, solange Ihr nichts beweisen könnt! Im übrigen lehrt Euch das Geschehen, daß wir nur jene Dinge tun können, die uns die Götter zu tun erlauben. Wir Menschen sind nicht mehr als Wachs in ihren Händen! In jedem Falle fordern die Götter von uns, Ehrfurcht und Erkenntnisdrang ins rechte Verhältnis zu bringen."

Die Antwort Himilkos brachte mir Trost, stärkte mein Herz und war Balsam für meine Seele. Gleichwohl löste sie meine tiefe Verzweiflung nicht auf.

„Ich glaube, man gönnt mir den Ruhm nicht, den großen Ozean überquert, die fernen Inseln und das gegenüberliegende Festland betreten zu haben!" erklärte ich hartnäckig.

„Mag sein, mein junger Freund!" erwiderte Himilko. „Die Gunst der Mächtigen war schon immer nur ein flüchtiger Besitz. Euer Wissen kann Euch niemand nehmen! Doch was ist Ruhm? Der Fortklang eines Namens! Wie aber soll ein Name im Gedächtnis der Menschen bleiben, wenn dessen Träger für seine Ruhmestaten keine Zeugen hat?"

Da war sie wieder, die entscheidende Frage! Bedrückend, unlösbar und unerbittlich! Schon der kluge Jehaumilk hatte mich sehr kühl und mit furchtbarer Klarheit darauf hingewiesen.

Es gibt ja einen Zeugen! dachte ich, doch behielt ich meinen Gedanken für mich: Elias, unser judäischer Steuermann, war schließlich nicht vom Meer verschlungen worden! Aber er befand sich eben – für mich nun unerreichbar – in dem fernen Land jenseits des großen Ozeans. Nur die Tat selbst gönnten mir die Götter, nicht ihren Schatten, den unsterblichen Ruhm. Und für das begrenzte Glück hatten sie sogar einen hohen Preis bestimmt. Denn das Erreichte war mit schier unglaublicher Enttäuschung verbunden. Nur schauen durfte ich, was ich mir erträumte, nicht lang behalten und genießen. Schnell glitt der Zipfel dieses Glücks aus meinen Händen, noch ehe ich ihn richtig gefaßt.

„Wie ich sehe, Ahab, seid Ihr nicht zufrieden", meinte Himilko, als ich nachdenklich und schweigend in die Ferne blickte. „Ist das, was Ihr erlebt und erreicht habt, nicht genug? Was wollt Ihr mehr? Nein, Ahab, glaubt an Euch, trotz allem, was geschehen ist! Zweifel ist ein schlechter Führer für tatkräftige Menschen! Hadert also nicht mit den Göttern und zieht Euch nicht in die Einsamkeit zurück! Ihr seid noch jung und gewiß zu anderem bestimmt!"

Nach diesen Worten wollte ich schon Abschied von Himilko nehmen, doch hielt er mich zurück. „Ich habe noch den Siegelring Eures Vaters in Verwahrung, Ahab. Da Ihr der rechtmäßige Erbe seines Hab und Gutes seid, nehmt ihn nun an Euch!"

Mit beiden Händen umfaßte der Priester meine Rechte, als er mir den kostbaren Ring übergab. Der Meister aus Sidon, der ihn einst in Acharbas' Auftrag schuf, hatte in den schönen Karneol die Buchstaben 'MLK' und einen sechszackigen Stern geschnitten und den Stein kunstvoll in Gold gefaßt. Einen identischen Ring trug ich an meiner linken Hand.

„Habt Dank, ehrwürdiger Priester!" erwiderte ich. Aufmunternd blickte mich Himilko an und umarmte mich.

„Manchen von uns mag es wie ein Wunder erscheinen, daß Ihr als einziger nach einer langen Reise zurückgekehrt seid, nachdem alle Euch für tot gehalten. Gebt daher acht auf Eure Zunge – sonst werdet Ihr noch weitere Leiden erdulden müssen! Die Gaditaner mögen noch so sehr zu Spott geneigt sein; vor greifbaren Tatsachen haben sie noch stets ihre Achtung gezeigt. Laßt Euch also nicht unterkriegen und geht Euren Weg, Ahab! Ich glaube Euch, daß Ihr in allem, was Ihr tatet, recht gehandelt habt und nicht anders hättet handeln können. Ihr sollt deshalb nicht länger traurigen Herzens sein! Nehmt fortan jeden Augenblick, als wenn's der letzte für Euch wäre!"

So nahm ich Abschied von Himilko, und noch bevor mich der alte Gaditaner Tanabal am Abend im Hafen von Gadir wieder an Land setzte, war mir klar geworden, daß der weise Priester einen guten Rat erteilt hatte.

2

In den ereignislosen regnerischen Tagen, die meinem Gespräch mit Himilko folgten, fand ich allmählich meine Selbstsicherheit wieder. Ich mußte eingestehen, daß der Melkart-Priester mit beeindruckender Klarheit die Geschehnisse der vergangenen sieben Monate einzuordnen wußte und Folgerungen zog, die mir mit jedem Tag einleuchtender erschienen. Und wie gut der Priester mich einzuschätzen wußte!

Ich war zudem glücklich darüber, daß Himilko Verständnis für mein Handeln zeigte, mir Glauben schenkte und neue Zuversicht gab. Gleichwohl hatte ich mir zuviel zugetraut, als ich schon meinte, die Sorgen wie leichte Vogelfedern fortschleudern zu können.

Einige Tage schien man in der Stadt von nichts anderem zu reden, als von meiner Rückkehr. Währenddessen umsorgte mich Isebel mit einer solchen Hingabe, als glaubte sie sich schuldig am Tod ihrer Herrin und müsse dies an mir wiedergutmachen. So ging ich daran, mir Klarheit darüber zu verschaffen, was ich meinen Besitz nennen durfte. Dann erst wollte ich überlegen, wie ich es anstellen könnte, ein neues Schiff zu erwerben, um dort fortzufahren, wo ich durch die Macht der Götter in meinem Handeln unterbrochen worden war.

Von den Reichtümern, die mein Vater in unserem Hause aufzubewahren pflegte, war nur ein Talent Silber von Jehaumilk entnommen worden, als es galt, das Begräbnis von Acharbas und Elischa zu bezahlen. Und in der Tat schien sonst nichts zu fehlen, denn die genauen Aufzeichnungen meines Vaters stimmten mit dem Inhalt des besonderen Raumes, den Acharbas für seine Schätze angelegt hatte, völlig überein: Gold und Silber fand sich dort säuberlich gestapelt neben den Kostbarkeiten, die Acharbas einst vom Pharao erhalten hatte. Fast wichtiger noch waren die dort liegenden schriftlichen Bestätigungen für jene Schätze, die ich im Melkart-Tempel von Tyros, bei den Priestern in Sais und im Melkart-Tempel von Gadir mein eigen nennen konnte, wenngleich mir klar war, daß die Schätze in Tyros wohl verloren sein würden. Dazu, so dachte ich, mußte es noch eine Fülle wertvoller Waren geben, die Baalator verwaltete, und ich beschloß, ihn bald danach zu fragen.

Ich hatte den Schützling meines Vaters in den wenigen Tagen seit meiner Rückkehr nur selten gesehen. Wir waren uns fremd geworden und gingen einander aus dem Wege. Mit jedem Tag fühlte ich jedoch stärker, daß unser Verhältnis so nicht bleiben konnte. Das abweisende Verhalten Baalators und die Auskünfte, die ich von Isebel über ihn erhalten hatte, ließen bei mir die Vermutung aufkommen, daß dem jungen Buchhalter mit dem Tode meines Vaters die Orientierung verlorengegangen war. Er mochte sich vielleicht wie ein Stück Treibgut fühlen, das ohne klare Richtung auf dem Meere schwamm. Die Unsicherheit seiner Lebenssituation trat ihm wohl noch stärker ins Bewußtsein, als ich so unerwartet wieder auftauchte, den Verlust von Schiff und Mannschaft verkündete und zudem von Ruhmestaten berichtete, die ihm sehr zweifelhaft erschienen.

Wenngleich ich nie die Absicht hegte, das Vermächtnis meines Vaters zu ändern, vermochte ich doch zunächst nicht, meinen Zorn darüber zu vergessen, daß Baalator mir seine Zweifel offen zeigte und meinem Ruf in Gadir durch seine unablässige Geschwätzigkeit sehr schadete. Die Worte Himilkos halfen mir endlich, meinen Zorn hintanzustellen und einen Schritt zu tun, den ich sonst wohl unterlassen hätte.

So begab ich mich am dritten Tage, nachdem der weise Priester mir neuen Mut eingeflößt hatte, zu Baalator. Ich traf ihn am späten Morgen, als er aus einer Hafenschenke kommend gemächlich zu dem nahen Markte schlenderte. Wie stets in diesen Tagen, wenn sich unsere Wege kreuzten, bereitete es Baalator kein Vergnügen, mich zu sehen. Das schien auch diesmal nicht anders zu sein. Unsicher blickte er auf das Meer hinaus und drehte mir zunächst den Rücken zu.

„Sei gegrüßt, Baalator", rief ich dem überraschten, bislang so treuen Diener meines Vaters zu, „laß' uns gemeinsam unsere Schritte zum Lagerhaus hin lenken, denn bedeutende Veränderungen stehen bevor!"

„Waren die bisherigen Veränderungen nicht schon groß genug?" gab Baalator gereizt zurück.

„Nichts bleibt so, wie es ist, und wir Menschen müssen uns dem anpassen", erklärte ich kühl. Geflissentlich hatte ich die in Baalators Worten liegenden Anspielungen überhört und den Buchhalter beinahe unmerklich dazu gebracht, sich meinem Gang zum Lagerhaus anzuschließen.

„Ich will mir einen genauen Überblick verschaffen, welche Waren derzeit im Lagerhaus liegen", fügte ich hinzu. Meine neue Entschlossenheit und die sehr direkten Wünsche setzten Baalator nun doch in Erstaunen.

„Was habt Ihr vor, Ahab?" fragte er unsicher und besorgt.

„Nun, ich beabsichtige nicht, meine Hände in den Schoß zu legen und die Reichtümer aufzuzehren, die mein Vater erworben hat. Man wird auch nicht reicher, wenn man keinen Finger mehr rührt. Meine Zeit als Handelsfahrer liegt – so denke ich – noch vor mir!"

Baalator schaute mich überrascht an und vergaß beinahe, die Tür aufzuschließen, denn inzwischen waren wir beim Lagerhaus angekommen. Ich ließ mir viel Zeit, die Waren zu betrachten, die in großer Zahl in den Regalen lagen oder auf dem Boden standen, bevor ich von Baalator die Aufzeichnungen verlangte, um zu sehen, ob alles sich an seinem rechten Platz befand.

„Einen Ballen Stoff habe ich entnommen und auf dem Markt verkauft", sagte der Buchhalter sogleich, als er mir seine schön geschriebenen Listen überreichte. „Von dem kleineren Teil des erzielten Preises bestritten Isebel und ich den Lebensunterhalt, seit Eure Mutter starb. Der größere Teil befindet sich noch in meiner Hand", erklärte der Buchhalter kleinlaut und gespannt.

„Daran hast Du recht getan", erwiderte ich ohne Zögern und betont gelassen, obwohl ich Baalator für sein Handeln auch hätte tadeln können. Verwundert, aber schweigend folgte mir der Buchhalter, während ich jeden einzelnen Posten überprüfte.

„Die meisten der hier liegenden Kostbarkeiten eignen sich sehr gut für einen Handel mit Fürst Arganton", bemerkte ich, als wir unseren Rundgang durch das Lagerhaus beendet hatten. „Ich werde ihm sogleich einen Boten schicken."

„Und dann?" entfuhr es Baalator, der offenbar Mühe hatte, sich meine nächsten Schritte vorzustellen. „Wenn Ihr fast alle Handelswaren aus dem Lagerhaus verkauft, werdet Ihr ja kaum noch einen Buchhalter brauchen."

„Oh doch!" betonte ich. „Auch eine geringe Zahl von Handelswaren verlangt nach guter Übersicht, und sobald ich erst ein neues Schiff mein eigen nennen kann, wird alles so verlaufen wie es immer war."

„Ein neues Schiff? Wo wollt Ihr dies denn bauen lassen? Und welche Mannschaft wird Euch dienen?" fragte Baalator. Seine Zweifel hatten etwas Aufreizendes, und mir fiel es schwer, meinen erneut aufkommenden Zorn zu zügeln. Ich mochte es nicht, wenn jemand meine Fähigkeiten und den Sinn meines Tuns in Zweifel zog. Unwillkürlich dachte ich an Elias. Hatte nicht auch er meinen Willen und meine Kraft gelegentlich unterschätzt?

„Das wird sich finden!" antwortete ich schroff. „Unser altes Schiff ist auch nicht vom Himmel gefallen. Tyrische Zimmerleute haben es aus Zedernholz gefertigt und nach den Wünschen meines Vaters ausgestattet."

„Von Tyros sind wir weit entfernt", entgegnete Baalator, „und man sagt, dort herrsche Krieg."

„Geschickte Zimmerleute gibt es nicht nur in Tyros, und mit einigen Talenten reinen Goldes läßt sich manches Ding erkaufen", warf ich ein. Doch was ich auch ausführte, schien an Baalators Zweifeln abzuprallen. Noch immer unterschätzte der Buchhalter meine Entschlossenheit. Wenn ich ihn überzeugen wollte, mußte ich meinen Worten wohl bald Taten folgen lassen.

So schieden wir an diesem Morgen voneinander, und während Baalator die schwere Tür zum Lagerhaus sorgfältig verschloß, machte ich mich auf, den Boten aufzusuchen, den ich zu Argantons Leuten in den nicht weit von Gadir entfernten Ort an der Küste des tartessischen Landes schicken wollte, um dem Fürsten von Sephala ein erneutes Treffen vorzuschlagen. Bostar, so wußte ich noch vom ersten Mal, als er für mich die Verbindung mit Arganton knüpfte, arbeitete gewöhnlich in den Gärten am östlichen Rande der Stadt und verkaufte Obst und Gemüse auf dem Markte. Dazu war er für Botengänge zu den Tartessiern fast unersetzlich, da er viele Leute in dem Lande sowie deren Sprache kannte.

Der junge Gaditaner war nicht in seinem Hause, doch seine Schwester meinte, daß es sich lohne, zu warten. Sie mochte siebzehn oder achtzehn Jahre alt sein. Ihr langes, an den Seiten hochgeschlitztes Kleid war grob und einfach, aber stand ihr gut. Eine schmale Silberkette schmückte ihren schönen Hals.

„Woher weißt Du, daß Dein Bruder bald wieder hier sein wird?"
Sie schaute mich herausfordernd an. Ein feines Lächeln zeigte sich um ihren Mund, reichte jedoch nicht bis zu den dunklen Augen. „Er hat es mir aufgeschrieben." Ihre Stimme klang triumphierend.

„Du kannst also lesen?"
„Und schreiben, Ahab." Nun lächelten auch ihre Augen, da ich meine Überraschung nicht verbergen konnte. Sie wußte sogar meinen Namen! Ihr schön geschnittenes Gesicht umrahmten lange dunkle Haare, die weich über ihre Schultern fielen. Das Mädchen wirkte selbstsicher und klug.

„Wie heißt Du?"

„Mein Name ist Senebel." Sie schaute mich noch eine Weile fragend an, dann nahm sie die unterbrochene Arbeit in dem kleinen Hause wieder auf. Ich setzte mich auf eine steinerne Bank bei der offenen Feuerstelle. Warum nur hatte ich Senebel vorher nie gesehen? Sie war gebildet, klug, selbstbewußt – und schön. Ich ertappte mich schon bald dabei, die junge Gaditanerin mit gänzlich anderen Augen zu betrachten. Die schlanken Beine, die geschmeidigen, fast tänzerischen Bewegungen, das fein geschnittene ovale Gesicht mit großen dunklen Augen, die schön geschwungenen Brauen und das lange dunkle Haar ließen mich nun nicht mehr los. Ich unterdrückte einen Seufzer und beschloß, mich in den nächsten Tagen weniger den Geschäften zuzuwenden.

Senebel hielt plötzlich bei ihrer Arbeit inne und wandte sich zu mir um. Nur zwei Schritte trennten uns. Ich sah sie – unwillkürlich lächelnd – an.

„Was ist?"

„Nichts, Senebel. Bloß ein Gedanke."

„Den ich nicht kennen darf?"

Ich war unsicher, zögerte – und nickte. „Soeben habe ich mich gefragt, warum wir uns erst jetzt begegnet sind."

„Vielleicht haben es unsere Götter nicht eher zugelassen", fiel mir das schöne Mädchen ins Wort. Ihre dunklen Augen blitzten.

„Und wenn es so ist, wie Du sagst", gab ich – nun sicherer geworden – zurück, „bestärkt es meinen Wunsch, Dich häufiger zu sehen." Senebel hob die Brauen, lächelte dann entspannt. Ich stand auf, ergriff ihre Hand, zog sie sanft zu mir heran und schaute ihr in die Augen. „Ich preise den heutigen Tag, der mich zu Dir führte, Senebel." Sie legte ihre Wange an die meine. Ich spürte ihre Wärme, ihre weiche Haut und schloß für einen winzigen Moment die Augen.

„Du erfreust mein Gemüt durch Dein so unverhofftes Kommen, Ahab."

Aus dem schönen Mund neben meinem Ohr kam ein angenehmer Hauch. Ich legte meine Hand um Senebels Nacken, strich ihr durch das weiche Haar.

„Heute morgen hätte ich nicht geglaubt, daß mir so bald das Glück begegnen würde, Senebel." Sie warf ihren Kopf nach hinten, während meine Hände den schlanken Rücken hinunterglitten und sie hielten. In ihren Augen glühte Feuer.

„Ich muß morgen früh zu den Gärten und Feldern am Ufer des Meeres im Südosten. Das Land gehört meinen Verwandten, doch dürfen wir es nutzen. Willst Du mich begleiten?" fragte sie und lachte. Ich glaubte zu träumen und vergaß einen Augenblick, weshalb ich hergekommen war und in dem kleinen Hause wartete.

„Ich werde den morgigen Tag herbeisehnen, wie dies noch nie vorher geschah!" gestand ich ihr. Sie wiegte ihren schlanken Körper in meinen Armen.

„Wunderbar!" sagte sie halblaut. Dann runzelte sie plötzlich ihre Stirn. Sie

267

hörte wohl jemand kommen. Ich ließ sie los. Als ich mich umwandte, spürte ich ihre dunklen Augen in meinem Rücken.

Tatsächlich kam Bostar, der Bruder Senebels, zurück. Der Gaditaner war erstaunt, mich so gelöst zu sehen, und ihm entging auch nicht die Veränderung im Verhalten seiner jungen Schwester. Sein Blick wanderte fragend zwischen mir und Senebel hin und her. Ich lenkte ihn jedoch schnell ab mit meinem Begehren. Bostar zögerte zunächst, den Auftrag anzunehmen, und erst als ich den Lohn verdoppelte, erklärte er sich bereit, die gewünschten Botendienste unverzüglich auszuführen.

Das Gespräch mit Bostar währte nicht lange. Er wunderte sich nur, daß ich seinem Verlangen so rasch nachgegeben hatte und mein Lächeln nie verlor. Doch mit einem Teil meiner Gedanken war ich bei Senebel und dem, was die Zukunft barg. Die junge Schwester Bostars verfolgte schweigend unsere geschäftlich kühle, aber freundliche Unterhaltung. Um ihre schön geschwungenen Lippen spielte ein Lächeln, das ich erwiderte, als ich Abschied nahm und mit ganz anderen Gefühlen als beim ersten Mal das kleine Haus verließ.

Den restlichen Tag beherrschte mich eine eigenartige Spannung, und auch am Abend gelang es mir nicht, zu meiner sonstigen Gelassenheit zurückzufinden. Obwohl ich müde war, fiel ich erst spät in tiefen Schlaf.

Ich wachte dennoch sehr früh am nächsten Morgen auf. Über dem östlichen Himmel leuchtete ein fahles Rot. Die in der Nacht verschlossenen Düfte der Blumen im Innenhof befreiten sich und forderten mich auf, wach zu bleiben. Ich trat hinaus, setzte mich auf den Rand des Brunnens und folgte verträumt den wechselnden Mustern der rötlichen Felder und Linien, die von der Sonne auf die weiße Wand gezaubert wurden. Von den Bäumen hinter dem Haus flogen Vögel auf, und in der Ferne kreischten Möwen. Es war windstill. Der Tag versprach angenehm, mild und trocken zu werden. Bald hatte auch Isebel ihr Nachtlager verlassen und dafür gesorgt, daß reichlich Brot, Früchte und Honig den niedrigen Tisch im Wohnraum füllten. So labte ich mich ausgiebig an den Köstlichkeiten, bevor ich meine Schritte zur nordöstlichen Seite der Stadt lenkte.

Ein tiefblauer, wolkenloser Himmel wölbte sich über Gadir. Das Sonnenlicht tanzte auf dem blaugrünen, ruhigen Meer. Draußen in der Bucht sah ich einige Fischerboote. Aus dem Hafen kroch unendlich langsam ein fremdes Handelsschiff, getrieben von zwölf langen Rudern. An der Küste des tartessischen Landes glitzerten die hellen Häuser einiger Siedlungen.

Es war bereits angenehm warm, als ich das kleine Haus am Rande der Stadt erreichte. Entschlossen klopfte ich an die schwere Tür. Nur Augenblicke später öffnete Senebel. Ihre dunklen Augen strahlten. Sie trug das gleiche hochgeschlitzte Kleid wie am vergangenen Tage. Ich trat auf sie zu, umarmte sie. „Ich wußte, daß Du kommen würdest und konnte es doch kaum erwarten, Ahab!"

Senebel löste sich aus meiner Umarmung, faßte meine Hand. „Komm, laß' uns die Bucht beobachten! Das Boot müßte bald hier sein." Sie schloß die Tür und zog mich zur Nordseite des Hauses.

„Bostar ist schon sehr früh aufgebrochen und wird erst am Abend zurückkehren", erklärte Senebel. Ich schaute sie fragend an.

„Weiß Dein Bruder ...?"

„Ja. Ich habe es ihm erzählt. Er hat Vertrauen zu Dir und ist einverstanden." Wieder sah ich den triumphierenden Blick des schönen Mädchens. Wir traten in den kleinen Garten hinaus, in dem Gemüse, wilder Wein und einige mir unbekannte Sträucher wuchsen. Ein schmaler, mit Steinen ausgelegter Weg führte direkt zum Strand und einem hölzernen Bootssteg. Von der nur zwei Stadien entfernten Landzunge, die im Südosten der Stadt die flache Bucht begrenzte, näherte sich ein kleines Fischerboot. Ein kräftiger Mann saß darin. Gleichmäßig glitten seine Ruder in das ruhige Wasser.

„Das ist Oretan, der uns zu dem Teil des tartessischen Landes bringen wird, wo meine Verwandten wohnen."

Ich schaute Senebel erstaunt an, doch wandte sich das Mädchen dem Fischer zu, der nun herangekommen war. Sie redete den etwa vierzig Jahre alten und in ein einfaches leinenes Gewand gekleideten Mann in der Sprache der Tartessier an. Oretan betrachtete mich freundlich, lächelte und bedeutete uns dann mit einladender Bewegung seiner Hand, zu ihm ins Boot zu steigen, wo zwei große Körbe mit frisch gefangenen Fischen nur wenig Platz übrig ließen.

Fast eine Stunde ruderte Oretan meist schweigend, bis wir das flache und sandige Ufer im Südosten erreichten. Dort standen mehrere Fischerhütten, und im Hintergrund, bei einer Gruppe von Kiefern, warteten zwei schöne, schlanke Pferde. Senebel wechselte noch einige Worte mit dem Fischer und gab ihm einen silbernen Armreif. Dann gingen wir zu den Pferden.

„Es sind noch sechzig Stadien bis zu den Gärten zwischen dem Südufer des Meeres und der langgestreckten Bucht. Mit den Pferden gewinnen wir für uns Zeit." Die knappe Bemerkung Senebels erklärte viel, aber lange nicht alles.

„Woher weißt Du, daß ich reiten kann?" fragte ich überrascht. Das Mädchen lachte, blickte mich schalkhaft an. „Bostar hat es mir gesagt. Er hörte es von Elibaal." Noch während Senebel dies sagte, ergriff sie die Zügel und schwang sich geschmeidig auf das Pferd. Ich beeilte mich, es ihr gleichzutun. Schnell hatten wir die Fischerhütten hinter uns gelassen und galoppierten den Strand entlang, bis wir nach einer guten Stunde in ein Gebiet mit Bäumen, Feldern und großen Gärten kamen. Nicht weit vom flachen Ufer sah man den Melkart-Tempel wie ein Juwel im Meere liegen.

Senebel verlangsamte den Ritt, betrachtete aufmerksam die Gärten, prüfte gelegentlich die Früchte. Dann lenkte sie ihr Pferd schließlich etwas abseits vom Strand zu einer Gruppe niedriger Eichen hin. Der sandige Boden war hier

269

mit Gras bedeckt. Behende sprang sie vom Pferd und band das Ende der Zügel an den nächsten Baum. Sekunden später hatte auch ich mein Pferd angebunden. Sie nahm mich bei der Hand.

„Ein schöner Platz, nicht wahr?" Senebels Stimme klang sanft. „Wundervoll!" bestätigte ich, von diesem Ort schier überwältigt. „Wie ruhig es ist, so still, als seien wir die einzigen Menschen hier, als gäbe es keine Sorgen, keinen Streit." „Ich wünschte, dieser Tag würde nie zu Ende gehen!" antwortete Senebel, und ihre Stimme zitterte. Dann ließ sie sich im Grase nieder, zog mich zu sich herab.

Die Mittagssonne verbreitete eine für diese Jahreszeit ungewöhnliche Wärme, obwohl die Tage schon deutlich kürzer geworden waren.

„So bald gehen wir von hier nicht fort." Sie sagte dies mit seltsamer Entschlossenheit und legte ihren Kopf auf meine Brust. Um ihren schönen Mund spielte ein Lächeln. Ein lauer Wind umschmeichelte ihre Schultern.

„Dein Herz schlägt wild", bemerkte Senebel verschmitzt und drehte ihren Kopf auf meinen linken Oberarm. Ich drückte sie zärtlich an mich, glitt mit meiner rechten Hand ihre Oberschenkel hinauf. Sie ließ es sich gefallen und blinzelte mich mit halb geöffneten Augen an. Ich spürte Senebels Atem, ihre glühenden Wangen und vergaß alles, was um mich herum geschah. Dann löste ich die silbernen Spangen ihres Kleides, berührte ihre schönen Brüste. Senebel schloß die Augen. Ihre Nasenflügel bebten. Nach einer Weile rollte sich das Mädchen mit einer geschmeidigen Bewegung auf mich, umfaßte meinen Nacken und küßte mich auf beide Wangen. Plötzlich stützte sie sich mit ihren Armen vom Boden ab und sah mich mit tiefem Ernst an. „In uns ist etwas Geheimnisvolles, das geweckt wurde, als wir uns gestern begegneten. Ich will, daß dieses köstliche Gefühl niemals verlorengeht, Ahab!" Sanft legte ich meine Arme um Senebels Hals und zog sie zu mir herab.

Die Sonne hatte ihren höchsten Stand längst überschritten, als wir uns erhoben und Hand in Hand zu den beiden Pferden gingen. „Wir müssen uns beeilen, sonst wird Oretan ungeduldig." Senebel riß sich unerwartet los, rannte die letzten Ellen zu der Baumgruppe hin, wo unsere Pferde standen und löste deren Zügel. Geschmeidig sprang das Mädchen aufs Pferd und galoppierte lachend zu den Fischerhütten davon. Ich hatte große Mühe zu folgen, holte sie aber schließlich doch ein.

Oretan wartete schon, als wir unsere Pferde auf die umzäunte Weide bei den Hütten lenkten und dort freiließen. Senebel wechselte noch einige Worte mit dem Fischer. Dann gingen wir die wenigen Schritte zum Ufer, stiegen in das bereitliegende Boot. Oretan hatte auch diesmal sein Netz und einen leeren Korb mitgenommen. Er wollte wohl auf dem Rückweg von Gadir die Gelegenheit zum Fischen nutzen. Schon bald befanden wir uns auf dem ruhigen Wasser der kleinen Bucht. Mit seinen kräftigen Ruderschlägen trieb der Tartessier das Boot dem nördlichen Ufer der Stadt zu. Wir sprachen nicht viel. Senebel saß eng neben mir und lehnte sich an meinen linken Arm. Nach einer Weile hob sie ihren Kopf, schaute mich fragend an.

„Woran denkst Du?" Ich zögerte, aber vielleicht erwartete sie auch keine Antwort.

„Heute darfst Du nur an uns denken!" Wie angenehm das Wort 'uns' in ihrem Munde klang. Dann schwieg sie wieder. Umso mehr sagten ihre strahlenden Augen.

Ich sann lange über das schöne Mädchen nach und nahm zunächst kaum wahr, wie ein großes Handelsschiff von Nordwesten her den Hafen Gadirs ansteuerte und die Mannschaft das Segel barg. Dann wurde mir bewußt, was dort geschah. Wehmütig schaute ich dem Segler nach.

Kurz nachdem das Schiff meinen Blicken entschwunden war, hatten auch wir den Bootssteg erreicht. Senebel entließ Oretan mit Dank und guten Wünschen. Dann waren wir wieder allein und betraten das kleine Haus.

„Bostar wird bald da sein", sagte Senebel mit einem traurigen Unterton in ihrer Stimme. „Versprichst Du mir, daß wir uns bald wiedersehen, Ahab?" Ich umarmte sie, küßte sie auf ihren schönen Mund. „Ganz gewiß, Senebel! Es fällt mir schwer, auch nur einen Tag zu warten!" Senebels Augen glänzten. Ich zögerte, die zärtliche Umarmung zu lösen. Sie spürte dies, streichelte mit ihrer rechten Hand meinen Nacken. „Bostar wird übermorgen für zwei Tage bei den Verwandten im tartessischen Lande weilen. Wirst Du kommen?" Senebels Stimme zitterte.

„Nichts wird mich davon abhalten!" Ich drückte sie sanft an meine Brust, strich mit der Hand über ihr langes weiches Haar. Wir fühlten gleichwohl beide, wie unerbittlich die Zeit verrann und der Abschied näherrückte.

Die Sonne stand bereits tief im Westen, als ich gedankenverloren und noch immer gefesselt von dem Zusammensein mit dem schönen Mädchen an meinem Hause anlangte und Isebel mir öffnete. Die treue Dienerin bemerkte sofort die Veränderung, die in mir vorgegangen war, respektierte aber mein Schweigen. Nach dem abendlichen Mahl, das Isebel mir wie gewohnt bereitete, zog ich mich still zurück und dachte lange darüber nach, wie sich das Begehren meines Herzens mit den Zielen, die mein Verstand mir aufgab, in Einklang bringen ließe. So sehr ich mich auch mühte, fiel mir doch nichts ein, was mich zufriedenstellte. Trotz meiner Müdigkeit nach dem ereignisreichen Tag konnte ich nicht schlafen. Die Sorge, nicht so bald in mein gewohntes Leben zurückzufinden, raubte mir die Ruhe.

Als ich am folgenden Morgen nach einem wohltuenden Bad in ein neues Gewand gekleidet im Wohnraum saß, mir Wein aus dem Mischkrug einschenkte, von dem frisch gebackenen Brot aß und über meine nächsten Schritte nachsann, streifte mich Isebel mit einem ernsten Blick.

„Ihr wollt bald wieder fort, Herr?" Die Dienerin wußte mich gut einzuschätzen – und manchmal zu gut. Aber ich konnte ihr deswegen nicht böse sein.
„Ich bin noch nicht sehr weit gekommen mit dem Bemühen, mein Leben neu zu ordnen", bekannte ich nach einigem Zögern. „Es gibt mannigfache Widerstände, zuweilen Feindseligkeit. Und kaum hat man in einer Sache Fuß gefaßt, tauchen neue, unerwartete Fragen auf, für die ich noch keine Antwort weiß."
„Ihr kehrtet gestern abend sehr verändert in Euer Haus zurück, Herr! Ist Euch etwas Schlimmes widerfahren?" In Isebels Augen spiegelte sich Angst.
„Nein! Im Gegenteil! Die Götter machten mir ein köstliches Geschenk."
Verwundert schaute mich die Dienerin nach diesen Worten an. „Was immer es auch ist, es muß sehr ungewöhnlich sein, wenn es Euch so verändert."
Ich lächelte, klärte Isebel aber nicht weiter auf. Gleichwohl war mir in diesem Augenblick bewußt, daß sie den Grund für mein verändertes Verhalten schon bald erfahren würde.

3

Zwanzig Tage waren schon vergangen, seitdem ich meinen Fuß nach langer Reise erneut auf Gadirs Boden setzte und die schmerzliche Kunde vernehmen mußte, daß Acharbas und Elischa gestorben waren. Nun endlich rief mich der Steinmetz herbei, die Statuen zu besichtigen, die auf meinen Wunsch gefertigt worden waren. Ich machte mich sofort auf den Weg zu seinem Haus, begleitete den Boten, den er mir zu früher Stunde schickte.

Der Meister arbeitete gerade an einem mächtigen Standbild, als wir sein Haus betraten. Die Kunstfertigkeit, mit welcher der Gaditaner Grabmäler und Skulpturen schuf, hatte ich zu bewundern noch keine Gelegenheit gehabt, und eine Weile schaute ich gebannt zu, wie er geschwind hämmernd die Umrisse einer Statue formte. Dann unterbrach er seine Arbeit und bat mich in den Innenhof. Der fast weiße Marmor strahlte in der hellen Morgensonne, als der Gaditaner lächelnd auf sein vollendetes Kunstwerk zeigte.

Vor mir erhoben sich zwei wundervoll geformte Blöcke mit lebensgroß gemeißelten Figuren von erhabener Pracht. Die Gesichter von Acharbas und Elischa waren fein geschnitten. Der Meister hatte auch die Haartracht meiner Mutter kunstvoll nachgebildet, und bei meinem Vater fehlte nicht der volle Bart. Sein rechter Arm lag quer über der schön geformten Brust. Geblendet von dem Meisterwerk des Gaditaners verhehlte ich meine Bewunderung nicht. So belohnte ich den Steinmetz mit einem Talent reinen Silbers.

An demselben Tag noch fanden beide Statuen dort ihren Platz, wo Acharbas und Elischa bestattet waren. Zwei Priester holte ich vom nahen Baal-Tempel herbei. Sie weihten die Statuen, brachten auf weißen Tonschalen

Rauchopfer dar und trösteten die Toten mit ihren Gebeten.

Lange kniete ich vor den Statuen, hob meine Hände und nahm erneut Abschied von Acharbas und Elischa. Die Sonne neigte sich bereits dem Horizont im fernen Westen zu, als ich die ehrwürdige Totenstätte jenseits der Mauern Gadirs verließ und den Weg zu meinem Hause suchte. So vieles kam mir dabei in den Sinn, so daß ich kaum auf die Menschen in den Straßen achtete. Fast hätte ich Himilko, den Melkart-Priester übersehen, der mir unweit des Hafens entgegenkam.

„Seid gegrüßt, Ahab!" hörte ich seine vertraute, angenehme Stimme. Ein wenig schuldbewußt schaute ich zu ihm auf. Ich bemerkte, daß Himilko innehielt, und so blieb ich stehen.

„Ich freue mich, Euch zu sehen", sagte ich lächelnd. Der Priester legte seine rechte Hand an meinen Arm, blickte mich freundlich an.

„Wo weilten Eure Gedanken, Ahab? Ich hoffe doch, Ihr quält Euch nicht mit unlösbaren Fragen!"

„Soeben waren es Augenblicke des Glücks, die mich so fesselten und Euch beinahe übersehen ließen, ehrwürdiger Priester. Ich dachte gerade daran, wie unendlich schwer es ist, das Glück für immer festzuhalten und das übrige zu vergessen."

„Gewiß, Ahab, Glück läßt sich nicht losgelöst von anderen Dingen unseres Lebens erreichen oder gar erzwingen. Wenn es aber da ist, nehmt es ohne Zögern an und haltet es fest! Folgt Eurem Herzen! Fragt nicht danach, ob Ihr's verdientet! Die Götter wissen schon, warum sie es Euch schenkten."

Ich sah Himilko überrascht an. Wußte er etwa ...? Der Priester lächelte, erwiderte meinen Blick.

„Ihr werdet Euren Weg schon finden, Ahab! Ich fühle es!" Dann wandte sich Himilko zum Gehen. Der neuerliche Rat des Priesters beherrschte meine Gedanken, während ich die kurze Strecke zu meinem Hause ging.

Am Abend spürte ich wieder die aufmerksamen, prüfenden Blicke meiner Dienerin. Sie wagte zunächst nicht, zu fragen. Ich saß nach dem gewohnten Mahl im Wohnraum, dachte über die Worte des Priesters nach, schwankte zwischen Glücksgefühl und tiefer Sorge. Nichts davon ließ sich vor Isebel verbergen. Daß ich gelegentlich seufzte, meinen Kopf unwillig schüttelte, kannte sie bereits von mir. Doch wenn meine Gedanken zu dem schönen Mädchen schweiften und ich für einen Augenblick entspannt und glücklich wirkte, schmunzelte Isebel, als ahnte sie den Grund. Aber dann kamen mir erneut die ungelösten Fragen in den Sinn, zerrissen meine schönen Bilder, meine Träume. Es war dieses Schwanken, was meine Dienerin so irritierte.

„Wenn ich nur irgendwie helfen könnte!" flüsterte sie plötzlich und dachte nicht, daß ich dies hören würde. Ich sah Isebel zweifelnd an. In ihren dunklen Augen zeigte sich feuchter Glanz.

„Du hast schon soviel für mich getan, Isebel! Es wird mir mit Geduld am Ende doch gelingen, alle Widrigkeiten zu bezwingen." Ich sagte dies aus tiefer Überzeugung und wußte dennoch nur zu gut, daß meine Worte die treue Dienerin nicht beruhigen konnten.

Den nächsten Morgen verbrachte ich am Hafen. Die Arbeit im Lagerhaus lenkte mich ab. Mit Baalator, der sich nun sicherer fühlte und recht ausgeglichen wirkte, wählte ich die Handelswaren für Arganton aus. Der Fürst, so glaubte ich, würde zweifellos bald von sich hören lassen. Zufrieden kehrte ich gegen Mittag zu meinem Haus zurück, genoß die Ruhe im schönen Innenhof und lobte Isebel für das herrliche Bratenfleisch und frisch gebackenes Brot, das sie nach kurzer Zeit zu mir herbeigetragen hatte.

Der Nachmittag ging schnell vorbei. Die Dienerin betrachtete mich verwundert, als ich unerwartet in einem anderen Gewand im Wohnraum erschien und die untrüglichen Vorbereitungen traf, um fortzugehen, obwohl die Dunkelheit sich bereits ankündigte.

„Ich werde am heutigen Abend in Bostars Haus erwartet, Isebel." sagte ich mit einem Grinsen, das ich nicht unterdrücken konnte und das der Dienerin nicht verborgen blieb. „Wenn ich bis Mitternacht nicht zurück bin, sorge Dich nicht!"

„Ja, Herr!" Isebel lächelte verschmitzt. Nur wenig später verschloß sie hinter mir die schwere Tür. Es war empfindlich kalt, und vom Meere im Westen her wehte ein kräftiger Wind. Ich beschleunigte daher bald meine Schritte und eilte durch die in dieser Stunde noch belebten Gassen.

Im kleinen Haus am Nordoststrand der Stadt flackerte Licht. Ich klopfte. Im Rahmen der kurz darauf sich öffnenden Tür erschien Senebel.

„Ahab! Komm herein!" Das Mädchen faßte mich bei der Hand und zog mich sanft in den Raum. Die Tür fiel ins Schloß. Senebel legte ihre Arme um meinen Hals, drückte mich fest an sich. „Wie schön, daß Du Dein Wort gehalten hast!" In ihren Augen spiegelte sich das flackernde Licht der Öl-Lampen und des hell auflodernden Feuers. Es duftete nach brennendem Kiefernholz. Sofort umfing mich eine angenehme Wärme. So zog ich meinen wollenen Umhang über den Kopf und legte ihn auf die steinerne Bank. Das Mädchen trug ein rötlich erscheinendes Gewand nach tartessischer Art, dessen weit geschnittenes Unterteil bis zu den Knöcheln reichte. Auf der Feuerstelle knisterte das Holz. In dem darüber hängenden Kessel kochte Fleisch, und auf dem flachen steinernen Tisch lag rund geformtes Brot. In einer großen Bronzeschale lockte duftendes Obst, und ein daneben stehender Kelch war gefüllt mit frischem Saft.

Auf dem Boden nahe beim Feuer hatte Senebel eine Pferdedecke ausgebreitet und darauf Lammfelle gelegt. Dort ließen wir uns nieder.

„Du hast eine sehr angenehme Art, mich zu überraschen!" Ich hielt Senebel in meinen Armen, küßte sie auf beide Wangen. Eine Weile genossen wir still das Knistern brennenden Holzes, den Geruch des Harzes und die Geräusche des lodernden Feuers. Dann richtete sich das Mädchen auf, warf einen Blick auf den Kessel.

„Gleich können wir uns stärken", stellte sie zufrieden fest. Und in der Tat machten wir uns bald über das herrliche Lammfleisch her und ließen auch die anderen köstlichen Speisen nicht außer acht. Wir redeten dabei über zahllose Dinge, lachten viel. Das Mädchen strahlte, sprühte vor Ideen und zeigte keine Müdigkeit. Für einen Augenblick kamen mir die Worte Himilkos in den Sinn. Ich hielt Senebels Hand, sah ihr in die dunklen Augen.

„Erzähl mir von Dir, Beherrscherin meines Herzens!"

Das Mädchen schien überrascht, zögerte aber nur kurz.

„Später."

Senebel schmiegte sich eng an mich und lehnte ihren Kopf an meine Brust. „Weil die Nacht etwas anderes, sehr Kostbares, für uns bereithält", flüsterte sie, als sie meinen fragenden Blick bemerkte. Sanft legte ich ihren Kopf auf meinen linken Arm, küßte sie, streichelte ihre Brüste. Senebel schloß die Augen. Dann blinzelte sie wieder. Ich spürte ihr wild klopfendes Herz. Nach einer Weile drehte sich das Mädchen geschmeidig aus meinen Armen, kniete vor mir und faßte meine Hände.

„Komm!" Senebel zog mich hoch und wandte sich zu ihrer Kammer hin, deren Tür die ganze Zeit offen war. Sie ließ meine Hände los, nestelte mit ihren schlanken Fingern an den Spangen ihres Gewandes und schaute mich lachend an. Geschickt streifte sie ihre Sandalen ab. Nach einem weiteren Schritt glitt ihr Gewand zu Boden. Fast in dem gleichen Augenblick hatte ich mein Gewand und die Sandalen ausgezogen. Mein breiter Ledergürtel rutschte gegen die hölzerne Tür. Senebel löste ihren Unterschurz, ließ ihn langsam hinuntergleiten und sah, wie ich das gleiche tat. Ich ergriff ihre Hand, zog sie zu mir heran, umarmte sie. Dann sanken wir eng umschlungen auf das mit Lammfellen bedeckte weiche Lager.

Als ich am nächsten Morgen erwachte, fiel am Rande des nicht ganz geschlossenen Vorhangs an dem nach Osten führenden Fenster ein Sonnenstrahl in die Kammer. Ich lauschte auf Senebels Atemzüge, schlug die Lammfelldecke ein wenig zurück, stand behutsam auf und schob den Vorhang ein kleines Stück beiseite. Unsere Kleider lagen auf dem Boden der Kammer verstreut. Es war noch früh. Das Meer lag ruhig, und von den Gassen drang noch kein Lärm. Ich blickte zu Senebel. Ihre dunklen Augen waren halb geöffnet. Sie blinzelte zum Fenster, sah mich lächelnd an. Ich kroch wieder unter die wärmende Decke, folgte mit der Hand dem langen weichen Haar Senebels und küßte sie.

„Du mußt doch nicht schon fort?" Senebel spürte die Unruhe, die mich für einen Augenblick erfaßt hatte.

„Nein!" versicherte ich. „Noch nicht." Den Ernst in meiner Stimme konnte ich jedoch nicht unterdrücken. Wir redeten bald über viele Dinge. Noch lange blieben wir zusammen. Senebel, Tochter eines Gaditaners und einer Tartessierin, deren Familie am Küstenstreifen südöstlich von Gadir Land bebaute, Rinder und Pferde besaß, hatte zwei Jahre zuvor Vater und Mutter beim Untergang eines Schiffes verloren, das sie von einem kleinen Hafen kurz hinter der Meerenge nach Gadir bringen sollte. Das Schiff war in einen plötzlich aufkommenden Sturm geraten und gesunken. Seitdem lebte Senebel mit ihrem älteren Bruder Bostar hier allein. Beide verstanden sich offenbar gut miteinander, bestritten ihren Lebensunterhalt mit dem Anbau und Verkauf von Früchten und Gemüse und konnten hierzu einen Teil des Landes ihrer tartessischen Verwandten nutzen. Senebels Vater entstammte einer tyrischen Familie, die es vor langer Zeit nach Gadir verschlagen hatte. Dort trieben ihre Vorfahren erfolgreich Handel mit den Tartessiern und kümmerten sich um die Versorgung der Gaditaner mit allerlei Nahrungsmitteln. Von den aus Tyros stammenden Verwandten Senebels und Bostars lebte nur noch der ältere Bruder ihres Vaters in Gadir. Es war kein anderer als Himilko, der Melkart-Priester.

Senebel genoß den Triumph, mich ein weiteres Mal überrascht zu haben. Sie freute sich zudem, daß ich ihre verwandtschaftliche Verbindung als sehr angenehm empfand und dies offen zeigte. Doch schließlich lächelte Senebel müde und traurig, da sich die schöne Nacht dem Ende neigte. Sie fuhr mit ihrer warmen Hand über mein Haar. „Ich fühle es. Dein unruhiger Geist zieht Dich fort."

Ich deutete auf unsere verstreut am Boden liegenden Kleider und erntete dafür einen verschmitzten Blick. Doch gleich darauf betrachtete mich Senebel erneut mit tiefem Ernst. „Wann sehen wir uns wieder, mein Gefährte?" flüsterte sie, beugte sich über mich und küßte mich auf beide Wangen.

„Bald! Ich versprech' es Dir!"

Als ich das kleine Haus verließ, herrschte in Gadirs Gassen bereits reges Treiben. Nicht selten auf dem Wege durch die Stadt glitten meine Gedanken an die Nacht mit Senebel zurück. Ich fühlte jetzt noch stärker die Notwendigkeit, dem Rat Himilkos zu folgen, nichts unversucht zu lassen und entschlossen zuzugreifen, wenn sich die Möglichkeit zu einem Neuanfang als Handelsfahrer bot.

An diesem Morgen empfing ich neue Kräfte und begann zu ahnen, daß es doch noch etwas gab, das bedeutender war als alles Wissen und für das es sich zu leben lohnte. Wie eine Offenbarung sah ich nun meine Zukunft vor mir. Sie hatte nichts mehr zu tun mit der Gier nach Ruhm. Im Leben als Handelsherr sah ich tiefen Sinn. Nie zuvor hatte ich etwas Ähnliches gedacht, was mir zeigte, wie wenig ich mein eigenes Herz kannte. Seit meiner Rückkehr nach Gadir gehörte ich eigentlich nirgendwohin, war nichts wirklich. Nun hatte ich entschieden, erneut etwas zu sein.

Meine Dienerin lächelte verhalten, als sie mir an diesem Morgen öffnete. Ihre Freude über meine Rückkehr überdeckte alles. Sie erfuhr bald von mir, wie eng ich mich der jungen Gaditanerin verbunden fühlte und gewöhnte sich rasch daran, daß ich so manche Nacht bei Senebel weilte.

Sonst änderte sich in diesen Tagen nicht viel. Das wundervolle Kunstwerk auf der Totenstätte Gadirs fiel schnell auf, obgleich dies nicht in meiner Absicht lag. Vor allem Gaditaner, die schon viele Vorfahren zählten und zu den einflußreichsten Familien dieser Stadt gehörten, störte die erlesene Pracht. Sie straften mich mit feindseligen Blicken, machten hämische Bemerkungen und würdigten mich keiner Hilfe. Manche der Alteingesessenen sahen es offenbar nicht gern, wenn jemand seine Toten in einer Weise ehrte, die alles Hergebrachte übertraf. Ihnen selbst wohl unbewußt, hatte sich ein heimlicher Haß in sie hineingeschlichen gegen jene, die sie noch nicht zu den ihren zählten. Nur Himilko, der Melkart-Priester, lobte später mein Verhalten, doch fehlte ihm die Kraft, die Mächtigen in dieser Stadt zur Mäßigung zu bewegen.

Jehaumilk übte sich in kalter Höflichkeit, so daß ich es unterließ, die eine oder andere Bitte vorzutragen. Der anfangs mir gewogene Ratsherr hätte sicher viel vermocht, um meinen neu gewonnenen Mut zu unterstützen. Allein, der frühere Freund zog selbst dort Abneigung vor, wo Fürsprache notwendig gewesen wäre.

In Gadir gab es nämlich eine große Werft, in der geschickte Zimmerleute Schiffe verschiedener Größe und Bestimmung herzustellen wußten. Auch an geeignetem Holz herrschte kein Mangel. Zwar fehlten im tartessischen Lande die gewaltigen Zedern, aus denen unser früheres Schiff gefertigt war. Doch die mächtigen Kiefern, die hier so zahlreich wuchsen, hätten sicherlich den gleichen Dienst erfüllt. Auch Fürst Arganton ließ für den Bau von Schiffen in seinem Lande Bäume fällen und nahm durch den Verkauf der langen Stämme an die Werft in Gadir viele Talente Silber ein.

Adharbal, der tüchtige Besitzer jener Werft, verstand sich ohne Zweifel gut auf alles, was die Handelsfahrer brauchten. Er hatte seine Kenntnisse und Fertigkeiten vom Vater übernommen, der vierzig Jahre zuvor von Sidon hergezogen, aber längst gestorben war. Gewiß befand sich unter seinen Bauten keines, das unserem früheren Schiff an Größe und an Schnelligkeit gleichgekommen wäre. Jedoch erschien mir die Aufgabe als nicht zu schwierig und vom Verdienst her reizvoll, so daß ich den Gaditaner guten Mutes fragte, ob er bereit sei, ein neues Schiff für mich zu bauen. Der aber grinste spöttisch. „Man erzählt sich allerlei Geschichten über Euch!" entgegnete Adharbal auf meine zaghaft geäußerte Frage. „Selbst wenn Eure Behauptungen stimmen – habt Ihr noch nicht genug von Eurer angeblichen Irrfahrt zu den fernen Inseln? Wozu soll so ein herrliches Gefährt Euch dienen, wenn nicht zu übertriebenem Ehrgeiz?"

„Ihr solltet nicht mit meinem Schmerz noch spielen, den der Verlust meiner Männer auf immer bei mir hinterläßt, Adharbal! Im übrigen drängt es mich nicht, ein zweites Mal den großen Ozean zu überqueren, obgleich ich nach meinem Wissen wohl der einzige bin, der die gewaltige Strecke kennt und weiß, wie man sich vorbereiten muß. Meine künftigen Handelsfahrten sollen mich jedoch im Meer bis nach Ägypten und im Ozean bis nach Lixos führen."

„Was Ihr auch immer sagt – ich glaub' Euch nicht, und wäre ich auf Eurer Seite, so könnte ich doch die Zimmerleute nicht dazu bewegen, Euch zu helfen. Die Ratsherrn, nicht ausgenommen der sehr erfahrene Jehaumilk, sind zudem derselben Meinung!"

„Ich weiß, daß man mir meinen Ruhm zutiefst mißgönnt. Vielleicht liegt es ja daran, daß für die lange Seefahrt ein königlicher Auftrag und die Zeugen fehlen!" antwortete ich gereizt. „Aber können vier Talente reinen Goldes bei Euch und Euren Zimmerleuten nichts bewirken?"

„Nein, Ahab! Seht, auf Euren Namen ist ein dunkler Schatten gefallen. Aber Ihr seid noch jung. Die Taten der Menschen sind wie ein Stein, den man ins Wasser wirft. Er fällt mit großem Getöse hinein und hinterläßt Ringe im Wasser, aber nach einer Weile sieht man nichts mehr davon. So verhält es sich auch mit dem Gedächtnis der Menschen. Wenn ausreichend Zeit verstrichen ist, haben die Menschen vergessen, weshalb Ihr sie einst erzürnt habt, und das Leben geht seinen gewohnten Gang. Mag sein, daß übers Jahr die Neigung anders ist und eine neue Lage sich ergibt."

„Darauf kann ich nicht warten!"

Enttäuscht und zornig verließ ich den Gaditaner, als ich sah, daß es kein Mittel gab, ihn umzustimmen. Und wieder irrte ich ziellos durch die Gassen dieser schönen Stadt. Mein Traum von einem neuen Schiff rückte in weite Ferne. Wie betäubt ging ich umher und suchte verzweifelt nach einer anderen Möglichkeit, den Erfolg trotz aller Widerstände zu erzwingen.

Ich war in dieser Sache noch nicht weit fortgeschritten, da ließ Arganton endlich durch den mir zum vertrauten Freund gewordenen Bostar wissen, daß ich in Tartessien sehr willkommen wäre.

4

Es war schon eine eigenartige Erfahrung, zum ersten Male fremde Leute anzuwerben, die gegen geringen Lohn ihre Bereitschaft zeigten, Tanabals kleines Schiff mit den im Lagerhaus noch vorhandenen Handelsgütern zu beladen. Der Gaditaner erhielt für die Passage zum Ufer des tartessischen Landes gleich gegenüber unserer Stadt einen silbernen Armreif, was angesichts der umfangreichen Fracht und seiner Wartezeit im Hafen des kleinen Küstenortes nicht übertrieben schien.

Wie früher hatte ich den sprachkundigen Elibaal mitgenommen, der mein Freund geblieben war und mit viel Verständnis die ungewohnte Situation zu würdigen wußte. Der Fürst erwartete uns schon, denn es ging gegen Mittag, als wir mit Tanabals Schiff den schönen Küstenort erreichten. Zu meiner Überraschung war Arganton mit fünf Begleitern zum Hafen herabgekommen. Auch seinen Sohn hatte der Fürst diesmal mitgebracht. Ich schenkte ihm ein schönes Messer aus Bronze, dessen Griff mit feinem Elfenbein verziert war, und der Junge freute sich darüber sehr.

„Ihr wißt, mein Freund, wie gern ich Euch in meinem Lande sehe!" begrüßte mich der Fürst. „Seid versichert, daß ich mit Euch fühle, da Ihr den Tod des Vaters und der Mutter beklagt. Der Bote hat es mir berichtet."

„Ich dank' Euch, Fürst Arganton! In diesen schwierigen Zeiten höre ich jeden Zuspruch doppelt gern. Es war mir zunächst so, als ob sich ein Schlund öffnete, unergründlich, bodenlos. Wenn nicht der weise Priester vom Gaditaner Melkart-Tempel sich meiner Fragen angenommen hätte, wäre ich wohl jetzt nicht hier." Mit Arganton konnte man über alles reden. Niemals ging uns der Gesprächsstoff aus.

„Die Weisheit eurer Priester ist weit über Gadir hinaus berühmt", bestätigte Arganton achtungsvoll. „Auch wir Tartessier haben gelegentlich großen Nutzen davon. Mögen die Götter geben, daß dies so bleibt!"

„Die Priester haben ihre eigenen Methoden, das Wohlergehen der nach Beistand Suchenden zu fördern. Sie wissen überraschend viel und man tut gut daran, ihrem Rat zu folgen. So fand auch ich erstaunlich schnell neue Zuversicht und einen gewissen Rhythmus wieder, wenngleich noch manches fehlt und einiges nie wiederkehren wird. Für heute hat, wie Ihr selbst seht, der mir gewogene Tanabal mit seinem kleinen Schiff geholfen."

Arganton nickte und betrachtete erwartungsvoll das schwerbeladene Schiff.

„Ich dachte mir, daß meine Leute die Kostbarkeiten zum Haus hinüberbringen", meinte der Fürst und gab, als ich bejahte, den hinter ihm stehenden Männern ein Zeichen. Dann gingen wir den kurzen Weg zu Argantons Haus. Dort warteten bereits zwei Diener mit Wildschweinbraten und erfrischenden Getränken.

„Vielleicht kann Euch die Kochkunst meiner Diener derweil erfreuen", eröffnete Fürst Arganton das kleine Mittagsmahl. „So ist es leichter, die Wartezeit zu überbrücken."

Auf diese Weise befreite ich mich ein wenig von meinen traurigen Gedanken, denn der Tartessier hatte nicht zuviel versprochen. Die Kochkunst seiner Diener war in der Tat beachtlich. Ich widmete mich mit solcher Aufmerksamkeit den gut gewürzten, köstlichen Speisen, daß ich fast übersah, wie schnell sich der Nachbarraum des großen Hauses mit meinen Handelswaren füllte.

„Nun laßt mich schauen, was Ihr vor langer Zeit schon aus fernen Ländern

279

nach Tartessien gebracht habt!" forderte der Fürst und tauchte seine Hände in die von einem Diener bereitgehaltene Wasserschale.

„So vorzüglich gestärkt kann man viel ruhiger an den Handel denken, wobei ich hoffe, daß es mir auch diesmal glückte, die Dinge auszusuchen, die Eure Wünsche treffen", erwiderte ich und folgte Fürst Arganton in den Nachbarraum.

Wie sehr mir Musa jetzt doch fehlte! dachte ich sogleich, als ich die völlig ungeordnet umherliegenden Güter erblickte. Der Fürst ließ sich davon nicht stören und prüfte mal hier, mal dort, was ihn besonders interessierte. Und auch sein Sohn betrachtete die Waren mit seinen wachen Augen. Bei den Stoffen aus Ägypten, beim schönen Goldschmuck aus Karthago und den Silberschalen eines sidonischen Meisters hielt sich Arganton länger auf. Die große Anzahl feiner Silberteller, jonischer Kelche, Krüge und Vasen begutachtete er nur flüchtig. Er kannte dennoch ihren hohen Wert und wußte sie zu nutzen. Nach einer guten Stunde war sich der Fürst wohl schlüssig.

„Ihr habt Geschmack, mein Freund, was haltet Ihr von einem Talent reinen Goldes, sechs Talenten Silber und zwölf Talenten Zinn für diese Kostbarkeiten?"

„Damit bin ich einverstanden, Fürst Arganton!" erwiderte ich zum Erstaunen meines Partners, doch meinte ich, daß langes Handeln jetzt nicht das Richtige wäre, wo der Tartessier mich noch vor kurzer Zeit so großzügig umsorgte.

„Ihr seid ein wahrer Freund!" sagte Arganton lachend und schlug mir mit seiner Rechten auf die Schulter. „Ich hoffe doch, daß Ihr nicht Euren Mut verliert, weil sich die Welt für Euch so stark verändert hat. Wenn Ihr Hilfe braucht, laßt es mich wissen!"

„Ich dank' Euch, Fürst Arganton. Die Götter mögen Euch beschützen!"

Wir redeten noch über manche Dinge, bis wir uns anschickten, zu gehen. Doch kamen wir nicht weit. Ein Blick aus Argantons Haus verhieß nichts Gutes. Das Wetter war schon bei der Fahrt zur Küste nicht gut gewesen. Jetzt aber, als wir nach unserem Handel ins Freie traten, waren wir gleichwohl überrascht. Eine dunkelviolette Wolkenwand leuchtete drohend über dem Meere im Westen. Sie dehnte sich und wuchs und türmte sich am Horizont, mit hoch aufragenden Kuppen wie ein gewaltiges Gebirge. Fast in Minutenschnelle verfärbte sich dunkelgrün die See, und in der Ferne blitzten weiße Schaumkronen auf. Und bald prasselten gewaltige Regenschauer nieder, erhob sich ein Sturm, der uns zum Bleiben zwang.

Einige Fischer ruderten noch in angstvoller Hast dem nahen Ufer zu, und vom Hafen winkte Tanabal aufgeregt herüber, uns bedeutend, daß man sich nicht auf die See hinauswagen könne. Blitze zuckten, und gespenstisch spiegelte sich das Licht auf dem tosenden Meer. Doch Tanabal ließ sich davon nicht beeindrucken, harrte aus mit seinen Leuten auf dem sturmgepeitschten Schiff, sicherte die Anker und zurrte alles fest. Wie in einen milchig-grauen Schleier hüllten die Schauer den kleinen Ort mit seinem Hafen ein, und bald konnte man nichts mehr erkennen.

Zwei Stunden warteten wir geduldig, aber voller Sorge. Ich fürchtete schon, wir müßten über Nacht bleiben. Da riss die Wolkendecke auf; der Sturm flaute rasch ab, und kurz darauf erschien ein Gefährte Tanabals bei Argantons Haus. Das Schiff sei unbeschädigt, meldete er; sein Herr aber mahne zur Eile.

Blanker als sonst schien nach dem läuternden Gewitter die Sonne über dem Meer im Westen. Wir würden es wohl schaffen, vor Einbruch der Dunkelheit die Bucht zu überqueren. So befahl der Fürst seinen bereits wartenden Dienern, die Leinensäcke mit Gold, Silber und Zinn zum Schiff hinabzutragen. Er selbst ging noch mit uns zum Hafen und redete wie ein Priester auf mich ein, so daß mein sprachkundiger Begleiter seinen Lohn an diesem Tage wohl verdiente.

Längst hatte die Sonne den höchsten Stand überschritten. Tanabals Schiff lag tief im Wasser, aber die See war wieder ruhig. So konnten wir es wagen, hinauszufahren. Arganton schaute nur noch kurz nach uns und verschwand alsbald mit seinen Leuten in der kleinen Siedlung.

Das Unternehmen glückte. Wie abgesprochen wartete Baalator mitsamt den kräftigen Lastenträgern bereits am Gaditaner Hafen, und noch bevor die Sonne ihren Tageslauf vollendet hatte, befanden sich die von Arganton mitgebrachten Schätze an ihrem vorgesehenen Platz. Nur die Leinensäcke mit Gold und Silber ließ ich direkt zu meinem Hause tragen.

So sehr die leicht erworbenen Güter mich auch zufriedenstellten, brannte der Wunsch nach einem eigenen Schiff in meiner Seele. Ein Handelsfahrer ohne Schiff ist wie ein Vogel ohne Flügel, wie ein Fisch ohne Flossen, wie ein Krieger ohne Schwert, dachte ich. Oft saß ich im Wohnraum an dem wärmenden Feuer, und vor meinen Augen zogen Bilder der Vergangenheit vorbei. Kein Tag verging, an dem ich meinen Kopf nicht mit der Frage quälte, wie ich es schaffen könnte, zu einem neuen Schiff zu kommen. Viele Male entwarf ich dazu fein ausgeklügelte Pläne. Und im nächsten Augenblick schon fand ich sie unsinnig und verstiegen.

Besorgt musterte mich Isebel, als ich wieder häufiger nachdenklich und gelegentlich seufzend im Wohnraum saß und auf die entscheidende Frage trotz aller Mühe keine Antwort fand. Sie verstand nicht den tieferen Grund meines Kummers und glaubte, den richtigen Weg für mich bereits zu kennen.

„Habt Ihr nicht alles schon, was man zum glücklichen Leben braucht, Herr?" fragte die Dienerin eines Morgens entwaffnend und recht kühn. Sie hatte etwas Listiges in ihren Augen, und das gefiel mir nicht. Ich war zunächst verblüfft und empört.

„Wie kommst Du darauf? Siehst Du denn nicht, was mir noch immer fehlt und sich nicht einstellen will?"

Isebel, etwa im Alter meiner Mutter, schaute mich verwundert an. „Ihr sagtet doch, Ihr fändet Euer Glück bei einer jungen Gaditanerin?"
„Gewiß. Was meinst Du mit Deiner Frage?"
„Wie alt seid Ihr jetzt, Herr? Vierundzwanzig?"
„Bald, ja. Was besagt das schon ...? Ach, Du meinst wohl, ich soll Senebel zur Frau nehmen?"
„Warum nicht? Wollt Ihr warten, bis Ihr ein alter Mann seid?"
„Nein. Aber ich weiß sehr gut, daß ich noch die entscheidende Frage lösen muß. Dann erst wirst Du eine neue Herrin erhalten. In dieser Reihenfolge! Die Götter haben mich aus höchster Not errettet und dann mit Senebels Zuneigung beschenkt. Sie werden mir schließlich auch ein neues Schiff nicht verweigern!"
Isebel verstand. Still fand sie sich mit meinen Worten ab.

Dreizehntes Buch
ENTTÄUSCHUNG IN KARTHAGO

1

Zwei Monate, nachdem ich das letzte Mal die Planken eines Schiffes unter meinen Füßen spürte, legte ein fremder Handelsfahrer in Gadir an. Ein schwerer Wintersturm zwang ihn, die Fahrt zu unterbrechen. Wie fast jeden Tag weilte ich am Hafen, und so beobachtete ich das Anlege-Manöver des großen Seglers mit Wehmut und kritischem Blick. Die Mannschaft schien sehr erfahren und meisterte die Sache trotz starken Windes und heftiger Regenschauer mit Geschick.

Erst spät bemerkte ich, daß ich das Schiff schon einmal gesehen hatte. Ich überlegte lange, und als ich näherkam, fiel es mir ein: Es war dasselbe Schiff, das wir einst in Lixos trafen, geführt von dem Karthager, der Baalator und Isebel von Tyros nach Karthago brachte. War dies die Möglichkeit für mich, zu Malchus zu gelangen? durchfuhr es mich sofort.

Es war früher Nachmittag. Ich wartete noch ein wenig, bis man das fremde Schiff fest verankert und vertäut hatte. Dann ging ich hin, fragte den ersten Mann an Bord nach seinem Herrn. Der Karthager musterte mich grimmig, rief aber schließlich doch nach hinten. Nicht lange danach erschien Bodbal, der mit dem Segler für den karthagischen Kaufmann Gisgo Handelsfahrten machte.

„Ich bin Ahab, des Acharbas Sohn!" erklärte ich ihm. „Seid Ihr auf dem Weg nach Karthago?"

Als Bodbal den Namen Acharbas vernahm, hob er fast unmerklich die Brauen.

„Von Eurem Vater habe ich gehört, und auch Euer Name ist mir nicht fremd. Der Kaufmann Bomilkar in Lixos hat neulich erst nach Euch gefragt. Ich komme soeben von dort. Aber wie Ihr selbst seht, zwingen uns die Götter, den Heimweg zu verlängern. Warum fragt Ihr nach unserem Ziel? Ihr habt doch ein eigenes Schiff?"

„Mein eigenes Schiff liegt auf dem Grund des Ozeans nicht weit von der iberischen Küste. Ein schwerer Sturm hat es zerschmettert. Nur durch die Gunst der Götter und die Hilfe einiger iberischer Fischer wurde ich als einziger gerettet."

„Bei Baal-Amun, das hört sich bitter an!" entgegnete Bodbal nach einer kurzen Pause. „Wollt Ihr mit uns nach Karthago?"

„Wäre dies möglich?" fragte ich sofort zurück. Es galt jetzt, schnell zu handeln. „Ihr sollt es nicht bereuen!"

„Nun gut", gab der Karthager zur Antwort, „vor morgen früh segeln wir nicht ab. Ich will der Mannschaft Ruhe nach der schwierigen Passage gönnen. Seid Ihr mit zwei goldenen Armreifen einverstanden?"
Der hohe Preis erschreckte mich im ersten Augenblick, doch hatte ich wohl keine Wahl, wenn ich die Gunst der Stunde nicht verstreichen lassen wollte.
„Abgemacht! Ich werde kommen!" sagte ich nach kurzem Zögern. Bodbal nickte und verschwand bald darauf im hinteren Teil des großen Schiffes. Ich aber eilte mit schnellen Schritten zu Baalator. Es war sehr kalt. Ein heftiger Regenschauer folgte mit nur kurzer Pause auf den anderen, und es sah nicht so aus, als würde sich das Wetter bessern. Völlig durchnäßt und frierend betrat ich nach wenigen Minuten Baalators Quartier. Dankbar vermerkte ich, daß dort, wo er zu kochen pflegte, auch jetzt ein kleines Feuer brannte.
„Ich habe eine Neuigkeit!" begrüßte ich den Buchhalter trotz meines Zustands gut gelaunt, noch ehe ich meinen nassen Umhang abgelegt hatte. „Was meinst Du wohl, was mir soeben widerfahren ist?"
„Bei Euch muß man immer auf Überraschungen gefaßt sein, Ahab! Ihr kommt nach Eurem Vater!" Dann schaute mich Baalator lange prüfend an. „Zieht es Euch fort? Trotz Senebel?"
„Im Hafen liegt der Segler, mit dem Du von Tyros nach Karthago fuhrst. Bodbal, der Handelsfahrer des reichen Kaufmanns Gisgo, wird mich nach Karthago mitnehmen. Sobald günstiger Wind aufkommt, reisen wir ab." Der Buchhalter war nun doch erstaunt, obwohl er meine Entschlossenheit und mein schnelles Handeln gut kannte. Er wirkte seit einigen Wochen ausgeglichener und ruhiger. Ich schrieb dies nicht allein dem Umstand zu, daß ich ihn meine Achtung fühlen ließ und ihm Vertrauen schenkte. Es mochte ebenso an der jungen Tartessierin liegen, mit der Baalator seit kurzer Zeit sein Lager teilte.
„Und dann?"
„Vielleicht wissen meine Freunde in Karthago Rat, wo man ein neues Schiff erwerben kann. Auf die Änderung der Meinung einflußreicher Gaditaner will ich nicht meine Hoffnung setzen. Ich habe keine Zeit mehr zu verlieren. Gerade wegen Senebel!"
„Und was, wenn alles scheitert?"
Ich zuckte mit den Schultern.
„Bleib' mir ein Freund, Baalator! Es soll nicht zu Deinem Schaden sein. Und kümmere Dich um Isebel! Mit den Handelswaren im Lagerhaus kannst Du verfahren wie bisher, so daß an Lebensunterhalt kein Mangel herrschen dürfte. Ich sage dies, weil ich Dir vertraue und die Tage meiner Reise nicht gezählt sind. Nur die Götter wissen, wann wir uns wiedersehen!"
„Ich werde Euch nicht enttäuschen, Ahab!" Die klare Antwort Baalators klang so überzeugend, daß ich ihn kurz darauf verließ und mich heimwärts wandte.

Was mit dem Buchhalter recht einfach war, geriet bei Isebel zu einer schwierigen Prüfung. Sie brach zunächst in Tränen aus, als ich ihr meine Absicht kundtat. Nur mit viel Geduld gelang es mir, die Dienerin zu beruhigen und ihr die Zuversicht zu geben, daß alles gut ausgehen würde.

Dann machte ich mich auf den schwersten Gang. Senebel wußte zwar – wie auch ihr Bruder – von meinem unablässigen Streben nach einem neuen, eigenen Schiff. Doch hoffte sie, daß sich die Suche nach einer Lösung fern von Gadir doch noch umgehen ließe und die Gaditaner Schiffbaumeister ihre Haltung änderten.

Senebel war allein in ihrem kleinen Haus. Unendlich lange hielt ich sie in meinen Armen, küßte sie, strich durch ihr schönes weiches Haar. Verzweifelt suchte ich nach Worten. Senebel spürte bald, daß nichts so war wie sonst. Sie legte ihre Arme sanft um meinen Nacken, schaute mich ängstlich und prüfend an. „Oh Ahab! Ist es so weit? Treibt Dein unruhiges Streben Dich in dieser Jahreszeit fort?"

Fast konnte ich den traurigen Blick Senebels nicht ertragen, und als ich mit meiner Antwort zögerte, rannen Tränen über ihre Wangen. Dann lehnte sie ihren Kopf an meine Brust.

„Ein Schiff ...", begann ich stockend, „ein karthagischer Segler liegt im Hafen. Der Handelsfahrer erklärte sich bereit, mich nach Karthago mitzunehmen. Er will morgen aufbrechen. Ich fühle, daß dies meine – nein, unsere – einzige Möglichkeit ist, unser Leben neu zu ordnen. In Karthago habe ich mächtige Freunde. Sie werden mir sicher jene Hilfe geben, die man mir hier verweigert."

Meine letzten Worte klangen trotzig und hart zugleich. Senebel schluchzte. „Oh Ahab! Werden wir uns jemals wiedersehen?" Sie hatte ihren Kopf wieder erhoben, schaute mich an. Der Blick ihrer tränenerfüllten dunklen Augen schmerzte mich. Doch mein Ziel stand unverrückbar fest. Wie gern hätte ich Himilko noch um seinen Rat gefragt, doch blieb mir keine Zeit. Ich ahnte auch – und beruhigte mich damit, welche Antwort er in diesem Falle gäbe. Zudem vertraute ich darauf, daß der weise Priester und gewiß auch Bostar sich um Senebel kümmern und sie beschützen würden. Beide verstanden und billigten mein Bestreben, doch wußten sie, daß sie mir nicht unmittelbar helfen konnten.

Sanft drückte ich Senebels Kopf an meine Brust. „Es kann nicht sein, daß die Götter unser Glück wieder zerstören wollen. Vielleicht muß diese Prüfung sein. Wirst Du auf mich warten?" Mühsam kamen diese Worte über meine Lippen. Senebel weinte. Nach einer Weile sah sie mich mit ihren feuchten Augen klagend an. „Ich werde im Tempel der Astarte jeden Tag ein Opfer bringen! Du mußt zurückkehren! Du mußt!" Ihre Stimme klang hart und entschlossen.

„Ich werde bald wieder hier sein und das kostbare Geschenk, das mir die Götter machten, endgültig festhalten! Bei Melkart – ich versprech' es Dir!"
Als ich das kleine Haus verlassen hatte und die traurigen Blicke Senebels in meinem Rücken fühlte, haderte ich ein weiteres Mal mit unseren Göttern. Warum nur machten sie es uns so schwer? Ich wußte – mit dem Versprechen hatte ich mir eine schwere Bürde aufgeladen.

Es war immer noch regnerisch und stürmisch, während ich meinem Hause zustrebte. Die Gassen waren menschenleer und trostlos. Matter als sonst flackerten in den Tempeln die heiligen Feuer, drohten zu erlöschen, niedergehalten durch Regen und Wind.

Am Abend dieses Tages ließen die Schauer endlich nach, so daß ich hoffen konnte, Gadir bald zu verlassen. Mit vorher nie gekannter Sorgfalt packte ich diesmal meine Sachen. Darunter befand sich auch ein halbes Talent reinen Goldes, das ich in neue Kleidung wickelte. Und auf den in einem großen Leinensack verborgenen Schatz stellte ich zwei schön geflochtene Körbe mit Nüssen, Datteln, Obst, getrocknetem Fisch und etwas Brot. Denn ich wollte nicht allein von der Gunst der Karthager abhängig zu sein.

So vorbereitet ging ich am folgenden Morgen an Bord von Bodbals Schiff. Nicht einen Moment kam ich zu früh. Die Anker waren bereits gelichtet. Der große Segler lag nur noch festgezurrt am Kai.

„Ich glaubte schon, Ihr hättet es Euch anders überlegt!" rief mir Bodbal zu, als ich meinen Fuß auf die Planken seines Schiffes setzte. „Es weht ein starker Wind, doch wollen wir es wagen." Es war keine günstige Jahreszeit für weite Fahrten, doch Bodbal gehörte zu den tüchtigsten Seefahrern Karthagos und ließ trotz aller Kühnheit die nötige Vorsicht walten, blieb nahe den Küsten, so daß er bei drohender Gefahr rasch das sichere Land erreichen konnte.

„Ihr tut recht daran, Bodbal, denn der Westwind wird bald schwächer werden", bestätigte ich aus eigener Erfahrung und war insgeheim gespannt, wie andere es schafften, die gefährliche Meerenge zu meistern. Bereits vor Mittag hatte das karthagische Schiff den Tempel des Melkart passiert und steuerte bei guter Fahrt das südliche Ufer der Meerenge an. Es war das vierte Mal, daß Bodbal die Passage wagte. Dennoch spiegelte sich Furcht in den Gesichtern seiner Männer, als wir der Enge näherkamen und das Schiff auf den hohen Wellen tanzte. Der frische Westwind füllte das Segel, und das Meer war unruhig. Ich riet dem wackeren Bodbal, dicht unter Land am südlich gelegenen Ufer die Enge zu durchqueren, um die starken Strömungen mit ihren Strudeln zu meiden.

Der Karthager trug, wie sein Steuermann, über seinem knielangen Gewand einen langen schweren Umhang, dazu geschnürte Lederstiefel. Er überlegte eine Weile, fuhr sich mit der Rechten durch den vollen schwarzen Bart. Dann nickte er schließlich.

Der stolze Handelsfahrer hatte mich zwar nicht um Rat gefragt, doch war er nicht eitel und folgte meinem Vorschlag. Die Durchfahrt verlief glatt, wie ich es von unseren Passagen her kannte. Beruhigt und stolz zugleich zeigten sich danach die Männer, und Bodbal war sehr zufrieden. Bisher, so sagte mir der Karthager offen, habe er stets weit von beiden Ufern die Meerenge durchquert, doch sei es sehr mühevoll und meist außerordentlich dramatisch gewesen.

Im übrigen hielt ich mich zurück und war recht froh, daß weder Bodbal noch seine Männer unliebsame Fragen stellten. Die Fahrt entlang der Küste Libyens verlief zügig und ereignislos. Bei dem uns treu bleibenden günstigen Wind erreichten wir Karthago schon nach dreiundzwanzig Tagen.

2

Es war früher Nachmittag, als ich Bodbals Schiff verließ und durch Karthagos quirlige Unterstadt den Weg zum Haus des Malchus suchte. Nichts hatte sich hier verändert, und mühelos fand ich die Gassen, durch die ich ein Jahr zuvor das letzte Mal gegangen war. Nur eine Stunde später stand ich vor dem Haus des Freundes, in dessen Einfluß und Klugheit ich meine Hoffnung setzte. Gewiß, in dieser kalten Jahreszeit waren die Gärten und Felder ziemlich karg. Es fehlte die üppige Blütenpracht, die mich beim ersten Mal so sehr beeindruckt hatte. Gleichwohl wirkte der großzügig angelegte Garten dank seiner zahlreichen immergrünen Bäume und Sträucher auch jetzt noch schön. Schließlich klopfte ich an die schwere Tür des prächtigen Hauses.

Der nubische Diener des Karthagers zögerte einen Augenblick, bevor er mir öffnete. Er hatte mich nicht sofort erkannt. Dann aber glitt ein Lächeln über sein dunkles Antlitz. Eilfertig nahm er mir den Leinensack ab.

„Ahab aus Gadir, Herr!" rief der Nubier zum Innenhof hin, als Malchus mit lauter Stimme nach dem Grund des Klopfens fragte. Im nächsten Moment kam mir der Karthager schon entgegen.

„Bei Baal-Amun, mein junger Freund, was ist Euch widerfahren, daß Ihr für so lange Zeit den Weg nicht nach Karthago fandet? Seid willkommen in meinem Hause!" Geräuschlos erschien in diesem Augenblick Batbaal, als sie Malchus' Worte hörte. Sie trug ein kostbares Gewand, das selbst ihre Füße verdeckte und die junge Frau noch schöner machte und ehrwürdiger aussehen ließ, als ich sie von der ersten Begegnung in meiner Erinnerung hatte. Malchus spürte offenbar ihr Kommen, wandte sich um und lächelte ihr liebevoll zu. Batbaal begrüßte mich freundlich. Geschmeidig und schnell, wie sie erschienen war, zog sie sich danach ins Haus zurück.

„Vieles ist geschehen, Malchus, und mein Leben hat sich sehr verändert. Die Götter wollten mich wohl prüfen."

„Ihr sprecht in Rätseln, Ahab", unterbrach mich der Karthager ungeduldig, „und Eure Stimme klingt sehr ernst. So kenne ich Euch nicht."

„Ich trage schwer daran, daß Acharbas und Elischa starben, während ich auf einer sieben Monate dauernden Reise weilte und kurz vor der Rückkehr in den heimatlichen Hafen auch noch das Schiff und meine tapferen Männer in einem Sturm verlor."

Malchus schwieg zunächst tief betroffen, suchte nach Worten. Dann legte er seinen rechten Arm um meine Schultern. „Vater und Mutter tot, Schiff und Mannschaft verloren?" wiederholte der Karthager mit schwerer Zunge. „Fürwahr, jetzt verstehe ich, was Ihr mit 'Prüfung' meint. Kommt, Ahab, setzt Euch und genießt den herrlichen Wein, den mein Diener gerade bringt! Er zählt!"

So gingen wir die wenigen Schritte in den großzügigen Innenhof des schönen Hauses, und ich berichtete, was sich seit unserer letzten Zusammenkunft im fernen Westen zugetragen hatte. Nur selten unterbrach mich der Karthager, so gebannt hörte er mir zu, und als ich endete, war es Abend geworden. Malchus schwieg zunächst, überlegte lange und sagte schließlich mit großer Bedächtigkeit: "Ich habe Eure Lage nun begriffen, Ahab. Es gibt jedoch manches in Eurer Erzählung, das schier unglaublich klingt. Da trifft es sich recht gut, daß am morgigen Abend der Euch schon bekannte Mago und andere einflußreiche Freunde aus unserer Stadt zum Festmahl in mein Haus geladen sind. Was haltet Ihr davon, wenn Ihr vor diesem Kreise jene Dinge wiederholt, die unser aller Wissen zu erweitern scheinen?"

Unüberhörbar war die Skepsis, die aus den Worten des Karthagers sprach. Doch blieb er mir gewogen.

„Das will ich gerne tun", sagte ich nach einigem Zögern. „Vielleicht denken Eure Freunde ähnlich wie der weise Himilko im Melkart-Tempel zu Gadir. Ich wäre jetzt kaum hier, wenn sich der Priester nicht meiner angenommen hätte. Und dann gibt es noch etwas, das Ihr wissen solltet: In Gadir wartet eine wundervolle junge Frau, die ich als Mutter meiner Kinder sehen möchte." Fast unmerklich zog der Karthager seine Augenbrauen hoch. Über seine Lippen huschte ein feines Schmunzeln.

„Das höre ich mit Freude. Denn Einsamkeit wäre nun Gift für Eure Seele. So aber kann die Bitternis in Eurem Herzen schmelzen." Malchus lächelte, und dennoch klangen seine Worte ernst. Ich konnte ihm diese Neuigkeit nicht verschweigen und war doch froh, daß der Karthager in dieser Sache Verständnis und Weisheit zeigte und nicht auf nähere Auskunft drang.

Ich atmete erleichtert auf, daß der Karthager mich so freundlich empfangen hatte. Eine kurze Pause entstand. Da trat der nubische Diener in den Innenhof, gab Malchus ein Zeichen. Der Karthager nickte.

„Nach den entbehrungsreichen Tagen auf dem Meere werdet Ihr gewiß die

schönen Speisen nicht verschmähen", wandte sich der Karthager mir zu. „Fühlt Euch als Gast in meinem Hause, Ahab!"
Das ließ ich mir gefallen. Ich dankte Malchus überschwenglich für seine Freundschaft und Geduld. Dann stand ich auf. Die Gelegenheit schien jetzt günstig, mich in das prächtige Gewand zu kleiden, das neben einem halben Talent Gold in meinem Leinensack lag.

„Ihr seid sehr wissensreich und wagemutig, mein junger Freund", eröffnete Malchus unsere weitere Unterhaltung, als ich den kostbar ausgestatteten großen Raum betrat, wo nun auch Batbaal weilte und des Karthagers Diener Speisen und Getränke aufgetragen hatten. „Man sagt jedoch, daß zuviel Ehrgeiz schlimme Folgen haben kann. Dennoch verstehe ich, wenn Söhne danach streben, ihre berühmten Väter an Berühmtheit noch zu übertreffen. Doch manchmal hat dies einen hohen Preis!"

„Das mag wohl sein", erwiderte ich. „Allerdings erkennt man nicht in jedem Falle, ob man die von den Göttern gezogenen Grenzen überschreitet. Und das Orakel zu befragen, bietet sich selten rechtzeitig eine Gelegenheit."

Ich wunderte mich selbst, wie schnell ich auf den nur halb versteckten Vorwurf des Karthagers eine passende Antwort fand, die meinen Gastgeber nicht verletzte, aber gleichzeitig meinen Ärger nicht verbarg.

Malchus lächelte. „In der Gewandtheit der Rede steht Ihr Eurem Vater gewiß nicht nach, Ahab! Eure geschliffene Zunge mag Euch zu manchem Erfolg verhelfen und auf viele Menschen großen Eindruck machen. Doch nehmt von einem guten Freund den Rat, nur mit Bedacht derartige Fähigkeiten zu gebrauchen!"

Der Karthager hatte mich verstanden und war beeindruckt. Ich zog es jedoch vor, meine Freude darüber nicht zu zeigen. Dies fiel mir nicht schwer, denn die mit zahllosen Köstlichkeiten reich gedeckte Tafel lenkte mich ab. Malchus erkannte zudem schnell, daß jeder Versuch scheitern würde, meine Haltung zu erschüttern. Rasch wandte er sich anderen Themen zu und genoß wie ich die wundervoll zubereiteten Speisen. Dabei erfuhr ich auch, daß Hanno immer noch in Motye lebte und häufig nach Karthago kam. So schwelgten wir den größten Teil des Abends in Erinnerungen und tranken ausgiebig von dem herrlichen Wein, den die braven Diener des Karthagers in unsere silbernen Pokale füllten.

Den folgenden Tag ließ ich den Freund zunächst allein. Ich machte mich bei strahlend blauem Himmel mit der Stadt vertraut und suchte neben dem Hafen vor allem die am Meer gelegenen Viertel auf, wo man in zahlreichen Werften Kriegs- und Handelsschiffe baute. Weit über die etwas abseits gelegene Gegend hinaus drang der Lärm des Hafens, hallten das Kreischen der Sägen, die Hammerschläge. Trockenes Holz, rostige Eisenteile, feuchte Taue, fauliger Tang und Salz vermischten sich zu eigenartigem Geruch. Die meisten Männer trugen Sandalen aus Leder, doch einige gingen barfuß. Ihre zerrissene Kleidung stank nach Schweiß. Von irgendwoher überdeckte alles der Gestank von stark erhitztem Pech.

Sehnsuchtsvoll sah ich den geschickten Männern bei ihrer schweren Arbeit zu, doch wagte ich nicht, zu fragen. Bis dahin hatte ich noch im ungewissen geschwebt, hatte geglaubt und gezweifelt, gefürchtet und gehofft und mir einzureden versucht, daß in Karthago der Erfolg auf mich warten würde. Jetzt aber hegte ich keine Hoffnung mehr. Zu kühn erschien mir nun der Gedanke, daß karthagische Zimmerleute für mich, den Handelsfahrer aus dem fernen Gadir, ein neues Schiff herstellen könnten. Ich fühlte immer stärker, wie abwegig es war, zu hoffen, daß mein Traum von einem neuen Schiff ausgerechnet hier Wirklichkeit werden sollte.

Unsicher, tief in Gedanken und traurig kehrte ich am frühen Nachmittag zum Haus meines karthagischen Freundes zurück.

„Ihr wirkt sehr ernst und müde, Ahab", bemerkte Malchus, als er mich den Innenhof durchschreiten sah. „Entspannt Euch in dem schönen Bad, das ich erst im vergangenen Jahr neu habe bauen lassen!" Besorgt betrachtete mich der Karthager vom großen Wohnraum aus, wo er soeben einen Brief schrieb.

„Ich glaube, Ihr habt recht. Schon lange ist es her, daß ich mir diese Freude gönnte."

„Mein Diener wird alles richten, was Ihr braucht, Ahab." So bat mich der noch immer in meiner Nähe stehende Diener, in den hinteren Teil des weitverzweigten Hauses zu folgen. Dort sah ich bald, daß Malchus nicht übertrieben hatte. Aus meisterhaft bearbeitetem weißem Marmor mit eingelegten hellbraunen Bändern waren Fliesen, Wände und die große Wanne gefertigt. Schon der Anblick dieses herrlichen Bades beruhigte mich und nahm für eine Weile alle Sorgen fort. Als ich den prachtvollen Raum wieder verließ, war der Nachmittag bereits weit vorgerückt.

Ich traf meinen gastfreundlichen Handelspartner im Innenhof an. Er plauderte gerade lebhaft und vergnügt mit einem etwa zehnjährigen Jungen, der mich sofort bemerkte und den Hausherrn fragend anblickte.

„Jetzt gefallt Ihr mir schon besser, Ahab", rief der Karthager gut gelaunt aus, als er mir sein Gesicht zuwandte, „das ist Malchus, Magos Sohn!" Der Junge war für sein Alter recht groß und kräftig. Er verstand es schon, sich herablassend und stolz wie ein Herr zu benehmen und mit unglaublicher Selbstverständlichkeit Gespräche mit den Älteren zu führen. Mago hatte seinen Sohn nach seinem besten Freund genannt und ihm frühzeitig hervorragende Lehrer ausgesucht, einen Baalspriester und einen gelehrten Hellenen, der bereits lange Zeit in Karthago lebte. Der Zehnjährige sollte zum Feldherrn erzogen werden wie sein Vater. Es machte mir Vergnügen, mich mit ihm zu unterhalten. Schnell stellte ich fest, daß der Junge von der Geschichte für sein Alter staunenswert viel wußte. Seine Künste im Rechnen, Schreiben und Lesen waren schon jetzt beachtlich. Und zudem bestätigte mir der Handelsherr mit einem gewissen Stolz, daß sich der junge Malchus bereits leidlich gut auf dem Pferde halten könne.

Der Abend in Malchus' Haus begann für mich mit einer Überraschung. Keiner der eingeladenen Gäste schien zu wissen, was ich bald zu erzählen hatte. So streng hielt es mein karthagischer Freund mit der Verschwiegenheit. Selbst der mächtige Kriegsherr Mago wußte nichts und begrüßte mich in vertrauter Weise. Die anderen Gäste, der Baal-Priester Hasdrubal, sowie die beiden Handelsherren Barmokar und Bodo, behandelten mich sehr freundlich. Sie zollten mir sogar Respekt, nachdem Malchus ihnen meine Herkunft kurz geschildert hatte.

Lebhaft und erstaunlich offen sprachen die einflußreichen Herren über alle Fragen, die in diesen Tagen im Rat der Stadt Karthago umstritten waren. Gleichwohl geriet das Festmahl nicht zur Nebensache. Die Karthager hatten es fürwahr gelernt, beides harmonisch miteinander zu verbinden. Der niedrige Marmortisch zwischen den Sitzkissen war überladen mit duftenden Fleischplatten, Gemüsetellern, Fladenbroten, Früchten und allerlei süßen Spezereien. Mehrfach trugen Malchus' Diener silberne Mischkrüge mit herrlichem Wein und neue Köstlichkeiten herein. Auf kleinen Nebentischen standen Bronzeschalen mit Wasser zur Reinigung der Hände; dazu hatte man Tücher aus Leinen gelegt.

Wie selbstverständlich schloß man mich in die Gespräche ein und zeigte Anteilnahme und großes Interesse an allem, was ich tat.

So erfuhr ich zum einen sehr viel Neues über die Geschehnisse um Tyros, Judäa und Ägypten. Zum anderen achtete ich streng darauf, mich im Gespräch nicht zu weit vorzuwagen, denn offenbar war es der Wunsch des karthagischen Freundes, die Gäste erst nach dem Festmahl mit meinen Erlebnissen zu überraschen.

Schließlich war es soweit.

„Mit Freude sehe ich, daß Speise und Trank Euch allen wohl zugesagt haben", erklärte Malchus, als sich das üppige Festmahl dem Ende zuneigte. „doch ist dies noch nicht alles, was ich Euch heute bieten kann. Mein junger Freund aus Gadir, des Acharbas Sohn, weiß Dinge zu berichten, die Euch erstaunen werden." Rasch brachen nach diesen Worten des Karthagers die Gespräche ab. Erwartungsvoll schauten die einflußreichen Herren mich an.

So erzählte ich dann, wie Malchus dies wünschte, den Ablauf meiner langen Reise zu den fernen Inseln und zum Festland jenseits des Ozeans.

Gespannt lauschten die Karthager meinen Worten und vergaßen fast, den guten Wein zu kosten. Erst als ich den Bericht beendet hatte, griff man häufiger zu den Pokalen. Im ersten Moment war man beeindruckt, still und unsicher zugleich, so ungeheuerlich schien den Herren das Gehörte. Selbst Mago schwieg zunächst, doch dann war seine Neugier stärker.

„Ich zweifle nicht an Eurer Fähigkeit und Eurem Mut, ein großes Schiff zu führen, Ahab", fand der Kriegsmann als erster seine Sprache wieder, „auch wißt Ihr über die Verhältnisse in unserem Meere und an den Küsten außerhalb der Säulen des Melkart sehr gut Bescheid. Doch was sollte uns Karthager, bei Baal-Amun, dazu bewegen, die Behauptungen für wahr zu halten, die Ihr soeben vorgetragen habt?"

Die übrigen Karthager nickten schweigend. „Auch uns ist wohlbekannt, daß es im großen Ozean noch einige Inseln gibt." betonte Mago selbstbewußt. „Von Iberien und den weiter im Norden liegenden Inseln mit ihren reichen Schätzen an Zinn haben wir gehört. Jedoch reimt es sich nicht zusammen, was Ihr zur Eigenart des Ozeans berichtet. Wenn Eure Behauptungen stimmen, so wäre die von Euch zurückgelegte Strecke weit größer als die Entfernung von Tyros bis nach Gadir! Es ist sehr kühn von Euch, Ahab, von uns Karthagern zu erwarten, dies zu glauben!"

Die Handelsherren murmelten nach diesen Worten des erfahrenen Kriegsmanns zustimmend. Nur Hasdrubal, der ehrwürdige Priester, räusperte sich vernehmlich. Der große, hagere Mann mittleren Alters trug ein helles, mit Purpurstreifen versehenes und bis zu den Füßen reichendes Gewand. Um seine Schultern lag eine schwarze Schärpe, die seinem hohen Rang unter den Priestern Baal-Amuns entsprach. Das volle dunkle Haar mit einer Fülle grauer Strähnen und der lange, grau schimmernde Bart bildeten hierzu einen bemerkenswerten Kontrast. Mit seiner tiefen Stimme mahnte der Priester zur Vorsicht. „Niemand von uns kennt die Größe der Länder und Meere genau. Unser Wissen beschränkt sich lediglich auf das, was uns unmittelbar umgibt und was wir selbst erkundet haben. So sollten wir nicht vorschnell richten, wenn andere etwas zu behaupten wagen, zu dem wir Karthager bislang noch keinen Zugang fanden! Wir kennen aus der jüngsten Zeit nur zwei Versuche, das Geheimnis des großen Meeres im Westen zu lüften. Ein Jonier im Dienste des ägyptischen Pharao und ein Karthager, so heißt es, wagten sich weit auf den Ozean hinaus. Sie kehrten nicht zurück, und niemand kennt ihr Schicksal. Und dennoch soll in den heiligen Büchern Ägyptens manches geschrieben stehen, was die Erzählungen des Gaditaners nicht unglaubhaft klingen läßt."

Die Handelsherren wunderten sich über Hasdrubals Rede. Mago dagegen hob seine dunklen Brauen, und in seinen Mundwinkeln spielte ein Lächeln. „Ich beklage schon seit einiger Zeit, daß Karthago zu behäbig ist", bemerkte der Kriegsmann mit verhaltenem Zorn. „Die Handelsherren im Rat unserer Stadt sagen immer, das alles so bleiben soll, wie es nun einmal ist. Sie betrachten jede Veränderung mit Mißtrauen oder gar mit Haß. Die meisten widmen sich allein ihren Geschäften und sehen nur ihren eigenen kurzfristigen Vorteil.

Einen guten Ertrag bringen, der sofort sichtbar ist: das ist das Maß aller Dinge in unserer Stadt. Die meisten Kaufleute erkennen nicht die lang andauernden Entwicklungen und deren Folgen. Ich aber meine, daß Karthago nicht versäumen darf, Wissen und Einfluß zügig auszuweiten. Die Flotte auf dem jetzigen Stand zu halten, reicht nicht aus. Gerade in unserer Zeit, da sich die Welt so rasch verändert und Tyros seinen hohen Rang verlieren wird, scheint die Gelegenheit sehr günstig, mit geringem Aufwand großen Gewinn zu erzielen. Ich blicke aber weniger nach Osten. Die mächtigen Babylonier mögen andere zähmen und ihre Kraft dabei vergeuden! Unser Feld erstreckt sich vielmehr vom Zentrum unseres Meeres bis in den fernen Westen am großen Ozean. Vielleicht wird man dann eines Tages sehen, wie weit der Bericht des Gaditaners stimmt."

Nachdenklich schauten die Handelsherren in die Runde. Sie hatten den Vorwurf Magos gut verstanden und wußten, daß er zu Recht in dieser Weise über die Mitglieder des Rates von Karthago sprach, zu denen auch sie gehörten.

„Es dauert eben seine Zeit, bis Entscheidungen der Art, wie Ihr sie fordert, zustande kommen", wandte sich der Priester beschwichtigend an Mago. „Nur Geduld, zähes Beharren und Bemühen wird zum gewünschten Ziele führen. Wir sollten es jedoch trotz Eurer Zweifel nicht unterlassen, das von Ahab Vernommene getreulich in unseren Büchern aufzuzeichnen."

„Ein guter Vorschlag!" fand Barmokar. „Vielleicht ist der junge, mutige und äußerst wissensreiche Gaditaner am Ende sogar bereit, in die Dienste Karthagos zu treten?" meinte der Handelsherr dann überraschend und sah mich lächelnd an. „Ihr würdet hier sicher nicht lange allein bleiben. In Karthago gibt es viele schöne Frauen, wie Ihr Euch gewiß selbst überzeugen konntet!"

Ich schaute den Handelsherrn einen Moment ziemlich hilflos an, und es fiel mir keine passende Antwort auf Barmokars Vorstellung ein. Doch half mir Malchus rasch aus der Verlegenheit.

„Die Götter haben in diesem Falle wohl bereits anders entschieden, so daß der junge Herr nicht zur Verfügung stehen wird!" meinte der Karthager und schmunzelte. Ich warf Malchus einen dankbaren Blick zu, denn die anderen Gäste verstanden seine Worte sofort, obwohl sie die Einzelheiten nicht kannten. Sie fragten auch nicht weiter, sondern wandten sich wieder dem Kern der Fragen zu.

„Wir sollten den vom ehrenwerten Mago aufgeworfenen Gedanken größerer Einflußnahme auf die bislang von Tyros beherrschten Städte jenseits der Säulen des Melkart bei der nächsten Ratsversammlung erneut erörtern. Der Reichtum dieser Städte und der sie umgebenden Länder gibt uns immer stärkere Gründe, unsere eigene Position dort zu verbessern. Das geschwächte Tyros dürfte dies kaum verhindern können."

Der Vorschlag Barmokars klang in meinen Ohren recht machtbewußt und überheblich. Vor einiger Zeit fand ich noch nichts dabei, die Herrschaft der Tyrer gegen die Karthagos einzutauschen. Inzwischen dachte ich darüber anders. Die Ansprüche der Karthager bereiteten mir nun eher Unbehagen. Nicht nur mein Verstand rebellierte gegen ein derartiges Ansinnen; auch mein Herz lehnte sich gegen solche kühnen Reden auf.

Wenngleich in diesem Augenblick die einflußreichsten Leute Gadirs mir nicht freundlich gegenüberstanden, war die weitgehende Unabhängigkeit dieser Stadt vom fernen Tyros durchaus nicht zu unterschätzen. Verstrickt in das Geflecht von Kämpfen und Intrigen, das zahlreiche Städte und Länder am Ostrand des Meeres überzog, hatte Tyros gar nicht die Kraft, die Geschicke der von ihm gegründeten Städte im fernen Westen bis in alle Einzelheiten zu bestimmen. Dies wäre sicher anders, dachte ich, wenn das von solchen Bindungen und Händeln freie Karthago sich entschlösse, seinen Herrschaftswillen neben anderen Orten auch Gadir zuzuwenden.

Meine Gedanken sprach ich jedoch nicht aus, wenngleich ich mir auch fast die Zunge abbeißen mußte. Es hätte im übrigen kaum genützt, die mir bislang geneigten Herren mit klugen Bemerkungen unnötig aufzuregen. So war ich insgeheim sehr froh, daß der Aufbruch der geladenen Gäste nahte. Mein Kopf schmerzte, und ich sehnte mich nach einem erquickenden Schlaf.

3

Als ich am nächsten Morgen erwachte, hatte ich wieder einen klaren Kopf, und alles Vergangene schien weit zurückzuliegen. Ich dachte an Senebel. Ohne sie schien mir mein Leben nun sinnlos. So sehr war ich von ihr gefangen. Doch sollte ich jetzt nach Gadir zurückkehren? Gescheitert? Mit leeren Händen? Ruhelos ging ich eine Weile im Innenhof des schönen Hauses auf und ab. Noch schwankte ich und zweifelte, ob ich es wagen sollte, einen weiteren Schritt zu tun: nach Sais aufzubrechen. Nie zuvor hatte mir ein Entschluß solche Qual bereitet. Bedenken auf Bedenken stellten sich ein. Kaum fühlte ich mich stark genug, die Absicht auszuführen, kamen neue Zweifel, ob es denn sinnvoll wäre. So versunken war ich in der Flut der Gedanken, daß ich zusammenfuhr, als Malchus vor mir stand.

„Ihr wart wohl nicht so recht zufrieden mit dem, was meine Freunde gestern abend sagten, Ahab?" Der Karthager hatte mich offenbar genau beobachtet. Es erschien mir daher zwecklos, meine Enttäuschung zu leugnen.

„Gegen die festgefügten Einsichten mächtiger Leute kommt man nicht an. Ich kenne dies schon von Gadir her. Doch ahnt man hier immerhin die Größe meiner Tat. Aber es waren nicht nur die Bemerkungen Eurer Freunde, die mich nach meinem Bericht so schweigsam werden ließen, Malchus. Vielmehr noch reifte mir die Überzeugung, daß es hier in Karthago nicht möglich sein würde, zu einem neuen Schiff zu kommen."

„Das solltet Ihr verstehen, Ahab! Ihr seid nun Gaditaner! Selbst meine Fürsprache würde Euch in dieser Sache nichts nützen. Im Gegenteil! Ich würde mir dabei nur Feinde machen. Ausschließlich Karthagern ist es vorbehalten, bei einer hiesigen Werft ein Schiff zu bauen oder zu erwerben."

„Ich ahnte dies schon, doch ich gestand es mir nicht ein", sagte ich kleinlaut. Dann schwieg ich, verfiel erneut ins Grübeln. Das Gespräch mit dem Freunde hatte mir sehr viel geholfen. Der eigentliche Zweck meiner Reise war jedoch ein ganz anderer gewesen, und meine Hoffnung hatte sich in keiner Weise erfüllt. Meine Stimmung schwankte zwischen Dankbarkeit für Malchus und bitterer Enttäuschung hin und her. Dennoch war es vielleicht richtig, auch die geringste Möglichkeit zu prüfen, dachte ich. Malchus betrachtete mich besorgt.

„Und was wollt Ihr jetzt tun?" Der Karthager konnte zuweilen sehr direkt sein. Er fühlte, daß ich mit mir kämpfte.

„Es gibt noch eine Möglichkeit."

„Welche?"

„Ich werde nach Ägypten reisen. Dort stehen jene Menschen, die besonderes Wissen haben, in hohem Werte." Als ich dies sagte, staunte ich selbst über mich. Ich hatte keinen klaren Plan. Es war vielmehr nur ein unbestimmtes Gefühl, das mich in diese Richtung trieb. Möglicherweise wußten die Priester in Sais besseren Rat? Zudem hatten sie großen Einfluß auf den Herrscher. Und wenn Sonchis noch lebte ... Ein Schiff würde sich wohl finden, das mich dorthin brächte.

Meine Antwort machte Malchus noch besorgter. Verblüffung malte sich in seinem Gesicht. Er verschränkte die Arme auf seiner Brust. Um seinen Mund legte sich ein harter Zug.

„Hört zu, mein junger Freund", entgegnete der Karthager ernst, „in Ägypten wird Euch zwar kaum etwas geschehen. Doch gebt acht, daß Ihr nicht durch einen Zufall nach Sidon oder Tyros verschlagen werdet! Ihr kennt die neueste Entwicklung dort?"

„Nur grob", gestand ich dem Karthager offen und hoffte darauf, daß er mehr erzählen würde.

„Ihr wißt, daß König Nebukadnezar bereits vor mehr als einem Jahr damit begonnen hatte, Jerusalem zu belagern. Nun, dies gehört jetzt zur Geschichte. Vor wenigen Wochen erst erhielten wir die sichere Kunde, Jerusalem sei erobert, der schöne Tempel zerstört und der größte Teil des Volkes in die Gefangenschaft nach Babylon geführt.[56] Neben vielen tausend Schwertern, Rüstungen, Lanzen und einer großen Zahl von Pferden fielen dem Babylonier gewaltige Schätze an Gold und Silber in die Hände. Mehr als die reiche Beute aber hat der Sieg selbst zu bedeuten, denn von nun an ist für alle sichtbar, wer am Ende die Oberhand behalten wird. Nebukadnezar gelang es schon, den Siegeszug fortzusetzen, denn seine Heere brachten auch den Ägyptern schwere Niederlagen bei. Von Pharao Hophra ist somit keine entscheidende Hilfe für Tyros zu erwarten. Er hält sich seither klug zurück. Überhaupt zeigen sich in dem Bündnis gegen Babylon immer mehr Risse. Die meisten Städte weigern sich, Truppen aufzubieten oder die versprochenen Talente Gold zu zahlen. Zudem haben sich die Sidonier bereits dem siegreichen König der Babylonier gebeugt. Ihre kleine Flotte wurde allerdings vor kurzem erst in einer Seeschlacht vor Ägyptens Küste vom Pharao besiegt. Dies scheint die Pläne des babylonischen Königs jedoch kaum zu stören und zeigt erneut, daß Ithobaal und seine Bundesgenossen die Härte, die Zähigkeit und den Machtanspruch Nebukadnezars weit unterschätzt haben."

Der Karthager hielt kurz inne, denn er sah, wie sehr ich über sein großes Wissen staunte.

„Ihr wundert Euch wohl, daß man in Karthago dies alles weiß?" fragte Malchus und schaute mich verschmitzt an. Als ich stumm nickte, lächelte der Karthager, überlegte einen Augenblick und fuhr dann fort: „Seht, Ahab, es leben in Babylon und in Sais Angehörige der vornehmsten Familien Karthagos. Sie berichten sehr zuverlässig über das dortige Geschehen und lassen uns nicht im unklaren über die künftige Entwicklung. Was wir auf diese Art erfuhren, wurde stets bestätigt von den Vertrauten, die wir als Gaukler und Geschichtenerzähler verkleidet in die Städte und Länder am Ostrand des Meeres sandten. Das ihnen dafür bezahlte Gold reut uns nicht, denn ihre Dienste haben uns bisher großen Nutzen gebracht." Wieder hielt der Karthager inne.

„Fürwahr", entfuhr es mir, „Ihr schöpft aus vielen Quellen!"

„Der kluge Bogenschütze hält stets mehrere Pfeile bereit und verläßt sich nicht auf einen einzigen ... Aber ich war noch nicht fertig mit meinem Bericht", begann Malchus von neuem. „Der Babylonier sammelt derzeit seine Truppen, um Tyros, das letzte Bollwerk gegen seine Herrschaft, zu belagern. Nebukadnezar ist nämlich in seiner Kriegführung äußerst gründlich und schreitet erst dann zur Tat, wenn er des Sieges sicher ist. Kein Heer, keine Mauer wird seinem Vormarsch Einhalt gebieten. Er braucht dazu nicht einmal selbst vor Ort zu sein. Seine ausgezeichneten Unterfeldherren erledigen den Krieg für ihn. Die Macht Ithobaals wird daher bald dahinsinken wie Gras unter der Sichel. Gleichwohl läßt sich die Stimmung in Tyros nicht mit einem Wort beschreiben. Immer mehr Menschen dort sind in letzter Zeit erwacht, aufgeschreckt und aufgerüttelt nach Jerusalems Fall, haben begonnen, an das heraufziehende Unglück zu glauben. Es ist so, als ob eine geheime Furcht auf der Stadt lasten würde, denn niemand übersieht jetzt noch die unheilkündenden Zeichen. Ihr

Anblick selbst erscheint wie eine schöne Schale um einen bereits wurmstichigen Kern. Deshalb beginnen zum einen sogar Alteingesessene sich aus Tyros fortzusehnen. Manche von ihnen verließen bereits die Stadt, um fern von ihr das Geschehen abzuwarten. Man trifft sie fast überall an den Gestaden des Meeres und nicht wenige bis weit den Nil hinauf in Ägypten. Doch zum andern sind viele Tyrer von einer bislang nicht gekannten Lebensgier befallen, und nie zuvor hat man dort so viel gegessen, getrunken und sich so fieberhaft belustigt wie zu dieser Zeit. Bis weit in die Nacht brennen in Tyros die Fackeln vor den Häusern der Vornehmen und Reichen, ertönt Musik und Gelächter aus ihrem Innern. Auch die Ärmeren und selbst die Diener und Sklaven geben sich dieser Stimmung hin. Doch wird ihnen das Lachen bald vergehen, wenn Nebukadnezars Krieger erst vor den Mauern von Tyros stehen. Denn die berühmte Stadt ist dem Untergang geweiht, und wer dort bleibt, wird einen schrecklichen Tod erleiden. Schon bisher haben während des Kriegszugs Babylons unzählige Menschen das Leben verloren. Und fast täglich mehrt sich die Zahl der Flüchtlinge aus den gefallenen und noch umkämpften Städten. Vor allem nach Westen übers Meer und nach Ägypten hat es die vielen Unglücklichen gezogen."

Bei diesen Worten des Karthagers erinnerte ich mich an Acharbas' Rede gegen König Ithobaal. Was er damals sagte, erfüllte sich nun unerbittlich. Maßlos war der Übermut des Königs gewesen; maßlos wird nun seine Verzweiflung sein. Ich sprach dies nicht aus, doch erriet Malchus meine Gedanken. „Ihr seht, Ahab, wie recht Euer Vater hatte, als er dem tyrischen König widersprach."

„Auch zeigt sich wieder, daß die Entscheidung zur sofortigen Flucht aus Tyros richtig war", ergänzte ich. Malchus nickte. „Umso mehr solltet Ihr auf der Hut sein, denn in Ägypten und an den östlichen Ufern des Meeres wird Euch der Kriegsmann Mago nicht beistehen können, wenn Ihr in Schwierigkeiten geratet!" mahnte der Karthager.

„Ich bin drastisch genug gewarnt und werde es bedenken. Aber legt es mir nicht als unfreundlich aus, Malchus, wenn ich nun im Hafen von Karthago nach einem Handelsfahrer frage, dessen nächstes Ziel Ägypten ist!"

„Ihr seid mein Gast und bleibt auch künftig stets willkommen, Ahab!" Die Antwort des Karthagers klang aufrichtig. Er fühlte wohl noch immer mit mir und verstand die Gründe meines Handelns besser als die reichen Gaditaner. Ich zeigte daher nicht meine Enttäuschung, die ich angesichts der Mißerfolge in Karthago empfand. Aber das angenehme Leben in dieser Stadt vermochte mein Herz nicht zu erfreuen. Vielmehr war ich ungeduldig, den nächsten Schritt zu tun.

„Ihr seid ein wahrer Freund, Malchus! Ich danke Euch!" Der Karthager ergriff gerührt meine Arme.

„Da gibt es noch etwas", nahm ich den Faden wieder auf. Malchus schaute mich erstaunt an. „In Gadir wartet, wie Ihr bereits wißt, eine wundervolle junge

Frau auf mich. Ich habe ihr versprochen, mit einem eigenen Schiff schon bald zurückzukehren."

„Bei Baal-Amun! Ihr seid doppelt kühn, Ahab! Mögen Euch die Götter beistehen!" Der Karthager spielte nachdenklich mit der Rechten an seinem schwarzen Bart. „Jetzt verstehe ich Euer Drängen noch besser", ergänzte er nach einer Weile, „doch seid darum doppelt vorsichtig!"

Es war später Vormittag, als ich durch den Hafen streifte. Sechs Handelsschiffe lagen dort vor Anker. Drei davon wurden soeben beladen. Die ersten vier Handelsfahrer, die ich nach ihren Zielen fragte, wollten nach Kition, Motye, Byblos und nach Kreta. Ich fürchtete schon, meinen bisherigen Mißerfolgen in Karthago an diesem Tage einen weiteren hinzuzufügen. Auf dem fünften Schiff, dem ich mich zögernd näherte, sah ich Jonier. Die Seeleute hockten hinter der nicht sehr hohen Bordwand ihres alten Seglers und aßen.

„Wohin?" rief ich ihnen in ihrer Sprache zu.

„Sais!" scholl es aus zwei Mündern gleichzeitig zurück. Der Handelsfahrer, ein kräftiger, untersetzter Mann mittleren Alters, hatte mich nun auch bemerkt und kam vom Heck herbei.

„Nehmt Ihr mich mit?" fragte ich geradeheraus.

„Was wollt Ihr da?" Der Jonier stützte sich mit beiden Armen schwer auf die Bordwand und sah mich mißtrauisch von oben her an.

„Zu den Priestern!" Meine Antwort war nur halb richtig, aber ich glaubte, so am wenigsten Abneigung hervorzurufen.

„So seht Ihr aber nicht aus!" meinte der Jonier mit finsterer Miene.

„Ich bin Ahab aus Gadir, der Euch gewiß bekannten Stadt, die jenseits der Meerenge liegt, welche Ihr die Säulen des Herakles nennt. Die Priester in Sais kennen mich seit vielen Jahren. Ich muß nach langer Zeit mit ihnen reden."

„Nun gut", erwiderte der Handelsfahrer nach einigem Zögern, „vier silberne Armreifen kostet Euch die Überfahrt. Wir segeln heute, bei Sonnenuntergang, von Karthago ab!" Erwartungsvoll schaute er mich an. In seinem dunklen Gesicht blitzten die Zähne. Eigentlich bereute ich meinen Schritt schon, nachdem der Jonier eingewilligt hatte, fand aber den Mut nicht mehr, die Sache aufzuschieben und abzuwarten, bis eine angenehmere Gelegenheit sich bot. Warum ich ein gewisses Mißtrauen fühlte, konnte ich nicht sagen. Ein bloßes Gefühl war es nur, vorbeihuschend und nicht greifbar. Die Mannschaft des Seglers gab auf den ersten Blick keinen Anlaß dazu.

„Ich werde rechtzeitig da sein!" rief ich dem fremden Handelsfahrer zu. Die Absicht des Joniers, der sich Tyndaros nannte, war verständlich, denn es wehte gerade ein guter Westwind. So schieden wir einstweilen voneinander, und ich eilte zum Hause des Malchus zurück.

Die Sonne hatte ihren höchsten Stand schon überschritten, als ich den schönen Garten zum letztenmal betrat. Ich fand Malchus im Innenhof des Hauses, wo er die Wärme der milden Wintersonne genoß.

„Nun, Ahab, wart Ihr erfolgreich?" Die Worte des Karthagers klangen freundlich und besorgt. Der einflußreiche Handelsherr machte nicht den Eindruck, daß er meine Abreise herbeisehnte. Doch kannte und respektierte er meine Ungeduld.

„Ein jonischer Handelsfahrer ist bereit, mich mitzunehmen. Noch heute will er mit seinem Schiff nach Ägypten aufbrechen." Malchus schien überrascht.

„Einem Jonier wollt Ihr Euch anvertrauen, Ahab?"

„Es gibt keine große Auswahl, Malchus!" Mir gefiel dies auch nicht. Aber ich war bereits so weit, mich an alles zu klammern, was mir helfen konnte. Man erzählte sich über die Jonier schlimme Geschichten, doch hoffte ich, daß es in diesem Falle anders wäre. Ich blieb auf sie angewiesen, wie wenig Verlaß auch auf sie sein mochte.

„Bei Baal-Amun, Ihr seid sehr mutig, Ahab! Die Götter mögen Euch beschützen!"

„Wo lauern heute nicht Gefahren? Leute wie ich sind nicht dafür geschaffen, untätig im Hause zu verweilen! Man muß sich auf die neuen Gegebenheiten einstellen."

„Macht mir die Freude und stärkt Euch, bevor Ihr das fremde Schiff besteigt!" Malchus gab seinem Diener ein Zeichen, und bald darauf kehrte dieser mit frisch gebackenem Brot, Früchten und Nüssen zu uns zurück. Ich war dem Karthager dafür sehr dankbar und genoß die dargebotenen Speisen.

Am späten Nachmittag nahm ich dann Abschied von dem fürsorglichen Freund und Partner. Er umarmte mich und legte seine Wange an die meine.

„Auf meinem Rückweg von Ägypten hoffe ich Euch erneut zu sehen", versprach ich dem Karthager. Ich wußte nur zu gut, daß er an Nachrichten über die Ereignisse am Ostrand des Meeres stets interessiert war. So lächelte Malchus zufrieden.

„Laßt mich nicht lange warten, Ahab, und seht Euch vor!"

Von Früchten, Brot und Nüssen gab Malchus mir reichlich mit. Sie legte ich obenauf in den besonders sorgfältig gepackten Leinensack, der immer noch ein halbes Talent Gold verbarg. Eine seltsame Sicherheit und Ruhe überkam mich, als handelte ich wie in einem Traum.

Ein Diener des Karthagers trug mir die Last zum Hafen, und ich belohnte ihn dafür recht gut. Unverändert lag dort das jonische Schiff vor Anker, und Tyndaros wies mir im hinteren Teil des Seglers einen Platz. Wortkarg und mürrisch nahmen die Männer meine Anwesenheit hin. Doch die Vorbereitungen an Bord verliefen, wie ich gleich erkannte, sehr gekonnt und ohne Hast.

Tatsächlich schaffte es der Jonier mit seiner eingespielten Mannschaft, den Hafen noch vor Sonnenuntergang zu verlassen. Das alte Schiff befand sich bald auf offener See und fuhr zunächst gen Nordosten. Bald verschwand das reiche und immer mächtiger werdende Karthago in der hereinbrechenden Dunkelheit. Am nächsten Morgen war rund um uns her nichts zu sehen als die wogende Meeresfläche, gefahrbringend, grenzenlos. Und während der Seewind mir alle törichten Gedanken verjagte, sah ich irgendwo in weiter Ferne zwei dunkle Augen, hörte Senebels Lachen, sah sie schlank und geschmeidig in leichtem Gewande tanzen.

Erst nach mehreren Tagen steuerte Tyndaros wieder zur Küste, um Nahrung und Wasser zu ergänzen. Nie vorher hatte ich dieses Land gesehen. Doch wußte ich von Acharbas, daß die Menschen dort zusammen mit ihren Schafen und Ziegen in Höhlen wohnen, die sie um tiefe Höfe herum angelegt haben, welche nach oben offen sind. Das fand ich nun bestätigt.

4

Der Westwind wehte während der gesamten Reise stark und beständig. So erreichte das jonische Schiff nach zweiundzwanzig Tagen den westlichen Arm des Nil, den man den saitischen nennt, und fuhr sodann flußaufwärts der Stadt Sais, dem Sitz des Pharao, entgegen.

Seit unserer denkwürdigen Flucht aus Tyros war ich nicht mehr so weit nach Osten gekommen. Und nun befand ich mich wieder in jenem Teil der Welt, wo mein Leben seinen Anfang genommen hatte. Meine Gedanken sprangen zurück nach Tyros, das nun greifbar nahe lag und doch so fern. Bald würden die Babylonier auch diese Stadt mit Krieg überziehen. Vermessen war es, den König von Babylon herauszufordern, ein eitles Unterfangen gar, ihm entgegenzutreten in der Schlacht. Klügeres Verhalten der Mächtigen in Tyros hätte die Zeit des Friedens gewiß verlängern können! Tausend Erinnerungen barg die schöne und jetzt so sehr bedrohte Stadt. Meine unbeschwerte Kindheit, das Lernen bei den Priestern, der erste Rausch von Wein, die ersten Freuden des Fleisches bei der jungen Ägypterin. Doch dann wanderten meine Gedanken zu Acharbas und Elischa. Warum, so fragte ich mich immer wieder, hatten uns die Götter nur bestraft?

Nicht lange jedoch plagten mich die wehmütigen Erinnerungen, dann beherrschte allein Senebel mein Denken, mein Verlangen. Und erneut begann ich zu zweifeln, ob mein Weg richtig war. Sollte alle Mühe am Ende doch vergeblich sein? Zerrann das bisher Erreichte zu einem Trugbild aus Wünschen und Träumen, verloren und flüchtiger noch, als eine Feder im Wind?

Kaum nahm ich wahr, was auf dem Flusse vor sich ging. Gleichwohl schien es mir, daß nur ägyptische Schiffe den Nil herunterkamen.

Zwei volle Tage fuhren wir durch die allseits flache Landschaft flußaufwärts. In der weiten fruchtbaren Ebene gab es grüne Felder, Obstgärten,

Palmenhaine, dazwischen kleine Siedlungen. Schwer trugen die Bauern ihre Last, doch begleiteten sie ihre Feldarbeit nicht selten mit Gesängen. Voll lodernder Ungeduld fieberte ich der Ankunft in der Königsstadt entgegen. Ich blickte erwartungsvoll über das weite, fruchtbare Land. Die Felder reichten im Westen bis zu den fernen Sanddünen hin. Nach Süden war kein Ende der Fruchtbarkeit zu erkennen, und nach Osten umschloß das Geflecht von Kanälen und kleineren Nebenarmen nur grüne Felder und Gärten.

Dann endlich sah ich die Königsstadt Sais am Ostufer dieses Nilarms im Schein der Abendsonne liegen. Sie tauchte die unzähligen Tempel, Paläste und Häuser in ein goldschimmerndes Licht. Mit aufgeregtem Gezwitscher huschten Schwalben pfeilschnell über uns hinweg, um bald in der Ferne zu verschwinden. Zahlreiche Störche und Kraniche wateten im Schlamm nahe beim Ufer. An einigen seichten, mit Schilf bewachsenen Stellen kurz vor dem Hafen lauerten Krokodile auf eine bequeme Beute.

Ich kannte das rechteckige Hafenbecken, die Warenlager und die Hafenschenken von meiner ersten Handelsfahrt, die ich zusammen mit Acharbas nach Ägypten machte. So ergriff mich gleichzeitig ein Gefühl der Heimkehr und des schmerzlichen Verlustes, als sich der Tag dem Ende neigte.

Noch vor Einbruch der Dunkelheit erreichten wir den klug angelegten, mit sorgfältig behauenen Steinen kunstvoll befestigten Hafen. Von den Bäumen flogen Ibisse und Reiher auf, als unser Schiff unter kräftigen Ruderschlägen die breite Einfahrt passierte. Oberhalb der Hafenmauer saßen etwa ein Dutzend Männer auf steinernen Bänken und blickten hinaus auf den träge dahingleitenden Fluß, der sich nach Norden zwischen den flachen Ufern rasch verlor. Drei der Männer, Jonier nach Aussehen und Kleidung, erhoben sich von ihren Plätzen, kamen winkend und laut rufend herbei, konnten es kaum erwarten, daß unser Schiff festgezurrt war. Behende sprangen sie an Bord, begrüßten die Ankömmlinge und wechselten Worte der Freude.

Ich wandte mich um, betrachtete den Hafen. Wohl zehn große Schiffe hatten darin Platz. An diesem Abend lag dort neben drei ägyptischen Barken im hinteren Teil des Hafens ein sidonisches Handelsschiff, das völlig verlassen schien. Ich fand dies seltsam, konnte mir das nicht erklären, und auch Tyndaros, den ich darauf hinwies, wußte keine Antwort. Die späte Stunde bewog mich jedoch dazu, den sidonischen Segler nicht weiter zu beachten. Ich beeilte mich jetzt, von Bord zu kommen, denn ich wollte keine Zeit mehr verlieren. Es galt, auf schnellstem Wege zum heiligen Hain zu gehen, um dort den Oberpriester Sonchis aufzusuchen. So sagte ich dem Jonier meinen Dank und ging von Bord.

Mit dem für mich recht ungewohnten und schweren Leinensack über der Schulter schritt ich zunächst den Kai entlang. Zahlreichen Menschen begegnete ich hier, die aber kaum Notiz von mir nahmen. Es gab nur diesen Weg, um sauberen Fußes in die Stadt zu kommen. Erst vom hinteren Teil des etwa dreihundert Ellen langen Hafens führten sorgfältig gepflasterte, schmale Gassen zu den Häusern, Getreidespeichern, Tempeln und Palästen.

Ich hatte den Weg unmittelbar am Hafen noch nicht zur Hälfte zurückgelegt, als plötzlich mehrere, wie Sidonier gekleidete Männer in wilder Hast von der Stadt her auf den Kai stürmten. Einige kletterten behende auf das sidonische Schiff, durchschnitten rasch die Ankertaue und stießen es mit langen Rudern vom Ufer ab, so daß es sich zum Hafenausgang hin in Bewegung setzte.

Vier weitere Sidonier hatten es nicht mehr geschafft, an Bord des Seglers zu gelangen. Sie liefen nun den Kai hinunter, dichtauf gefolgt von sieben nubischen Kriegern. Entsetzt sprang ich zur Seite. Im gleichen Augenblick sah ich, wie einer der Krieger stehenblieb, seinen großen Bogen spannte und schoß. Mir stockte der Atem. Der Pfeil traf den Mann am Steuerruder des langsam zum Ausgang des Hafens dahingleitenden Schiffes und durchbohrte seine Kehle. Er brach sofort zusammen, riß beim Fallen das Steuerruder scharf herum und blieb dann reglos auf den Planken liegen. Nur wenige Sekunden später schob sich das große Schiff krachend zwischen zwei der am Kai festgemachten Barken, die mit Getreide beladen waren. Schreiend sprangen drei der dort arbeitenden Sklaven gerade noch rechtzeitig von Bord und bemühten sich, zum nahen Ufer zu schwimmen.

Die anderen nubischen Krieger hatten mit langen, federnden Schritten die an mir vorbei flüchtenden Sidonier bald eingeholt und gestellt. Dann wandten sich die dunkelhäutigen Krieger plötzlich und völlig unerwartet mir zu. Drohend zückten sie ihre blitzenden Schwerter gegen mich. Ich brachte kein Wort hervor, so groß war mein Entsetzen.

„Du gehörst offensichtlich auch zu dieser Bande! Mitkommen!" herrschte mich der ältere der beiden Nubier an. Der Mann war außergewöhnlich groß und muskulös. Auf seiner hohen Stirn prangte eine furchtbare Narbe. Wie die anderen Krieger trug er einen breiten Gürtel mit schönen Rautenmustern. Sein Ägyptisch klang hart und unbeholfen. „Ihr werdet alle dem Richter vorgeführt, und dann..." Er fuhr mit dem Finger seiner rechten Hand über die Kehle.

Völlig überrascht von dieser Wendung der Dinge entgegnete ich stockend in der Sprache der Ägypter: "Ich bin Ahab aus Gadir und vor wenigen Minuten mit dem jonischen Schiff hier angekommen." Dabei zeigte ich auf den nicht weit weg am Hafenausgang ankernden Segler.

„Erzähl' nichts! Du siehst genau so aus, wie diese üblen Kerle aus Sidon!"

Erst jetzt wurde mir klar, daß der Augenschein ja stimmte, und ich überlegte, auf welche Weise ich die Nubier dennoch überzeugen konnte.

„Holt Tyndaros, den jonischen Handelsfahrer herbei! Er wird euch bestätigen, was ich sage!"

Der Nubier wurde noch zorniger. Seine rechte Hand krampfte sich um den Griff des Schwerts.

„Nun gibt uns der freche Sidonier schon Befehle!" bemerkte der zweite Krieger schroff und schlug mich mit seiner Faust gegen die Brust. „Los! Zu den anderen! Der Richter wird entscheiden, was Du bist!"
Ich hatte keine Wahl, und von den Joniern kam keine Hilfe. Sie fürchteten wohl, selbst in Schwierigkeiten zu geraten und ließen sich nicht blicken. Auch die übrigen Leute auf dem Kai hielten sich ängstlich zurück, beobachteten das Geschehen aus einer sicheren Entfernung. So mußte ich mich den Kriegern einstweilen fügen und hoffte, daß sich der Irrtum bald aufklären würde.

Inzwischen hatten die Nubier auch die übrigen sechs Sidonier an Bord des Seglers überwältigt und an Land gebracht. Zusammen mit den zehn Seeleuten aus Sidon wurde ich nun abgeführt. Als wir am oberen Ende des Kais beim Haus des Hafenmeisters angekommen waren, befahl der Anführer der Krieger dem alten Ägypter, das sidonische Schiff wieder an seinen alten Liegeplatz zurückzubringen und samt seiner Ladung zu beschlagnahmen. Der Hafenmeister gehorchte ohne Zögern und rief zwei seiner jungen Helfer herbei, um den Befehl des Kriegers auszuführen. Den getöteten Handelsfahrer aber holten die Nubier zuvor von Bord und warfen ihn auf der anderen Seite des Hafens in den Fluß.

Zwei riesige Krokodile, die sich bisher träge nahe beim Ufer dahingleiten ließen, wandten sich zunächst erschrocken ab, als der Körper des Sidoniers mit lautem Klatschen in das trübe Wasser fiel. Doch bald kam eines dieser großen Tiere wieder herangeschwommen, während das zweite schließlich mit kräftigen Schlägen seines Schwanzes folgte. Das Wasser spritzte plötzlich auf, als die Krokodile fast gleichzeitig nach der Beute schnappten. Kurz darauf färbten sich die Fluten rot.

Danach trieb man uns weiter am Ufer des Flusses südwärts, denn das Quartier der Krieger lag ein wenig abseits der schönen Königsstadt, jenseits einer wohl vier Ellen hohen Mauer. Dahinter befanden sich auch die Werkstätten der Wagenbauer und der Lederwerker, die Pferdeställe und die Waffenschmieden. In dem Quartier roch es nach Pferden, Eseln, Abfällen, Kot und dem Schweiß von tausend ungewaschenen Kriegern. Dazu gesellte sich der scharfe Duft mir unbekannter Speisen.

Schließlich betraten wir eines der zahlreichen Häuser. Die Räume darin waren kahl, schmutzig, niedrig, Brutstätten für Ratten und allerlei Ungeziefer. Dort sperrten mich die Nubier, getrennt von den anderen Gefangenen, in einen finsteren, vor Dreck starrenden und furchtbar stinkenden Kerker. Meinen Leinensack und den Dolch nahm man mir ab. Ich glaubte mich in einem bösen Traum. Der Erdboden schien unter mir zu versinken, und ich meinte zu taumeln.

Ich warf mich hin, raufte mir das Haar in wahnsinniger Verzweiflung. Wütend schlug ich mit den Fäusten auf den Boden. Für eine Weile war ich nicht fähig, nachzudenken. Plötzlich gewahrte ich, daß ein großer, brauner Skorpion an meinen Kleidern emporgekrochen war und nun, tastend und seinen Giftstachel hebend, auf meiner Brust dicht über dem Herzen saß. Entsetzt schnellte ich hoch und schüttelte das Tier ab. Es fiel zu Boden, krümmte sich mehrfach und entschwand, blitzschnell laufend, in einer Lücke zwischen den grob gemauerten Steinen.

Schwer atmend stützte ich mich gegen die kahle, feuchte Wand. Das Grauen vor dem körperlichen Schmerz bedrängte mich weiter, und noch lange war mir zumute, als wiche der Skorpion nicht mehr von meinem Herzen.

Vierzehntes Buch

ENTSCHEIDUNG IN SAIS

1

„Dir wirft man vor, Sidonier, Kundschafter des Königs von Babylon zu sein und gemeinsam mit Deinen Gefährten versucht zu haben, Usermonth, den Verwalter des Kriegsarsenals in Sais, zu bestechen. Dafür wirst Du getötet werden. Den Tod will ich Dir jedoch ersparen und Dich stattdessen in die Steinbrüche nach Oberägypten schicken, wenn Du in allen Einzelheiten wahrheitsgemäß erzählst, wie ihr vorgegangen seid und eure weiteren Pläne lauteten." Huja, der oberste Richter des Pharao, schien keinen Zweifel an dem Vorwurf zu hegen und blickte mich erwartungsvoll an. Schon seine Haltung verriet große Macht.

Mir schwindelte. Schon am Morgen war ich aus einem schrecklichen Traum zu der noch schrecklicheren Wirklichkeit erwacht. Und jetzt? Ich kniete auf dem weißen Marmorboden etwa zehn Ellen vor dem Richter. Zwei Krieger, dem Aussehen und der Kleidung nach Ägypter, standen dicht hinter mir. Der Richter saß an der Stirnwand des großen Säulensaales auf einem Alabastersessel und verschränkte die Arme vor der Brust, nachdem er seinen schweren Vorwurf vorgebracht hatte. Flankiert zu seiner Rechten von Hor, dem ägyptischen Befehlshaber der in Sais stationierten Truppen, zu seiner Linken von zwei Schreibern, flößte allein schon dessen Auftritt Furcht ein.

Die mächtige Gestalt des Kriegers überragte alle anderen, wurde noch hervorgehoben durch den metallbesetzten, glitzernden Lederpanzer, den der Befehlshaber über seinem edlen Gewand mit den breiten purpurfarbenen Streifen trug. Sein Schwert befand sich in einer Scheide, deren Ende mit Figuren von zwei zierlichen Löwen geschmückt war.

Als ich zu Tode erschrocken mit meiner Antwort zögerte, wurde Huja sogleich ungeduldig. Er beugte sich leicht vor und ballte seine rechte Hand zur Faust.

„Nun, Sidonier, Du willst nichts sagen? Ist Dir der Tod lieber als die Arbeit in unseren Steinbrüchen?"

Ich brachte immer noch kein Wort hervor. Zum erstenmal jagte mir der Gedanke an den Tod großes Grauen ein. Vielleicht lag dies daran, daß er so plötzlich und unerwartet vor mir stand. Bislang war mir der Tod weniger un heimlich und kalt erschienen, obwohl ich ihm schon manches Mal ins Antlitz geblickt hatte. Nun aber dachte ich an ein Leben mit Senebel, sehnte mich nach der Begegnung mit den Priestern.

„Soll ich ihn peitschen lassen?" wandte sich Hor mit finsterem Blick dem Richter zu. Doch der hob seine rechte Hand. Die Geste dämpfte den Eifer des ungeduldigen und zornigen Kriegsmanns. Huja hatte bemerkt, daß ich reden wollte.

„Ich bin Ahab aus Gadir, der Sohn des Acharbas, der für Pharao Necho die Umsegelung Libyens vollbrachte!" entgegnete ich mit zitternder Stimme. „Eure Priester können dies bezeugen!"

Der oberste Richter des Pharao stutzte einen Augenblick und lehnte sich langsam wieder zurück.

„Du wurdest zusammen mit den übrigen Sidoniern aufgegriffen und bist gekleidet wie ein Sidonier. Was redest Du mir da von Gadir? Dort kleidet man sich nach unserer Kenntnis anders." Huja wurde zornig.

„Geboren bin ich in Tyros. Und so kleide ich mich wie ein Tyrer. Zu den Sidoniern gibt es hierbei keinen Unterschied. Auch mein Vater stammt aus dieser Stadt. Erst vor nicht einmal zwei Jahren haben wir Tyros mit unserem Schiff verlassen und seitdem unsere Geschäfte von Gadir aus betrieben."

Der Richter schaute mich zunächst prüfend an. Dann blickte er lange fragend zu dem Befehlshaber der Truppen hinüber. Huja schien unsicher und überlegte. Er fürchtete wohl, einen Fehler zu machen und von seinem Herrn, dem Pharao, bestraft zu werden. So beriet er sich flüsternd mit dem zu seiner Rechten stehenden Krieger. Meine Beine schmerzten, denn ich war es nicht gewohnt, niederzuknien. Der Schweiß rann über mein Gesicht, obwohl es in dem großen Saal recht kühl war.

„Ich werde dem Pharao berichten. Mag sein Mund dann entscheiden, ob Du vor ihn treten darfst! Wenn es so kommt, werden wir schon sehen, ob Du es wagst, Deine Behauptungen zu wiederholen!" sagte Huja schließlich in die lang anhaltende Stille. „Führt ihn ab!" befahl er den Kriegern.

Die beiden Ägypter brachten mich in einen kleinen Raum im Seitenflügel des Gebäudes. Das vier Ellen breite und sechs Ellen lange Verließ hatte keine Fenster. Nur durch ein bronzenes Gitter im oberen Teil der dicken hölzernen Tür fiel etwas Licht. Der Raum war völlig leer, aber sauber. Die Krieger postierten sich auf dem schmalen Gang vor der Tür. An eine Flucht war also nicht zu denken. Verzweifelt setzte ich mich auf den rauhen steinernen Boden. Das Bild Senebels erschien vor meinen Augen. Schmerzvoll sah ich das weinende Mädchen, fühlte ihre Angst, hörte ihr Flehen und erinnerte mich an meine letzten Worte, mein Versprechen. Und nun?

Gegen Mittag entstand plötzlich Unruhe, die vom Gang her zu mir drang, und kurz darauf reichte mir der jüngere der beiden Krieger wortlos ein Stück Brot durch das Gitter. Ich aß es hastig, denn ich war hungrig. Danach wurde mir die Wartezeit unsäglich lang. War Huja unsicher geworden, und fürchtete er, die Sache selbst zu entscheiden? fragte ich mich. Zog der Richter gar Erkundigungen ein? Und wo waren die zehn Sidonier? Sie hatte man am Morgen zuerst geholt und nicht wieder in den Kerker zurückgebracht, bis ich vor den Richter geführt wurde. In dieser quälenden Ungewißheit zweifelte ich sogar daran, daß Sonchis mich wiedererkennen würde, wenn es denn je zu einer Gegenüberstellung kommen sollte. Nur einmal, vor beinahe zwei Jahren, war ich mit meinem Vater bei dem Oberpriester in Sais gewesen. Schlimme Gedanken beengten meine Brust.

Endlich hörte ich erneut Lärm von dem schmalen Gang herüberschallen. Die Tür zu meinem Verließ wurde aufgeschlossen.

„Mitkommen, Sidonier!" befahl der ältere der beiden Ägypter, der in der geöffneten Tür erschien. Ich hatte Mühe, aufzustehen. Schwerfällig und zitternd stützte ich mich an der nahen Wand ab. Flankiert von den Kriegern durchschritt ich den langen Gang, einem Beamten des Pharao hinterher. Wir verließen das Gebäude und wandten uns dem stattlichen Palast zu, der nicht weit entfernt im schönsten Teil von Sais lag. Würden mich die Götter nun ein weiteres Mal erretten? Noch immer lastete die Todesdrohung auf mir.

Die mit herrlichen Säulen und Skulpturen geschmückten Häuser und Tempel, die den kurzen Weg zum Palast des Pharao säumten, nahm ich diesmal kaum noch wahr. Gleichwohl bemerkte ich, daß viele Menschen, die entgegenkamen, uns interessiert betrachteten. Die Kraft in meinen Beinen drohte zu schwinden, als wir den Palast erreichten und die breite Treppe emporschritten. Die Wachen zu beiden Seiten des Eingangs rührten sich nicht von ihrem Platz. Wir durchquerten mehrere Hallen, einige Flure. Ich zählte sie nicht, denn meine Gedanken weilten anderswo. Als letzter einer Reihe prächtiger Räume lag im hintersten, von hohen Palmen umstandenen Teil des Palastes ein weiter, tiefer Saal, an dessen Längswänden sich unterhalb der Decke aus Zedernholz große Fensteröffnungen befanden.

Ein kalter Schauer lief mir über den Rücken. Ich erblickte den Pharao, versehen mit allen seinen Insignien, dem gebogenen Hirtenstab und der Geißel, an der Stirnseite des gewaltigen, im Innern mit marmornen Säulen bestückten Saales auf einem Thron aus Rosengranit, der auf einem erhöhten, dreistufigen Podest stand und dessen hoch aufragende Rückenlehne reichlich mit Gold und Edelsteinen besetzt war.

Der Herrscher saß gerade, königlich aufrecht aus Gewohnheit; seine kräftigen Beine bildeten einen rechten Winkel zu den Knien, als gehörten sie zu einer aus Stein gehauenen Statue. Er trug einen glatten, langen Schurz und herrlich gearbeitete Sandalen. Den Oberkörper bedeckte eine mit Türkisen, Lapislazuli und Karneol verzierte Leinenweste. Das Haupt des Herrschers schmückte ein gestreiftes, rechteckiges Tuch, das dicht über der Stirn auf den Kopf gelegt und durch ein Band festgehalten wurde. Die vorderen Zipfel des Tuches lagen auf der Brust, die hinteren waren zu einem Zöpfchen gedreht, das in den Rücken fiel. Und es fehlte auch nicht die goldene Skulptur der heiligen Schlange, die den Herrscher von allen anderen Menschen seines Landes deutlich unterschied.

Zur Rechten des Pharao stand hoheitsvoll Huja, der oberste Richter, zur Linken Hor, der Befehlshaber der Truppen. Hinter ihm und an allen Ecken des Saales postierten sich die Wachen. Zu Füßen des Pharao erblickte ich zwei Schreiber mit ihren Kästen auf einer Matte, die sie auf den steinernen Boden gelegt hatten. Sie hielten aufgerollte Blätter aus Papyros auf dem Schoß und Pinsel in der rechten Hand.

In gebührender Entfernung von dem Thron des Herrschers hieß mich der Beamte niederknien und trat sodann zur Seite, während die ägyptischen Krieger weiterhin dicht bei mir blieben.

Pharao Hophra musterte mich lange aufmerksam mit seinen dunkelbraunen Augen.

„Man sagte mir, Fremder, daß Du ein Kundschafter des Königs von Babylon bist und Deine Hand gegen die Ägypter erhoben hast!" begann der Pharao mit ruhiger Stimme. „Dir bleibt nicht viel Zeit, die genauen Umstände Deines Tuns hier zu erklären. Und bedenke, Fremder, was Du jetzt sagst, bestimmt darüber, ob Dir ein qualvoller oder schneller Tod beschieden ist! Sprich!" Die letzten Worte waren mit schneidender Schärfe aus dem Munde des Pharao gekommen. Ich erschrak, doch faßte ich mir bald ein Herz, denn ich wollte nicht glauben, daß mich die Götter im Stiche ließen.

„Ehrwürdiger, großer Pharao! Niemals würde ich meine Hand gegen die Ägypter erheben!" erwiderte ich. „Meine Familie verdankt dem Vater Eures Vaters, dem großen Pharao Necho, sehr viel. In seinem Auftrag umsegelte Acharbas, mein Vater, ganz Libyen. Er wurde deshalb von Pharao Necho reich beschenkt, und ein Teil dieser Kostbarkeiten befindet sich noch heute in Sais, bei Euren Priestern im Tempel. Auch ist der Bericht über die lange Reise meines Vaters in den heiligen Büchern Eurer Stadt verzeichnet. Ich aber bin Ahab aus Gadir, des Acharbas Sohn. Euer Priester Sonchis kann dies bezeugen!"

Der Pharao verharrte zunächst unbeweglich. Nichts verriet seine Stimmung. Nach einer Weile erst verfinsterte sich sein Gesicht, und ich erwartete schon den Ausbruch seines Zorns. Doch dann besann er sich plötzlich.

„Von der Umsegelung Libyens wissen viele, Fremder! Wenn Du aber nicht der bist, für den Dich meine Diener halten, was führte Dich dann nach Ägypten, in meine Stadt? Antworte!"

„Ehrwürdiger, großer Pharao! Aus Karthago kam ich gestern kurz vor Sonnenuntergang in Sais an, um mir Rat zu holen bei den Priestern ..." Ich hielt inne, als ich sah, daß der Pharao unwirsch eine Handbewegung machte.

„Rat zu holen? Wozu? Warum hier in Sais? Rede!"

„Ehrwürdiger, großer Pharao! Fast ein Jahr ist es her, daß ich weit jenseits der Säulen des Melkart auf dem großen Ozean mit meinem Schiff in einen schweren Sturm geriet. Drei meiner Männer ertranken, das Steuerruder brach, mehrere Ruder gingen verloren, und der stetige Ostwind verschlug uns vierzig Tage nach Westen zu unbekannten fernen Inseln und dem Festland jenseits des Meeres. Auch dort leben Menschen, gibt es wilde Tiere und schiffbare Flüsse. Mein Steuermann entschied sich, in dem fernen Land zu bleiben. Ich aber fuhr mit meinen übrigen Gefährten über das große Meer zurück. Nicht weit vor der Küste von Iberien gerieten wir abermals in einen schweren Sturm. Er schleuderte das Schiff mit solcher Macht gegen die Klippen, daß nichts mehr von ihm übrigblieb und auch die aus dem fernen Land mitgebrachten Kostbarkeiten versanken. Alle Gefährten ertranken. Nur ich wurde gerettet. Durch die Hilfe iberischer Fischer gelangte ich an die Küste. Als ich einen Monat später nach einem Ritt quer durch Iberien in Gadir eintraf, fand ich Vater und Mutter tot. Man begegnete mir danach mit Feindschaft. So beschloß ich endlich, mich auf einem fremden Schiff nach Karthago zu begeben, wo Freunde und Handelspartner mir aber auch nicht weiterhelfen konnten. Vor fünfundzwanzig Tagen bestieg ich in Karthago ein jonisches Schiff. Das brachte mich hierher. Nichts als den Rat Eurer weisen Priester, großer Pharao, suche ich in Sais!"

Unschlüssig schien der Pharao, nachdem ich ihm diese Antwort gegeben hatte. Er schaute fragend auf den Richter, dann zu Hor, dem Krieger, doch beide fürchteten sich wohl, dem Herrscher einen Rat zu geben.

„Man hole mir den Oberpriester Sonchis!" befahl er zornig dem an der Seite des Saales wartenden Beamten. Der verneigte sich tief und eilte fort. Sodann erhob sich der Pharao von seinem Thron und begab sich durch eine mit Löwenköpfen geschmückte Tür in der Stirnwand des Saales in den mittleren Teil seines Palastes. Auf ein Zeichen des obersten Richters erlaubten mir die Krieger, für eine Weile aufzustehen. Hatten die Götter nun beschlossen, mein Schicksal doch noch nicht zu erfüllen? fragte ich mich. Aber was würde geschehen, wenn der alte Priester mich nicht erkannte? Meine erste Reise nach Sais lag immerhin schon fast zwei Jahre zurück!

Nach nicht ganz einer Stunde befahl man mir, erneut niederzuknien. Nur wenig später trat Pharao Hophra ein und nahm auf seinem Thron Platz. Angeführt von dem Beamten schritten nun der Oberpriester Sonchis und zwei jüngere Begleiter durch eine Seitentür in den großen Saal. Der alte Priester wirkte sehr gebrechlich und stützte sich schwer auf einen mächtigen Stab. Er trug sein weißes Gewand lang herabwallend bis über die Knöchel. Der Beamte des Pharao blieb zusammen mit den herbeigerufenen Priestern etwa zehn Ellen seitwärts von mir stehen.

„Ich habe Dich rufen lassen, Sonchis, weil offenbar nur Du klären kannst, was wahr ist oder falsch!" begann der Pharao. „Dieser Fremde", und dabei zeigte der Herrscher mit seiner rechten Hand auf mich, „behauptet, er sei Ahab aus Gadir, des Acharbas' Sohn, und Dir wohl bekannt. Sag' mir, verhält es sich so?"

Langsam wandte der alte Priester seinen Kopf und sah mich eine Weile prüfend an.

„Großer Pharao! Laßt mich einige Fragen stellen, damit ich ganz sicher bin!" sagte Sonchis.

„Es steht Dir frei!" Der Pharao wartete gespannt. Er schien den Priester sehr zu schätzen.

„Wann und wo seid Ihr geboren?" wandte sich Sonchis nun an mich.

„Vor vierundzwanzig Jahren, in Tyros, ehrwürdiger Priester." Sonchis zeigte keine Regung. Nichts deutete darauf hin, daß er zufrieden war. Ob er noch alles wußte? dachte ich.

„Acharbas besaß ein stattliches Schiff, als er vor fast zwei Jahren hier in Sais weilte. Mit welcher Figur war es am Bug geschmückt, und wer diente auf dem großen Schiff als Steuermann?"

„Unser Schiff schmückte die Figur des Gottes Bes, und unser Steuermann war der Judäer Elias, ehrwürdiger Priester." Sonchis schien immer noch nicht zufrieden, denn er schickte sich an, eine dritte Frage zu stellen.

„Könnt Ihr mir sagen, welche Schätze Acharbas im Tempel von Sais zurückgelassen hat?"

„Mein Vater, ehrwürdiger Priester, hat einen Teil der vom großen Pharao Necho erhaltenen Geschenke bei Euch im Tempel hinterlegt. Es waren vier Talente reinen Goldes. Die Bestätigung dafür trage ich an der goldenen Halskette, an der auch mein Amulett befestigt ist." Mit klopfendem Herzen sah ich, daß der Oberpriester weiter zögerte, mich zu erlösen.

„Als Acharbas zum letzten Male in Sais weilte, feierten wir Ägypter ein besonderes Ereignis", stellte der alte Mann fest. Dann sprach er nicht weiter, denn er bemerkte, daß ich heftig nickte.

„Es jährte sich der Tag, an dem der strahlende Stern aufging, den Ihr der Göttin Isis weiht. Zusammen mit meinem Vater wurde ich Zeuge der Wiedergeburt der Göttin, ehrwürdiger Priester!" sagte ich. Sonchis sah mich nach dieser Antwort freundlich an und wandte sich dann dem Pharao wieder zu.

„Dies ist Ahab, des Acharbas Sohn, großer Pharao! Ich habe keinen Zweifel!"

Würde dies meine Rettung sein? Nach allem, was mir in diesen Tagen widerfahren war, blieb auch jetzt die Furcht mein Begleiter. Der Herrscher über Ägypten überlegte lange.

„Steh' auf, Tyrer oder Gaditaner!" befahl mir der Pharao. „Dein Hab und Gut wird Dir zurückgegeben. Du bist frei! Doch eine Bedingung wirst Du noch erfüllen: Die Geschichte, die Du mir über Deine lange Reise erzähltest, trägst

Du alsbald dem Oberpriester Sonchis vor. Er soll darüber sein Urteil geben und entscheiden, ob sie es wert ist, aufgezeichnet zu werden!"

Während Sonchis verwundert zu mir hinüberschaute, erhob sich der Pharao und verließ gemessenen Schrittes den Saal. Der Oberpriester und die übrigen Würdenträger folgten ihm kurz darauf. Die Krieger aber führten mich durch eine Seitentür hinaus und begleiteten mich zum Hause des Richters.

2

Zum zweitenmal nach meiner Ankunft in der Königsstadt nahte der Untergang der Sonne. Ich lenkte meine Schritte zum Viertel der Heiligtümer und Tempel hin, nachdem ich entsprechend dem Befehl des Pharao mein Hab und Gut zurückerhalten hatte. Ich war erstaunt darüber, daß nichts fehlte.

Nachdenklich schlenderte ich über das von einem Regenguß noch feuchte Pflaster. Dabei beachtete ich kaum die vielen bunt gekleideten Menschen aus aller Herren Länder, die zu derselben Zeit die schmalen Gassen dieser Stadt füllten. Ich dachte vielmehr angestrengt darüber nach, wie ich den Göttern für meine Rettung aus höchster Gefahr danken könnte. Vielleicht wußte Sonchis auch hierzu Rat!

Der heilige Hain der Stadt Sais war von einer wohl vier Ellen hohen steinernen Mauer umgeben. Zahlreiche Wächter, die ihre Augen mißtrauisch jedem Besucher zuwandten, der nicht die Kleidung der Priester trug, schützten den Bereich. Gleich hinter dem Eingangstor befand sich eine mächtige Statue der Göttin Neith. Sie wurde hier seit grauer Vorzeit als Göttin der Weisheit verehrt. Der berühmte Tempel, in dem ich Sonchis anzutreffen hoffte, überragte alle übrigen Gebäude und lag bald vor mir. Die Säulen seiner großen Halle ahmten Palmen nach, und die Steine, aus denen das herrliche Bauwerk gefertigt war, stammten von weither. Wie schon fast zwei Jahre zuvor bewunderte ich auf meinem Weg zum Tempel die in der Nähe aufgestellten gewaltigen Obelisken und den kreisrunden, kunstvoll mit Steinen umrandeten See. An seinem Ufer standen hohe Palmen, und in der Mitte blühten Lotosblumen.

Doch schnell nahm mich der Zweck meines Aufenthalts in Sais und meines Gangs zum Tempel gefangen. Der Oberpriester erwartete mich schon. Herzlich umarmte mich der wissensreiche, alte Mann, als ich den mit edlem Marmor ausgekleideten Raum betrat, in dem sich Sonchis meistens aufzuhalten pflegte.

„Seid willkommen im heiligen Hain der Göttin Neith, Ahab!"

Sonchis zupfte an seinem einfachen, langen Gewand aus hellem Leinen mit breitem Purpurrand, das am Hals durch zwei goldene Spangen und eine prachtvolle Goldkette geschlossen wurde. An den Füßen trug Sonchis kunstvoll geflochtene Sandalen. Sein Gesicht war ledern und grau, die lebhaften Augen tief eingefallen. Die Jahre – er mußte nach meiner Erinnerung sechsundsiebzig sein – hatten ihn gezeichnet. Der Kopf des Priesters war sorgfältig kahlgeschoren. Sein spitzes Kinn zierte kein Bart. Auch die beiden jüngeren Priester, die Sonchis am Nachmittag zum Palast des Pharao begleitet hatten, traf ich hier wieder. Nur selten wichen sie von Sonchis' Seite.

„Ich habe Euch am Nachmittag sofort erkannt, Ahab", erklärte der Priester verschmitzt lächelnd, „doch wäre es mit einer einfachen Beantwortung der gestellten Frage kaum gelungen, den Pharao zu überzeugen. Wenngleich er mir vertraut und meinen Rat oft sucht, will er stets Beweise sehen, bevor er sich entscheidet. Meine Fragen trugen dazu bei, die offenbar recht starken Zweifel des Herrschers leichter zu überwinden und Eure Sache zu beschleunigen."

„Ich dank' Euch, ehrwürdiger Priester! Ohne Euch hätte die Sache schlimm ausgehen können!" Mir schauderte immer noch, wenn ich daran dachte, was ich seit meiner Ankunft in Sais erlebt und erduldet hatte.

„Die Götter fügten es wohl so!" wiegelte Sonchis ab. „Wie geht es Eurem Vater? Ich hörte schon vor langer Zeit, er sei mit Euch aus Tyros geflohen?"

„Ehrwürdiger Priester, Acharbas ist tot, und ... und auch meine Mutter starb kurz nach seinem Tode ..." Ich wollte weiterreden, aber es wurde mir zu schwer. Erschrocken sah mich Sonchis an.

„Verzeiht mir, Ahab! Ich fühle, Ihr tragt schwer daran. Ist es lange her?"

„Einige Monate schon, doch ... schmerzt es mich, als würde ich's jetzt erst erfahren."

„Zuweilen prüfen uns die Götter sehr hart! Habt Mut und Zuversicht, Ahab! Ihr seid noch jung an Jahren. Und denkt daran, es gibt auch ein Leben nach dem Tod!"

Sonchis schwieg einen Augenblick, ergriff meine rechte Hand.

„Der Beamte des Pharao erzählte mir, als er den Befehl des Herrschers überbrachte, Ihr hättet meinetwegen die weite Reise von Gadir nach Sais unternommen?" In den Augen des Priesters war Verwunderung zu lesen. „Was immer es ist, das Euch zu mir führt, Ahab, Ihr seid willkommen! Wie Ihr sicher noch von Eurem ersten Besuch wißt, mangelt es uns nicht an Raum."

Meine Freude war groß, als ich dies hörte, zerstreute Sonchis doch meine anfängliche Sorge, wo ich während meines Aufenthalts in Sais mein Haupt betten sollte.

„Bis weit jenseits der Säulen des Melkart geht längst die Kunde, daß hier bei Euch in Sais das umfangreichste Wissen über die Menschen und die Welt gesammelt und sorgfältig aufgezeichnet ist. So scheint es mir natürlich, Euch um Rat zu fragen, wo andere keine Antwort wußten oder sogar Feindschaft säten ..."

„Ist es das, was Pharao Hophra meinte, als er Euch befahl, mir Bericht zu

geben von einer langen Reise, die Ihr unternommen habt?" unterbrach mich Sonchis.
„Ja, ehrwürdiger Priester, in diesem Zusammenhang erbitte ich auch Euren Rat!"
„Dies wird dann wohl den ganzen Abend füllen?" Ich nickte. „So laßt uns über diesem Unterfangen nicht das abendliche Mahl versäumen! Und ein guter Wein wird dabei auch nicht schaden!" Für die beiden jüngeren Priester, die uns bisher schweigend zugehört hatten, wirkten Sonchis' Worte wie ein Befehl. Sie entfernten sich sofort und kamen bald mit einem herrlichen Mischkrug und vier silbernen Bechern wieder. Kurze Zeit später brachten vier Priesterschüler wohlduftende Speisen herein.

Außer dem Stück Brot, das der ägyptische Krieger mir an diesem Morgen reichte, hatte ich noch nichts gegessen. So ließ ich mich nicht lange bitten. Der alte Priester schmunzelte, als er meine Blicke sah.

„Man hat Euch in den letzten Stunden gewiß nicht verwöhnt, Ahab! Genießt die frisch zubereiteten, wohlschmeckenden Speisen und den guten Wein, bevor Ihr berichtet, was den Pharao so sehr beeindruckt hat!" Die Weisheit des alten Priesters schien grenzenlos zu sein. Als ich dennoch zu angemessener Zeit begann, das zu berichten, was mir seit meinem Aufbruch von Gadir zu den Inseln im großen Ozean widerfahren war, vergaß ich wohl keine Einzelheit. Aufmerksam lauschte Sonchis meinen Worten. Nur selten unterbrach er mich mit sehr genauen Zwischenfragen. Dies geschah jedoch nur , wenn die Zusammenhänge unklar schienen. Sein Urteil aber hielt er bis zum Schluß zurück.

„An Eurem Bericht kann ich im Gegensatz zu anderen, denen Ihr die Geschichte erzählt, nichts Falsches erkennen. Wenn manche Menschen, die Euren Bericht vernommen haben, an der Wahrhaftigkeit des Gehörten zweifeln, so mag dies daran liegen, daß sie nicht genug wissen. Aus meiner Kenntnis habt Ihr vielmehr bestätigt und ergänzt, was in den heiligen Büchern Ägyptens längst geschrieben steht. Woher das Wissen stammt, daß man jenseits des großen Meeres zu fernen Inseln und schließlich auch zum Festland kommt, überliefern unsere alten Schriften nicht. Dies war den Verfassern offenbar nicht wichtig. Dunkel, unklar blieb bisher diese Kunde. Ihr, Ahab, habt sie wieder zum Leben erweckt! Das von Euch mitgebrachte Wissen ist daher nicht weniger bedeutsam als jene Kenntnisse, die Euer Vater nach der Umsegelung ganz Libyens niederschrieb. Deshalb will ich alsbald dafür sorgen, daß nichts von dem verlorengeht, was Ihr berichtet habt."

Danach führte mich der ehrwürdige Priester in jene Nebengebäude des Tempels, in denen Tausende dicht mit Wachs verschlossener Tonkrüge standen. Sie enthielten, wie Sonchis stolz erklärte, unzählige Papyrosrollen, auf die man wichtige Erkenntnisse, Berichte und erhabene Kunstwerke aufgezeichnet hatte. Hier fanden sich die heiligen Bücher Ägyptens und die Chroniken der

Pharaonen ebenso wie die Geschichte der Sumerer, Kreter und Hellenen. Die Kunde von den Atlantern hatte man sogar auf Säulen festgehalten. Auch fehlten die Chroniken von Tyros, von Karthago und von Gadir nicht. Die Sternenbeobachtungen der Ägypter, Sumerer, Assyrer und Babylonier waren hier aufgezeichnet. Und neben der mir grob bekannten sumerischen Geschichte von Gilgamesch hätte ich auch zu den Odysseus-Versen des Homeros greifen können, von denen es hier jeweils eine weitere Abschrift gab, die man zur Schulung der Priester und anderer auserwählter Menschen nutzte. Ich wußte wohl, daß auch in Tyros, Sidon, Karthago, Gadir und manchen anderen Städten den berühmtesten Tempeln Bibliotheken angegliedert waren. Doch konnte sich keine davon mit der Bibliothek von Sais messen.

„In diesen Räumen wird auch Euer Bericht wie der von Acharbas seinen verdienten Platz erhalten, Ahab!" bemerkte Sonchis, als wir nach einer Stunde den Rundgang beendeten und in das Gemach des alten Priesters zurückkehrten.

Ich war dankbar und stolz, gerade dort die Anerkennung zu erfahren, wo man das umfassendste Wissen gesammelt hatte. Einige Fragen, die auf meiner Seele lasteten, hatte Sonchis bereits jetzt beantwortet. Das weitere würde sich finden. Ich beschloß, an diesem Abend nicht mehr darauf zu dringen, von Sonchis auch noch Antwort auf jene Fragen zu erhalten, die mich seit meiner Rückkehr nach Gadir bedrückten, denn über meinem ausführlichen Bericht war es doch spät geworden. Der alte Priester verstand mein Schweigen.

„Für heute will ich Euch nicht länger quälen, Ahab. Die Aufzeichnung Eures Berichts hat bis morgen Zeit. Den erquickenden Schlaf habt Ihr, nach allem, was hier seit Eurer Ankunft geschehen ist, wohl verdient!" Nach diesen Worten erhob sich der Priester und verließ zufrieden den Raum. Seine jungen Gehilfen folgten und wiesen mir eine jener kleinen Zellen zu, die für Besucher bereitgehalten wurden.

Am nächsten Morgen fand ich Sonchis mit seinen Begleitern im Garten des weiten Tempelbezirks. Sie saßen auf schön geformten Marmorbänken und erblickten mich recht spät, weil hohe Sträucher ihnen die Sicht versperrten. Die Sonne hatte schon einen großen Teil des morgendlichen Laufs vollbracht. Wie schon am Tag zuvor begrüßte mich der Oberpriester mit großer Herzlichkeit.

„Kommt, setzt Euch, Ahab, und labt Euch an den köstlichen Früchten!" Jetzt erst bemerkte ich die große Schale auf dem runden Marmortisch, der zwischen Sonchis und den beiden jungen Priestern stand.

„Bei Euch, ehrwürdiger Priester, läßt es sich gut leben!" antwortete ich lachend. In der Tat fehlte es hier an nichts, und so hatte ich keine Scheu, mich zu den Priestern zu gesellen.

Es dauerte jedoch nicht lange, bis Sonchis dem jungen Priester Eje auftrug, sein Schreibzeug herbeizuholen. Als dieser nach kurzer Zeit zurückgekommen war, begann Sonchis den wesentlichen Inhalt meines Berichts in jener Form vorzutragen, wie man in Sais solche Dinge aufzuzeichnen pflegte. Nach einer knappen Stunde beendete der alte Priester seinen Vortrag, und als er fragend zu mir hinüberblickte, bestätigte ich ihm, daß nichts Bedeutendes vergessen worden war.

„Nun, dann fertigt also gleich zwei Abschriften des Berichtes an!" befahl Sonchis dem jungen Priester, der ihm wohl häufig als Schreiber diente. „So kann ich mein nächstes Treffen mit dem Pharao nutzen, ihm die kurze Aufzeichnung vorzulesen und zu bestätigen, daß Ihr seinem Befehl umgehend nachgekommen seid." fuhr Sonchis, zu mir gewandt, fort. „Es würde Euch jedoch gut anstehen, Eure Geschichte in allen Einzelheiten aufzuschreiben. Dies wäre nicht ungewöhnlich, denn auch andere haben schon manches aufgezeichnet, was ihnen besonders berichtenswert erschien, vor allem aber den Königen diente und den des Lesens Kundigen gefiel. Für Euch, Ahab, kommt noch eines hinzu: Beim Schreiben nämlich findet Ihr vielleicht den ersehnten Trost." Daran hatte ich in der Tat bisher nicht gedacht, doch wollte ich mir dies noch überlegen.

Noch während Sonchis sprach, entfernte sich der junge Priester. Ich bewunderte die Ordnung, den Frieden und die Ruhe, die bei den Priestern in Sais den Tageslauf bestimmten. Außerhalb der Tempelmauern war ich bisher nur Aufgeregtheit, Willkür und Gewalt begegnet. Sollte ich es dennoch wagen, die Geborgenheit des Tempels für eine Weile zu verlassen? Sonchis schien meine Gedanken zu erraten. „Nachdem der Pharao Euch schließlich doch wohlwollend behandelt hat und ihm bald erneut Gutes über Euch berichtet wird, könnt Ihr Euch in dieser Stadt nun sicher fühlen, Ahab. Ihr müßt daher keineswegs darauf verzichten, Euren gewohnten Geschäften nachzugehen. Macht mir in jedem Fall die Freude, das abendliche Mahl mit mir zu teilen, solange Ihr in Sais weilt!"

„Das versprech' ich Euch, ehrwürdiger Priester! Ich denke, daß die Götter nicht schon wieder eine Prüfung für mich vorgesehen haben, wenn ich den heiligen Bezirk für kurze Zeit verlasse!" Sonchis lächelte. Dann wandte er sich der großen Säulenhalle im Zentrum des Heiligtums zu, und ich verlor ihn aus den Augen.

Aufmerksamer als sonst musterte ich die Menschen, nachdem ich die engen Gassen der Königsstadt erneut betreten hatte. Die bereits hochstehende Sonne verbreitete eine angenehme Wärme, und in dem hellen Licht wirkten die Häuser und Paläste auf mich besonders schön. Sie luden zum Verweilen und zu näherer Betrachtung ein und paßten gar nicht zu der Geschäftigkeit und Hast der vielen Menschen. In der Enge war es nicht leicht, sich hindurchzuwinden.

Auffallend häufig begegnete ich bei meinem ziellosen Gang durch Sais

Tyrern und Judäern. Man sah sie kaum allein. Meist waren es zwei oder drei von ihnen, die meinen Weg an diesem Tage kreuzten.

Es wäre sicherlich sehr leicht gewesen, ins Gespräch zu kommen, das eine oder andere zu erfahren, doch zog ich es vor, den Leuten auszuweichen. Was ich in Sais bereits durchlitten hatte, mahnte mich zur Vorsicht. Ich fand auch, daß es gut war, trotz der wärmenden Sonne ein längeres Gewand zu tragen. Es bewahrte mich davor, sogleich als Tyrer erkannt zu werden.

Unbehelligt gelangte ich zum Hafen. Es mochte wohl Mittag sein. Dennoch überraschte mich die große Geschäftigkeit, die hier zu dieser Stunde herrschte. Selbst dem alten Hafenmeister blieb nur wenig Ruhezeit. Die aber nutzte er in ganz besonderer Weise. Der wohlgenährte Ägypter trank Wein und ließ sich von einer dunkelhäutigen Sklavin massieren. Eine zweite Sklavin fächelte ihm frische Luft zu. Der Ägypter lag auf dem Bauch, neben ihm auf der mit weichen Kissen bedeckten Alabasterbank sein kostbares Gewand. Er sah mich zwar den Eingang zum Hafen rasch passieren, doch erkannte er mich nicht. Direkt unter seinen Augen lag das Schiff der Sidonier, deren Fluchtversuch mir so viel Ungemach bereitet hatte. Der alte jonische Segler aber, mit dem ich vor zwei Tagen aus Karthago hergekommen war, befand sich nicht mehr an seinem Platz am Kai. Stattdessen füllten drei tyrische Schiffe den kleinen Hafen. Sie waren offenbar soeben erst in Sais eingetroffen, denn zahlreiche Menschen drängten lärmend und aufgeregt von Bord. Selbst einige Frauen und zahlreiche Kinder erblickte ich in der Menge. Es schienen Flüchtlinge zu sein, die vor Krieg und Zerstörung Schutz in Ägypten suchten.

Ich achtete nicht weiter auf das Stimmengewirr und kehrte sofort um, als ich bemerkte, daß aus dem südlichen Bereich der Stadt eine Gruppe Krieger nahte. Wohl nicht zu Unrecht vermutete ich in dieser Truppe jene Nubier, deren Unwissenheit und Angst schwerwiegende Folgen für manchen Fremden haben konnte.

So hielt ich mich am Nachmittag vom Hafen fern, genoß die Schönheit der mit staunenswerter Kunst und Sorgfalt angelegten Stadt und dachte über die Weisheit der ägyptischen Priester nach.

Auf meinem Rückweg zum Tempelbezirk machte ich einen weiten Bogen in den Osten dieser schönen Stadt. Von dort drang Lärm, dessen Ursache mich trotz aller Vorsicht interessierte. Bald sah ich, daß man am äußersten Rande der Stadt ein großes Bauwerk begonnen hatte. Die gewaltige Baustelle wimmelte von Menschen. Aufseher, Beamte, Handwerker, Sklaven verloren sich in einem Gewirr von Steinen und Gerüsten. Flache Barken brachten auf einem schmalen Kanal, den man hier gegraben hatte, riesige Quader herbei. Nur mit Lendenschurz bekleidete Männer bemühten sich gemeinsam, eine der Barken zu entladen. Von dem Dasein solcher Menschen hatte ich schon oft gehört, aber noch nie hatte ich sie mit eigenen Augen gesehen. Die roten Striemen auf ihren

Rücken zeigten mir, daß die Aufseher offenbar nicht sparsam mit ihren Peitschen umzugehen pflegten. Diese Peitschen, so wußte ich, waren aus der rauhen Haut von Flußpferden gemacht. Und wie zur Bestätigung begannen die Aufseher von neuem ihre Opfer hart zu schlagen. So begleitete das Stöhnen und Schreien der geschundenen Menschen den vom Pharao befohlenen Bau. Ich wandte mich bald ab und dachte mit Schaudern an meine Gefangennahme zurück.

Sonchis lächelte verständnisvoll, als ich am Abend ohne Beschönigung erzählte, was mir in Sais aufgefallen war.

„Eure ausgeprägte Vorsicht ist nicht ungewöhnlich oder fehl am Platze, Ahab. Sais brodelt von Gerüchten. Bedenkt, wie schwer es sogar dem Pharao fällt, die Lage richtig zu erfassen. Seine höchsten Diener sind oft unsicher, leichtgläubig, ängstlich, folgen mal diesem, mal jenem Rat und fassen danach ihre Entschlüsse. Die Krieger orientieren sich an einfachen Befehlen. Sie kümmert nicht das Schicksal einzelner Menschen, wenn Furcht vor den Folgen eigenen Versagens die wesentliche Richtschnur ihres Handelns ist. Auch die Mächtigen sind in Haß und Begierde, Trauer und Enttäuschung wie alle anderen Menschen, obgleich sie gelegentlich gottähnliche Verehrung genießen.

Selbst der Pharao ist nicht immer frei von Angst. Dies gilt besonders dann, wenn Nachrichten spärlich fließen und die Vermutung aufkommt, daß die List und Verschlagenheit des Feindes keine Grenzen kennt. Das führt manchmal sogar zu krassen Handlungsweisen, die mehr Schaden bringen als sie jemals nutzen können. So weiß man nicht recht, wie man den zahlreichen Flüchtlingen aus Judäa und jetzt auch aus Tyros gegenübertreten soll. Einstweilen werden sie noch aufgenommen und auf verschiedene große Siedlungen im Land verteilt, soweit sie nicht von sich aus Unterkunft bei Freunden und Verwandten fanden. Auch Sais beherbergt viele Fremde, die nach dem Siegeszug des babylonischen Königs der Gefangenschaft oder dem Tod entkamen. Nebukadnezar sucht dies bereits zu nutzen und bedrängt Pharao Hophra, seine Politik zu ändern."

„Ich hörte in Karthago schon, daß Tyros nun belagert wird", unterbrach ich Sonchis.

Der Priester nickte. „Man kämpft derzeit um jenen Teil Eurer Vaterstadt, der auf dem Festland liegt. Es wird davon wohl nicht viel übrigbleiben. Viele Bewohner kamen bereits dabei ums Leben, manche wurden als Geiseln nach Babylon gebracht. Doch nach wie vor verfügt der Babylonier nicht über eine Flotte. So kann es lange dauern, bis auch die schöne Inselstadt in Nebukadnezars Hände fällt,[57] denn der tyrische König will nicht nachgeben. Seines Stolzes wegen wird er umso länger leiden. Die Zahl der Flüchtlinge aus Tyros und den anderen Städten, die Babylon einst Feindschaft schworen, ist jetzt schon groß und scheint noch zu steigen. Die bedauernswerten Menschen wissen so fürchterliche Dinge über die Grausamkeit der Babylonier zu berichten, daß selbst in Ägypten manche zittern. Der Stern Ithobaals aber sinkt unaufhörlich. Kein Geschenk, kein Opfer wird dem König die verlorene Gunst der Götter zurückgewinnen können." Sonchis machte eine Pause. Er atmete schwer, mußte sich erholen.

Meine Gedanken zogen durch das zerstörte Tyros, verharrten eine Weile in unserem früheren Haus, dann im Hafenviertel. Das alles würde es jetzt wohl nicht mehr geben, ein Opfer der Machtgier und Verblendung des Herrschers. Ich glaubte den Lärm des Kampfes zu vernehmen, hörte die Todesschreie der Männer, Frauen, Kinder, das Klagen jener, denen die Flucht gelang. Ob die Brüder Elischas und ihre Familien noch lebten? Wie immer, würde wohl das ärmere Volk den höchsten Preis in diesem Kampf bezahlen, und nur selten ergab sich für die weniger Reichen eine Gelegenheit zur Flucht.

Bald wurde ich abgelenkt. Priesterschüler brachten wie am Abend zuvor duftende Speisen in den großzügig ausgestatteten Raum, und wenig später trug man einen Mischkrug mit Wein herbei.

„Was geschah denn mit den Leuten von dem sidonischen Schiff, die man wie mich gefangennahm?" Die Frage war mir ganz plötzlich in den Sinn gekommen. Der alte Priester schien überrascht, daß mich das Schicksal dieser Fremden interessierte. Es waren schließlich nicht viel mehr als Sklaven, die jenem Handelsfahrer dienten, der bei dem Zugriff der nubischen Krieger den Tod gefunden hatte.

„Diese Sidonier werden wohl noch im Kerker schmachten. Ich werde morgen, wenn Ihr wollt, den Richter Huja danach fragen." Ich nickte, denn ich wollte dies tatsächlich wissen. Zudem fiel es mir schwer, daran zu glauben, daß die Sidonier, einfache Seeleute von Herkunft, Wissen und Verhalten, Kundschafter des babylonischen Königs sein könnten. Bei ihrem Herrn mochte dieser Vorwurf näherliegen. Ihn aber konnte man nicht mehr befragen.

„Ihr seid von der Schuld der Sidonier nicht überzeugt?" Die Frage des alten Priesters klang herausfordernd.

„Vielleicht trifft die Schuld nur ihren Herrn?" antwortete ich etwas irritiert und eher fragend, denn Sonchis schien im Gegensatz zu mir den Kriegern, Richtern und Beamten des Pharao im allgemeinen zu vertrauen. Mit meiner Antwort hatte ich es vermieden, den alten Priester unnötig zu kränken und dennoch meine Zweifel vorgebracht.

„Schon möglich", meinte Sonchis, „doch müßt Ihr verstehen, Ahab, daß wir Ägypter keinen Anlaß haben, die Machtgier und den Einfallsreichtum des babylonischen Königs zu unterschätzen. Die Spione des Babyloniers stiften viel Unruhe und Unsicherheit unter den Ägyptern. Pharao Hophra hat daher befohlen, streng gegen jene vorzugehen, die auf der Seite Nebukadnezars stehen. Und manchmal kümmert er sich gar selbst darum, wie Ihr ja wißt!"

Gegen diese Haltung hatte ich durchaus nichts einzuwenden. So nickte ich, und Sonchis war zufrieden.

3

An dem auf edlem Papyros geschriebenen Bericht fehlte nichts. Vier Seiten füllte er nur, denn nur das Wesentliche hielt er fest. Der Oberpriester hatte mir am frühen Morgen das kleine Werk noch einmal vorgelesen und gefragt, ob alle Erkenntnisse von meiner langen Reise darin enthalten seien. Als ich be jahte, lächelte Sonchis, hieß mich zu warten. Dann zog er sich in sein Gemach zurück.

Nur wenig später erschien der alte Priester wieder. Gekleidet in ein anderes Gewand und mit mehreren Schriftrollen versehen war er bereit, sich zum Pharao zu begeben. Vier kräftige, nach Art der Krieger gekleidete Tempelwächter trugen im gleichen Augenblick eine schöne Sänfte herbei. Beflissen halfen die beiden jungen Priester ihrem Herrn, sie zu besteigen. Dann setzte sich die kleine Gruppe in Bewegung. Ich schloß mich Sonchis und seinen zwei Begleitern an. Wie selbstverständlich ging ich an seiner linken Seite. Bedächtig bahnten wir uns einen Weg durch die belebten Gassen und achteten darauf, daß Sonchis kein Leid geschah. Voll Ehrfurcht machten ihm die Menschen Platz.

„Ihr werdet Eure Schritte nachher sicherlich zum Hafen lenken?" fragte der alte Priester verschmitzt.

„Vielleicht fällt mir auf diesem Wege eine Lösung dafür ein, wie ich ein neues Schiff erwerben kann", antwortete ich. Sonchis schaute mich erstaunt an. „Das ist es also, was Euch so sehr bedrückt, Ahab! Was haltet Ihr denn von dem sidonischen Segler, der vom Hafenmeister am Tag Eurer Ankunft beschlag nahmt wurde? Sagtet Ihr mir nicht, daß dieses Schiff verwaist und wohl vertäut im Hafen liegt?"

Wir waren fast beim Palast des Pharao angekommen. Dort erwartete man den alten Priester schon.

„Was meint Ihr, ehrwürdiger Priester", sagte ich überrascht, „wird man denn einem Fremden wie mir das schöne Schiff verkaufen?" Sonchis wiegte bedächtig seinen Kopf. „Wenn keine anderen Pläne bestehen und reichliche Bezahlung winkt? Man müßte Nephrites, den Vorsteher des Verkehrswesens und Verwalters aller Schiffe und Wagen fragen!"

Mir verschlug es zunächst die Sprache bei diesem Gedanken. Sollte es tatsächlich eine solche Wendung der Dinge geben?

„Wir sehen uns zur gewohnten Stunde heute abend, Ahab!" Der Oberpriester durfte nicht mehr länger zögern und stieg, gefolgt von seinen zwei jungen Begleitern, die Stufen zum Palast des Pharao hinauf.

319

Gedankenverloren blieb ich noch eine Weile stehen. Schließlich begab ich mich, wie Sonchis gleich vermutet hatte, zum Hafen. Immer noch lag dort der Segler des getöteten Sidoniers am Kai. Die Balken aus Zedernholz knarrten im Rhythmus der leichten Wellen. Ich wagte jedoch nicht, mich diesem schönen Schiff zu nähern. Zu groß war mein Respekt vor dem alten Ägypter, der hier die Aufsicht führte. So beließ ich es dabei, das Schiff aus unauffälliger Distanz zu betrachten und mir vorzustellen, daß es vielleicht bald mir gehören könnte.

Der Hafenmeister schien mit der Abfahrt zweier Segler auch derart beschäftigt, daß für meine Fragen gewiß keine Zeit geblieben wäre. Der alte Ägypter bemerkte nicht einmal, wie häufig ich den Kai hinauf- und hinunterging. Die rege Geschäftigkeit im Hafen nahm ihn ohne Unterlaß in Anspruch.

Erst am späten Nachmittag schlenderte ich durch die Stadt zurück zum Tempel. Der vierte Tag, seit ich in Sais weilte, neigte sich dem Ende zu. Die Sonne stand schon tief über den Feldern jenseits des Flusses und tauchte die Königsstadt in goldenes Licht. Die Menschen, die zum Tempel strömten, näherten sich ehrfurchtsvoll dem heiligen Hain. Es waren nicht viele Ägypter, die sich um diese Zeit hier versammelten. Einige Männer und Frauen hielt ich wegen ihrer kostbaren Gewänder für Hofleute und Vornehme. Sie lauschten stumm dem Gesang der Priester.

Sonchis saß mit den jüngeren Priestern im Garten, als ich den heiligen Bezirk betrat. Er sah mich offenbar sofort und winkte mich herbei.

„Ich habe gute Kunde für Euch, Ahab!" begann Sonchis zu erzählen. „Der Pharao war sehr beeindruckt von dem Bericht, der nun auf sein Geheiß Bestandteil der Sammlung unseres Tempels wird. Im übrigen bewunderte er Euren Mut. Schon daraus könnt Ihr sehen, Ahab, wie gewogen Euch Pharao Hophra ist. Vielmehr noch aber zeigt dies sein Einverständnis, daß Ihr das sidonische Schiff, das herrenlos im Hafen liegt, erwerben dürft."

„Unfaßbar!" entfuhr es mir. Ich hatte nicht zu hoffen gewagt, so schnell zum Ziel zu kommen.

„Ihr trautet unserem Pharao dies wohl nicht zu?" sagte Sonchis vorwurfsvoll. „Wir Ägypter sind gerechter und klüger, als man von uns behauptet!"

„Seid mir nicht gram, ehrwürdiger Priester!" entgegnete ich erschreckt. „Die Schnelligkeit, mit der sich die Dinge gelegentlich entwickeln, wird selbst erfahrenere Leute überraschen!"

„Nun gut, Ahab! Der oberste Verwalter aller Schiffe und Wagen, dem der Hafenmeister untersteht, kennt Euren Wunsch, das sidonische Schiff zu kaufen. Er erwartet Euch morgen, noch bevor die Sonne ihren höchsten Stand erreicht, in seinem Hause." Sonchis schien bereits alles eingefädelt zu haben, was meinem Wunsch entsprach. Verlegen suchte ich nach Worten.

„Habt Dank, ehrwürdiger Priester! Ich werde rechtzeitig bei Nephrites sein."

„Jetzt sehne ich mich nach einem ordentlichen Mahl! Kommt, laßt uns gehen!" Sonchis erhob sich, nachdem er seine Wünsche angekündigt hatte, und ich folgte ihm zusammen mit den jungen Priestern in sein Gemach.

„Vergebt mir, ehrwürdiger Priester, wenn ich noch einmal nach dem Schicksal der gefangenen Sidonier frage!" erinnerte ich Sonchis an sein am Morgen gegebenes Versprechen.

„Oh ja, Ahab, das habe ich vergessen, Euch zu sagen! Die Männer wurden allesamt mit einem milden Urteilsspruch bedacht, weil sie gesprächig waren und ihre eigene Beteiligung gering. Man will sie auf dem Sklavenmarkt verkaufen!" Ich war erleichtert, als ich dies hörte, denn mit der Verurteilung zum Tode oder zur Arbeit in den Steinbrüchen Oberägyptens schien man nach meinem Eindruck hier schnell bei der Hand zu sein.

Der nächste Morgen sah mich erst spät auf den Beinen. Ich genoß erneut die Zeit im herrlich angelegten Garten, bis mich der junge Priester Eje rief. Er begleitete mich zum Hause des Nephrites, denn dieses Gebäude kannte ich noch nicht. Es lag nur hundert Schritte vom Haus des obersten Richters entfernt und nicht sehr weit vom Hafen. Einer der beiden am Eingang wachenden Beamten meldete uns sofort seinem Herrn. Der hochgewachsene, stattlich gekleidete ältere Ägypter kam kurz darauf heraus.

„Ihr seid also Ahab, der Sohn des Acharbas! Willkommen! Willkommen auch Euch, Priester Eje!"

„Ich danke Euch, ehrwürdiger Nephrites, daß Ihr mir, einem Fremden, die Gunst gewährt, Euch zu sprechen." Der Vorsteher des Verkehrswesens nickte freundlich und bat uns, ins Haus zu kommen. In dem mit Marmorsäulen ausgestatteten großen Raum, wo der Ägypter offenbar stets seine Gäste empfing, deutete Nephrites auf einen runden Tisch, an dem drei Scherenstühle standen. Das Leder dieser Stühle war recht einfach, aber ihre Lehnen hatten unbekannte Künstler mit Einlagen aus Elfenbein geschmückt.

„Man sagte mir, Ihr wollt das sidonische Schiff erwerben, das in unserem Hafen liegt?" eröffnete Nephrites das Gespräch.

„Wenn der Preis angemessen ist, so werde ich nicht lange zögern, ehrwürdiger Nephrites! Doch kenne ich das Schiff noch nicht. Ich sah es bislang nur aus der Ferne!"

„Dann gehen wir hinüber zum Hafen!" entschied der oberste Verwalter aller Schiffe und Wagen. Das erschien mir sehr vernünftig. Nephrites nahm sogleich einen Beamten als Schreiber mit. Kurze Zeit später erreichten wir den Kai, wo der Hafenmeister seinen Herrn ehrerbietig grüßte. Dann betrat er mit uns den wohl fünfunddreißig Ellen langen Segler.

Nephrites, Eje und der Schreiber blieben auf dem Vorschiff stehen. Dort war der Schmutz noch am geringsten. Der am Bug mit einem kunstvoll geschnitzten Vogel Phönix geschmückte Segler hatte zweifellos seit einiger Zeit schon keine Säuberung mehr erfahren. Zudem sah man noch die Spuren des kurzen, aber heftigen Kampfes mit den nubischen Kriegern. Blut klebte vor allem am Boden bei dem Steuerruder, wo der Pfeil den sidonischen Handelsfahrer tödlich getroffen hatte. Das große Segel und zwei zerbrochene Ruder lagen mittschiffs auf den Planken neben Kleidungsbündeln und einigen wollenen Decken, die offenbar den Seeleuten gehörten. Im Bauch des Seglers befand sich noch ein Teil der Ladung, jonische Vasen, Teller, Kannen, Schalen, eine große Menge Kupfer und sechs leere Amphoren, die man vermutlich für Wasser und für Nahrungsmittel nutzte. Insgesamt war es eine gute Ladung.

Durch den Zusammenprall mit der ägyptischen Barke war das Schiff selbst kaum beschädigt worden. Erwartungsvoll blickte Nephrites zu mir hinüber, als ich das Segel und die Taue prüfte.

„Der schöne Segler ist gewiß einige Talente reinen Goldes wert!" bemerkte der oberste Verwalter stolz.

„Gleichwohl wird es viel Mühe kosten, das Schiff erneut so herzurichten, daß man beruhigt das weite Meer befahren kann", entgegnete ich kühl.

„Ich glaube, Ihr verkennt die Lage, Ahab!" fuhr Nephrites hochmütig fort. „In dieser mit Kriegen reichlich angefüllten Zeit werden viele Handelsschiffe aufgebracht, beschädigt oder gehen verloren. Ihr Preis ist derzeit sehr viel höher als vor den kriegerischen Auseinandersetzungen. Im übrigen werdet Ihr doch nicht leugnen können, daß der sidonische Segler recht gut ausgestattet ist." So ging dies eine Weile hin und her. Schließlich einigten wir uns auf drei Talente Gold für das nach meinem Urteil ziemlich neue Schiff. Doch diese Erkenntnis behielt ich für mich.

Beflissen schrieb der Beamte sogleich auf, was Nephrites ihm nach unserer Einigung diktierte. Dann gingen wir zu seinem Haus zurück. Der oberste Verwalter des Pharao schien von Seefahrt und von Schiffen nicht sehr viel zu wissen. Dafür jedoch hatte Nephrites in anderen Dingen größere Erfahrung und Geschick. Probleme wußte er sehr schnell zu lösen. Nach kurzer Überlegung befahl er dem kräftigsten seiner Diener, mich zu begleiten und jene drei Talente Gold vom Tempel zu seinem Haus zu tragen, die als Kaufpreis für das sidonische Schiff ausgehandelt worden waren.

Nur wenig später waren wir im Tempelbezirk angelangt.

Sonchis stand auf, als er mich in die große Vorhalle des schönen Gebäudes direkt neben dem Amun-Tempel treten sah, kam mir bis zum Eingang entgegen.

„Der Handel ist gelungen!" Meine Freude wollte und konnte ich jetzt nicht verbergen. Lächelnd wandte sich der alte Priester zu seinem Stuhl. Ich wartete, bis er sich hinter seinen mit vielen Papyrosrollen bedeckten Tisch gesetzt hatte. Dann erklärte ich ihm, was ich zu tun beabsichtigte: Mitnahme meines Goldes bis auf einen Rest von einem halben Talent. Sonchis war darauf vorbereitet, griff sofort nach der richtigen Rolle aus dem Stapel, der durch eine steinerne Nachbildung des Sphinx an seinem Platz auf dem Tisch gehalten wurde. Dann befahl er seinem Gehilfen, die Menge Goldes sofort zu holen.

Der Oberpriester sah mit Wehmut, wie der größte Teil des im Tempel hinterlegten Goldes, das einst mein Vater übergeben hatte, nun in andere Hände ging, doch tröstete ihn mein sofortiges Versprechen, den Goldhort nach meiner nächsten Handelsfahrt schon wieder aufzufüllen.

Zur Mittagsstunde erschien ich mit der abgewogenen Menge Gold bei Nephrites. Zufrieden lächelnd übergab mir der Vorsteher des Verkehrswesens den Papyros, auf dem ich in schön geschriebenen Zeichen bestätigt fand, daß der Kaufpreis bezahlt und nun das sidonische Schiff mein eigen war. Die Beamten des Pharao arbeiteten mit äußerster Sorgfalt, vorsichtig, überließen nichts dem Zufall!

„Seid in Ägypten stets willkommen, wenn Ihr das große Meer befahrt, Ahab! Eine Mannschaft werdet Ihr schon finden. Es gibt genug von diesen ungebundenen und mutigen Männern, welche die See mehr lieben als das feste Land. Nur hundert Schritte von hier, unter der Obhut der Beamten Hujas, unseres obersten Richters, sitzen die zehn Sidonier im Kerker, die bis vor wenigen Tagen noch das Segel und die Ruder jenes Schiffes führten, das nun Euch gehört. Sie sind jetzt für den Sklavenmarkt bestimmt, nachdem man ihnen die Arbeit in den Steinbrüchen erließ. Die kräftigen, gesunden Leute dürften kaum große Sehnsucht danach haben, ein armseliges, ungewisses Dasein irgendwo an Land zu fristen."

Hochmut sprach aus den Worten des mächtigen Ägypters. Dennoch dankte ich Nephrites für den Rat und nahm freundlich Abschied.

Der junge Priester Eje, der mich auch diesmal begleitete, schlug vor, doch gleich bei dem Verwalter des Kerkers nach den Sidoniern zu fragen. Das leuchtete mir ein, und so begaben wir uns zu dem Gebäude, in dem ich selbst vor kurzer Zeit so schreckliche Stunden hatte verbringen müssen. Es kostete mich einige Überwindung, das Haus erneut zu betreten.

Der Verwalter, der den Priester Eje und auch inzwischen meine Herkunft kannte, kam gerne meinem Wunsche nach, die zehn Sidonier zu sehen. Bald darauf öffnete sich die Tür, die vom Gebäude gegenüber in den Innenhof führte. Klirrend schleiften bronzene Kettenringe über die vier steinernen Stufen. Zwei Krieger zerrten die Gefangenen in den von allen Seiten umschlossenen Innenhof hinaus. Man befahl ihnen, sich zu setzen, wo das Gebäude ausreichenden Schatten spendete und wir Gelegenheit hatten, die Männer vom Raum des Verwalters aus zu betrachten. An den Fußgelenken angeschmiedet, ausgezehrt, schmutzstarrend boten die Sidonier ein Bild des Jammers. Der Anblick lähmte mich beinahe, und es verschlug mir für einen Moment die Sprache. In ihrer armseligen und teilweise zerrissenen Kleidung sahen die Leute noch viel schlechter aus als an jenem Abend, den ich selbst nie vergessen sollte.

„Erlaubt mir, hinauszugehen und die Sidonier erst zu befragen, bevor ich mich entscheide!" bat ich höflich den Verwalter. Der nickte nur und gab seinen Kriegern ein Zeichen. Dann verließ ich den Raum und trat in den Hof hinaus. Schnell hatte ich die überraschten Sidonier erreicht und blieb wenige Ellen vor ihnen stehen.

„Ich bin Ahab, der Sohn des Acharbas, der für den Pharao Necho einst ganz Libyen umsegelt hat. Bis vor zwei Jahren noch befuhr ich mit meinem Vater von Tyros aus das Meer. Seitdem unternahm ich von Gadir aus zahlreiche Handelsfahrten, und dies soll auch so bleiben. Deshalb erwarb ich heute jenes Schiff von den Ägyptern, das ihr gewiß gut kennt. Man sagte mir, daß man euch auf dem Sklavenmarkt verkaufen will. Doch denke ich, Sidonier, Seefahrer wie ihr, sind für ein besseres Los bestimmt! Wenn ihr mir dienen wollt, kauf' ich euch frei!"

Die Männer, die mich schon erstaunt betrachtet hatten, als ich zu ihnen herauskam und meinen Namen nannte, trafen meine Worte völlig unerwartet. Ungläubig blickten sie zu mir auf, merkten aber rasch, daß ich nicht scherzte.

„Die Götter haben uns erhört! Melkart sei Dank!" riefen sie aufgeregt durcheinander, während ich einige Augenblicke schwieg. Sie beruhigten sich jedoch bald wieder.

„Wir schulden Euch Dank, Herr, daß Ihr uns ein schlimmes Los erspart!" erklärte der vielleicht vierzig Jahre alte Sidonier, der in der Mitte der Gruppe saß. „Ich bin Arybas, der frühere Steuermann des Schiffes, das nun Euch gehört. Ich glaube, jeder von uns wird Euch fortan treu dienen." Der bärtige Sidonier schaute in die Runde. Alle nickten heftig.

„Dann werde ich jetzt mit dem Verwalter sprechen." Ein Lächeln huschte über die Gesichter der zehn Sidonier. Zufrieden kehrte ich in das Haus zurück.

Das folgende Gespräch mit dem Ägypter währte nur kurz. Ein viertel Talent reinen Goldes vereinbarten wir als Preis für den Freikauf der Sidonier. Das erschien selbst dem jungen Priester Eje nicht wenig, doch war ich fest entschlossen, die zehn Männer in ihr gewohntes Leben zurückzuholen. Noch während wir in dem Gebäude weilten, ließ der Verwalter die bronzene Kette von den Fußgelenken der Gefangenen lösen.

Zusammen mit dem jungen Priester eilte ich sodann zum Tempel, um Sonchis von dem Handel zu berichten. Danach erst ergriff ich den im Tempel aufbewahrten Leinensack mit dem aus Gadir mitgebrachten Gold und ging erneut zu dem Gebäude, hinter dessen dicken Mauern die zehn Sidonier auf meine Rückkehr warteten.

Der Verwalter des Kerkers hatte das kleine Schriftstück mit den Namen der zehn Männer und dem Kaufpreis schon vorbereiten lassen. Die vereinbarte Menge Gold war schnell gewogen, und wenig später brachte ein ägyptischer Krieger die Sidonier herbei. Sie hatten sich inzwischen von allem Schmutz befreien können, doch sahen sie hungrig aus, und so beschloß ich, die Männer nicht sofort zum Schiff zu führen. Die beste von den drei Hafenschenken schien mir zunächst der richtige Ort zu sein, den die Sidonier nun brauchten.

Meine Entscheidung wurde mit großer Freude aufgenommen. Dies hatten sie wohl noch nicht erlebt. Der Wirt sah mich und meine neue Mannschaft erst mit Befremden an, doch als ich ihm für die von mir verlangten gebratenen Enten, ausreichend Brot und Wein vier silberne Armreifen bot, beeilte er sich, die vorgebrachten Wünsche zu erfüllen. Rasch wurde das Feuer unter dem großen Bratrost wieder angefacht, Brot und Wein von Sklaven herbeigetragen.

Das erste warme Mahl seit vielen Tagen dauerte bis in den späten Nachmittag. Die Männer hatten schließlich etwas nachzuholen. Ich wußte ja zudem, daß man im Kerker dieser Stadt mit Brot und Wasser sehr zu sparen pflegte.

Der Wirt begegnete mir bald mit großer Freundlichkeit, als ich ihm meinen Namen und meine Herkunft nannte. Der alte Ägypter erinnerte sich sofort an Acharbas, bestätigte zu meinem Erstaunen, daß man auch in anderen Hafenschenken noch immer von ihm rede und erzählte mit Stolz, ihn und seine Mannschaft mit Speise und Trank versorgt zu haben. Wehmut ergriff mich, doch faßte ich mich schnell. Stolz ließ ich den Ägypter wissen, daß ich das einige Tage herrenlose sidonische Schiff soeben erworben hätte und nunmehr im Begriffe wäre, den Segler für weite Handelsfahrten herzurichten.

Nachdem die Sidonier endlich gesättigt waren, begaben wir uns auf den kurzen Weg zum Schiff. Der Hafenmeister hielt mit seiner Arbeit inne, als er uns kommen sah.

„Dies ist die neue und zugleich die alte Mannschaft des sidonischen Seglers, der nun mir gehört!" erklärte ich gut gelaunt dem staunenden Ägypter und zeigte ihm den schön geschriebenen Papyros seines Herrn.

„Ihr seid schnell mit Entschlüssen bei der Hand, Ahab! Die Götter mögen Euch dies lohnen und Euch beschützen!" erwiderte der Hafenmeister achtungsvoll.

Dann bestieg ich mit den Sidoniern das verwaiste Schiff. Dort machte ich den Männern in meines Vaters Weise die Pflichten klar, die sie gehorsam erfüllen müßten und fügte sogleich hinzu, wie ich selbst das Schiff zu führen pflegte. Unmittelbar danach gab ich jedem der Männer einen silbernen Armreif als ersten Lohn. Schon dies überraschte die Sidonier und löste erneut Freude aus. Doch staunten sie noch mehr, als ich verkündete, am nächsten Morgen neue Kleidung für sie zu besorgen.

So folgten sie in guter Stimmung meinem Verlangen, das Schiff zu säubern. Den Steuermann nahm ich von dieser Arbeit aus. Dem erfahrenen Sidonier übertrug ich die Aufsicht und schärfte den übrigen Männern ein, ihm zu gehorchen. Zufrieden sah ich, daß sich alle fügten.

Als die Sonne gerade ihren Tageslauf vollendete, war das Wichtigste getan.

Die Männer hatten jene Sauberkeit und Ordnung auf dem Schiff geschaffen, die das Leben auf den schmalen Planken erleichtert und erträglich macht. Dann ließ ich meine Mannschaft auf dem Schiff zurück und begab mich in jenes Viertel der Stadt nahe beim Hafen, in dem die Händler wohnten. Erst zu später Stunde traf ich an diesem Abend im Tempelbezirk ein. Dort erwartete mich Sonchis schon.

4

Am folgenden Morgen sah ich den Oberpriester zum erstenmal bedrückt und traurig. „Ich hoffe, Euer Weg wird bald wieder nach Sais führen, Ahab! Ihr wißt, daß Ihr in unserem Lande sehr willkommen seid!" sagte Sonchis mit leiser Stimme. Sorgfältig meine Worte überlegend stand ich nun vor ihm. Am Abend zuvor hatte ich auf meinem Rückweg zum heiligen Bezirk einen kunstvoll gearbeiteten Weihekelch aus Silber bei einem ägyptischen Händler erworben, von dessen Lauterkeit der alte Hafenmeister schwärmte.

„Ich stehe tief in Eurer Schuld, ehrwürdiger Priester, denn Euch danke ich nicht allein mein Leben. Ihr habt zudem mit viel Geschick dafür gesorgt, daß ich erneut ein Schiff mein eigen nennen kann. Nehmt daher zum Abschied diesen Weihekelch eines Meisters aus Tyros und dazu mein Versprechen, bei meinen Handelsfahrten auch Eure Stadt Sais sehr häufig anzusteuern!"

„Habt Dank für dieses herrliche Geschenk, Ahab! Doch liegt eine Dankesschuld ja auch bei uns Ägyptern, da Ihr mit Eurem großen Wissen unser Land bereichert habt. Vergebt jedoch den Kriegern und Beamten das Ungemach, das Ihr durch ein betrübliches Mißverständnis und übergroßen Eifer ertragen mußtet! Die Weisheit des Pharao hat dies, so denke ich, wiedergutgemacht. Die Götter mögen Euch alle Zeit beschützen!" Für einen Moment zogen die schrecklichen Stunden, die ich hier erlebte, wieder an mir vorbei. Doch dann lächelte ich verlegen.

„Ich habe mich entschlossen, ehrwürdiger Priester, Eurer Anregung zu folgen und alles aufzuschreiben, was mir widerfuhr, nichts auszulassen, noch hinzuzufügen und alles an seinen richtigen Platz zu bringen, wie es der Wahrheit entspricht. Ich suche dabei nicht reichen Lohn, den manche zu gewinnen trachten, wenn sie sich mühen, ihr Wissen oder ihr Schicksal schriftlich festzuhalten. Denn allzu leicht fällt das gesprochene Wort in Vergessenheit, während ein gesiegelter und in den Bibliotheken der Tempel wohl aufbewahrter Papyros Sicherheit gewährt. So wird das, was ich gesehen und erlebt habe, nicht mit der Zeit verblassen."

Sonchis umarmte mich nach diesen Worten, als wäre er mein Vater. Schweren Herzens nahm ich von ihm und den übrigen Priestern Abschied, und wenige Augenblicke später befand ich mich wieder auf dem Weg zum Hafen.

Zum letztenmal durchquerte ich am frühen Morgen die schöne Königsstadt Sais. Es herrschte bereits reges Leben, und wie immer drangen die Sprachen vieler Völker an mein Ohr. In dem Bezirk, in dem die zahlreichen Kaufleute ihre Läden hatten, fand ich nach kurzer Suche einen Händler, der Papyros führte. Dort erstand ich einen großen Ballen, ließ ihn durch einen Sklaven zu meinem Schiffe tragen.

Am Eingang zum Hafen auf dem Kai begegnete ich dem Hafenmeister. Er grüßte sehr freundlich, und da er von unserer baldigen Abfahrt wußte, empfahl er mich, wie es in Ägypten üblich war, dem Geleit der Götter. Ich dankte ihm für seine Dienste mit zwei Armreifen aus reinem Silber. Er staunte sehr, doch so hielt ich mich bei ihm in guter Erinnerung. Dann begab ich mich zu meinem Schiff.

Wohlgeordnet fand ich den Segler vor und die Mannschaft vollzählig an Bord. Ich sah sogleich, daß alles in der Weise vorbereitet war, wie ich dies am Tag zuvor dem Steuermann befohlen hatte, und sparte deshalb nicht mit Lob. Die Vorräte an sorgfältig ausgesuchter Nahrung und an Wasser schienen reichlich. So machte ich mit Freude mein Versprechen wahr und führte die Sidonier zu jenem Händler nahe beim Hafen, der wohl die größte Auswahl an Kleidung hatte. Dort gab es alles, was meine Männer brauchten: Gewänder, nicht ganz knielang und mit kurzen Ärmeln, wie man sie in Sidon und in Tyros trug, wollene Umhänge, Unterkleider, lange bunte Kopftücher, Gürtel, Sandalen. Nach einer Stunde waren die Sidonier neu gekleidet und wie verwandelt. Der Händler aber lobte diesen Tag.

Am späten Morgen legten wir ab und verließen den Hafen von Sais. Noch immer von den dramatischen Erlebnissen aufgewühlt steuerten wir auf den Fluß hinaus. Nur wenige Stunden später tauchten die Dächer der Tempel und die Spitzen der Obelisken am Horizont unter.

Die Männer erwiesen sich bereits in den zwei Tagen, die wir den Fluß hinunter bis zum offenen Meere brauchten, als recht erfahren und geschickt. Sie gewöhnten sich zudem sehr rasch an meine Art, das Schiff zu führen. Tief sog ich die frische Meeresluft ein. Auch meine neuen Gefährten blühten auf, als sie das endlose Meer wieder vor sich sahen. Blau wölbte sich der Himmel über uns. Der Ostwind blies nicht in harten, unberechenbaren Stößen, sondern spannte das Segel gleichmäßig und führte uns in die gewünschte Richtung. Nicht lange mehr begleiteten uns die Seevögel auf dem Weg nach Westen. Am zweiten Tag, nachdem Ägyptens Küste hinter uns lag, verschwanden sie plötzlich. Statt dessen tummelten sich Delphine mit ihren glänzenden Rücken in den Wogen.

Als wir endlich fernab von der Küste Libyens bei gutem Ostwind nach Karthago segelten, nahm ich mir Zeit und erzählte der Mannschaft ausgiebig von meinen bisherigen Handelsfahrten. Mit Bewunderung schauten die Männer

327

danach zu mir auf, obwohl ich keineswegs verschwieg, was Acharbas und ich der Mannschaft unseres früheren Schiffes verdankten. Die Sidonier schenkten mir trotz meines Schiffbruchs und des schlimmen Schicksals meiner Männer Vertrauen und zeigten keine Furcht.

Zufrieden gönnte ich der Mannschaft in Karthago nach einer unbeschwerten Reise von dreiundzwanzig Tagen eine Ruhepause. Derweil ergriff ich die Gelegenheit, mein Versprechen einzulösen und dem überraschten Malchus zu berichten, was mir in Sais widerfahren war.

Zwei Tage blieben wir in der großen, faszinierenden Stadt, dann stachen wir erneut in See, denn die Ungeduld nagte von Tag zu Tag mehr an meinem Herzen.

Die Mannschaft nahm die Fahrt in den für sie unbekannten Teil des Meeres zunächst gelassen hin. Erst als das Schiff bei den Säulen des Melkart durch starken Wind und heftige Strömungen auf den schaumgekrönten Wogen tanzte, zeigten einige der Sidonier Furcht. Dies legte sich jedoch sehr bald, nachdem die Männer selbst gesehen hatten, daß man den engen Meeresschlund mit einigem Geschick auch bei unruhiger See sicher durchqueren konnte. Fünfundvierzig Tage nach unserer Abfahrt von Sais umrundeten wir Gadir und fuhren von Norden her auf den Hafen zu. Es war früher Nachmittag. Beeindruckt blickten die Männer auf die von der Sonne beschienenen weißen Häuser und Tempel unserer Stadt.

Stolz und in mein kostbares, langes Gewand gekleidet stand ich am Heck des Seglers, gab die zum Anlegen und zum Ankern nötigen Befehle. Der Größe des Augenblicks war ich mir voll bewußt. Ich hatte schließlich doch erreicht, was Mißgunst und Widerstand der einflußreichsten Gaditaner mir versagten. Ein neues Schiff war mein und sicher hierher gebracht, die Bande nach Sais und Karthago hatte ich neu geknüpft. Mein Dasein hatte nun wieder Sinn und Ziel.

Es blieb nicht aus, daß einige Leute auf den Kais im Hafen mich sofort erkannten. Ich winkte ihnen freundlich zu, während Arybas das große Schiff gekonnt durch die enge Einfahrt zum Ankerplatz steuerte und an der Kaimauer vertäuen ließ. Bald hatte unsere Ankunft zahllose Neugierige zum Hafen gelockt. Ich wußte, die Nachricht von meiner Rückkehr würde sich in Windeseile in der Stadt verbreiten.

Gleichwohl rief ich als erstes meine Männer zu mir. Ich lobte ihren Mut und kündigte für denselben Abend noch reichen Lohn an, zehn silberne Armreifen für jeden, für den Steuermann das doppelte. Die Entladung des Schiffes verschob ich auf den nächsten Morgen. Dann führte ich die zufriedenen und erstaunten Sidonier zu der besten Hafenschenke, wo Tische, Stühle, Bänke im Freien standen und die wenigen Gäste ausreichend Platz gelassen hatten.

Die Gespräche verstummten, als ich mit meinen Männern dort erschien.

Mastanabas, der alte Wirt, der mir vor meinem Aufbruch nach Karthago noch kühl begegnet war, begrüßte mich diesmal freundlich und achtungsvoll. Daher vergaß ich meine frühere Enttäuschung, klärte ihn mit wenigen Worten über meine neue Mannschaft auf und bat um deren vorzügliche Bewirtung. Zwei goldene Armreifen gab ich ihm, so daß er sich beeilte, ein reichliches Mahl und guten Wein für meine Männer zu versprechen. Plötzlich lächelte Mastanabas, wies mit der Hand zum nahen Markte hin und sah mich vielsagend an. Ich schaute mich um. Vom Markt her näherten sich raschen Schrittes Senebel, gefolgt von Bostar und Baalator.

„Nehmt meine Männer in Eure Obhut und behandelt sie gut, Mastanabas!" Dann wandte ich mich an meinen Steuermann. „Halte die Mannschaft zusammen, Arybas! Wir treffen uns später, beim Schiff!" Danach ließ ich die verwunderten Sidonier mit dem Wirt und seinen übrigen Gästen allein und eilte Senebel entgegen.

Nicht weit von der Hafenschenke fielen wir uns in die Arme. „Oh Ahab! Astarte hat mich erhört!" Senebel schluchzte. Tränen rannen über ihre weichen Wangen. Für einen Augenblick stand die Zeit still.

„Ich danke Dir, daß Du auf mich gewartet hast, Geschenk der Götter!" Und während ich Senebel in meinen Armen hielt, sagte ich mir, daß ich sicherlich am besten daran täte, meinen Ehrgeiz hinfort zu zügeln, um nicht erneut über die, die mich liebten, nichts als Kummer und Unglück zu bringen. Nach einer Weile erst konnte ich auch Bostar und Baalator begrüßen. Sie warteten geduldig und sahen uns lächelnd zu. Ich umarmte beide, legte meine Wange an die ihre. „Schön, euch zu sehen! Ich danke euch für euer Kommen." Dann nahm ich Senebel bei der Hand. Entschlossen lenkte ich meine Schritte zum eigenen Hause hin. „Kommt, begleitet uns!" rief ich Bostar und Baalator lachend zu, und beide folgten, als wäre es immer so gewesen.

Kurze Zeit später hatten wir mein Haus erreicht. Ich klopfte in gewohnter Weise an die schwere Tür. Von drinnen hörte man eilige Schritte. In der sich öffnenden Tür erschien Isebel, meine treue Dienerin.

„Ahab! Herr!" Weinend fiel sie vor mir auf die Knie. Ich ergriff ihre Hände, hob Isebel auf. „Den Göttern sei Dank, Dich wohlbehalten hier zu sehen!" versuchte ich sie zu beruhigen. Isebels Blick wanderte von mir zu dem jungen Mädchen neben mir.

„Das ist Senebel, Deine neue Herrin!" Die Dienerin wollte erneut auf ihre Knie fallen, doch Senebel faßte sie sanft an ihren Armen, hielt sie zurück. „Ich habe schon viel Gutes über Dich gehört!" sagte Senebel und lächelte freundlich. Ihre dunklen Augen strahlten. Schließlich gingen wir ins Haus. Dort fehlte es an nichts, als hätte mich die Dienerin erwartet.

Bald saßen wir im großen Wohnraum beisammen und kosteten herrlichen Wein, Nüsse und allerlei Spezereien, die Isebel herbeigetragen hatte. Dann erst begann ich zu erzählen. Gespannt und begierig lauschten alle meinen Worten, merkten aber besonders auf, als ich die Gefangenschaft in Ägypten und meine Errettung schilderte. Senebel erschrak, schaute mich ängstlich an, wich nicht von meiner Seite. Am Ende meines Berichts erinnerte ich mich daran, was ich der Mannschaft für diesen Abend noch versprochen hatte. Verlegen sah ich in die Runde.

„Ich muß noch einmal zum Schiff. Wollt ihr mich begleiten?"

„Gewiß", kam es von Bostar und von Baalator wie aus einem Munde, „wir haben es ja bisher nur von Ferne gesehen." Und Senebel ließ mich ohnehin jetzt nicht allein.

So befahl ich Isebel, ein gutes Mahl für den Abend zu bereiten. Dann verschwand ich für kurze Zeit in jener Kammer, in der ich – wie mein Vater – Gold, Silber und andere Schätze zu bewahren pflegte. Ein Leinensack war schnell mit silbernen Armreifen gefüllt.

Der Stand der Sonne kündigte bereits den Abend an, als ich mit Senebel, Bostar und Baalator den Kai betrat. Die Mannschaft befand sich vollzählig an Bord.

„Ihr wißt, weshalb ich komme?" rief ich den Männern zu.

„Wir sehen es, Herr!" Arybas zeigte lachend auf den Leinensack. „Der Wirt hat übrigens Wort gehalten." Ich hörte dies erleichtert und kletterte zusammen mit Baalator an Bord, während Bostar auf dem Kai bei Senebel blieb. Von dem Verwalter, der sogleich die Gelegenheit nutzte, das Schiff näher zu betrachten, hatte ich der neuen Mannschaft schon erzählt. Nur zu Senebel und Bostar war noch ein Wort zu sagen.

Ich deutete auf sie. „Das ist Senebel – und Bostar, ihr Bruder."

Arybas und die übrigen Männer blickten Senebel an, verneigten sich. „Eure Diener!" sagte der Steuermann und wies mit der Rechten auf sich und seine Leute. Sie hatten unsere stürmische Umarmung am frühen Nachmittag gesehen. Das Weitere dürften sie von Mastanabas erfahren haben. So brauchte ich ihnen nichts mehr zu erklären.

Die Augen der Sidonier glänzten, als ich das Silber unter sie verteilte. Ihr früherer Herr war offenbar weniger großzügig gewesen. Ich aber folgte den Gewohnheiten meines Vaters und der eigenen Erfahrung und betrachtete die stille Dankbarkeit der Männer mit großer Freude. Danach überließ ich die Mannschaft der Obhut von Arybas.

„Ein vorzügliches Schiff habt Ihr erworben, Ahab!" meinte Baalator, nachdem wir wieder von Bord gegangen waren. „Es scheint nicht alt zu sein und taugt gewiß zu weiten Fahrten. Zudem wirkt die Mannschaft erfahren und ist Euch sehr zugetan."

Senebel schaute mich ängstlich an, als sie die Worte des Verwalters hörte. Sie fürchtete wohl, daß ich wie früher dazu neigen könnte, erneut viel zu wagen. Für einen kurzen Augenblick kam mir Elischa in den Sinn, die mit den weiten Fahrten meines Vaters keineswegs immer glücklich war.

„Die Zeit der Wagnisse liegt bereits hinter mir, obgleich ich großen Vorteil aus dem besonderen Wissen und den Erfahrungen schöpfen könnte, die ich der Gunst der Götter nur verdanke. Der Preis dafür war ungeheuer hoch. Der angestrebte Ruhm blieb mir gleichwohl versagt. Es genügt mir nun, daß ich bei denen, die das umfangreichste Wissen haben, die gesuchte Anerkennung fand. Von nun an wird sich mein Streben auf überschaubare, sichere Fahrten richten. Das neue Schiff und die erfahrene Mannschaft sind hierfür zweifellos von großem Nutzen. Noch einmal fordere ich die Götter nicht heraus! Im übrigen – und dabei sah ich lächelnd in zwei dunkle Augen – hat sich doch einiges in unserer Welt verändert."

Senebel schaute mich dankbar an. Ihre Furcht war verflogen. Auch Bostar atmete nach meinen Worten erleichtert auf. Baalator aber hatte einmal mehr jene Gewißheit erhalten, die er vor wenigen Wochen noch vermißte. Und wie zur Bestätigung meiner Worte lenkte ich danach mit verschmitztem Lächeln ihre Gedanken auf ganz andere Dinge hin.

„Was hast Du vor, Ahab?" Der Bruder Senebels hatte mein Lächeln als erster bemerkt und brannte vor Neugier.

„Nun, zunächst ein Dankopfer im Heiligtum Melkarts. Und dann – ein großes Fest!" Ich blickte erst zu Bostar, ließ schließlich meine Augen auf Senebel ruhen. Das Glück selbst hatte ihre Gestalt angenommen. Und die schöne Gaditanerin lachte.

Anhang

Anmerkungen

1 Am westlichen Mündungsarm des Nil, dem Arm von Rosette, gelegen; von 664 bis 525 v. Chr. Hauptstadt des Pharaonenreiches (XXV. Dynastie); heute befindet sich dort die ägyptische Stadt Sa el Hagar.

2 Sonchis soll lt. Plutarch im frühen 6. Jhdt. v. Chr. die Stellung des Oberpriesters in Sais eingenommen haben; Sonchis war es auch, der dem Athener Staatsmann Solon die berühmte 'Atlantis'- Geschichte erzählt hat; Solon hielt sich zwischen 593 und 583 v. Chr. in Ägypten auf und wurde von den Priestern in Sais ehrenvoll aufgenommen; der Athener hatte sich dorthin zurückgezogen, um den wütenden Proteststurm abzuwarten, den seine Verfassungsreform von 594 v. Chr. ausgelöst hatte (Plutarch: De Iside et Osiride, in: Moralia V, 354, 10).

3 Die Ägypter rechneten nach dem Sothis-Kalender (Sothis = gräzisierter Name für Isis); sie begannen das Jahr mit dem heliakischen Aufgang des 'Hundssterns' Sirius (Isis), dem unmittelbar der Aufgang der Sonne folgte; das beeindruckende Ereignis fand nach unserem Kalender regelmäßig Ende Juli statt, nachdem der Stern Sirius 70 Tage lang nicht zu sehen war (Plutarch: De Iside et Osiride, in: Moralia V, 359, 21).

4 Von Ezion Geber (am Golf von Akaba) und von Häfen an der ägyptischen Küste des Roten Meeres aus segelten die Handelsfahrer bereits während der Bronzezeit zu den geheimnisvollen Ländern Ophir und Punt; deren geographische Lage ist bis heute umstritten; in den Schriften antiker Autoren kommen die Bezeichnungen 'Ophir' und 'Punt' häufig vor, werden jedoch niemals klar identifiziert; es könnte sich um Oman (Weihrauch) und Somalia (Gold) handeln; die Bibel erwähnt 'Ophir' im Buch Hiob, im ersten Buch der Könige, in den Büchern der Chronik, im Buch Jesaja und in den Psalmen.

5 Pharao Necho II. war der zweite Herrscher der 25. Dynastie und regierte von 609 bis 595 v. Chr.; er interessierte sich aus strategischen Gründen für die Seefahrt, pflegte nicht nur gute Kontakte zu den Tyrern und Sidoniern, sondern siedelte, wie sein Vorgänger Psammetich I., auch Jonier im Nildelta (Naukratis) an; nachdem Necho den Bau eines Kanals zwischen dem Mittelmeer und dem Roten Meer aufgrund eines Orakels hatte einstellen lassen, widmete er sich dem Aufbau einer Flotte.

6 Lt. Herodot schickte Necho II. im Jahre 601 v. Chr. „die Phönizier auf Schiffen aus mit dem Auftrag, den Rückweg durch die Säulen des Herakles zu nehmen und so lange zu fahren, bis sie ins nördliche Meer kämen und so zurück nach Ägypten. Die Phönizier fuhren also ab vom Roten Meer und befuhren das Meer im Süden. Wenn es Herbst wurde, gingen sie an Land und säten Korn, irgendwo in Libyen, wo sie gerade waren, und warteten die Ernte ab. Wenn sie dann das Korn gemäht hatten, fuhren sie wieder ab, und so vergingen zwei Jahre, im dritten bogen sie um die Säulen des Herakles und kamen an in Ägypten." Man könnte gegenüber dieser Aussage gewiß Zweifel hegen, wenn nicht Herodot seiner Darstellung über die Umsegelung Libyens (so bezeichnete man damals Afrika) eine persönliche Beurteilung hinzugefügt hätte, in der er selbst Zweifel an einem wichtigen Detail aus dem Bericht der Phönizier äußert. Er schreibt nämlich: „Und sie haben etwas erzählt, was ich zwar nicht recht glauben kann, aber vielleicht ein anderer, nämlich sie hätten, als sie um Libyen herumbogen, die Sonne

zur Rechten gehabt." (Herodot: Historien. IV, 42). Der berühmte Geschichtsschreiber dürfte dieses interessante Detail wohl kaum erfunden haben. Auch einem hochgebildeten, wissensreichen Menschen des 5. Jhdts. v. Chr., dem die Kugelgestalt der Erde nicht bekannt war, wird man eine derartige Vorstellungskraft nicht zubilligen können. Die Erwähnung dieses Details kann daher als Beweis dafür gelten, daß die Umsegelung Afrikas tatsächlich durchgeführt wurde.

7 Tyros war im frühen 6. Jhdt. v. Chr. noch zweigeteilt; ein Teil der Stadt lag auf einer stark befestigten Insel etwa 600 m vor der Küste und verfügte über zwei Häfen; der andere Teil lag auf dem Festland und hatte ebenfalls einen Hafen; heute ist die Insel durch einen Damm mit dem Festland verbunden; Alexander der Große hat diesen Damm 332 v. Chr. im Zuge der Eroberung von Tyros bauen lassen.

8 Kition: Handelsstadt an der Südostküste Zyperns; heute: Larnaka
Ialysos:Handelsstadt an der Nordküste von Rhodos
Thasos:Handelsstadt/Insel in der Nordägäis
Tekke: Hafen und phönizische Handelsniederlassung an der Nordküste Kretas.

9 Memphis liegt etwa 15 km südlich der Pyramiden von Gize am westlichen Nilufer.

10 Ein Stadion = 192 m

11 Gerechnet wird mit der königlich-ägyptischen Elle = 52 cm.

12 Ithobaal war von 593 bis 573 v. Chr. König von Tyros.

13 Nebukadnezar II. war von 605 bis 562 v. Chr. König von Babylon.

14 Pharao Hophra war der vierte Herrscher der 25. Dynastie; er regierte von 589 bis 570 v. Chr.

15 Zedekia war 598 v. Chr. von Nebukadnezar als König in Jerusalem eingesetzt worden; seine von Pharao Hophra und vor allem von König Ithobaal unterstützte Rebellion im Jahre 588 v. Chr. gegen das babylonische Joch wurde ihm zum Verhängnis (Josephus: Jewish Antiquities X, 101 und 108).

16 Ein Talent = 25,86 kg

17 Paphos, eine Handelsstadt mit einem berühmten Heiligtum der Aphrodite, liegt an der Südküste von Zypern, bei dem heutigen Dorf Kouklia – nicht zu verwechseln mit Nea-Paphos, das erst gegen Ende des 4. Jhdts. v. Chr. gegründet wurde, 15 km weiter westlich liegt und heute eine quirlige Hafenstadt ist.

18 Handelsschiffe der Art, wie sie hier beschrieben sind und von den Phöniziern im 6. Jhdt. v. Chr. benutzt wurden, erreichten bei mittlerem Wind eine Geschwindigkeit von etwa 3 bis 4 Knoten, die schlanker gebauten Kriegsschiffe dieser Zeit etwa 4 bis 6 Knoten; dieser Tatbestand wird bei allen Angaben im Text über die Dauer von Seereisen zugrundegelegt; da die Handelsschiffe der Phönizier der damaligen Zeit den Mast mit einem rechteckigen Segel mittschiffs angebracht hatten, konnte nur 'vor dem Wind' gesegelt werden (Siehe hierzu Armin und Hans-Helmut Wolf: Die wirkliche Reise des Odysseus. Zur Rekonstruktion des Homerischen Weltbildes. München 1990. S. 95 ff und Owain T. P. Roberts: An explanation of ancient windward sailing – some other considerations, in: The International Journal of Nautical Archaeology (1995) 24.4, S. 307 bis S. 315).

19 Das nach Angaben der meisten antiken Autoren 814 v. Chr. von Tyrern gegründete Karthago ist im frühen 6. Jhdt. bereits eine mächtige Handelsstadt, bei dem

heutigen Tunis, im Zentrum des Mittelmeers gelegen; das machtvolle Ausgreifen Karthagos nach Norden und Westen, bis zur Atlantikküste, setzte erst nach dem Beginn der Belagerung von Tyros ein; um die Mitte des 6. Jhdts. v. Chr. war Karthago bereits zu einer Großmacht im westlichen Mittelmeer geworden; die heute noch sichtbaren Reste der Hafenanlagen, der kreisrunde Kriegshafen und der mit ihm in Verbindung stehende hexagonale Handelshafen, wurden erst im 4. Jhdt. v. Chr. gebaut; der im 6. Jhdt. v. Chr. benutzte Hafen, weniger großzügig, aber schon künstlich geschaffen, dürfte etwa an gleicher Stelle gelegen haben (Siehe hierzu die vorzügliche Arbeit von Werner Huß: Die Karthager. München 1990).

[20] Tartessos war ein bedeutendes Machtzentrum zwischen der Sierra Morena und der Mündung des Guadalquivir im Süden der iberischen Halbinsel; die Existenz von Tartessos steht im Einklang mit den Angaben der Bibel (1. Buch der Könige, 10,22), nach denen König Salomon gemeinsam mit Hiram, dem König von Tyros, Schiffe nach Tarschisch (Tartessos) schickte, die u.a. Gold und Silber in die heimischen Städte brachten; nach der üblichen Chronologie muß dies im 10. Jhdt. v. Chr. gewesen sein; später intensivierte sich der Handel, und auch Karthager, Jonier und Phokäer nahmen daran teil; im 6. Jhdt. v. Chr. war die Region am Unterlauf des Baits (Guadalquivir) nicht nur sehr dicht besiedelt; die Fürsten waren zudem im Besitz eines Landes mit hohem Wirtschaftspotential, dem auf der Seite der Städte am Ostrand des Mittelmeers eine starke Nachfrage nach Gold, Silber, Kupfer und Zinn gegenüberstand.

[21] Gadir ist eine der ältesten Niederlassungen der Phönizier und wurde nach Angaben antiker Autoren 80 Jahre nach dem Fall Trojas von Tyrern gegründet (Velleius Paterculus: Historia Romana I. 2, 3); geht man von dem zur Zeit des römischen Geschichtsschreibers angenommenen Datum für den Fall Trojas aus, nämlich nach heutiger Zeitrechnung 1184/83 v. Chr., so ergibt das für Gadir, das heutige Cadiz, ein Gründungsdatum 1104/03 v. Chr.; die moderne Spatenforschung hat diese überlieferten Daten zwar nicht bestätigt, doch besteht ja die Möglichkeit, daß noch ältere archäologische Zeugnisse ans Licht treten, als das bisher der Fall gewesen ist; die Ortswahl für die erste Niederlassung, auf einer dem Festland vorgelagerten Insel (heute durch einen Damm mit dem Festland verbunden), zeigt nicht nur ein bemerkenswertes strategisches Verständnis, sie zollt den tartessischen Fürsten auch einen gewissen Respekt; im 6. Jhdt. v. Chr. war aus der ursprünglichen Niederlassung längst eine glänzende Handelsstadt geworden.

[22] Heutiger Name des kleinen Flusses: Dhiarrizos.

[23] Das in der Antike weithin bekannte Heiligtum des Melkart von Gadir (von den römischen Autoren 'Heracles Gaditanus' genannt) lag auf der Isla Sancti Petri, etwa 20 km südöstlich von Cadiz und 1 km von dem Strand bei La Barrosa entfernt; die Handelsfahrer der Antike passierten also den Tempel, wenn sie von der Meerenge von Gibraltar (Säulen des Melkart) die Stadt Gadir ansteuerten; das einstige Heiligtum ist nur noch an spärlichen Resten unter der Wasseroberfläche sowie anhand einiger Votivstatuetten nachzuweisen, die man dort fand.

[24] Die Charakteristika dieser Meerenge sind von Homer in der 'Odyssee' eindringlich beschrieben worden; dieser Ort wurde oft fälschlicherweise mit der Meerenge von Gibraltar identifiziert; Armin und Hans-Helmut Wolf haben in ihrer vorzüglichen Arbeit über 'Die wirkliche Reise des Odysseus' nachgewiesen, daß es sich um die 'Straße von Messina' handelt.

25   Motye wurde in der zweiten Hälfte des 8. Jhdts. v. Chr. von Tyrern gegründet; es liegt im äußersten Westen Siziliens auf einer flachen, 40 ha großen Insel in der weiten Lagune von Marsala.

26   Sulcis, eine um die Mitte des 8. Jhdts. v. Chr. gegründete Handelsniederlassung der Phönizier, liegt an der Ostküste einer kleinen, Sardiniens Südwestecke vorgelagerten Insel.

27   Ebusos wurde um die Mitte des 7. Jhdts. v. Chr. zunächst als Versorgungshafen von den Phöniziern gegründet (das heutige Ibiza).

28   Lixos, eine phönizische Handelsniederlassung, liegt in strategisch hervorragender Position am Ende der ersten, weitgezogenen Schleife des Loukkos, etwa 6 km landeinwärts von der Mündung des Flusses in den Atlantik bei der heutigen marokkanischen Stadt Larache; Plinius d. Ä. behauptet über die Gründung von Lixos, der dortige Melkart-Tempel sei „angeblich etwas älter als der von Gadir" (Plinius: Naturalis Historia XIX, 63).

29   Der kleine Hafen lag am Rio Guadalete, als Enklave am Rande der tartessischen Siedlung von Torre de Dona Blanca (bei dem heutigen Puerto de Santa Maria).

30   Sephala lag bei dem heutigen Sevilla, an einem bedeutsamen Übergang über den Guadalquivir.

31   Die Phokäer waren ursprünglich in Kleinasien beheimatet; ein Teil von ihnen wanderte aus; sie kamen mit ihren Schiffen zunächst bis nach Korsika und dann an die Rhone-Mündung; dort gründeten sie zu Beginn des 6. Jhdts. v. Chr. Massalia (Marseille); kurze Zeit später erreichten sie Tartessos und nahmen zu den Fürsten des Landes Handelsbeziehungen auf.

32   Gold und Silber wurden in der Sierra Morena, im Rio-Tinto-Gebiet, abgebaut; dies beweisen die Schlackenberge in den Minensiedlungen von Cerro Salomón und bei San Bartolomé de Almonte.

33   Baits = lat. Baetis, Guadalquivir

34   Pupluna (röm. Populonia), eine Gründung der Etrusker, liegt an der Westküste Italiens auf der Höhe von Elba; Haupthandelsgut war hier Eisen.

35   Migdol, eine kleine Insel unmittelbar vor der marokkanischen Küste bei Essaouira, von den Portugiesen Mogador genannt; hier gründeten Phönizier im 7. Jhdt. v. Chr. eine Handelsniederlassung.

36   Es handelt sich um die Kanarischen Inseln; dort lebten schon lange vor dem 6. Jhdt. v. Chr. die Guanchen, steinzeitliche Menschen europiden Typs, die wahrscheinlich im 2. Jahrtausend v. Chr. von der iberischen Halbinsel aus – dank der herrschenden Meeresströmung – auf die Inseln gekommen waren; die erwähnte niedrige Pflanze ist die Orchilla-Flechte, aus der man einen roten Farbstoff gewinnen kann.

37   Tingis, ebenfalls eine Niederlassung der Phönizier, liegt an der Nordküste Marokkos, das heutige Tanger.

38   So schreibt Platon Mitte des 4. Jhdts. v. Chr. in seiner berühmten Geschichte über 'Atlantis' zur Verteilung von Land und Meer im Westen: „Damals war das Meer dort schiffbar; denn vor der Meerenge, die in eurer Sprache 'die Säulen des Herakles' heißt, lag eine Insel; diese Insel war größer als Libyen (Afrika) und Asien zusammen und von ihr war damals der Übergang möglich nach den anderen Inseln, von diesen Inseln aber wieder der Übergang nach dem ganzen gegenüberliegenden Festland, welches jenes Meer umschließt, das eigentlich allein

den Namen Meer verdient." (Platon: Sämtliche Werke VIII, hrsg. von Karlheinz Hülser, Frankfurt/M 1991, Dialog Timaios I.3.2); Solon hatte die von Oberpriester Sonchis in Sais gehörte Geschichte nach seiner Rückkehr nach Athen im Jahre 583 v. Chr. Dropides, dem Urgroßvater des Kritias, erzählt; Kritias wiederum überlieferte die Geschichte seinen Nachkommen, zu denen auch Platon gehörte; die Genauigkeit des Berichts Platons ist immerhin verblüffend!

39   Der hier fast ständig wehende Nordostpassat bringt die Seefahrer zu der Insel La Palma.

40   Von La Palma gelangen die Seefahrer zur Insel Hierro.

41   Die hier vorherrschenden Meeresströmungen und Winde treiben ein steuerloses Schiff zunächst nach Südwesten, später nach Westen, zu den Antillen und dann nach Mittelamerika; wie die Fahrten von Thor Heyerdahl mit einem sehr viel weniger seetüchtigen Gefährt gezeigt haben, erreicht man in 35 bis 40 Tagen die Antillen.

42   Die Seefahrer landen auf der Insel Guadeloupe.

43   Auf Guadeloupe und einigen anderen Inseln der Karibik lebten seit dem 6. Jhdt. v. Chr. steinzeitliche Menschen; sie waren mit ihren Einbäumen von Südamerika aus dorthin gelangt.

44   Die Seefahrer passieren die Insel Haiti.

45   Die Seefahrer landen an der Südküste der Insel Jamaica.

46   Die Seefahrer landen an der Ostküste von Yucatan, am nördlichen Ufer des Belize-Flusses.

47   Die Seefahrer begegnen erstmals einer Gruppe der Maya.

48   Altun Ha ist eine Maya-Siedlung im heutigen Belize; sie liegt im Regenwald, den Belize-Fluß etwa 25 km aufwärts und von dort ca. 15 km nach Norden; die ersten Siedlungsspuren weisen auf das 9. Jhdt. v. Chr., also auf die Zeit der Mittleren Präklassik (900-400 v. Chr.); im 6. Jhdt. v. Chr. gab es jedoch noch nicht jene prachtvollen Bauten, die heute in Altun Ha zu besichtigen sind; die Tempel waren bis zu zehn Meter hoch; mit den Palästen der Herrschaftsschicht entstanden die Tempel um einen deutlich definierten Platz, der für öffentliche rituelle Handlungen bestimmt war (Siehe hierzu Juan Antonio Valdés: Von der ersten Besiedlung bis zur späten Präklassik, in: Eva und Arne Eggebrecht/Nicolai Grube et al., Hrsg.: Die Welt der Maya. Ausstellungskatalog. Mainz 1993, S. 22-40); auch in der Astronomie hatten die Mayas im 6. Jhdt. einen hohen Kenntnisstand erreicht.

49   Die Maya-Siedlung Lamanai liegt ca. 35 km westlich von Altun Ha am 'New River'.

50   Die Maya-Siedlung Tikal liegt in Guatemala, ca. 150 km südwestlich von Altun Ha.

51   Die Maya-Siedlung Col Ha liegt etwa 20 km nördlich von Altun Ha.

52   Die Seefahrer erblicken die Insel Kuba.

53   Die Seefahrer ankern bei der Bahama-Insel Andros.

54   So nannte man in der Antike die Britischen Inseln.

55   Es handelt sich um die größte der Berlenga-Inseln, unmittelbar vor der Westküste Portugals; das Schiff war bei den ersten Klippen weiter draußen zerschellt.

⁵⁶ Über den Fall Jerusalems und die Zerstörung des Tempels berichtet nicht nur die Bibel; lt. Josephus wird Jerusalem im 11. Jahr der Regierung Zedekias zerstört (nach unserer Chronologie: 587 v. Chr.); Zedekia wird auf der Flucht von den Babyloniern ergriffen und getötet (Josephus: Jewish Antiquities X. 116, 135, 136, 137, 237).

⁵⁷ Nebukadnezars Streitmacht belagert Tyros von 586 bis 573 v. Chr.; während der auf dem Festland gelegene Teil der Stadt recht bald zerstört wird, gelingt es nicht, die Insel zu erobern; die Tyrer, von der See her versorgt, wehren hartnäckig alle Angriffe ab, ertragen alle Beschwernisse der Belagerung; schließlich müssen sie sich aber doch einem Kompromiß beugen: sie unterwerfen sich formell, überstellen 126 Geiseln; Ithobaal ist nicht darunter; er stirbt in Tyros (Josephus: Jewish Antiquities. X. 228).

Literaturverzeichnis

A. Sammelwerke, Ausstellungskataloge und Monographien

Aristoteles: On Marvellous Things Heard (De Mirabilis), Chapter XIX, Terrae Incognitae. Translated by W.S. Hett. Loeb Classical Library. London 1991

Arnold, Dieter: Die Tempel Ägyptens. Zürich 1992

Assmann, Jan: Ma'at. Gerechtigkeit und Unsterblichkeit im Alten Ägypten. München 1995

Assmann, Jan: Ägypten. Eine Sinngeschichte. München 1996

Aubet, Maria Eugenia: Tiro y las colonias fenicias de Occidente. Barcelona 1987

Aubet, Maria Eugenia (Hrsg.): Tartessos, Arqueologia protohistorica del Bajo Guadalquivir. Barcelona 1989

Aveni, Anthony: Dialog mit den Sternen. Stuttgart 1995

Die Bibel: Nach der deutschen Übersetzung D. Martin Luthers. Witten 1961

Braem, Harald: Das magische Dreieck. Stuttgart und Wien 1992

Clayton, Peter A.: Die Pharaonen. Düsseldorf 1995

Coe, Michael D. (Hrsg): Weltatlas der alten Kulturen. Amerika vor Kolumbus. München 1993

Diodorus Siculus: Library of History (Bibliotheca Historica), Book V. Translated by C. H. Oldfather. Loeb Classical Library. London 1991

Donadoni, Sergio (Hrsg): Der Mensch des Alten Ägypten. Frankfurt/M 1997

Eggebrecht, Eva und Arne/Grube, Nicolai et al. (Hrsg): Die Welt der Maya. (Ausstellungskatalog). Mainz 1993

Friedell, Egon: Kulturgeschichte Ägyptens und des Alten Orients. München 1996

Gehrig, Ulrich/Niemeyer, Hans Georg (Hrsg): Die Phönizier im Zeitalter Homers. (Ausstellungskatalog). Mainz 1990

Göttlicher, Arvid: Die Schiffe der Antike. Berlin 1985

Günther, Michael (Hrsg): Popol Vuh. Das Buch des Rates. Mythos und Geschichte der Maya. München 1995

Haberland, Wolfgang: Amerikanische Archäologie. Darmstadt 1991

Hansen, Jürgen: Schiffbau in der Antike. Herford 1979

Herodot: Historien I-V. Übersetzt von Walter Marg. Bibliothek der Antike, hrsg. von Manfred Fuhrmann. München 1991

Höckmann, Olaf: Antike Seefahrt. München 1985

Hornung, Erik: Grundzüge der ägyptischen Geschichte. Darmstadt 1996

Howatson, M.C. (Hrsg): Reclams Lexikon der Antike. Stuttgart 1996

Huß, Werner: Die Karthager. München 1990

Josephus, Flavius: Jewish Antiquities. Translated by H. St. J. Thackeray and Ralph Marcus. Loeb Classical Library. London 1991

Kieffer, René/Bergmann, Jan (Hrsg): La Main de Dieu. Die Hand Gottes. Tübingen 1997

Köhler, Ulrich (Hrsg): Alt-Amerikanistik. Eine Einführung in die Hochkulturen Mittel- und Südamerikas. Berlin 1990

Lancel, Serge: Carthage. Paris 1992

Loretz, Oswald: „Des Gottes Einzigkeit". Ein altorientalisches Argumentationsmodell zum „Schma Jisrael". Darmstadt 1997

Miller, Mary Ellen: The Art of Mesoamerica. From Olmec to Aztec. London 1996

Moscati, Sabatino: I Fenici. (Ausstellungskatalog). Venedig 1988

Niemeyer, Hans Georg (Hrsg.): Die Phönizier im Westen. Mainz 1982

Platon: Sämtliche Werke VIII, hrsg. von Karlheinz Hülser, Frankfurt/M 1991

Platon: Timaios und Kritias. In: Sämtliche Werke Bd. 5. Reinbek bei Hamburg 1959

Plinius: Natural History (Naturalis Historia). Vol. II, IV, V. Translated by H. Rackham. Loeb Classical Library. London 1991

Plutarch: Isis and Osiris (De Iside et Osiride), in: Moralia. Vol. V. Translated by F. C. Babbitt. Loeb Classical Library. London 1993

Prem, Hanns: Geschichte Altamerikas. München 1989

Rice, Michael: Egypt's Legacy. London 1997

Riese, Berthold: Die Maya. München 1995

Rohl, David: Pharaonen und Propheten. München 1997

Schneider, Thomas: Lexikon der Pharaonen. München 1996

Schoske, Sylvia/Wildung, Dietrich: Gott und Götter im alten Ägypten. Hamburg 1993

Stierlin, Henri: Die Kunst der Maya. Zürich 1997

Strabo: Geography (Geografia). Vol. I. Translated by Horace L. Jones. Loeb Classical Library. London 1991

Sudhoff, Heinke: Sorry Kolumbus. Seefahrer der Antike entdecken Amerika. Bergisch Gladbach 1990

Tributsch, Helmut: Die gläsernen Türme von Atlantis. Erinnerungen an Megalith-Europa. Frankfurt/M und Berlin 1986
Velleius Paterculus: Compendium of Roman History (Historia Romana). Translated by F. W. Shipley. Loeb Classical Library. London 1991
Wolf, Armin und Hans-Helmut: Die wirkliche Reise des Odysseus. Zur Rekonstruktion des Homerischen Weltbildes. München 1990

B. Fachzeitschriften

American Journal of Archaeology, Boston
Antike Welt. Zeitschrift für Archäologie und Kulturgeschichte, Mainz
Antiqity, Avenel, N.J., USA
Archeoastronomy, Cambridge
Archaeological News, Edmonds
Archäologischer Anzeiger, Berlin (DAI)
Archaeology, New York
Archaeometry, Oxford
Archéologia, Dijon
Archivo Espanol de Arqueologia, Madrid
Arqueologia, Paleontologia y Etnografia, Madrid
Arqueologia, Porto
Biblical Archaeology Review, Washington, D.C.
Bulletin d'archéologie marocaine, Rabat
Cambridge Archaeological Journal, Cambridge
Current Anthropology, Chicago
Dossiers d'Archéologie, Dijon
Dossiers Histoire et Archéologie, Dijon
Jahreshefte des Österreichischen Archäologischen Institutes, Wien
Journal of Archaeological Research, New York
Journal of Archaeological Science, London
Journal of Historical Geography, London
Latin American Antiquity, Washington, D.C.
National Geographic, Washington, D.C.
Oriens Antiquus, Roma
Oxford Journal of Archaeology, Oxford
Palestine Exploration Quarterly, London

Revista Arqueologia Americana, San Pedro, Costa Rica
Revue Archéologique, Paris
Revue Archéologique de l'Est, Dijon
Rivista di Studi Fenici, Roma
Sicilia Archeologica, Trapani
Syria. Revue d'Art Oriental et d'Archéologie, Paris
Taras. Rivista di Archeologia, Taranto
Tel Aviv. Journal of the Institute of Archaeology of Tel Aviv University, Tel Aviv
The International Journal of Nautical Archaeology, London
World Archaeology, London

*　*
*